资料来源和注释

斯德哥尔摩国家档案馆藏有阿尔弗雷德·诺贝尔的档案及其遗产的档案，总计20个书架之多，是本书最重要的资料来源。伊曼纽尔·诺贝尔（下称IN）的文件和罗伯特·诺贝尔的部分文件可以在隆德的诺贝尔档案馆找到，书中也广泛使用了这些资料。三兄弟之间的一些信件从未被保存在档案中，但在撰写本书期间被我收集起来，其中最有趣的是《希腊夫人书信收藏集》。20世纪70年代，一位希腊外交官的夫人在斯德哥尔摩的一次拍卖会上买了一篮子亚麻布，发现了里面藏着数百封阿尔弗雷德和路德维格写给罗伯特的信件原件。20世纪90年代末，这些信件被移交给斯德哥尔摩的一位拍卖商，由诺贝尔基金会买下并放入保险箱。后来发现的其他零散信件被称为《手提箱收藏集》和《古董收藏集》，是我在诺贝尔基金会和诺贝尔博物馆的档案中发现的。以前的传记，包括肯尼·范特的《阿尔弗雷德·伯恩哈德·诺贝尔》（1995年），都没有使用过这些收藏集。信件和电报在19世纪相当于电话、电子邮件和短信，其数量之大难以想象。有些信件至今仍散落在社会各处。我期待着今后有新的发现，或者出现一些我没有注意到的东西，以补充到本书中来。

本书的一个重要补充资料来源是埃里克·伯根格伦（Erik Bergengren）多年来进行的大部分未发表的研究，在“谜一般的存在”一文中提到了这些研究，这里称之为EB档案。诺贝尔基金会委托编写的两本传记《阿尔弗雷德·诺贝尔和他的家人》（1926年）和埃里克·伯根格伦的《阿尔弗雷德·诺贝尔》（1960年），由于选材有偏差，不能独立成书，但内容丰富。路德维格·诺贝尔的女儿玛塔·诺贝尔－奥列伊尼科夫于1952年撰写了一本私人家族编年史《路德维格·诺贝尔及其事业》，这本书也非常重要。在后来出版的书籍中，我特别想强调维尔戈特·舍曼的《谁爱上了阿尔弗雷德·诺贝尔？》（2001年）。

对于故事背景部分，我全文从头到尾参考了一些一般性著作，如博·斯特罗特（Bo Stråth）的《瑞典历史：1830—1920年》、雷纳特·舍恩（Lennart Schön）的《瑞典现代经济史》、约翰·格里宾（John Gribbin）的《科学：一部历史》、托马斯·科伦普（Thomas Crump）的《科学简史》以及尼尔斯·乌登贝里的《痛苦与治愈II：1800—1950年医学史》。其他背景资料来源各不相同，并在每章中列出。

除文献外，《瑞典传记词典》也是我描绘阿尔弗雷德·诺贝尔周围瑞典人的主要资料来源。在使用其他国家的相应词典时，我也会引用这些词典。在环境、当时的材料和天气方面，我使用了所有相关国家的数字报刊档案（搜索功能差异很大）。瑞典的天气观测数据来自“斯德哥尔摩历史天气观测数据库”，该数据库由博林气候研究中心的安德斯·莫贝里慷慨提供。在提到大量外国历史货币时，货币换算是个大问题。我使用的是皇家钱币局推荐的转换器，由斯德哥尔摩大学的罗德尼·埃德温松（Rodney Edvinsson）教授开发。19世纪，沙俄的俄历比瑞典和其他地方使用的公历晚12天。我通常会在书中注明两种日期，如

"1837年12月4/16日"。除非另有说明，在沙俄发生的事件均采用俄历日期，其他事件则采用公历日期。每章的注释清单主要汇集了与阿尔弗雷德·诺贝尔的相关资料，只有在引用背景资料时才会给出脚注。19世纪的引文均经过细致的现代化处理。

注释中出现的报纸缩写如下:《晚报》(AB)、《每日新闻报》(DN)、《哥德堡晚报》(GA)、《哥德堡邮报》(GP)、《哥德堡商业与航运报》(GHT)、《汉堡晚报》(HN)、《汉堡日报》(HA)、《新自由报》(NFP)、《纽约时报》(NYT)、《纽约先驱报》(NYH)、《纽约论坛报》(NYTr)、《新日报》(NDA)、《新维姆兰报》(NWT)、《邮报和国内报》(PoIT)、《旧金山公报》(SFB)、《科学美国人》(SA)、《斯德哥尔摩日报》(SD)、《瑞典日报》(SvD)(法语报纸标题在大多数情况下较为简短，英语、俄语和意大利语报纸则在本书中不常见)。

序言

本文主要根据1896年12月《晚报》《每日新闻报》和《瑞典日报》的报道、拉格纳·索尔曼的著作《遗嘱》以及亨利·莫森索尔(Henry Mosenthal)在1898年的《十九世纪》期刊上发表的关于阿尔弗雷德·诺贝尔的文章进行撰写。年轻的发明家指的是弗雷德里克·永斯特伦。

第一章

IN在官方档案和他留下的自传笔记(未出版，下称ISA)中的经历(火灾、破产)最早可以追溯到阿尔弗雷德幼年时期。ISA主观性较强，遗漏了一些信息，但提到的事件基本上是准确的。安娜·诺贝尔关于IN的传记笔记(未出版)对这些信息进行了补充。除报纸外，我对当时斯德哥尔摩生活的描述还基于拉尔斯·埃里克松·沃尔克的《斯德哥尔摩750年历史》、1894年古斯塔夫·内尔曼(Gustav Nerman)的《60年前的斯德哥尔摩》、19世纪中期阿尔内·蒙特(Arne Munthe)的《南马尔姆岛西部》、1904年克莱斯·伦丁(Claes Lundin)的《斯德哥尔摩人的古老回忆》以及本特·亚尔布(Bengt Järbe)的《芳香广场：帕卡广场如何变成北马尔姆广场》。关于IN早期的职业生涯，我参考了托马斯·罗特(Thomas Roth)的《弗雷德里克·布鲁姆：卡尔·约翰的建筑师》、拉尔斯·O·拉格奎斯特(Lars O Lagerqvist)的《卡尔十四世·约翰国王：一个在北欧的法国人》、福尔克·米尔奎斯特(Folke Millqvist)的文章《橡胶产业的发展》和卡林·林斯科格(Carin Lindskog)的文章《费迪南德·图林：斯德哥尔摩画师》。在古斯塔夫·阿道夫·吕斯霍尔姆(Gustaf Adolf Lysholm)所著的《谷仓地的生活》一书中，有关于新年大火的目击者描述；而在莫妮卡·埃里克松(Monica Eriksson)所著的《德斯德哥尔摩防火和消防历史》一书中，则介绍了当时的消防常规操作。卡尔－约翰·克莱伯里(Carl-Johan Kleberg)(编辑)的《长岛：绿色之岛》和居纳尔·鲁德斯泰特(Gunnar Rudstedt)的《长岛：两个世纪的纺纱厂和监狱》一直是查阅当地环境的绝佳资料来源。1834年，布里塔·扎克(Brita Zacke)在《1834斯德哥尔摩霍乱》一书中对霍乱进行了描述。伊娃·朗勒特(Eva Langlet)的《1834：霍乱席卷斯德哥尔摩》一书则作为补充材料。

1 ISA, NoA, A:9, LL. Han seglade med Gävleskeppet Thetis 1815—1818. Han titulerades »conducteur«, ung. biträdande arkitekt.

2 Immanuel Nobel (IN) konkursakt, Magistrat och rådhusrättens arkiv, F49, volym 139, SSA.

3 Drätselkommissionens protokoll, 2 december 1829 och 31 mars 1830. Styrelsen över fängelser och arbetsinrättningar, SE/RA: 420421. A1/8 Protokoll 1833. Om IN:s person, även EB-arkivet, NA.

4 Först 18 december 1853 fick Stockholm sin första gaslykta vid Norrbro. Se *Stockholms belysning, utgiven med anledning af Gasver-*

kets femtioåriga tillvaro, den 18 december 1903. K L Beckmans boktryckeri, Stockholm; DA, 31 dec, 1833 (citat).

5 Rapport till direktionen 5 och 12 januari 1833, Stockholms stads brandförsäkringskontors arkiv, Direktionens protokoll med bilagor, A2 AA 55, Centrum för näringslivshistoria (CN); Protokoll 1 juni 1833, Styrelsen över fängelser och arbetsinrättningar: SE/RA: 420421. A1/8 Protokoll 1833, Riksarkivet (RA); AB, 9 jan 1833 (citat).

6 IN:s konkursansökan, 11 jan 1833, Magistrat och rådhusrättens arkiv, F49, volym 139, SSA.

7 Avskrifter ur poliskammarens diarium, jan 1833, i John Swensks samling, SSA. Det existerar inga fullständiga polisarkiv från den här tiden, fortsättningen är därför oklar. Men Immanuel Nobel dömdes aldrig för brott i samband med branden.

8 Intyg från IN, 16 okt 1842, Sankta Katarina svenska församling i Sankt Petersburg, Betygsböcker, SE/RA/2416/H/1/1866 (1849), bild nr 241.

9 Immanuel Nobels konkursakt 1833–1834, Magistrat och rådhusrätt, F49, volym 139; SSA.

10 Välfärd 1/2012, Statistiska Centralbyrån;Strindberg, August, *Tjänstekvinnans son*, Norstedts (1989), s. 30.

11 Mantalslängd, Jakobs församling, 1834, SSA; Ritningssamlingen, Byggnadslovshandlingar, 1713—1875, SSA. I vissa äldre böcker påstås att Alfred Nobel föddes på Norrlandsgatan 11. Det stämmer inte. Fastigheten Torsken 10 var Norrlandsgatan 9, idag Hästen 26.

12 Nerman (1894), s. 24 (citat).

13 Jakob och Johannes kyrkoarkiv, födelseoch dopböcker, SE/SSA/0008/C1a/21 (1828–1844), SSA (AN:s födelse); Maria Magdalena kyrkoarkiv, Födelse- och dopböcker, huvudserie SE/SSA/0012/C1a/12 (1819–1833), SSA, (EN, RN, och LN:s födelse); Mantalslängd 1834, Jakobs församling, kvarteret Torsken, SSA. Uppgifter lämnades in i november.

14 Schück och Sohlman (1926), s. 1–53 (förkortas hädanefter S & S (1926)); Nobel-Oleinikoff (1952), s. 20. Anfadern Petrus Olai ska ha hetat Pedersson eller Persson. Han kom från Nöbbelöv vid Simrishamn och behövde ett latinskt namn för att skriva in sig på universitetet 1681.Nöbellöv blev Nobelius. Nobelius blev sedan soldatnamnet Nobell. Det andra l:et försvann längs vägen.

15 ISA, NoA, A:9, LL, även citat.

16 S & S (1926), s. 52. SBL, artikeln om Immanuel Nobel.

17 S & S (1926), s. 53, Nobel-Oleinikoff (1952), s. 32.

18 Dom i Rådhusrätten, 14 juli 1834, Magistrat och rådhusrättens arkiv, A4a:140, s. 426–441, SSA.

19 Uppgift i mantalslängd för Stuten 3 (Regeringsgatan 67), 1836 (avseende slutet 1835), SSA. Lägenheten hyrs av Carolina Ahlsell, men bebos av Nobels. Ahlsell bor i Wedbäraren, Ladugårdslandets församling.

20 »En gåta«, i Erlandsson, Åke (red.), *Dikter av Alfred Nobel*, Atlantis (2006), s. 57.

21 Se exempelvis karaktäristiken av Andrietta Nobel i S & S (1926), s. 53 och artikeln »Nobelarnas moder« av A Werner Cronstedt, i Idun, nr 6, 1897.

22 AB, 16 sep 1835 (Ferdinand Tollins patent). Tollin hade varit tjänsteman i Riksbanken.

23 Aftonbladet 4 maj 1835; Millqvist (1988).

24 »Patent å fabrikater af caoutschuk«, annons av I Nobel, AB, 28 maj 1836.

25 Minnesteckning över Immanuel Nobel, Anna Nobel, ANA, EI:4, RA; Strandh (1983), s. 18; Bergengren (1960), s. 19. Författaren var August Blanche.

26 Nobel, Alfred, *Nemesis*, 1896, ANA, BII:1, RA.

27 Citat ur Nationalencyklopedin, artikeln om Isaac Newton.

28 Enligt husförhörslängder och mantalsuppgifter föddes Henrietta 24 sep 1836.

29 Skrivelser från Kommersekollegiet till Kungl Maj:t, 1837, vol 484, Jöns Jacob Berzelius intyg, RA.

30 Se AB, 1 och 8 augusti 1837.

31 ISA, NoA, A:9, LL; artiklar om Haartmann i *Nordisk familjebok*, (1909) samt *Biografiskt lexikon för Finland. Volym 2. Ryska tiden*.

32 Utmätningen ägde rum den 11 nov 1837. Nobels flytt till Nybrogatan 21, se mantalsuppgift 1838, inlämnad just 11 nov 1837. Fahnehjelm uppger sig bo på annat håll. Uppgiften att han köpte Nobels fabrik och patent, se Millqvist (1988), s. 115f. Att Nobel flyttat in på Nybrogatan 21 framgår av mantalsuppgiften för 1838, inlämnad just 11 november 1837. Självantändade minor, se SBL, artikeln om Fahnehjelm.

第二章

本章最重要的内容是我在俄罗斯政府档案中的发现。其中包括 IN 护照和沙皇时期水雷委员会的报告。关于芬兰的历史事件，我使用了克里斯特·瓦尔贝克（Krister Wahlbäck）关于芬兰问题（1809—2009）的著作《巨人的呼吸》。个人描写则以瑞典文学会的《芬兰传记辞典》和 A·A·普罗夫塞夫（A A Polovtsev）的《沙俄传记文学》为依据。对环境（图尔库和圣彼得堡）的描述主要基于两本 1838 年的游记：约翰·默里（John Murray）的《丹麦、挪威、瑞典和沙俄旅行者手册》（旅行时间为 1837 年）和 J·F·巴赫（Bahr，JF）的《关于在圣彼得堡逗留期间以及去莫斯科郊游期间的沙俄笔记》。斯万特·达尔斯特罗姆（SvanteDahlström）关于 1827 年图尔库火灾的著作、斯万·安德松（Sven Andersson）的《第一艘往返图尔库—斯德哥尔摩的蒸汽船》和本特·扬菲尔德（Bengt Jangfeldt）的《通往圣彼得堡的瑞典道路》则填补了重要空白。关于安德丽塔的童年环境和学校生活，我参考了斯塔凡·蒂耶内尔德（Staffan Tjerneld）的《斯德哥尔摩生活》、克莱斯·伦丁（Claes Lundin）和奥古斯特·斯特林堡的《老斯德哥尔摩》、拉乌尔·F. 博斯特伦（Raoul F. Boström）的《谷仓地》和《提思克堡山变成了东马尔姆》、亚瑟·诺登（Arthur Nordén）的《雅各布特的老学校》以及卡尔·林格（Karl Linge）关于 1842 年前斯德哥尔摩公共教育的文章。爱娃－丽斯·比尤曼（Eva-Lis Bjurman）和拉尔斯·乌尔松（Lars Olsson）的《童工和工作的孩子》以及海登伯格（Hedenborg）与莫雷尔（Morell）（编著）的《瑞典：一部社会经济史》概括了安德丽塔和孩子们的状况。有关当代沙俄和圣彼得堡的文献非常丰富。我主要参考了索罗蒙·沃尔科夫（Solomon Volkov）的《圣彼得堡：一部文化史》、吉斯·波特布鲁姆（Kees Boterbloem）的《俄罗斯及其帝国史》、保罗·布什科维奇（Paul Busjkovitj）的《剑桥俄罗斯史》、布鲁斯·W. 林肯（Bruce W. Lincoln）的《尼古拉一世：统治全俄的沙皇与独裁者》以及西蒙·西贝格·蒙特费瑞（Simon Sebag Montefiore）的《最后的沙皇王朝：罗曼诺夫 1613—1918》。我与历史学教授里昂尼德·弗拉基米罗维奇·维斯科奇科夫（Leonid VladimirovichVyskochkov，专攻尼古拉一世时期的专家）和俄国军事历史学家弗拉基米尔·拉平教授（两人均在圣彼得堡工作）的访谈进一步丰富了本书的叙述。除基本文献外，火药史还以 G·I·布朗的《炸药：历史的巨响》为基础。

33 ISA, NoA, A:9, LL; IN daterar avresan till 4 dec 1837, på passet anges 16 dec. På 1800-talet låg den julianska ryska kalendern 12 dagar efter den gregorianska som användes i bl.a. Sverige. Ofta angavs bägge datumen, 4/16 december 1837.

34 IN:s respass, utfärdat av Överståthållar-ämbetet 15 nov, 1837, nu i GARF Moskva, Fond 109, Opis 123, Delo 26; konsultation Mats Hayen, SSA (resa trots dom).

35 Matz, Erling, »Riskfylld resa mellan Stockholm och Åbo. Sveriges viktigaste postväg gick över havet«, Populär Historia, nr 2/96.

36 ISA, NoA, A:9, LL.

37 Alexander Mensjikov var barnbarnsbarn till Peter den stores närmaste man med samma namn.

38 Ibid. Köpmannen hette Johan Scharlin. Immanuel fick sitt uppehållstillstånd 11 januari 1838.

39 ISA, NoA, A:9, LL.

40 »Om fabrikater af Kautscha«, Åbo tidning, 11 april 1838.

41 En dagerrotyp av Henrik Cajander från 3 nov 1842. Huset revs på 1960-talet.

42 Hovmarskalken hette enligt ISA Baron Fleming. Enligt resandenotisen i Åbo Underrättelser (26 sep 1838) anlände Fleming till Åbo 23 sep 1838. En löjtnant Munck finns nämnd bland passagerarna samma dag.

43 ISA, NoA, A:9, LL. Citat ur Murray (1838), s. 144.

44 ISA, NoA, A:9, LL, även citat. Julafton firades hos Gösta von Kothen, en nära vän till Immanuel och Andrietta Nobel under hela tiden i Sankt Petersburg. Hans bror Casimir von Kothen var den som hade täta kopplingar till hovet (Biografiskt lexikon för Finland, a.a.).

45 Mantalsuppgift, SSA. Hedvig Eleonora kyrkoarkiv, SE/SSA/0006/A1a/40 (husförhörslängder för Ladugårdslandet 1835–1838) samt SE/SSA/0006/F7/7 (död- och begravningsböcker 1832—1840). Ingen dödsorsak angavs för Henrietta; IN d.ä.:s död, DN, 21 feb 1839.

46 Carolina Ahlsell bodde sedan hösten 1837 på Qvarngatan 29. Dåvarande Qvarngatan motsvarar den del av dagens Artillerigatan som ligger norr om Storgatan. Mantalsuppgifter, SSA.

47 Nobel-Oleinikoff (1952), s. 58f.

48 Fredrika Bremer blev myndigförklarad den 14 dec 1840. Hon var två år äldre än Andrietta Nobel.

49 Fredrika Bremers roman *Hertha*, om kvinnans rätt att bli myndig, kom först 1856.

50 Almqvist, Carl Jonas Love, *Det går an*, faksimil av 1839 års upplaga med författarens egna kommentarer, Bokgillet, 1965.

51 Schück & Sohlman (1926), s. 53 (citat).

52 Linge (1912). Citat, s 104.

53 Cronquist (1897). Den elvaåriga flickan hette Frederique Torsslow, se kopia av brev till Nobelstiftelsen från släkting till Frederique, 18 april 1979, i Sjöman (2001), s. 56ff.

54 Nordén (1959), s. 20, återgivet citat av August Blanche.

55 Examens- och betygskataloger 1833–1843, Vasa Realskolas arkiv, D 1:3, SSA; inventarieförteckningar och specialräkenskaper, Vasa Realskolas arkiv, F 3:1 respektive G1:1, SSA. Även Nordén (1859), s. 81ff. Roberts mönstring, se Cronquist (1897); Lundinoch Strindberg (1882), citat s. 330.

56 Kaffet, se Cronquist (1897). Nyskurad skola, se Specialräkenskaperna, Vasa Realskolas arkiv, G1:1, SSA. Premium och betyg, D 15:1 resp D 1:3, Vasa Realskolas arkiv, SSA.

57 Erlandsson (red.) (2006), s. 59. Den äldsta existerande versionen av Alfred Nobels dikt heter »A Riddle« och är skriven på engelska, här i Erlandssons översättning. Alfred Nobel skrev senare också en kortare version av dikten på svenska.

58 Posthumus, Ur minnet och dagboken om mina samtida personer och händelser efter 1815 inom och utom fäderneslandet (1870), s. 160.

59 Gogol, Nikolaj, Nevskij Prospekt, i En dåres anteckningar och andra berättelser, Wahlström & Widstrand, 1982, s. 124.

60 Fréderic César de la Harpe hette den schweiziske läraren och politikern.

61 Pusjkin en av Alfred Nobels favoritförfattare, se Erlandsson (red.) (2006), s. 35.

62 Volkov (1996), citaten s. XIV (förord) och 37.

63 Citat 1, brev från drottning Victoria till belgiske kungen Leopold, 4 juni 1844, återgivet i Lincoln, s. 155. Citat 2, återgivet i Montefiore (2016) s. 370.

64 F.d. porfyrdirektören J E Ekström till AN, 19/31 oktober 1881, ANA, EI:3, RA; Nobel-Oleinikoff (1952), s. 56. År 1881 krävde Ekström den vuxne Alfred Nobel på pengar för en skuld han påstod att Immanuel inte betalat.

65 NoA, A9, LL.

66 »Brudgum …«, karaktäristik av Mensjikov, intervju Vladimir Lapin. I de flesta skildringar förläggs denna avgörande bjudning till julen 1838, vilket är en sammanblandning med julfirandet hos Munck. IN daterar den till hösten 1839 i ISA, men det framgår av andra handlingar i INA, LL att bjudningen hos Mensjikov ägde rum hösten 1840. Tidpunkten stämmer väl överens med dateringen av detta första experiment i de officiella dokumenten som bevarats i RGAVMF, Sankt Petersburg. Kommittén för försök med undervattensminor (KUV) började inte sitt arbete förrän 22 november 1839. Enligt ISA ägde första experimentet rum »tvänne månader« efter bjudningen. Beskrivningen stämmer med det experiment daterat 12 oktober, som återges i en rapport från kommittén 13 oktober 1840, NoA, A9, LL. Bjudningen bör således ha ägt rum i augusti 1840.

67 A. S. Mensjikovs dagbok för åren 1837—1838, RGAVMF; Lagerqvist, Lars O, Wiséhn, Ian och Åberg, Nils (2004), s. 21ff.

68 ISA, NoA, A:9, LL; historik i utkast till »Nytt Försvarssystem«, NoA, A1, LL.

69 Brown (2010), citat (svavel) s. 12.; Nordisk Familjebok (1911) och Larousse.fr, citat (republiken). Svaret är omdiskuterat, och återkommer i flera versioner: »Republiken behöver inga kemister« eller »republiken behöver varken vetenskapsmän eller kemister«.

70 Bell (2005), citat s. 166.

71 ISA, NoA, A:9, LL; Rapport från 13 okt 1840, NoA, A1, LL.

72 Bozheryanov E N, *À la mémoire de Grand-Duc Mikhail Pavlovich (1798–1898), Olden russe*, (1898); rapport till Michail Pavlovitj, 4 jan 1841, RGAVMF, F 1351, Op 1, D 22. Bakom de nya tvivlen dolde sig en konkurrent, löjtnant Ramstedt.

73 Se RGAVMF, F 1351, Op 1, D 22 och 27.

74 RGAVMF, F 1351, Op 1, D 30; ISA, NoA, A:9, LL; Ryska ingenjörskommitténs verksamhetsberättelse, NOA, A8,LL (ryska); Immanuel Nobels tidslinje över sina viktigaste uppfinningar och beställningar (ryska), NoA, A9, LL.

75 RGAVMF, F 1351, Op 1, D 30, samt KUV:s verksamhetsberättelse, NoA, A8, LL; rapport om experimentet från samma kommitté, NoA, A1, LL.

76 IN lämnade bland annat in familjens flyttbetyg från 1833 till den svenska församlingen Sankta Katarina i Petersburg.

77 Examens- och betygskataloger 1833—1843, Vasa Realskolas arkiv, D 1:3. SSA.

第三章

诺贝尔一家最初在圣彼得堡的生活很大程度上是基于第一手资料撰写完成的，这一点出乎我的意料。这些资料主要来自俄罗斯的各种档案馆——俄罗斯国家军事历史档案馆（RGVIA）、俄罗斯国家海军历史档案馆（RGAVMF）、俄罗斯联邦国家档案馆（GARF）、中央历史城市档案馆（TsGIA）和俄罗斯国家历史档案馆（RGIA）。俄罗斯国家军事历史档案馆里收藏的安全警察档案是一座宝库。俄罗斯公关专家阿尔卡季·梅卢瓦（Arkady Melua）收集了 18 卷有关阿尔弗雷德在沙俄活动的文件，但这些文件主要涉及他搬走后的时间，因此对本书来说并不那么重要。威廉·布莱克威尔（William L Blackwell）的《1800—1860年俄国工业化的开端》一书为我们提供了背景资料。关于城市环境，除了上述游记外，我还阅读了有关这些地区历史的书籍和文章，主要是叶夫根尼·格雷本卡（Yevgeny Grebenka）在1845年沙俄著名选集中关于彼得堡街区的当代描述，以及伊萨琴科（Isachenko）和皮塔宁（Pitanin）的《圣彼得堡列捷伊纳亚大街历史》和瓦西里耶娃（Vasiljeva）和克罗波娃（Kropova）的《圣彼得堡历史》等其他当代文章。亚历桑德拉·叶夫根尼耶芙娜·阿瓦尔亚诺娃（Aleksandra Yevgenyevna Avarjanova）2016年对阿尔弗雷德所谓的童年故居进行了文化历史专家审查，这对介绍工作非常重要。

关于沙俄和圣彼得堡的一般政治和历史事件，我的主要资料来源与前一章相同，包括访谈。浪漫主义哲学及其在俄罗斯的地位是在多部著作的基础上描绘出来的，其中包括以赛亚·伯林的《俄国思想家》、斯万特·诺登的综合性著作《哲学家：现代世界的诞生与西方思想1776—1900》、萨拉·普拉特（Sarah Pratt）的《俄罗斯形而上学浪漫主义：蒂乌切夫和博拉廷斯基的诗歌》，以及休·罗伯特（Hugh Robert）的《雪莱与历史的混乱》。我通过加林娜·柯基吉娜（Galina Kichigina）的《帝国实验室：后克里米亚时期俄罗斯的实验生理学和临床医学》一书了解了尼古拉·津宁在圣彼得堡的职业生涯和活动。在翻译的帮助下，我还阅读了G·V·比科夫（G V Bykov）的《有机化学史研究：喀山学派》一文，以及泽雷宁（Zelenin）和索罗德（Solod）在历史传记集中撰写的关于尼古拉·津宁的文章。

意大利建筑师保拉·玛丽亚·德尔皮亚诺（Paola Maria Delpiano）写了一本关于阿斯卡尼奥·索布雷罗的好书，我把这本书与西古尔德·瑙克霍夫（Sigurd Nauckhoff）的文章《索布雷罗的硝化甘油和诺贝尔的炸油》、G·W·麦克唐纳（G W MacDonald）的《现代炸药历史论文集》和G·I·布朗的《炸药：历史的巨响》结合在一起，描述硝化甘油的起源。几乎同时出版的维克多·富内尔（Victor Fournel）的《巴黎街头的声音》、艾梅·布廷（Aimee Boutin）的《噪声之城：声音与19世纪的巴黎》和罗拉·贡萨雷斯－奎亚诺斯（Lola Gonzales-Quijanos）的《爱情之都：19世纪巴黎的女性与欢乐之所》等书籍丰富了1850—1851年巴黎的社会情形。皮埃尔·皮农（Pierre Pinon）的《巴黎奥斯曼地图集：第二帝国时期至当代的城市遗产图集》也非常珍贵。

78 Passjournaler 1842, Överståthållarämbetet, Polisärenden 1, Polissekreteraren, CXV a:24, SSA. I övrigt: DA 26 juli 1837 (Solide), 24–27 okt 1842 (familjens resa); Nobel-Oleinikoff (1952), s. 61 (pigan).

79 Lagerqvist (2005), s. 211; »Statistik öfver Sverige, grundad på offentliga handlingar«, 1844, s. 109–123 (eftersläpande).

80 Av Oleinikoff-Nobel (1952) framgår att Immanuel Nobel vid juletid 1841 bodde på Litejnyj Prospekt 31 (senare nummerändrat till 34). Andrietta Nobel uppgav Lit 4 nr 400 som IN:s hemadress när hon registrerade sitt pass i Sankt Petersburg, feb 1843 (GARF, F 109, Op 227, D 22.) Lit 4 nr 400 stod för just Litejnyj Prospekt 31. 10 juni 1843 uppger Robert Nobel (RN) samma adress (del 35). Första noteringen av ny adress jag hittat är från 23 dec 1848. Däremellan flyttar familjen.

81 Poeten och förläggaren Nikolaj Nekrasov introducerade bland annat Dostojevskij och Tolstoj. Dostojevskijs debutroman *Arma människor* publicerades 1846. Nekrasov flyttade några år senare till Litejnyj Prospekt 36.

82 »Skapligt slädföre«, se t.ex. rekommendation i IN till Ludvig Ahlsell (LA), 2 okt 1848, ANA, EI:3, RA.; Åbo Tidningar, 29 okt 1842 (resande); Andrietta Nobels (AnN) respass, för henne och »två minderåriga barn«, GARF, F 109, Op 227, D 22. Passet uppvisat i Åbo 27 okt 1842. AnN och barnen registrerades som ankommande »från Åbo«

hos polisen i Petersburg den 26 feb 1843, »för att bosätta sig med sin make«.

83 Ogarjovs egen CV, i Nikolaj Aleksandrovitj Ogarjovs arkiv, F 182, Op 1, D 1, RGVIA; Kontrakt 1848 och 1851, F 182, Op 1, D 1, RGVIA; RBD, artikeln om Ogarjov; KUV, NoA, A8, LL. (i jan 1843 O utsedd till medlem i kommittén) samt dokumentation från polisinspektion i fabriken 1844, RGIA, F 18, Op 2, D 1140 (fabrikslokalen ägdes av Ogarjov). Fabriken hade adress Peterburgskaja, kvarter 4, no 1318. Enligt kontrakten i RGVIA köpte inte Ogarjov tomten förrän 7 juli 1844, strax före polisinspektionen. Då var verksamheten i full gång, så antagligen hyrde eller disponerade Ogarjov tomten och fabriken även dessförinnan.

84 Verksamhetsberättelse på franska av IN, NoA, A8, LL; Patenthandling, 6 april 1844, återpublicerad (Melua) 2009; Rapport från finansministeriet till tsar Nikolaj I, RGIA, F 583, Op 4, D 239 (storfurstens inblandning). Michail Pavlovitj fortsatte att närvara vid Nobels experiment. Poesi och prosaverkets titel, se Ogarjovs personliga arkiv i RGVIA, F 182, Op 1, D 46-52; Löje och skratt, se Kantor-Gukovskaja A. S (2005) samt en hänvisning till Ogarjov i Ryssländska arkivet, Fäderneslandets historia i vittnesutsagor och document 1700—1900-talen.

85 *S:ta Katarina svenska kyrka*, historisk skrift utgiven av församlingen i Sankt Petersburg (2015); några noteringar kring sonen Emils födelse och dop har inte påträffats i S:t Katarinas församlings arkiv, RA.

86 Santesson, Gunnar (1982), s. 96f. Enligt Marta Nobel-Oleinikoff pratade ingen av bröderna perfekt ryska, men Ludvig ändå så pass att han kunde hålla offentliga tal.

87 Analys av Erik Bergengren, EB-arkivet, NA.

88 Berlin (1978), s 142.

89 Hägg (2000), s. 480 (citat).

90 Rapport från polisinspektion i juli 1844, RGIA, F 18, Op 2, D 1140.

91 RGAVMF, F 19 Op 4 D 38 (Sveaborghistorien); KUV, NoA, A8, LL.

92 KUV, NoA, A8, LL, storfurst Michail Pavlovitjs brev till krigsministern, odaterat, återgivet i IN:s verksamhetsberättelse på franska, Immanuel Nobels arkiv, NoA, A8, LL, samt i S & S (1926), s. 56–58; Cronquist (1898), s. 12 (landminans effekt).

93 *Projet de défense cotière* ···, IN:s odaterade presentation, sannolikt tidigt 1860-tal, NoA, A8, LL.

94 Averjanova, Aleksandra Jevgenjevna, »Dokument rörande resultat från den statliga expertundersökningen av kulturarvsobjektet beläget på adressen Sankt Petersburg, Peterburgskaja naberezjnaja, 24« (2016); Nobel-Oleinikoff (1952), s. 62.

95 Averjanova (2016).

96 Vasiljeva, G och Kropova, R, *Peterburgskaja storona, Leningradskaja panorama*, nr 5, 1987, s. 29–31 (citatet).

97 Bahr (1838), citatet.

98 Volkov (1996), s 33.

99 Erlandsson (red.) (2006), s. 94f (citat 1); AnN till LA, 21 juli 1847 (citat 2), ANA, EI:4, RA.

100 »Formell lista över generaladjutant Nikolaj Aleksandrovitj Ogarjovs tjänst och värdighet«, Ogarjovs eget CV, Ogarjovs privata arkiv, RGVIA, F 182, Op 1, D 1.

101 Ogarjovs gåvobrev till Immanuel Nobel, 28 april 1848, RGVIA, F 182, Op 1, D 26.

102 AnN till LA, 21 juli 1847 och IN till LA, 28 feb/11 mars 1848, ANA, EI:3, RA.

103 Volkov (1996), s. 40 (citat); Sebag Montefiore (2017), s. 402 (citat).

104 Boken översattes snabbt av Per Götrek och kom ut på svenska 1848 under titeln *Kommunismens röst. Förklaring af det Kommunistiska Partiet offentliggjord i februari 1848*, (*Schultzes boktr*).

105 Almquist (1942), s. 76–132.

106 Frank (2010) s. 139–177.

107 MacDonald, G W (1912), 160–163. Citat

s. 161 och 162. Ascanio Sobrero hade en svag koppling till Sverige. Hans farbror C R Sobrero kände svenske kemisten Jacob Berzelius och var en tid sysselsatt med kanoner i Filipstad. I KVA finns ett brev till Berzelius från Ascanio Sobrero daterat 24 mars 1844.

108 Zelenin och Solod (2016) (citatet).

109 IN till LA, 2 okt 1848, ANA, EI:3, RA. Bergengren (1960) kallar Nikolaj Zinin brödernas privatlärare. Ryska källor, som Zelenin och Solod (2016), placerar Alfred Nobels lektioner för Zinin i privatlaboratoriet eller på akademien. Det kan ha rört sig om privatundervisning i Zinins hemlaboratorium.

110 IN till LA, 13 sep 1848, ANA, EI:3, RA.

111 LN till LA, 28 nov 1848 och 22 dec 1848, ANA, EI:3, RA. I registret över ankommande utlänningar till Ryssland 1848, (GARF, F 109, Op 227, D 35) uppges Ludvig ha återkommit den 23 december 1848.

112 Nobel-Oleinikoff (1952), s. 62; Nobels och Ogarjovs patent från 8 mars 1851, återpublicerat i Melua (2009). Volume 1; Anna Nobels opublicerade biografi över Immanuel Nobel, i ANA, EI:4, RA.; S & S (1926), s. 60.

113 Ogarjovs gåvobrev till Immanuel Nobel, 28 april 1848, RGVIA, F 182, Op 1, D 26. Uppgifter om skulderna, se RGIA, F 583, Op 4, D 243 och 246.

114 Järnvägen mellan Petersburg och Tsarskoe Selo öppnades 1837. De första tågen på svensk mark rullade först 1856.

115 Allen, Katie, »Reuters, a brief history«, The Guardian, 4 maj 2007; företagshistorik från www.thomsonreuters.com.

116 NoA, A8, LL.

117 de Mosenthal, Henry (1898), s. 568.

118 Bergengren (red.) (2006), s. 61.

119 Se Schmid (2007), s. 30 för alla upplagor av Shelley i tysk utgåva de här åren.

120 Bykov (1980), s. 199.

121 GARF, F 109, O 227, D 30. I inresenoteringen 1852 står faktiskt att Alfred Nobel kom från Paris. Min teori är att han återvänt från USA via Paris, där han kände sig hemma efter studierna 1850—1851.

122 Pinon (2016), s. 10.

123 Dumas, A, »Èloge historique de Jules Pelouze«, tal vid Académie des Sciences, 11 juli 1870, Les Archives de l'Académie des Sciences, Paris.

124 Gonzales-Quijano (2015).

125 Erlandsson (red.) (2006), s. 65ff och 95ff (dikten Canto).

第四章

对维也纳会议期间的和平抱负及其后发展的概述基于以下几本著作：戴维·金（David King）的《1814年维也纳》、亨利·基辛格的《大外交》、托尔斯滕·埃克博姆（Torsten Ekbom）的论文集《欧洲协约》以及理查德·B·埃尔罗德（Richard B Elrod）的文章《欧洲协约：对国际体系的全新审视》。卡斯滕·阿尔奈（Karsten Alnae）视角丰富的《欧洲史：1800—1900年的解体》为我们提供了一个概览，而在国际经济视角方面，我则要感谢马茨·布拉德（Mats Bladh）的《经济史：千年以来的欧洲、美国和中国》。我在朱莉娅·贝尔德（JuliaBaird）的《维多利亚：女王》中找到了关于伦敦世界博览会的生动描述。弗雷德里克·布雷默的游记《1851年秋天的英格兰》中有关于伦敦世界博览会的生动描述。我还查找了《伦敦各国工业作品大展官方目录》（1851年）。了解阿尔弗雷德到美国考察期间的纽约并不困难，因为有埃德温·伯罗和迈克·华莱士的获奖作品《哥谭——纽约市的历史》、泰勒·安宾德（Tyler Anbinder）的《梦想之城：纽约移民的400年史诗》，以及埃里克·霍姆伯格（Eric Homberger）的《纽约市文化史：一部文化史》等书。美国数字报纸档案是一个重磅资料来源，戴维·拉姆齐（David Rumsey）的在线历史地图集中的纽约地图亦是如此。威廉·丘奇（William Church）的《约翰·埃里克松的一生》(1890年）仍然是关于约翰·埃里克松的标准著作，我在此基础上补充了奥拉夫·图斯利乌斯（OlavThuselius）的《约翰·埃里克松的一生：海军工程师约翰·埃里克松传记》(1890年)。我一如既往地倚重科学史调查，并有幸增加了戴维·博达尼的《电》，该书的阅读体验几乎可以与特雷弗·罗伊尔（Trevor Royle）的《1854—1856年伟大的克里米亚战争》相媲美，后者是我记述克里米亚战争最重要的资料来源。查尔斯·内皮尔的个人著作《1854—1857年波罗的海战役史》当然也很重要。围绕尼古拉·津宁后续发展的撰写工作，我找到了其他俄罗斯资料，如菲古洛维斯基（Figurovsky）和索洛维尤夫（Solovyov）的《尼古拉·尼古拉耶维奇·津宁传记》及其附录10，以及S·F·格林卡（S F Glinka）的《尼古拉·津宁的个人回忆》。

126 England stod för en fjärdedel av den totala handeln i världen under andra halvan av 1800-talet.

127 »Tjugo år«: Napoleonkrigen 1803–1815 föregicks av andra krig. »Den europeiska konserten« var inget avtal med bindande regler, bara en uppgörelse om att länderna kunde kalla samman fredskonferenser i händelse av kris. De makter som anslöt sig var de fyra segermakterna Österrike, Preussen, Ryssland och Storbritannien. »Europeisk union«, till exempel danske centralbankschefen Conrad G.F. Schmidt-Phiseldeck och franske filosofen Théodore-Simon Jouffroy, se Alnaes (2006), s. 44.

128 S & S (1926), s. 104.

129 Ludvig finns noterad hos säkerhetspolisen (GARF, F 109, Op 227, D 30) som återvändande från London till Sankt Petersburg 2 dec 1851. Jag driver tesen att avresan ägde rum mellan 5 sep 1851 (IN:s fullmakt till AN) och världsutställningens slut 15 okt 1851. John Ericsson hade skickat flera nya alster till världsutställningen, även om han inte själv tycks ha närvarat.

130 Cantor (2011). Citat s. 43 och 56.

131 Baird (2016), s. 250 (citat).

132 Bremer (1922), s. 4ff, 47 och 62. Reseskildringen publicerades ursprungligen i Aftonbladet 1852. Bremer (1922), s. 62f. Citat s. 63.

133 Bremer misstar sig. Första gången John Ericsson presenterade en »caloric engine« var i London 1833.

134 Se även Shaw (2002), s. 30–50.

135 Citat ur Alfred Nobels tidigare omnämnda dikt »En gåta«.

136 Från 1855 öppnade staten New York ett immigrantcenter i Castle Garden vid Battery Park, Manhattan. Ellis Island togs inte i bruk förrän 1892.

137 Jenny Lind-febern: NYT 9 mars 1852 och 19 maj 1952 samt Saturday Evening Post, 14 sep 1850 och Thuselius (2007), s. 180 (prylarna).

138 Ancestry.com. New York, Passenger Lists, 1820—1957 [database on-line] Provo, UT, USA; NYT 9 mars 1852 (AN i ankommandenotis). Collins Line ang jorde pir 41, enligt Rumseys NY-karta från 1852.

139 Stowe (1911), s. 203.

140 Church (1890), s. 181 (citat) och 194.

141 John Ericsson flyttade till 95, Franklin Street 1843 och bodde där till 1864, då han flyttade till ett eget litet hus på 36 Beach Street.

142 SBL, artikeln om John Ericsson; Church (1890), s. 115.

143 Citat hämtat ur Paul (2007, e-bok), pos 998.

144 AN till LA, juli 1852, återgivet i S & S (1926), s. 104. Alfred skrev »en viss kapten Ericsson«, vilket tyder på att Ahlsell inget visste om projektet. Konsuln hette Carl David Arfwedson.

145 NYT, 31 maj 1852. De här fartygen trafikerade bara sträckan New York–Liverpool en gång i månaden. Ångaren Arctics restider stämmer inte överens med Alfred Nobels återkomst till Sankt Petersburg 26 juni 1852. Min tes är att han reste med systerfartyget *Atlantic* som ankom Liverpool 9 juni 1852. Vi vet att Alfred återvände via Paris och det skulle han i så fall ha hunnit med. Det kan också noteras att han senare uppges ha varit ytligt bekant med sångerskan. Tyvärr förde Storbritannien inga register över ankommande resenärer vid den här tiden och några passagerarlistor har inte bevarats. Det finns uppgifter om att Alfred Nobel under detta år också ska ha rest till Hamburg, Ystad, Köpenhamn och Italien, se t.ex. S & S, s. 103, men den routen förefaller osannolik och källvärdet är svagt, då uppgiften lämnas i ett tiggarbrev flera decennier senare.

146 Sankt Petersburgtidningen Det Nordiska Biet, 21 feb 1853 samt en notis från NYTr, återgiven i *Farmer's Cabinet* 21 april 1853.

147 PoIT 6 april 1853. Felstavningen på Ericsson är Immanuels egen.

148 *The Caloric Ship Ericsson*, NYT, 12 jan 1853.

149 Bodani (2005), s. 15 och 72 (citat).

150 Strandh (1983), s. 268f.

151 Finansministeriets rapport till tsar Nikolaj I, 23 mars 1851, RGIA, F 583, Op 4, D 246; *Nekrolog över generaladjutant Ogarjov*, Vojennyj sbornik, God desjatyj, Nr 4, April. Sankt Petersburg 1867.

152 Erlandsson (red.) (2006), s. 84f.

153 Royle (2000), s. 7 (återgivet citat av Berlin).

154 LN:s redogörelse, handling i konkursmålet, 2 jan 1860, NoA, A9, LL.

155 Kontraktet på ångmotorerna skrevs 16 dec 1853, se brev från AN till Ångfartygskommittén,17 dec 1854, i RGAVMF, F 163, Op 1, D 231; kontraktet på lagerbyggnaderna skrevs 23 april 1853, se brev från IN till storfursten Konstantin Nikolajevitj, 12 maj 1854, RGAVMF, F 84, Op 1, D 5001.

156 Jules Pelouze var först att anmäla upptäckten nitroglycerinet, Comptes rendues, 15 feb 1847, Academie des Sciences, Paris.

157 Kichigina (2009), s. 172; Figurovskij, N A och Solovjov, Ju. I (1957); S & S (1926), bilaga 8, s.289. Zinin genomförde försöken tillsammans med kemisten och artilleriofficeren Vasilij Petrusjevskij.

158 Bykov (1980), s. 198; Kichigina (2009), s. 172; S & S (1926), bilaga 8, s. 289f. Kichigina förlägger demonstrationen till sommaren 1854, på oklar grund, men av dokumentation i RGAVMF framgår att Immanuel Nobel föreslog sjöminor med nitroglycerin redan i mars 1854 varför experimentet måste ha ägt rum tidigare. Vid just den här demonstrationen verkar inte Petrusjevskij ha varit närvarande. Alfred Nobel nämner en professor Jurij Karlovitj Trapp vid Krigsmedicinska akademien som Zinins medarbetare, om än inte vid just detta experiment. I ryska källor är det dock oftast Vladimir Petrusjevskij som framhävs i dessa tidiga nitroglycerinexperiment.

159 Brev från generalingenjör Den till storfurst Konstantin Nikolajevitj, 27 mars 1854, samt generalingenjör Dens beskrivning av Nobels minexperiment, 20 maj 1854, RGAVMF, F 317, Op 1, D 345.

160 Brev från generalingenjör Den till storfurst Konstantin Nikolajevitj, 27 mars 1854, RGAVMF, F 317, Op 1, D 345.

161 Royle (2000). Citat s. 151 och 156; Napier (1857), s. 181.

162 Nobels kontrakt med Krigsministeriet 15 april 1854, RGAVMF, F 224, Op 1, D 272.

163 Nobel-Oleinikoff (1952), s. 67.

164 Brev från storfurst Konstantin Nikolajevitj till Kronstadts generalguvernör F P Litke 22 april 1854, samt svaret från Litke 1 maj 1854, RGAVMF, F 224, Op 1, D 272.

165 Redogörelse från högsta chefen för förvaltningen över järnvägar och offentliga byggnader om tillstånd till brukspatronen Nobel att bygga en flygelbyggnad, RGIA, F 446, Op 23, D 2.
166 Poem av Nikolaj Ogarjov, 28 jan 1854, RGVIA, F 182, Op 1, D 1.
167 Brev från A E Nobel till A A Chramtsov, 6 april 1854, RGAVMF, F 163, Op 1, D 231.
168 Nobel-Oleinikoff (1952), s. 67; Tolf (1977), s. 32; Robert Nobels rapporter i NoA, A1, LL; RGAVMF, F 317, Op 1, D 345.
169 Royle (2000), citat s. 158; Nobel-Olenikoff (1952), s. 65; rapport från Kronstadts generalguvernör Den till krigsministern, 19 juni 1854, RGVAMF, F 317, Op 1, D 345; Sebag Montefiore (2017), s. 508 (tsarfamiljen såg fartygen).
170 Skrivelse från krigsminister V A Dolgorukov 2 aug 1854, RGAVMF, F 317, Op 1, D 345.

第五章

阿尔弗雷德·诺贝尔在一生中曾多次前往温泉疗养地，而第一次前往弗兰森斯巴德则是在罗斯维塔·席布（Roswitha Schieb）的《波希米亚温泉三角区、文学旅游指南》以及当时的温泉医生洛伦茨·科特勒（Lorenz Köstler）的《埃格尔－弗兰岑斯巴德发展现状一览》(1847 年）以及《晚报》记者卡尔·库尔贝里（Karl Kullberg）的《弗兰岑斯巴德：概要》(1858 年 5 月 15 日）中关于此次访问的描述的帮助下，还原了这一情况。在斯德哥尔摩和瑞典的发展方面，我参考了雷纳特·舍恩的《瑞典现代经济史》、玛丽安娜·洛贝里（Marianne Råberg）的《斯德哥尔摩的未来？工业化下的城市发展》、K·V·塔万艾恩（K V Tahvanainen）的《电报之书：1853—1996 年瑞典的电气电报》以及拉尔斯什·贝里格伦（Lars Berggrund）和斯万·博斯特伦（Sven Bårström）的《第一条铁路干线：尼尔斯·埃里克森的伟大作品》(2014 年)。尼尔斯·乌登贝里的医学史著作《苦难与医学 II》外，我用罗伊·波特（Roy Porter）的《血与胆：医学简史》和威廉·拜纳姆（William Bynum）的《19 世纪的科学与医学实践》作为补充。除了特雷弗·罗伊尔的《1854—1856 年伟大的克里米亚战争》外，我还使用了罗萨蒙德·巴特雷特（Rosamund Bartlett）所著的传记《托尔斯泰：俄罗斯人的一生》和列夫·托尔斯泰的《塞瓦斯托波尔故事》(1855 年)。西蒙·西贝格·蒙特费瑞的《最后的沙皇王朝：1613—1918 年的罗曼诺夫》和索罗蒙·沃尔科夫的《圣彼得堡：一部文化史》都是重要的补充。关于查尔斯·达尔文的叙述，除了科学调查外，还基于达尔文本人的《物种起源》、诺拉·巴洛（Nora Barlow）的《查尔斯·达尔文传》、斯特兰·奥托松（Stellan Ottosson）的《达尔文：胆小的革命者》和大卫·夸门（DavidQuammen）的《不情愿的达尔文先生》——查尔斯·达尔文的个人写照，以及他是如何提出进化论的。在文学部分，维克多·特拉斯（Victor Terras）的《俄罗斯文学史》和约兰·海格的《世界文学史》都做出了重要贡献，奥克·埃兰德松的著作《阿尔弗雷德·诺贝尔的图书馆：书目》也令人印象深刻。我在 SBL 中找到了个人肖像的资料，如阿道夫·尤金·冯·罗森和安东·路德维格·法恩海姆。

171 IN till LA 24 dec 1855/6 jan 1855, ANA, EI:3 RA; IN till LA, odat. 1854 och AnN till LA, 6 nov 1854, ANA, EI:3, RA; AN till Martin Wiberg, 12 maj 1896; ANA, BI:10, RA.
172 Sjukdomar nämnda i AN:s brev, sammanställning av Erik Bergengren, kortregistret, NA, även AN till LA, 6 nov 1854; LN till RN, 5 maj 1857, NA (»det gamla onda«); även S & S (1926), s. 104.
173 Köstler (1847) .
174 Resandenotis, AB 8 aug 1854 (för 7 aug).

AN tog in på Drottninggatan 5; AN till LA, 6 nov 1854 och IN till LA, odat. 1854, ANA, EI:3, RA; S & S (1926), s. 104 (citat).

175 Lustigt nog stavade bröderna efternamnet olika.

176 S & S (1926), s. 104 (citat); GHT 21 aug 1854 (resandenotis).

177 Kullberg, AB, 15 maj 1858 (citaten).

178 S & S (1926), s. 104 (citat).

179 Även Woodham-Smith (1952), s. 164 och 179–182 och Baird (2016), s. 274f (Victorias avund).

180 S & S (1926), s. 105. Rolf var född 22 oktober 1845 och Emil 29 oktober 1843.

181 Kontrakt med ryska krigsministeriet, 20 jan 1855, NoA, A1, LL; AN brev till marinens Ångfartygskommitté (fullmakt för Emmanuel Nobel), 17 dec 1854, RGAVMF, F 163, Op 1, D 231; brev från marinministeriet till finansministeriet 12 feb 1856 (grannarnas klagomål), RGAVMF, F 163, Op 1, D 231.

182 Erlandsson, red (2006), s. 85 och 87.

183 Nobel-Oleinikoff (1952), s. 353. Här uppges 1853 som året för medaljen, men den är enligt gravyren utdelad av Alexander II, som tillträdde först 1855. Allt talar för att det skedde detta år, innan Nobel var ute i kylan 1856; NoA, A9, LL.

184 AN till LA, 13/25 september 1855, ANA, EI:3, RA

185 IN till LN, 28 sep 1855; ANA, EI3, RA (glädjen och fredsönskan); Nobel-Oleinikoff (1952), s. 80. De gifte sig inte förrän 7 okt 1858.

186 INA, A1, LLA. Minutläggningen pågick mellan 30 mars och 17 april; RGAVMF, F 317, Op 1, D 190 – tsar Alexander II:s besök vid Kronstadt.

187 S & S (1926), s. 105. Citatet ur brev som S & S daterar mars 1855. Men enligt polisregistren i GARF (F 109, Op 227, D 42) återvände AN till Petersburg först 28 maj.

188 RGAVMF, F 317, Op 1, D 184 och 232.

189 AN till LA, 13/25 september 1855, ANA, EI3, RA.

190 Tolstoj (2010), citat s. 4, 57f och 67.

191 Shaffner, T P (1857); »Shaffner's WorldGirdle Telegraph«, bl.a. Washington Union, 9 jan 1855; »Elektrisk telegraf omkring jorden«, AB 15 mars 1855.

192 »News direct from Russia«, New York Daily Times, 3 dec 1855; »Important Private Intelligence from Russia«, särskild intervju med Shaffner i Tuskegee Republican, 11 jan 1855.

193 Författaren Herta E. Pauli citerar i sin bok *Alfred Nobel: Dynamite King, Architect of Peace*, Fischer (1942), s. 89, Shaffners vittnesmål om Petersburgsdemonstrationen i en process på 1870-talet, tyvärr utan källhänvisning. Motsatt uppgift lämnas av Adolf Eugène von Rosen i ett vittnesmål 1865, ANA, F IV:12, RA.

194 Artikel i Buffalo Republican, återgiven i Perrysburg Journal, Ohio, 29 dec 1855.

195 Brevväxling mellan krigsministern Dolgorukov och Kronstadts militära generalguvernör, RGAVMF, F 317, Op 1, D 263.

196 IN till ordföranden i Ångbåtskommittén, 7 okt 1855; IN till marinministeriet (via LN), 9 okt 1856, RGAVMF, F 164, Op 1, D 813; rapport från finansministeriet 31 aug 1856, RGAVMF, F 583, Op 4, D 256 (antalet fem). Korrespondens mellan finansministeriet och marinministeriet rörande klagomål på Nobel från änkan Kosen (branden natten mellan 15 och 16 okt 1855), feb 1856, RGAVMF, F 163, Op 1, D 231.

197 LN till RN, 29 okt 1855, NA.

198 AN till kaptenen på Kronstadt, RGAVMF, F 163, Op 1, D 231; LN till RN, 5 maj 1857 (om Alfreds överdrivna arbetstakt); LN till LA, 24 dec 1855/6 jan 1856, ANA, E I:3, RA – Alfreds extrema flit och vacklande hälsa.

199 IN till LA, 24 dec 1855/6 jan 1856, ANA, E1:3, RA.

200 Kosens klagomål, 12 feb 1856, RGAVMF, F 163, Op 1, D 231; korrespondens mellan AN och Tekniska fartygskommittén, 3 sep 1856–31 jan 1858, RGAVMF, F 164, Op 1, D 66; korrespondens mellan IN och marinministeriet, 9 okt 1855–17 febr 1857 och IN:s brev på franska till en baron von Wrangel vid skeppsbyggnadskommittén, 5 nov 1856, F 164, Op 1, D 813; skeppen hade en gång tillhört den svenska marinen och hette då *Rettvisan, Hangöudd och Viljan*.

201 Ibid samt IN:s brev till LA, 3 okt 1856; ANA, E I:3, RA.

202 I marinministeriets arkiv finns en uppgift om att LN kvitterat storfurstens negativa svar med sin signatur. Det verkar osannolikt. IN var fortsatt ovetande.

203 Korrespondens mellan IN och marinministeriet, 9 okt 1855–17 feb 1857, F 164, Op 1, D 813; ärendet om stöd till Nobels mekaniska fabrik, finansministeriet, 5 mars 1860–8 aug 1862, F 18, Op 2, D 1740.

204 IN till LA 7 april 1857, ANA, EI:3, RA.

205 RGAVMF, F 139, Op 1, D 44.

206 Brev från LN till RN 5/14 maj 1857, NA.

207 Statssekreterare Reitern, citerad i skrivelse från marinministern till finansministern 27 juni 1861, RGAVMF, F 18, Op 2, D 1740.

208 AN:s brev till RN, 11 och 18 maj 1857, NA.

209 Ibid; Nobel-Oleinikoff (1952), s. 70f.

210 S & S (1926), bilaga 1 samt s. 105.

211 Bröllopet, se tidningen Folkets röst, 27 okt 1858. Emanuel, se Nobel-Oleinikoff (1952), s. 80. Ludvig ska också ha haft en utomäktenskaplig son vid namn Hjalmar Crusell, se Åsbrink (2010), s. 23.

212 Sjöman (2001), s. 228ff; likvidatorer, se Nobel-Oleinikoff (1952), s. 117.

213 Brev från RN till Pauline Lenngrén, 31 dec 1859, NA.

214 Darwin (1871), citat s. 406f.

215 Quammen (2006), citat s. 172; PoIT, 7 april, 1860.

216 Nobel-Oleinikoff (1852), s. 61 och 97–101; här nämns att lägenheten låg i »Litejnyj-trakten«.

217 Brevväxling RN och PL/fru Lenngren, 30 aug–26 sep 1859, NA, även återgivna med underhållande kringanalys i Sjöman (2001), s. 245–251.

218 RN till PL, 4 dec 1859.

219 Brev från RN till PL 21/10 1860, citerat i Erlandsson (red.) (2006), s. 12; Nobel-Oleinikoff (1952), s. 101f.

220 Ur dikten »Canto«, Erlandsson (red.) (2006). Citat s. 84, 85, 96f, 103, 100, 80, 103f.

秘密的梦

221 Från 1861, se Mantalsuppgifter, SSA (så också uppgiften om att Alfred Nobel flyttade in där 1863). Första tiden bodde de (enligt brevdateringar) i Johannesdal strax söder om Stockholm.

222 Erik Bergengren (EB) till Nobelstiftelsen, 28 okt 1956, EB-arkivet, NA.

223 Ibid.

224 S & S (1926), citat s. 107. Fant (1991) innehåller nästan hela brevet. Sjöman (2001) går ett steg längre och försöker återskapa hela dokumentet (s. 228ff), med censurmarkeringar, överstrykningar och allt.

225 Lundgren (2017), s. 303.

第六章

本章的核心内容是"希腊夫人文集"（又称"安全档案"）中新到的信件。在此之前，人们对这一时期发生的事件相当陌生。在芬兰历史学家莱纳·克纳帕斯（Rainer Knapas）的帮助下，我拨开了围绕卡累利阿地峡的奥尔加·德·福克（为本书制作的两份备忘录，"松浦拉钢铁厂"和"福克家族"）的迷雾，她也出现在阿尔弗雷德·诺贝尔的生活中。诺贝尔家族的活动也融入了本章节的日常生活描述中，让我们亟须走近这个家族。除了博·斯特罗特的《瑞典历史：1830—1920年》（2012年）之外，路易斯·德格尔的《回忆》（1892年）、斯万·埃里克森的《卡尔十五世》、斯蒂格·埃克曼（Stig Ekman）的《代表制改革的最后一战》和佩尔·T·奥尔松（Per T Ohlsson）的《增长的100年：约翰·奥古斯特·格里彭斯泰特与自由主义革命》也对19世纪60年代瑞典的政治变革进行了描述。关于斯德哥尔摩的事件，还使用了拉尔斯·埃里克松·沃尔克的《斯德哥尔摩750年历史》和佩尔－埃里克·林多姆（Per-Erik Lindorm）的《斯德哥尔摩七个世纪》一书。关于个人肖像，则使用了瑞典SBL（卡尔十五世、奥斯卡一世、路易斯·德格尔和约翰·威廉·斯米特）和俄罗斯RBS两个档案馆的资料（例如爱德华·托特列边将军的情况）。

226 Brev från AN till RN, 1861–1862, bl.a. 1 april 1862, NA; korrespondens om stöd till Nobels mekaniska fabrik 1860–1862. (ryska), RVGMF, F 18, Op 2, D 1740.

227 RN till PN, 12 mars 1860 och 27 mars 1861, NA.

228 AN till RN, 1 april 1862; RN:s problem, se RN till PN, 1860–1863, NA.

229 Båtförsäljningen, annons i Helsingfors Tidningar 3 jan 1860, båten hette Kryloff; LN till RN, 25 okt 1861 (värmeledningarna); RN till PN 1860–1861 (uppskjutet bröllop), NA.

230 RN till PN, 31 okt 1859, 21 feb 1860, 11 juni 1860, 20 jan 6, 24 feb 61 och 5 april 1861; LN till RN, 18 nov 1861 (citat), NA.

231 AN till RN, 1 april 1862, NA; LN till RN, 5 okt 1861 (citat), samt AN till RN, 1 april 1862, NA.

232 Breven från RN till PN, 1862, NA; LN till RN, 25 okt 1861, NA (citat); RN till PN, 21 maj 1860.

233 AN till RN, 1 april 62, brev från LN till RN, 25 okt 1861; AN till Olga de Fock, 10 okt 1862, BII:2, ANA, RA; Erlandsson (red.) (2006), s. 13 (citatet om Ranthorpe); Knapas (2017, opubl.).

234 A Lisogub till AN, 20 april, 8 maj och 22 juni, 1896, ANA, BII:2, RA.

235 Uppgifterna om vem som först blandade nitroglycerin med svartkrut går isär. Enligt Strandh (1983), s. 37, var det AN, men enligt AN (patentförhör 1874), i S & S (1926) var det IN i början av 1862. (Det kan dock tidigast ha varit vintern 1862/63.) AN var dock den förste som blandade pulvriserat krut med nitroglycerin.

236 S & S (1926), s. 298; odaterat brev från AN till RN, som härrör från denna tid, NA. Det finns en ofta återgiven uppgift om att Alfred Nobel under 1861 reste till Paris och förhandlade fram ett lån på 100 000 franc för Immanuels olika sprängämnesförsök. Se t ex Mosenthal (1898), s. 569 och Molinari, E och Quartieri, F (1913), s. 49. Men inga fakta kan styrka det påståendet och av samtida brev och artiklar framgår att Immanuel inte rörde sig med de beloppen vid den här tiden.

237 LN till RN, 25 okt 1861, NA; RN till PN, 17 april 1861 och AN till RN, 1 april 1862, NA.

238 LN till RN, 1 okt 1862, NA; Tolf (1977), s. 42f.

239 Boeterbloem (2014), s. 108.

240 Remini (2006), s. 140ff.

241 Erlandsson (red.) (2006), s. 96.
242 AN till RN, 11 april 1862, NA.
243 AN till RN, 12 maj 1862, NA; även Figes (2010), s. 345.
244 RN till PN, 2 feb 1863, NA; AB, 29 jan 1863.
245 AN till RN, 11 april och 12 juni 1862; S & S (1926), s. 109 (Betty Eldes bekantskap med J W Smitt) och NDA , 12 mars 1863 (hennes välgörenhet); RN till PN, hösten 1862, NA.
246 RN till PN, 5 nov 1862, 28 dec 1862 och 15 mars 1863. Det hör till saken att Robert också var svartsjuk på Emil, som han tyckte verkade lägga an på Pauline. Nobel-Oleinikoff (1952), s. 103.
247 Brev till IN från generalstabsofficer Hugo Raab, 10 dec 1862, NoA, A8, LLA.
248 RN till PN, 28 feb 1863, NA.
249 Enligt AB 23 april 1863 var 1 rubel = 2,59 riksdaler. Därefter Myntkabinettets omräkningstabell för riksdaler.
250 AN, utkast till brev till »Wansowitch«/ general Totleben, 7 juli 1863, ANA, Ö II:6; AN utkast till brev till IN, 1 maj 1864, ANA, BI:1, RA; EB till Nobelstiftelsen, 17 jan 1957 (ansökan om respass ut ur Ryssland), EB-arkivet, NA. AN:s Stockholmsbesök och hastiga återresa framgår också av AN:s brev till RN vid den här tiden, NA.
251 Uppgift om fynd av kopia på Alfreds repass, 6 maj 1863, med tillstånd att lämna Ryssland, 17 jan 57, EB-arkivet, NA. Tyvärr har kopian förkommit.
252 AB, 12 och 30 maj 1863; Brown (2010), s. 87; IN brev till AN, 3 juli 1863; AN brev till RN, 1 juni 1863, NA (citat).
253 AN, utkast brev till IN, 1 maj 1864, ANA BI:1, RA; AN till RN, 1 juni 1863, NA.
254 de Geer (1892), s. 243f (citat).
255 AB, 29 maj 1863.
256 AN utkast till brev till IN, 1 maj 1864, ANA BI:1, RA; Norrbottens-Kuriren, 28 maj 1863 (ryktet).
257 AN, utkast till brev till »Wansowitch«/ general Totleben, 7 juli 1863, ANA, Ö II:6, samt AN utkast till brev till IN, 1 maj 1864, ANA, BI:1, RA. Även S & S (1926), bilaga 8 och 10. På vissa håll förekommer uppgiften att experimentet i Sankt Petersburg genomfördes 1862. Den korrekta tidpunkten framgår av händelsekedjan i AN:s brev till IN, 1864, liksom av det äldsta patentförhöret i S & S (1926) bilaga 10.
258 Brev från IN till AN, 3 juli 1863, ANA, EI:4, RA.
259 Enligt resandenotis i NDA anlände AN 30 juli 1863 från Sankt Petersburg. Enligt passjournalen (Överståthållarämbetets arkiv, CXV a:65 och a:66, SSA) sökte dock AN svenskt pass för utrikes resa den 29 juli 1863 och uppgav då att han anlänt till Stockholm på ryskt pass redan den 13 juli.
260 AB, 13 och 14 juli 1863; mantalsuppgift för IN, 1864, SSA. Sverige anammade metersystemet först 1878.

第七章

本章的主要内容来源于第一手资料——私人信件、当代报刊文章和官方记录。为了更贴近事件和当时环境，我发现了大量更专业的二手文献，其中包括比尔吉特·林德贝里（Birgit Lindberg）的著作《斯德哥尔摩的冶金厂》、马丁·拉什（Mårten Rasch）的《诺尔布罗桥的书箱和马厩》、当代《新地址年鉴与斯德哥尔摩指南》。还包括贝蒂尔·瓦尔登（BertilWaldén）的回忆录《维埃耶·蒙塔涅：百年瑞典（1857—1957）》以及西古尔德·瑙克霍夫两本技术史著作《1919 年以来近百年来瑞典采矿业使用的炸药和雷管》和 1948 年的《索布雷罗的硝化甘油和诺贝尔的炸油》。关于 19 世纪 60 年代早期瑞典文坛的描述，我使用了拉尔斯·罗恩罗斯（Lars Lönnroth）和斯万·戴尔布兰克（Sven Delblanc）的《瑞典文学——突破时期》，约兰·海格的《瑞典文学史》以及比斯·雪贝里的（BirtheSjöberg）和吉米·沃洛维克（Jimmy Vulovic）的《圣经中关于基督的教诲：启发与灵感》。贡·科尔比（Gun Kolbe）在《人物历史年鉴》（2004年）中塑造了玛丽·索菲·施瓦茨（Marie Sophie Schwartz）的畅销形象。在这里，我还依赖路易斯·德格尔的《回忆》和斯万·埃里克森的《卡尔十五世》，它们是关于瑞典和普丹战争的补充资料。汤姆·坦迪奇（Tom Standage）的《维多利亚时代的互联网》和戴维·博达尼的《电》对大西洋电缆的描述做出了贡献。

261 Mantalsuppgift för Burmester, 1861 och 1862, SSA; GHT 5 sep 1864 (beskrivningen av Heleneborg); AB 2 juni, 1860; hyreskontrakt mellan Burmester och Nobel, 1 april 1861, Stockholms rådhusrätts arkiv, avdelning 3, brottmål, 1864, A1:44, SSA. Den döde var Salomon Ludvig Lamm.

262 AN:s patent 1863 och 1864, i S & S (1926), bilaga 3 och 5. (Stearinfabriken ägdes av Lars Johan Hierta); IN:s mantalsuppgifter 1863-1865, SSA; AB och NDA, 5 och 6 sep 1864 (uppgifter ur polisförhör om uthusen).

263 AB 6 aug 1863; Dalpilen 8 aug 1863 (miljö, försöken); S & S (1926), bilaga 8 och 10, s. 291; AN brev till RN, 28 sep 1863, NA; AN brevutkast till IN, 1 maj 1864, ANA, BI:1, RA; AN:s patentbrev, 6 okt 1863 (anslaget 14 okt 1863), i Immanuel Nobels arkiv, NoA, C1, LLA; Härnösandsposten 14 okt 183.

264 Erlandsson (red.) (2006), s. 26; Erlandsson (2002), s. 22; www.oversattarlexikon.se.

265 Lönnroth & Delblanc (1999), s. 67; Sjöberg & Vulovic (red.) (2012) s. 7f, s. 29–35, s. 61–73; Hägg (1996), s. 284. Fredrik Böök citerad i Sjöberg och Vulovic (red.) (2012), s. 72.

266 Erlandsson (red.) (2006), citat s. 78.

267 Adelsköld (1900), s. 375; NDA, 6 nov 1863, AB, 6 nov och 18 nov 1863, NWT, 9 dec 1863; S & S (1926), s 122f; Strandh (1983), s. 39.

268 IN brev till AN, 3 juli 1863, NA; Waldén (1957), s. 57; EB brev till Nobelstiftelsen, 22 aug 1957, NH-pärmarna, NA.

269 Vittnesmål av Pehr Wilhelm Jansson, i S & S (1926), bilaga 10; AN brevutkast till IN, 1 maj 1864, ANA BI:1, RA.

270 AB, 29 dec 1863.

271 Brevutkast om beslutet i NoA, A1, LLA. Se även kapitel ett; Härnösandsposten 30 mars 1864; AB, 26 april 1864.

272 AB 2 maj 1864. Svaret undertecknades av CARL och ordföranden i kommittén, B von Platen; ryska sonderingar, se t.ex. Falköpings tidning, 19 mars 1864.

273 LN till RN, 23 okt 1863, NA. Ingeniör Nobel, Petersburg, anmäld resande 28 jan, NDA. Han är åter i Petersburg 14 feb svensk kalender (2 feb rysk), enligt dateringar av brev till Robert.

274 Brev från LN till RN, 26 okt 1863. Robert ägde Aurora med en finländare vid namn A F Sundgren, som fick vara rörelsens frontfigur eftersom Robert var utlänning (S & S (1926), s. 80).

275 RN till AN, 1864, återgivet i S & S (1926), s. 80f.

276 LN till RN, 16 feb 1864, NA.

277 Ludvigs patent, 25 feb 1864, i original, samt LN:s brev om patentet, 26 dec 1863, NoA, C1, LL.

278 Adress, se brev till Robert 19 dec 64. Det är oklart när under året Alfred flyttade. Brev från våren 1864 tyder på kvällar ensam i ett rum på stan redan då.

279 AN brevutkast till IN, 1 maj 1864, ANA BI:1, RA, samtliga citat. (Övriga delar av brevet finns återgivna i den löpande berättelsen); S & S (1926), s. 107 (icke nedsättande för någondera parten); RN brev till LN hösten 1864, NA (stämningen mellan AN och IN).

280 S & S (1926), s. 82; AN brev till RN, 30 maj 1864, NA.

281 AB 27 maj, 1864; Erlandsson (red.) (2006), s. 103.

282 Marie Sophie Schwartz gav 1857 ut fyra noveller med titeln Qvinnan som näringsidkare. Det är symtomatiskt att hennes officiella biografi i SBL ingår som en del av hennes makes (Gustaf Magnus Schwartz).

283 Brev från AN till RN, 30 maj 1864, NA.

284 Patentet 10 juni 1864, S & S (1926), bilaga 5.

285 Waldén (1957), s. 36–59; brev mellan AN och Otto Schwarzmann, S & S (1926), bilaga 9; AB 27 juni 1864.

286 Alfreds återkomst, se AB 7 juli 1864; Hertzman, se uppgift från IN i NDA 5 sep 1864; S & S (1926), s. 131; Nauckhoff (1919), s. 27.

287 Nauckhoff (1948), s. 103.

288 Feilitzen (1949).

289 Shaffner, T P (1858).

290 www.nobelprize.org. Pristagarna hette Hendrik A. Lorentz och Pieter Zeeman.

291 Shaffner (1859), s. 840 (citat); The Bennington Banner, 12 aug 1880

292 PoIT, 22 augusti 1864; SD, 3 sep 1864 (för 2 sep).

第八章

由于事件的戏剧性和紧凑性，以至于出于悬念的考虑，我在本章中几乎完全采用了第一手资料，如法庭文件和当时的新闻报道（主要是为了营造环境和气氛）。不过，我想特别提一下奥洛夫·冯·费利岑（Olofvon Feilitzen）观察《卡尔十五世和杰斐逊·戴维斯：1864 年的一个插曲》为托利弗·普雷斯顿·沙夫纳访问瑞典的故事提供了重要的拼图，我还在维尔戈特·舍曼的私人档案（KB）中发现了未出版的手稿《1864—1964 年硝化甘油实验历史》。对斯德哥尔摩和科学史的调查与之前的章节相同。

293 Skildringen av explosionen och dramatiken de första dagarna bygger, även i det följande, på PoIT, NDA, AB och GP, 3 och 5 sep 1864; polisförhör och polisrapport, i rättegångshandlingarna, Stockholms rådhusrätts arkiv, avdelning 3, brottmål, 1864, A1:44, SSA. Tidsangivelserna differerar. I Emil Nobels dödsannons anges klockslaget 10.30 för explosionen, AB, 9 sep 1864.

294 AB, 3 sep 1864 (citat).

295 Nobel, A, »Explosionen på Heleneborg den 3 sept. Till Redaktionen af Aftonbladet!«,AB 7 sept 1864. Alfred konstaterar i slutet av artikeln att högst 30 skålpund nitroglycerin av de 300 hade exploderat, resten kastades kring »oförbränt«. Han försökte säkert lugna, men effekten blev nog den motsatta.

296 AB, 9 sep 1864; Nobel-Oleinikoff (1952), s. 82.

297 LN till RN, 8 aug 1864; AB, 24 aug 1864, samt S & S (1926), s. 81. Robert ankom till Hamburg i början av oktober, Hamburger Nachrichten (HN), 10 okt 1864; brev LN till RN, 30 sep 1864, rysk tid dvs. 12 okt 1864.

298 AB, 10 sep 1864 och 12 sept 1864 (vädret).

299 Feilitzen (1949), s. 119–125; EB-arkivet, 16 sep 1956, NA (»kolorerade blomma«); S & S (1926), s. 115; AB, 20 sep 1864 (Shaffners minexperiment). Shaffners bok *The war in America* … publicerades 1862. Kanonsluparna hette Stork och Pelikan.

300 Feilitzen (1949), s. 122; S & S (1926), s. 116; RN på hotell Rydberg, se »resande« i AB, 24 aug 1864; Régis Cadier, se Mats Rehnbergs biografiska artikel i Gastronomisk kalender (1982/1983).

301 Vittnesmål rörande överste Shaffner, Adolf Eugèn von Rosen, 6 dec 1865, ANA,

FIV:12, RA (med James Campbells signatur (!)); S & S (1926), s. 116. I S & S uppges att IN begärde 200 000 dollar för det amerikanska patentet. Shaffner ska då ha erbjudit 10 000 spanska dollar och av IN fått svaret att han »var nöjd med ingenting alls«. I von Rosens edsvurna vittnesmål saknas den uppgiften. Den strider också mot senare uppgifter i brev från Shaffner till Campbell.

302 Feilitzen (1949), s. 120–125 (citat s. 124); Matrikel över Kongl Maj:ts Orden, 1861–, lista över »Commendeurer av Kongl Svärdsorden«, RA; Lenk (1945), s. 291–304; *To the history of the American dynamite-companies*, opubl. internpromemoria, ANA, FIV:12, RA; von Rosen brev till IN, 1 mars 1866, ANA, FIV:12, RA.

303 NDA, 21 sep 1864; AB, 24 sep 1864.

304 AB 11 okt 1864; NDA, 10 okt 1864; rättegångsprotokollet, Stockholms rådhusrätts arkiv, avdelning 3, brottmål, 1864, A1:44, SSA. (Burmester åtalades också för brott mot författningen rörande tillverkning av krut och Nobel för överträdelse av byggnadsförordningen.)

305 GP, 26 sep 1864; AN till RN, 19 dec 1864, NA; LN till RN, 28 sep och 19 okt 1864, NA. (RN hade rest till Hamburg i fotogenaffärer, åter i Sthlm i början av nov.)

306 Brown (2010), s. 111.

307 O Schwarzmanns rapport till bolaget Vieille Montagne, 13 okt 1864, i Bergström och Andrén, *Nitroglycerinaktiebolagets historia 1864–1964*, outgivet manus i Vilgot Sjömans arkiv, KB samt Strandh (1983), s. 49; S & S (1926), s. 111; Nauckhoff (1948), s. 117f; PoIT, 19 okt 1864. Den ansvarige hette löjtnant G W von Francken; NDA, 9 aug 1864; AN brev till RN, 24 jan 1865 (Hierta).

308 AB, 9 jan 1862; Munthe (1965), s. 222; Sohlman (1983), s. 13f; SBL, artikeln om Johan Wilhelm Smitt; svampar, se t.ex. annons i NDA, 4 maj 1864. Arrhenius, O, *Utkast till en biografi över J W Smitt*, i Axel Paulins samling, SBL, RA. Det framgår av brev mellan bröderna Nobel att de kallade honom Wilhelm Smitt. Smitt var en av de största donatorerna till Stockholms högskola och avsatte betydande belopp för Kungliga Tekniska högskolan i sitt testamente (med Ragnar Sohlman som exekutor).

309 Nobel, Alfred, »Prospectus öfver de fördelar Bolaget genom Nobelska patent kan ernå«, avskrift återgiven i Bergström & Andrén (opubl. manus). Aktiefördelningen 1864 var: JWS 32 st, CW, AN och IN alla 31 st.

310 LN brev till RN, 30 sep 1864; Hamburger Allgemeine (HA), 10 okt 1864.

311 Edholm (1945), s. 122.

312 RN till LN (odat.), återgivet i S & S (1926), s. 111f. Första bolagsstämman hölls den 28 november 1864.

313 S & S (1926), s. 111; Bergengren (1960), s. 42; Strandh (1983), s. 49f.

314 Protokoll från förhandling 21 november 1864, i Stockholms rådhusrätts arkiv, avdelning 3, brottmål, 1864, A1:44, SSA.

315 Marsh & Marsh (2000), s. 27, 313–319. Homeopaternas princip: Similia similibus curentur, »liknande bör med liknande botas«.

316 AN till Ragnar Sohlman (RS), 25 okt 1896, Sohlman (1983), s. 54.

317 Uddenberg (2015), s. 57–93; Kean, Sam, »Phineas Gage. Neuroscience's Most Famous Patient«, Slate Magazine, 6 maj 2014.

318 AN till RN, 19 dec 1864; GP, 14 dec 1864.

319 Nobel-Oleinikoff (1952), s. 125.

320 AN till RN, 19 dec 1864.

321 AN till RN, 19 dec 1864 och 24 jan 1865, NA; S & S (1926), s. 82 (finska patentet).

322 GP, 14 dec 1864.

323 Bergström och Andrén (opubl.), s. 21. Strandh (1983) hävdar att det var Alfred

som fått ett tips och hittat tomten i slutet av januari 1865. Bergström och Andrén kan dock referera till köpehandlingar. Redan 21 januari hade Nitroglycerinaktiebolaget tillstånd för tillverkning av nitroglycerin i Vinterviken.

324 Läkarintyg 30 jan och 16 april, 1864, Stockholms rådhusrätts arkiv, avdelning 3, brottmål, 1864, A1:44, SSA. Vissa förhandlingar sköts upp och målet pågick fram till 20 nov 1865. Immanuel representerades av olika ombud.

第九章

阿尔弗雷德搬到了汉堡，研究工作也随之展开。我不得不用汉斯－迪特尔·卢斯（Hans-Dieter Loose）的《汉堡：城市及其居民的历史》、艾卡特·克雷斯曼（Eckart Klessman）的《汉堡城市历史》以及马提亚斯·格雷切尔（Mathias Gretzchel）和斯万·库梅林科（Sven Kummereincke）的《汉堡时光之旅》。克莱斯·伦丁的的《在汉堡：一个老簿记员的回忆》（1871 年）描述了 1864 年在汉堡的逗留情况。有关政治背景的更新，我主要参考亨利·基辛格的《大外交》和戴维·金的《1814 年的维也纳》。关于俾斯麦的描写，我参考了约翰·斯坦伯格（John Steinberg）的《俾斯麦的一生》和詹姆斯·威克利夫·海德拉姆（James Wycliffe）的《俾斯麦与德意志帝国的建立》，关于当代德国历史，我参考了戴维·布莱克伯恩（David Blackbourn）的《漫长的 19 世纪：德国史（1780—1918）》。长期以来，阿尔弗雷德·诺贝尔早年在汉堡和克鲁梅尔的生活一直没有官方文献记载。在访问格斯塔特的博物馆教育家乌尔里克·内德霍费尔（Ulrike Neidhöfer）时，我了解到这些文献确实存在，但很难检索到——一方面是这些文献分散在多个城市，另一方面是许多文献都是用古老、难以辨认的德文手写体书写的。不过，当我访问格斯塔特时，我采访了汉堡的历史教授埃克哈特·奥皮茨（Eckhardt Opitz）。他随身带着一个活页夹。奥皮茨当时正四处旅行，复印了所有诺贝尔奖文件。他还将这些文件转录成了可读的德文，并且非常友好地与我分享了这些资料。我还利用了格斯塔特特工业博物馆（Förderkreis Industriemuseum Geesthacht）收藏的文件。关于格斯塔特的一般事件，有许多极好的资料来源，例如沃尔夫－鲁迪格·布什（Wolf-Rüdiger Busch）和威廉·伯尔哈特（William Boehart）的阿尔弗雷德·诺贝尔选集《无尽的梦想》、卡尔·格鲁伯（Karl Gruber）的《阿尔弗雷德·诺贝尔：克鲁梅尔炸药厂，一生事业的基石》和《格斯塔特小镇历史》。莫里斯·P·克罗斯兰（Maurice P Crosland）的《受控制的科学：1795—1914 年的法国科学院》是该部分的主要资料来源。

325 AN brev till RN, 24 jan 1865, NA; Nobel-Oleinikoff (1952), s. 85; LN brev till RN, 31 jan och 13 feb 1865, NA. Dottern fick enligt brevet heta Rosa Helvira Charlotta. Hon blev bara två år gammal.

326 AN till Smitt, 24 okt 1864 och 14 feb 1865, ANA, ÖII:2, RA; Nauckhoff (1948), s. 111.

327 Lundström, s. 20; LN till RN, 22 jan (svensk tid 3 feb) 1865; AN till RN, 24 jan 1865; Strandh (1983), s. 49 (inte betalade). Smitt och Wennerströms bröstande, IN till AN, 23 feb 1866, ANA, EII:4, RA; AN till RN, 1 mars 1865, NA (citat).

328 AB, 24 sep 1864 (humbug); AN till RN, 2 och 6 juni 1865, NA; AN till Smitt, 14 mars, 19 mars och 27 juni 1865, ANA, ÖII:2, RA.

329 Headlam (1899), s. 46; Steinberg (2011), s. 122 (citat).

330 Steinberg (2011), s. 180 (Bismarckcitatet, 30 sep 1862).

331 GHT, 15 mars 1865, Nauckhoff (1948), s. 118.

332 EB-arkivet, 24 sep 56; HN, 31 mars 1865 (resandenotis); Opini (1997), s. 30.

333 Lundin (1871), s. 1–7 (citaten).

334 Gretzchel & Kummereincke (2013), s. 182 (huset klarade sig enligt kartan där); foto på Bergstrasse 10 innan huset revs 1908, i Förderkreis Industriemuseums arkiv, Geestacht; Lundström (1974), s. 23ff.

335 Handelslicens, se registreringen av firman Alfred Nobel & Co, Hamburger Handelsregister, 21 juni 1865; AN till JW Smitt, 20 april 1865, ANA, ÖII:2, RA. Alfred Nobel stavar namnet Winckler, som i Hamburger Adressbuch 1866. I nästan all litteratur om Nobel stavas namnet dock Winkler.

336 HN, 10 maj 1865. Vid detta försök träffade Alfred Nobel Otto Bürstenbinder, hans blivande agent i USA (se reklambroschyr från Bandmann, Nielsen & Co (1865), nedan).

337 Grosse Theaterstrasse 44, se AN till Smitt, 1 och 20 april 1865, ÖII:2, RA. Husägare: pianofabrikanten Börs, enligt Hamburger Adressbuch, 1866; AN till RN, 2 juni 1865, NA.

338 Wincklers lagerlokaler låg i Hammerbrook. Lundström (1974), s. 23ff; AN till Smitt, 19 mars och 2 juni 1865 (citat), ANA, ÖII:2, RA; om träskjulet, se beskrivning i LN till RN, 22 sep 1865, NA; om alla aktier pantsatta, se AN till RN, 18 aug 1865, NA.

339 AN till Smitt, 20 april 1865, ANA, ÖII:2, RA; Andrietta Nobel (AnN) till AN, 27 maj 1865 (citat), ANA, EI:4, RA; Nauckhoff (1948), s. 111.

340 AN till RN, 6 och 12 juni 1865, NA.

341 IN och AnN till AN, 16 juni 1865, ANA, EI:4, RA.

342 AN till okänd, 2 juni 1865, återgivet i Nauckhoff (1948), s. 101.

343 AN till RN, 2, 4 och 12 juni 1865, NA; Nauckhoff (1948) s. 100; Bergström & Andrén (opubl.), s. 30.

344 AN till RN, 18 aug 1865, NA.

345 Johansson, Sara, *Societetsparken i Norrtälje-nulägesanalys och utvecklingsförslag*, examensarbete vid Sveriges lantbruksuniversitet, 2011, s. 4; AnN till AN, 5 juli 1865 (felskrivn. står 1856, bör också ha varit 5 aug), ANA,EI:4, RA; vistelsens längd, se Rådhusrättens protokoll, SSA.

346 Bergström & Andrén (opubl.), s. 9; Figuier (1866), s. 149ff.

347 Författarens tack till Philip Wahren, Stockholm, som skickade broschyren från 1865.

348 Avskrift av brev från överste Favé, kejsarens adjutant, till Alfred Nobel, 14 juli 1865, eng. övers. i *Nobel's Patent Blasting Oil* (nitro-glycerine), reklambroschyr från Bandmann, Nielsen & Co (1865); Paris, se även AN brev till RN, 18 aug 1865, NA.

349 L'Academie des Sciences, Compte Rendues, 17 juli 1865; Figuier (1866), s. 149–171 samt Guareschi, Icilio (red.) och Sobrero Ascanio (1914), s. 15; brev till RN 18 aug 1865 och 10 feb 1866.

350 Crosland (1992) s. 1, 76–84 och 258.

351 Gribbins (2002). s. 431 (citat).

352 »Academie des sciences, état des membres en 1865«, PM framtaget särskilt för denna bok av historikern Christiane Demeulenaere; Robbins (2001. e-bok), s. 36–67.

353 AN till RN, 18 aug och 16 sep, 1865, NA; utdrag ur Hamburgs handelsregister, 21 juni 1865; broschyr från Bandmann, Nielsen & Co (1865): Lundström (1974), s. 24 (25 000 mark på ett halvår bidrog Bandmann med).

354 Gasteiner Konvention, 14 aug 1865; Busse (2001); Opitz (2007), s. 46.

355 »Bericht des Gerichts Gültzow vom 11 Oktober 1865, betreffend das Gesuch des Fabrikanten Alfred Bernhard Nobel in Hamburg um Ertheilung einer Concession zur Anlage einer chemischen Fabrik auf dem Krümmel«, Landesarchiv Schleswig-Holstein (LAS), Abteilung 309 (i professor Eckardt Opitz privata arkiv, EO-arkivet); S & S (1926), s. 134; Busse (2001).

356 AN till RN, 18 aug 1865, NA; LN till RN, 26 juli och 15 sep 1865, NA.

357 AN till RN, 16 sept 1865, NA.

358 LN till RN, 15 sep 1865, NA. Man får förmoda att Alfred fick samma information.
359 LN till RN 22 sep och 19 nov 1865, NA; S & S (1926), s. 114; Delpiano (2011), s. 28.
360 AN till Smitt, 30 okt 1865, ANA ÖII:2, RA; reklambroschyr från Bandmann, Nielsen & Co (1865), s. 20. Patentet godkändes 6 oktober men utfärdades inte förrän 24 oktober, se handlingar i ANA, F IV:12, RA.
361 AB, 11 okt 1865.
362 AN till Smitt 28 okt 1865, 9 jan 66 och 27 maj 1866 (»din och Nordenskiölds sak«), ANA ÖII:2, RA. Nordenskiöld uppges emellanåt i Nobellitteraturen ha varit en »barndomsvän« till Alfred Nobel. Männen växte dock upp i olika länder.
363 AN till Smitt 28 okt och 6 nov 1865, ANA, ÖII:2, RA. Även GHT, 30 nov 1865, notis om schaktmästaren.
364 AN till Smitt 16 nov och 30 nov 1865, ANA, ÖII:2, RA.
365 Utslag 20 november 1865, mål nr 223, Stockholms rådhusrätts arkiv, avdelning 3, brottmål 1864, A1:44.
366 »Explosion in Greenwich Street«, NYT, 6 nov 1865; Shaplen (1958); Seely, Charles A, »Nitro-glycerin – the cause of its premature explosion«, Scientific American, 5 maj 1866 (historierna divergerar något i detaljerna).
367 Brev från Das Königl Polizei Präsidium der Haupt und Residenzstadt Berlin till das Polizei-Amt der freien Hanse-Stadt Hamburg, 4 dec 1865, Staatsarchiv Hamburg (SH), EO.
368 AN till Smitt, 15 dec 1865 och 1 jan 1866; AN till RN, 4 juli och 18 dec 1865, NA.

第十章及第十一章

阿尔弗雷德·诺贝尔对阴暗和讽刺箴言的偏好令我惊讶，直到我意识到他生活在汉堡，正值哲学悲观主义的鼎盛时期。弗雷德里克·拜泽尔（Frederick Beiser）的《厌世：1860—1900 年德国哲学中的悲观主义》对我试图描绘这一社会背景做出了贡献。阿图尔·叔本华的《人生智慧箴言》也是如此，阿尔弗雷德的图书馆里就有这本书。约兰·海格的《世界文学史》和居纳尔·弗雷德里克松那本很容易买到的《叔本华》则是补充资料。在更新阿尔弗雷德到来之前美国的戏剧性历史时，我参考了约翰·基根（John Keegan）的《美国内战》、罗伯特·雷米尼（RobertRemini）的《美国简史：从美洲土著部落的到来到奥巴马就任总统》、玛莎·霍德（Martha Hode）的《悼念林肯》和菲利普·范·多伦·斯特恩（Philip van Doren Stern）的《杀死林肯的人：约翰·威尔克斯·布斯的故事以及他在暗杀中的角色》。关于纽约的背景，我再次使用了埃德温·伯罗斯和迈克·华莱士的经典作品《哥谭——纽约市的历史》。此外，我还幸运地找到了詹姆斯·内维乌斯（JamesNevius）撰写的网络文章《1866 年纽约漫步之旅》。第九章提到的作品也记录了汉堡和德国的情况。当代化学家查尔斯·西利（Charles Seely）在 1866 年《科学美国人》期刊上发表的关于硝化甘油的文章、罗伯特·沙普伦（Robert Shaplen）在 1958 年《纽约客》杂志上发表的关于阿尔弗雷德·诺贝尔的文章，以及未发表的手稿《美国炸药公司的历史》都是了解美国历史的宝贵资料。

369 AN till RN, 24 nov 1868, ANA.
370 Beiser (2016), citat, s. 1; om Weltschmerz, se Rasch, i Ritter (red.) (2004), band XII, s. 514–515.
371 Beiser (2016), citat, s. 7.
372 Schopenhauer (1923), citat s. 175. Fredriksson (1995), citat s. 160.
373 S & S (1926), bilaga 10. Stämning, AN till CW, 10 jan 1866, ANA, ÖII:2, RA.
374 AN till RN, 18 dec 1865, NA.
375 AnN till AN, 16 jan 1866, ANA, EI:4, RA.
376 LN till RN, 18 jan, 14 feb och 21 okt 1866, NA.

377 IN till AN, 23 feb 1866, ANA, E:1, RA; von Rosens vittnesmål, ANA, F IV:12, RA.

378 Folsom & Price (2005), s. 91f; Reynolds (2005), s. 19.

379 NYT, 14 och 15 april 1866.

380 RN till Smitt, 7 juni 1866, ANA ÖII:2, RA. Kontoret: 32, Pine Street, där United States Blasting Oil Company låg senare.

381 Burrows & Wallace, s. 911 (citat).

382 To the history of the American dynamite-companies (opubl. manus), ANA, FIV:12, RA.

383 San Francisco Bulletin (SFB), 17 april 1866; NYTr, 17, 19 och 21 april 1866; NYT, 21 april, 1866; Commercial advertiser, 20 april 1866.

384 NYT, 21 april 1866.

385 NYTr (citat) och NYT, 26 april 1866.

386 Bandmann till AN, 30 april 1866; S & S (1926), bilaga 11; AN till Smitt 8 och 15 maj 1866, ANA ÖII:2, RA

387 Seely, SA, May 5, 1866.

388 NYTr, 7 maj 1866.

389 NYT, 5 maj 1866, NYTr, 7 maj 1866, SA, 12 maj 1866.

390 SA, 12 maj, 1866; Philadelphia Inquirer, 8 maj 1866.

391 AN till Smitt, 25 maj 1866, ANA ÖII:2, RA.

392 Chandler, Zachariah, A bill to regulate the transportation of nitroglycerine or glycerin oil, 9 maj 1866, SEN39A-E3, U.S. Senate Committee on Commerce, 39th Congress, 1st Session, RG 46, National Archives. Även New York Daily Herald, 10 maj 1866.

393 AN till RN, 28 juni 1866, NA.

394 Evening Post, New York, Law Reports, 11 maj 1866.

395 Brev från Tal P Shaffner till United States Blasting Oil Co, 9 november 1866, ANA, FIV:12, RA; SEN39A-E3, U.S. Senate Committee on Commerce, 39th Congress, 1st Session, RG 46, National Archives; New York Daily Herald, 25 maj 1866.

396 AN till RN 28 juni och 2 aug 1866; Strandh (1983), s. 77f.

397 Lagförslaget skickades till presidenten, som signerade den 3 juli 1866, Shaplen (1958), s. 18.

398 AN till RN, 28 juni 1866 (citat 1); AN till Smitt, 27 maj 1866, citat 2. Alfred använder ordet »skälmar« (skojare).

399 Ibid; AN till Wait, 8 sep 1866, återgivet i EB-arkivet, 15 juli 1956. Om Shaffners agerande, se bl.a. brev från Tal P Shaffner till United States Blasting Oil Co, 9 nov 1866, ANA, FIV:12, RA och To the history… ANA, FIV:12, RA.

400 AN till RN 28 juni och 2 aug 1866, NA; Fant (1995), s. 116.

401 Ibid; RN till Smitt, 7 juni 1866, ANA ÖII:2, RA.

402 Tidpunkten för försöket med poröst material ringas in av vittnesmål i processen Dittmar vs Rix & Doe, US Circuit Court, 1880, ANA, FIII:9, RA (även AN:s personliga research). Theodor Winckler (TW) fick uppdraget att testa metoden i juli 1866. Alfred ansluter när han återvänder i aug 1866. Även patentansökan 4 maj 1864, i S & S (1926), bilaga 4. Enligt AN säkrades metoden i franska patentet jan 1864.

403 Bodani (2005), s. 90; Standage (1998), s. 81–87; NYT, 4 aug 1866. AN till RN 2 aug 1866 från Ångbåten Herman-New Foundland.

404 Blackbourn (2003), s. 184 (citat).

405 1867 gick Hamburg med.

406 Brev från sprutmästare Repsold i Hamburg till en senator Petersen, 10 maj 1866 och rapport från kommissionen om modifierat nitroglycerin för militära ändamål, 30 aug 1866, Staatsarchiv Hamburg; rapport från domstolen i Güntzow till Lauenburgs regering, 30 juli 1866 (om explosionen 12 juli 1866) och 24 aug 1866; brev till domstolen i Güntzow från Lauenburgs regering,

9 aug och 1 sep 1866; Landesarchiv Schleswig (LAS) Abt. 309, Nr 23135, EO. Det finns uppgifter om en explosion i Krümmel i april eller maj 1866, men här nämns bara olyckan 12 juli.

407 LN till RN 2 okt 1866 och 2 april 1867, NA.

408 AN till RN 24 aug 1866 samt 23 feb och 20 april 1867, NA; TW till AN 12 april, 28 april och 3 maj 1866, i S & S (1926), s. 139f och Lundström (1974), s. 25.

409 AN till RN 2 aug 1866 (badort); Strandh (1983), s. 79 (pråmen); AN brev till regeringen i Lauenburg, 7 sep 1866, Landesarchiv Schleswig (LAS), EO (citat).

410 Brev från AN till RN 27 sep 1866, NA (humör); vittnesmål och annat underlag från *The Giant Powder Company vs The California Powder Works et al*, Circuit Court of the United States, District of California och *Carl Dittmar vs Alfred Rix and George I. Doe*, US Circuit Court, Southern District of New York, 1880. ANA FIII:9 RA.

411 ANA FIII:9, RA (ibid), samt HN, 31 aug och 3 sep 1866; AN till RN, 6 och 10 feb 1867, NA (citat).

412 ANA FIII:9, RA (ibid). Om Alfreds försiktighet, se hans handskrivna kommentarer till vittnesmålen.

413 Besiktningsrapport från domstolen i Gültzow, 30 okt 1866; brev från regeringen i Lauenberg till AN, 3 nov 1866, LAS, Abt. 309, EO; rapport från kommissionen om modifierat nitroglycerin för militära ändamål, 30 aug 1866, SH, i EO, Hamburg. Om illamåendet, se även AN brev till RN, 11 dec 1866, NA.

414 AN till RN, 23 okt 1866, NA.

415 Adelskiöld (1900), s. 456ff. RN till AN, 27 sep och 25 dec 1866, NA.

416 AN till RN 21 dec 1866, NA.

417 AN till RN 11, 21 dec 1866 och 7 jan 1867; LN till RN 22 maj 1867, NA.

418 Sigurd Nauckhoff i brev till Tekniska museets intendent Torsten Althin, 23 mars 1942, F175-1, Tekniska muséets arkiv, TA.

419 RN till Smitt 28 aug 1867, ANA, ÖII:2, RA; S & S (1926), bilaga 1 och 2; AN till RN 19 sep 1867, NA.

420 AN till RN 23 feb, 25 maj och 5 sep, 1867, NA; Strandh (1983), s. 80.

421 TW till AN 17 juni 1867, enligt Lundström (1974), s. 27; AN till RN 21 och 24 aug samt 17 och 26 okt, 1867, NA

422 AN till RN 26 och 29 okt, 4, 21 och 23 nov 1867, NA. Artilleriofficeren: Carl August Standertskjöld. Artillerichefen: Alexander Barantsov.

423 AN till RN 27 nov 1867, NA.

424 RN till Smitt 12 dec 1867, 1 feb och 5 april, 1868, ANA, ÖII:2, RA.

425 AN till RN 26 dec 1867; AN:s brev till The Times, återgivet i Newcastle Journal, 28 dec 1867.

426 Morning Journal (London), i The Stirling Observer, 26 dec 1867; AN till Smitt 31 dec 1868, ANA, ÖII:2, RA.

427 Vetenskapsakademins protokoll 12 feb, 1868, Teknik och industrihistoriska arkivet, F175:1, TA.

428 AN till Smitt 5 mars och 27 juni 1868, ANA, ÖII:2, RA; AN till RN 24 feb och 9 mars, 1868, NA.

429 AN till J Norris 1 sep 1868, återgivet i Lundström (1974), s. 29; AN till Smitt 30 maj 1868, ANA, ÖII:2, RA.

430 AN till RN 14 juni 1868, NA; AN till Smitt 27 juni 1868, ANA, ÖII:2, RA.

431 AB, 12 och 13 juni samt 17 juli 1868; PoIT, 25 juli 1868. Intyg (avskrift) från C E Nordström, Norra stambanan, 30 juli 1868, NoA, C:1, LL; S & S (1926), s. 143ff; aforism ur romanutkastet Systrarna, se vidare nedan.

432 Lesingham Smith till AN 19 aug och 6 okt 1868, ANA, Ö:116, RA; Lesingham Smith (1844); The Examiner, London, 29 nov 1851 (Tasso). De möttes i staden Tavistock.

433 Lesingham Smith (1844), s. 44.
434 Erlandsson (red.) (2009). Citat, s. 35ff, 49f, 55f.
435 Lesingham Smith till AN, 6 okt 1868, ANA, Ö:116, RA.
436 AN brev till RN, 24 nov 1868, NA.
437 Erlandsson (red.) (2009), s. 17 och 20. AN skrev på romanen *Systrarna* under många år. Det är inte bevisat att det var just inledningen till *Systrarna* han skickade till Robert, men detta romanutkast är det enda som stämmer i tiden. Hur Robert reagerade är oklart.

在医学的黑暗中

438 LN brev till RN 1 feb 1870, NA (spansk fluga); AN till RN 8 aug 1868 (surdegslynne) och 25 mars 1870 (citat).
439 AN till SH 26 aug 1879, i Sjöman (1995), s. 176; AN till RN, 3 juli och 4 aug 1868.
440 Wetzel (2001), s. 22 (citat); Bresler (1999), s. 355 (citat).
441 Bresler (1999), citat s. 355.

第十二章

法国和普鲁士之间的战争激发了人们对阿尔弗雷德·诺贝尔炸药的兴趣，并使他的收入飙升。此外，作为让战争充满戏剧性的东西，它也具有无与伦比的吸引力。在文献中，事件的发展过程各不相同。我将多个层面的资料编织在一起，既有概述，也有细节。当代作品包括乔治·杜比（Georges Duby）（编著）的《法国历史：从起源到今天》、芬顿·布雷斯勒（Fenton Bresler）的《拿破仑三世：生平》、戴维·韦策尔（David Wetzel）的《巨人的决斗：俾斯麦、拿破仑三世和普法战争的起源》、约翰·斯坦伯格的《俾斯麦生平》，贾斯珀·里德利（Jasper Ridley）的《拿破仑三世与欧仁妮》，以及埃里克·安索（Éric Anceau）的《1870 年战争的起源》和罗伯特·图姆（Robert Tomb）的《巴黎的两次围城》，均收录在巴黎军事博物馆的精美选集中（巴黎，2017 年）。当代描述性作品（可通过 BNF 的 Gallica 电子档案找到）：朱丽叶·兰贝尔（Juliette Lamber，亚当），《巴黎围城：一位巴黎女子的日记》（1873 年）、《高卢人》特刊《巴黎围城记》、普罗斯佩－奥莉维尔·丽莎格雷（Prosper-Olivier Lissagaray）的《街垒背后的五月八日》（1871 年）和《小报》上的《巴黎保卫战：官方报道》（1870 年）。当我发现保罗·巴布 1870 年 5 月关于炸药的印刷传单时，我感到特别兴奋。除了杜比的标准著作外，我还参考了皮埃尔·安东马泰（Pierre Antonmattei）的《甘贝大：共和国的号角》、文森特·杜克雷（Vincent Duclert）的《 1870—1914：共和国之歌》《法国史》和安妮·霍根伊斯－塞利弗斯托夫（Anne Hogenuis-Seliverstoff）的《朱丽叶·亚当：1836—1936》等著作，从而对法国政治情况进行了阐述。在研究保罗·巴布的过程中，我有幸与巴黎的曼努埃尔·博内和巴黎的自由记者兼研究员海伦娜·霍伊恩贝里进行了合作，前者给我寄来了他收藏的大量文件。

442 Bresler (1999), s. 338 (citat).
443 Wetzel (2001), s. 158 (citat).
444 AN till Carl Åmark, 22 juni 1870, i S & S (1926), bilaga 17, samt 8 juni 1870, ANA, ÖII2, RA; Busch (2001), s. 115ff; polisrapporten och »Bericht des Apothekers G. Moritz«, 13 juni 1870, LAS, EO.
445 AnN till fru Tingberg, Nobel-Oleinkoff (1952), s. 93.
446 Tal P Shaffner (TPS) till The Giant Powder Company, 29 juli 1869, ANA, FIV:12, RA och AN till TPS 9 juni 1869, ANA, BI:1, RA.
447 Nauckhoff (1948), s. 128. 11 aug 1869

antog t.ex. brittiska parlamentet The Nitroglycerine Act, vilket stoppade alla förhandlingar.

448 AN till RN 22 mars 1869, NA.

449 Nobel-Oleinikoff (1952), s. 126.

450 Nobel-Oleinikoff (1952), s. 126 (citat); Ludvigs tillkännagivande, 19 maj 1869, NA; LN till RN 20 maj 1869 och 24 jan 1870, NA. Ludvig fick hjälp med barnen av husmor Selma Scharlin, dotter till IN:s vän från Åbo 1838, Johan Scharlin.

451 AN till RN 23 nov 1868, NA; AN till RN 10 dec 1870, NoA, B:1, LL.

452 IN, *Försök till anskaffande af arbetsförtjenst, till förekommande af den nu, genom brist deraf tvungna utvandringsfebern* (1870), NoA, A:9, LL; S & S (1926), s. 72.

453 LN till RN 22 april och 4 nov 1869, NA; Nobel-Oleinikoff (1952), s. 107. Ludvig antyder en vändning hösten 1869. RN:s flytt har också förklarats av Ludvigs bröllopsresa, då RN fick sköta firman. Men breven 1869 bevisar att förslaget kom före.

454 AN till RN 25 mars 1870, NA.

455 Lundström, Ragnhild, *Alfred Nobel som internationell företagare*, Acta Universitatis Upsaliensis (1974).

456 Stort tack till frilansjournalisten Helena Höjenberg, Paris.

457 Betyg ur Paul Barbes (PB) personakt, Service Historique de la Défense, tillställda författaren av Manuel Bonnet, Paris (i fortsättningen Manuel Bonnets samling, MBS), även i Vilgot Sjömans privata arkiv, KB; Bret (1996); Barbe (1870); S & S (1926), s. 114 (citat).

458 Avtal mellan PB och AN 7/10 april 1870, ANA, FVIII:4; Lundström (1974), s. 48.Man nämner kapital på 200 000 franc.

459 Hogenuis-Seliverstoff (2001), s. 78 (citat).

460 Barbe (1870), s. 117 (citat).

461 PB till AN 3 aug 1870, i Lundström (1974), s. 50. PB inkallades 30 juli 1870, se tjänstgöringsrapport i underlaget för Chevalier de la Légion d'honneur 1870, Hederslegionens digitala arkiv, databasen Léonore, Archives Nationales, www2.culture.gouv.fr. Han deltog i försvaret av fästningen i Toul, men var redan 3 augusti krigsfånge enligt brevet till AN. PB spred en annan bild, se AN till RN, 9 nov 1870, och uppgav sig vara »huvudförsvararen av Toul«. Han påstod att det var hans merit att »fästningen höll sig utan all reguljär garnison i 47 dagar«.

462 Brev från Dr Völckers till Königlich Herzogliche Regierung in Ratzeburg, 17 juli 1870, LAS, EO.

463 Busch (2001), s. 115ff; AN till Alarik Liedbeck (AL) 30 aug 1870, ANA, ÖII:5, RA; Lundström (1974), s. 38f. Le Figaro (LF), 11 augusti 1870.

464 Bresler (1999), s. 376 (citat).

465 Även Ross (1997), om Victor Hugo (VH) Vapendekretet 4 september 1870, refererat i Procès-Verbal, Assemblée National (Ass N), 29 maj 1871. Léon Gambetta (LG) hade försvarat VH:s söner när deras oppositionella tidning Le Rappel drogs inför rätta. Le Rappel stödde LG i valet 1869.

466 Åtalet handlade inte om AN:s agerande vid explosionen, utan om produktionsmetoden (som påtvingats honom av preussiska myndigheter, enligt AN till AL 15 okt och 31 okt, 1870, ANA, ÖII:5, RA; AN till RN 5 sep (citat) och 9 nov 1870, RNA, B:1, LL.

467 Duclert (2014), s. 45 (citat).

468 Le Petit Journal (LPJ), 19 okt 1870; Lundström (1974), s. 50f (avtalet); PB:s utnämning till riddare av Hederslegionen, 31 okt 1870, besked och inskrivningscertifikat i databasen Léonore, AN. »Krigsministern« bakom beslutet var sedan 10 okt just Léon Gambetta.

469 LPJ, 29 okt 1870.

470 AN brev till AL 31 okt 1870, med info att han rest med PB till Prag och nybyggd österrikiskungersk filial; Lundström (1974), s. 52.

471 AN till AL 10 dec 1870, ANA, ÖII:5, RA; AN till RN 24 dec 1870, NoA, B:1, LL.
472 AN till AL två brev, 7 jan 1871, ANA, ÖII:5, RA.
473 Lundström (1974), s. 51. Lundström citerar brev PB till AL som också är försvunna.
474 Lamber (Adam), s. 388f.
475 AN till AL 8 mars 1871 samt 13 juli 1871, ANA, ÖII:5, RA, »före min avresa från Paulille i februari«.
476 Le Gaulois, mars 1871.
477 Adam (1873), s. 395 (citat).
478 Lissagaray (1871), s. 306 (citat).
479 Lundström (1974), s. 52; AN till AL 13 juli 1871, ANA, ÖII:5 (citat).
480 Paulillefabriken stängde kort i aug 1871, se AN till AL 14 aug 1871; Lundström (1974), s. 40ff. AN skulle få 900 A-aktier för sitt dynamitpatent, samt rätt att teckna 300 B-aktier. 2 400 B-aktier utbjöds till skotska finansiärer. De 300 gav AN hälften.
481 Salomon Ib, *Hålet genom Alperna*, Världens historia 1/2010; Lundström (1971), s. 132.
482 Nobel-Oleinikoff (1952); IN till AN 23 sep 1871 (N-O daterar det fel), ANA, E1:3.
483 IN till AN 4 okt 1871, ANA, E1:3, RA; nytt kontrakt från 2 dec 1871, ANA, FVIII:4.
484 AN till RN 6 april 1872, NA, RNA B:1, LL.
485 Enligt tidningarna var bara en av IN:s söner närvarande. Inga brev om detta finns bevarade, men i AN till AL, 26 sep 1872, ANA, ÖII:5, framgår att AN just varit i Stockholm. Om graven, se LN till RN 25 apr 1870 (flytt Emils grav). Gravplatsen köptes 14 maj 1870, intervju Anders Öhgren, Stockholms kyrkogårdsförvaltning.
486 Svalan. Weckotidning för familiekretsar, 20 sep 1872; Eklund (1930). Leas dotter gifter sig senare med RN:s son Ludvig.

第十三章

阿尔弗雷德·诺贝尔搬到了一个变化中的巴黎，我试图借助皮埃尔·皮农的两部作品《奥斯曼巴黎地图集》和《记忆中的巴黎：奥斯曼破坏的黑皮书》以及1874年的旅行手册《巴黎新来者的粉红指南》来捕捉这一变化。《第十六区以及沙约、帕西、奥特伊三个村庄的蜕变》和菲利普·西居雷（Philipp Siguret）的《第十六区：沙约、帕西、奥特伊、布洛涅森林》对他搬入的街区进行了历史性的描绘。关于购房和房屋的描述依据的是巴黎档案馆的图纸和清单，以及国家档案馆阿尔弗雷德·诺贝尔档案中的发票。罗伯特和路德维格兄弟在高加索地区的石油冒险故事参考了丹尼尔·耶金（Daniel Yergin）的《大奖：石油、金钱与权力的史诗探寻》一书。查尔斯·马文（Charles Marvin）1884年早期的《永恒之火的地区》、罗伯特·W·托夫（Robert W Tolf）的《俄国的三代诺贝尔》和布里塔·奥斯布林克（Brita Åsbrink）的《路德维格·诺贝尔：石油的辉煌未来》。安妮·马丁－菲吉耶（Anne Martin-Fugier）的《第三共和国的沙龙》对19世纪70年代的巴黎沙龙生活进行了精彩描述，萨阿德·莫尔科（Saad Morco）的论文、安妮·霍根伊斯－塞利弗斯托夫的《朱丽叶·亚当：1836—1936》和格雷厄姆·罗斯（Graham Ross）的《维克多·雨果传》一书也对其进行了补充。关于法国当代历史和文学，除了上述标准著作外，我还使用了让－伊夫·塔迪耶（Jean-Yves Tadié）编著的《法国文学》和《剑桥法国文学史》。伯莎·冯·苏特纳也登场了。她在1909年撰写的回忆录和布里吉特·哈曼的传记《伯莎·冯·苏特纳：为自由而活》构成了相关内容的主要内容。

487 AN till RN 24 dec 1870, NoA, B:1, LL; LN till RN 15 juni 1870 (citat).
488 Nobel-Oleinikoff (1952), s. 154.
489 AN till Sofie Hess (SH), 28 sep 1878,

ANA, ÖI:1, RA.

490 Erlandsson (red.) (2006) och (2009).

491 AN till RN, 6 sep 1869, NA; AN till AL, 13 juni 1872, ANA, ÖII:5. Inte oberörd av skönhet, se AN till AL 26 okt 1875, ANA, ÖII:5, RA.

492 LN till AN 8 okt 1870, Noa, B:1, LL och 24 juli 1871, ANA, E1:3, RA; AN till RN 18 okt 1871, NoA, B:1, LL.

493 AN till Alfred Rix, 15 jan 1872, ANA, BI:1, RA.

494 AN till AL 2 sep 1872, ANA, ÖII:5, RA. Det fortsatta amerikanska dramat är närmast omöjligt att reda ut på rimligt utrymme. Jag har valt att avstå, då varken landet eller marknaden spelar någon avgörande roll i Alfred Nobels liv framöver. Alfred Nobel vann bägge patentmålen kring dynamiten i USA, såväl det mot Tal P Shaffner som det mot Carl Dittmar 1880. Tal P Shaffner och US Blasting Company (östkusten) manövrerades så småningom ut, ett nytt bolag bildades (Atlantic Giant Powder Company) och ett avtal om att dela upp kontinenten slöts mellan detta och Julius Bandmanns västkustföretag. Alfred Nobel förblev »skeptisk och stillatigande« delägare till 1885, se Bergengren (1960), s. 48–52.

495 Bergengren (1960), s. 106; Lundström (1974), s. 44 och 57–80; AN till AL 4 mars 1873, ANA, ÖII:5, RA. De tyska kompanjonerna var två, Dr Christian Eduard Bandmann och, efter Theodor Wincklers död, C F Carstens. Liedbeck var i Ardeer från våren 1872 till våren 1873, enligt breven.

496 Delpiano (2011), s. 28; S & S (1926), s. 120f. Sobrero fick 5 000 lire om året.

497 Lundström (1974), s. 54f och 58; AN till RN 19 jan och 2 feb 1872, NoA, B:1, LL (citat).

498 Siguret, (1982), s. 187 (citat).

499 Ville de Paris, Cadastre de 1862, D1P4 0677, Archives de Paris (AP); Sommier Foncier, DQ181713, AP; Dossier de Voirie, VO 11 1992, AP.

500 Offerter och fakturor på inredning, ANA, FVII:6 och 7 samt G:7, RA; de Mosenthal (1898). Särskilt tack till frilansjournalisten Helena Höjenberg och konstvetaren Sandrine Zilly, Paris.

501 AN till RN 6 april 1872, NoA, B:1, LL; Strandh (1983), s. 141.

502 LN till RN 17/29 jan 1873, återgivet i Åsbrink (2001), s. 27.

503 Journal Officiel (JO), 15 nov 1873, protokollet 14 nov 1873, BNF Gallica.

504 Morcos (1961), s. 122 (citat).

505 Martin-Fugier (2009), s. 65 (citat).

506 Erlandsson (2002), s. 114–125; AN till SH 4 sep 1881 och 23 juni 1882, ANA, ÖI:1, RA (umgänge hos Victor Hugo); Ross (1997). Victor Hugo flyttade till 130 avenue d'Eylau, 1878, i dag avenue Victor Hugo. Morcos (1961) uppger att VH inte var regelbunden besökare hos JA. Hogenuis-Seliverstoff (2009) återger dock ett möte mellan Gambetta (LG) och Victor Hugo i JA:s salong i november 1873. I Martin-Fugier (2009) beskrivs en middag hos VH i juni 1875, där LG, JA och Edmond Adam (EA) närvarade.

507 Hogenhuis-Seliverstoff (2009), s. 69 (citat).

508 I ANA finns många kort och brev från JA, det sista daterat 1896.

509 Duby (red.) (1999), s. 221, citat återgivet ur Le Figaro 1875.

510 AN brev till AL, 2 april 1889, ANA, ÖII:5,RA; Erlandsson (red.) (2009), s. 26 (citat). Nobel hade två böcker av Flaubert, fem av Balzac samt Stendhals samlade verk i tio band.

511 AN till en Mrs Granny (odat.), ANA, BII:2, RA, av Åke Erlandsson (ÅE) tidsbestämt till första tiden på avenue Malakoff. Uppgiften att det var »The Riddle« Alfred skickade är ÅE:s.

512 DN, 27 maj 1874; NDA, 28 maj 1874; GP,

30 maj 1874 (citaten); AN till AL 10 mars 1875, ANA, ÖII:5, RA: Strandh (1983), s. 107f. Explosionen i Vinterviken inträffade den 26 maj 1874.

513 ÅE, material till Parisutställning 2001, NMA. »Ein sehr reicher, hochgebildeter, älterer Herr, der in Paris lebt, sucht eine sprachenkundige Dame, gleichfalls gesetzten Alters, als Sekretärin und zur Oberaufsicht des Haushalts.«

514 LN till AN 16 nov och 14 dec 1875, ANA, E1:3, RA.

515 ANNO, Österreichische Nationalbibliothek (anno.onbc.ac.at), egna samt två beställda sökningar (nov 2015 och jan 2018).

516 »Ein älterer Herr, vermögend, sucht behufs geistiger Anregung die Bekanntschaft eines gebildeten hübschen Mädchens oder Mitfrau, welche er mit Rath und That zu unterstüzen bereit ist – eventuell, eine heirath nicht ausgeschlossen. Anträge unter 'Glück auf! ' an di Exp bis 16 d. M. 3537.«

517 ANNO, se ovan; BvS till AN, 29 okt 1895, original i UN Archives, Genève, här från brevsamlingen i Biedermann (2001).

518 Mer exakt: Gräfin Kinsky von Chinic und Tettau. von Suttner (1909, e-bok), s. 11; Hamann (1986), s. 27 (citat).

519 von Suttner (1909, e-bok), s. 107 och 126 (citat).

520 Våren 1877 beställer AN t.ex. ritningar till Brüll, 58, avenue Rochefoucault. Laboratoriet klart först i dec 1878, se AN till AL 10 dec 1878, ANA, ÖII:5, RA.

521 EB till NH och NS, 12 juli 1955, bilaga C, EB-arkivet, NA.

522 Franska aktiebolaget *Société Générale pour la Fabrication de la Dynamite* bildades 17 juni 1875. Bolagsombildningen i övriga länder tog tid. De italienska (1873) och spanska bolagen blev aktiebolag från starten. De tyska och ungersk-österrikiska bolagen slogs samman i aktiebolaget Deutsch-Oesterreichisch-Ungarische Dynamit-Actien-Gesellschaft 1876. Schweiziska Société Anonyme Dynamite Nobel bildades 1875 och British Dynamite Company omvandlades till aktiebolaget Nobel's Explosives Company 1876. AN:s kompanjoner hade aktier i de flesta bolag utom det brittiska. AN:s ägarandelar varierade, men ingenstans hade han egen majoritet, se vidare Lundström (1974).

523 I Bertha von Suttners privata arkiv på United Nations Archives i Genève finns korrespondens med 1 200 brevmottagare, däribland Alfred Nobel, men inga brev från 1870-talet. I AN:s kopieböcker från den här perioden finns nästan inga privatbrev.

524 von Suttner (1909, e-bok), s. 126.

525 AN till AL 26 okt 1875, ANA, ÖII:5, RA (citat); Sjöman (1995), s. 21. (Sjöman har hittat bokningen, Bayerischer Hof, Bad Kissingen, fr.o.m 27 aug 1875.)

526 LN till AN, 14 nov 1875, ANA E1:3, RA.

527 von Suttner (1909, e-bok), s. 128. BvS minns Parisbesöket som första mötet med AN. Det motsägs av AN till AL 26 okt 1875; »glädjelös jul« återges i LN till AN 19 dec 1875, ANA, EI:3, RA. Enligt Hamann fick Bertha hålla sig gömd ett halvår när hon kom hem, innan hon och Arthur gifte sig. Det stämmer också med tidpunkten. Bröllopet ägde rum 12 juni 1876.

528 BvS till AN 29 okt 1895, i Biedermann (2001), s. 160.

529 BvS till AN, 29 okt 1895, i Biedermann (2001), s. 160; von Suttner (1909, e-bok), s. 128–131, citat s. 128; Hamann (1986), s. 40–57.

530 LN till AN 14/26 dec och 19/31 dec 1875, ANA, E1:3, RA. Ludvig har sannolikt inte sett annonsen och kan antas kommentera den som Alfred föredragit att beskriva den. Framtida forskning får utvisa.

第十四章

阿尔弗雷德·诺贝尔与索菲·赫斯之间的书信首次全文发表于维尔戈特·舍曼的《我的心肝宝贝》(1995年)中。埃丽卡·拉梅尔(Erika Rummel)于2017年出版了英文版的书信集《诺贝尔情事:阿尔弗雷德·诺贝尔与索菲·赫斯之间的通信》。德文原信可在ANA, EII:5和ÖI:1–5, RA中找到,但有时难以阅读,因此我使用了已出版的信件集。由于索菲在1891年之前的信件没有保存下来,所以这两本书都存在缺陷。我用帕特里斯·德勃雷(Patrice Debré)的《路易斯·巴斯德传》和路易丝·罗宾斯(Louise Robbins)的《路易斯·巴斯德与神秘的微生物世界》补充了有关医学史的基本情况。在描述世界形势时,我在基础上增加了詹姆斯·乔尔(James Joll)的《第一次世界大战的起源》。巴黎世界博览会的内容则是通过当时的资料《1878年世界博览会的奇迹》(1878年)和一些网站获得。对电灯泡突破的描述主要基于保罗·伊斯雷尔(Paul Israel)的《爱迪生:发明的一生》。对巴库发展的描述主要基于前面提到的文献,有关伯莎·冯·苏特纳当时生活的部分也是如此。

531 AN brev till James Thorne (JT), 1880-tal, återgivet i Strandh (1983), s. 158 (A:s måsten); S & S (1926), s. 167 och Åsbrink (2010), s. 57.

532 LN till AN 16 nov 1876, ANA, E1:3, RA. (Svenskt patent 8 juli 1876) AN till Smitt 17 feb 1876, ANA, ÖII:2, RA (citat); LN till AN 2 feb 1876.

533 AN i brev 26 juni 1876, EB-arkivet, 19 juli 1956; S & S (1926), s. 185 (bromsapparat); LN till AN 21 feb 1876, ANA, E1:3, RA (gasoljemaskin).

534 Ingenjörstitel utan examen, se t.ex. Nordisk familjebok (1910).

535 *Tankar i natten/Night-thougts*, Erlandsson (red.) (2006), s. 112. »Omkring 1880«, enligt ÅE.

536 AN till Adolf E Nordenskiöld (AEN) 24 okt 1874, Adolf Erik Nordenskiölds arkiv (AENA), Inkomna brev, 1850–1901, E 01:18, KVA. Alfred la till: »också förekom det mig ej alldeles rättvist att Berzelii minnessten […] kom i första rummet.«

537 Yergin (1991) citat, s. 58.

538 LN till AN 31 dec/12 jan 1875/76, ANA, E1:3, RA. Åsbrink (2001) uppger datum 31 oktober och språk ryska, men brevet i Riksarkivet är på svenska och daterat som ovan.

539 LN till AN 17 okt 1876, ANA, EI:3, NA. Ludvig behövde 2,5 miljoner rubel.

540 LN till AN 5 dec 1876, ANA, EI:3, RA (citat). Ludvig reste dit tillsammans med Emanuel i april, samt i oktober, se LN till AN 17 okt 1876, ANA, EI:3, NA.

541 AN till RN 13 feb 1872, NoA, B:1, LL, varit i »Petersburg«.

542 LN till AN 30 dec 1877, ANA, EI:3, RA.

543 Se t.ex. artiklar i anslutning till Immanuel Nobels bortgång och begravning, i september 1872.

544 LN till AN 29 nov 1876, ANA, EI:3, RA.

545 LN till AN 20 aug 1877, ANA, EI:3, RA; Hederslegionen, kopia av beslut om Alfred Nobel, La grande chancellerie de la Légion d'honneur, Paris (AN blev officer 1882); AN till Smitt 1 nov 1876, ANA, ÖII:2, RA.

546 AN till AL 1 maj 1877, ANA, ÖII:5, RA; Åsbrink (2001), s. 32; S & S (1926), s. 88.

547 Emanuel, 18, Carl, 14, Anna, 11, Mina, 4, Ludvig, 3, Alexander och Peter, 1 år i juli 1877; se LN till AN 8 nov 1878, ANA EI:3, RA, där Ludvig påpekar att han känner Sofie Hess. Den första kommentar om Sofie Hess jag hittat är i LN till AN 7/19 sep 1877, där LN nämner »enfant mamsell SOFIE«. RN fortsatte direkt till Baku, se AN till AL 21 april 1877, ANA, ÖII:5, RA.

548 Sohlman (1983), s. 117f; Sjöman (1995), s. 86f.

549 von Suttner (1909/e-bok), s. 128.

550 Sjöman (1995), s 13-16 och 204f.

551 Diskussioner om spränggelatin i Pressburg, se t.ex. AN till Isidor Trauzl 22 juni 1877, ANA, BI:1, RA.

552 AN till AL från Köln 21 april 1877, ANA, ÖII:5, RA. AN nämner att de tre bröderna nyss sammanstrålat i Berlin.

553 De umgicks privat. Ludvigs framlidna fru Mina reste till Paris med en »fru Böttger«, LN till RN 24 aug 1867.554 Rummel (2017) uppger att Sofie Hess introducerade Olga Böttger för Alfred Nobel först 1881, men i breven nämner AN OB redan 1879; om »Alfreds brorsdotter«, se AN till SH 30 nov 1890. Rummel tolkar brev 178 fel. AN menar att SH påstått att OB är hans släkting.

555 Uppehållet föregås av några kravbrev från Alfred till bolaget i Hamburg. Tillbaka i Paris skriver han dessutom till chefen över dynamitfabriken i just Pressburg, för att följa upp en fråga från mötet.

556 Intyget återgivet i Sjöman (1995), s. 26.

557 RN till AN 7/19 mars 1876, RN:s kopiebok, i Robert Nobels digitala samling (RNDS); brev till AN från Clyde Tube Works i Glasgow, bl.a. 16 april 1877, ANA,EI:3, RA; LN till AN 7 sep 1877, ANA, EI:3, RA.

558 RN till AN 17 april 1876, NA; RN till AN 21 jan 1878, RNDS.

559 AN till AL 21 april 77, ANA, ÖII:5; RA (»usla asiatiska«); LN till AN 8 jan 1878, ANA, EI:3 (vin), RA; AN till Pauline Nobel 23 feb 1878, NA (aktier); LN till AN 30 juli 1877 (hästar), 23 april 1878 (släktingar) och 8 nov 1878 (Emanuelcitat), ANA, EI:3, RA; AN till Carl Öberg (CÖ) 18 april 1878, EB-arkivet, 28 nov 1957.

560 LN till AN 20 mars och 15 maj 1878, ANA EI:3, RA; Åsbrink (2010), s. 43.

561 LN till AN 20 juni 1878, ANA, EI:3, RA.

562 AN till LN 25 juli 1879, BI:1, RA.

563 AN till LN 25 juli 1879, BI:1, RA; RN till LN 13 okt 1878, RNDS.

564 Pasteur, Joubert et Chamberland, 29 april 1878 (citatet).

565 AN till SH maj–sep 1878, publicerade i Sjöman (1995), s. 96–112; AN till PN 17 feb 1876, NA (brev mellan gifta); LN till AN 30 juli 1877 och 24 aug 1878, ANA, EI:3; RA (albumet). Ludvig lade till »men om du vill sätta fler blad skadar det ju ej«.

566 AN till SH maj–sep 1878, publicerade i Sjöman (1995), s. 96–112; Strandh (1983), s. 142; RN till AN 17 april 1876, RNDS. Hushållerskan Elise omnämns i LN till AN 20 jan 1878, ANA, EI:3, RA.

567 I England dröjde tillståndet att tillverka spränggelatin till 1881, efter en parlamentarisk utredning om säkerheten. I Spanien hotade bolagsjuristerna med rättsprocess om de inte fick spränggelatinet gratis, se Strandh (1983), s. 112 och 150.

568 PB till AN 6 dec 1879, EB-arkivet, 4 feb 1957, NA; Lundström (1974), s. 134.

569 Sjöman (1995), s. 107.

570 LN till AN 30 juli 1877, 21 sep 1878, NA; AN till SN 22/9–30/9, 1878, i Sjöman (1995), s. 113–119.

571 AB, 30 sep 1878; LN till AN 21 sep 1878 (Utlägg för »Davidson«, som drev Hasselbacken); Lundin (1987), s. 55. Sverige införde myntenheterna krona och öre 1873.

572 Dikt av Josefina Wettergrund till Andrietta Nobels 75-årsdag, NA, här ÅE:s brevinventering, NMA.

573 LN till AN 1 sep 1876 (»gullgosse«); AN till SH 22/9–30/9 1878, i Sjöman (1995), s. 113–119.

574 EN till SH 16 jan 1879, återgivet i Sjöman (1995), s. 29.

575 Citat i LN till AN 8 nov 1878.

576 AN till SN 1878, i Sjöman (1995), s. 26–32; RN till LN 13 okt 1878, RNDS; LN till AN 8 nov 1878, ANA, EI:3, RA; Nobel-Oleinikoff (1952), s. 130 (foto av Emanuel).

577 Tolf (1977), s. 106; LN till AN 2 aug/14 aug 1879, ANA, EI:1, RA. När sifferuppgifter divergerar väljer jag den mest samtida. Bolagsordningen fastställdes den 15 maj 1879. Aktiekapital: tre miljoner rubel. Det fanns fler delägare, men ingen satsade lika stora belopp som LN och PB. Alfred skulle öka sitt engagemang.

578 LN till AN 15 maj 1878, 6 feb, 3 april, 15 april, 25 april och 17 juli 1879, Nobel-Oleinikoff (1952), s. 610; EB-arkivet, 16 sep 1955, NA. IN och Pehr Henrik Ling var sysslingar, enligt EB.

579 S & S (1926), s. 170; Bergengren (1960), s. 109. Enligt en anteckning i laboratoriejournalen ska det första försöket ha g jorts 15 april 1879.

580 Lundholm, C, Old Ardeer, ANA, ÖII:6, RA.

581 AN till Fredrick Abel (FA) 15 april 1879, BI:1; RA; S & S (1926), s. 169; Larsson (2010), s. 57ff; AN till SH, 4 juni 1879, i Sjöman (1995), s. 122f. Han glömde att nämna att det där, trots ensligheten, fanns över hundra anställda.

582 Schivelbusch (1998), s. 42–70, citat s. 70 och 56; Kullander (1994), s. 88.

583 Brev till SH 3 juni 1879, i Sjöman (1995), s. 121. Nobel måste ha läst Napoleon Le Petit (1852); Kullander (1994), s. 84.

584 Israel (1998), s. 186ff; New York Herald (NYH), 4 jan 1880. Det bevingade uttrycket är en sammandragning av originalet, ett svar på frågan hur billigt elektriskt ljus kan bli: »After the electric light goes into general use, none but the extravagant will burn tallow candles.«

第十五章及第十六章

关于沙俄炸弹袭击事件的描述是基于爱德华·拉德津斯基（Edvard Radzinsky）的《亚历山大二世：最后的沙皇》，以及西蒙·西贝格·蒙特费瑞上述关于罗曼诺夫王朝的著作和保罗·布什科维特（Paul Busjkovitj）的《简明俄罗斯史》。阿尔弗雷德·诺贝尔在塞夫朗购买宅邸的事情在多篇当地历史文章和著作中有所体现，如埃德蒙·莱蒙乔瓦（Edmond Lemonchois）的《塞夫朗：法国的过去和现在》、路易·梅纳尔（Louis Menard）的《塞夫朗－利夫里火药厂历史》以及《阿尔弗雷德·诺贝尔在塞夫朗的旅居和工作（1878—1891）》。关于保列斯，类似的资料可在《保列斯的炸药厂：一个故事、一座工厂和人们（1870—1991）》和克莱蒙特（Clément）、普拉卡（Praca）以及德里奥斯（Deliau）的《保列斯：记忆的未来》等出版物中找到。以色列科学史学家约尔·贝格曼对弹丸石进行了研究，并对阿尔弗雷德在炸药方面的工作做出了新的贡献，包括在《保罗·维埃耶：堇青石和弹丸石》一书中。诺登舍尔德的访问记录是根据1880年3月31日至4月9日瑞典和法国报纸上的文章整理而成的。我通过居纳尔·布兰德尔（Gunnar Brandell）的《斯特林堡：作家的一生》、托尔斯滕·埃克隆德（TorstenEklund）（编辑）的《斯特林堡的书信》（第三卷和第五卷）以及国家版《斯特林堡作品集及评论》（诗歌和散文，第15卷）了解了诺贝尔诗歌创作时期的奥古斯特·斯特林堡。这两章中出现了阿尔弗雷德·诺贝尔写给伯莎·冯·苏特纳的第一封信。这些信件的原文（通常是法文或德文）由埃德尔加特·比德尔曼（Edelgard Biedermann）出版，收录在《亲爱的男爵夫人和朋友：阿尔弗雷德·诺贝尔与伯莎·冯·苏特纳的通信》（2001）一书中。阿尔弗雷德·诺贝尔写给伯莎·冯·苏特纳的原始信件可在联合国日内瓦办事处图书馆和ANA、RA的影印本中找到。伯莎·冯·苏特纳的书信见ANA，EII:2，RA。我同时使用了埃德尔加特·比德尔曼和手写信件。

585 »Bref från Paris«, GP, 9 jan 1880.
586 Radzinski (2007), s. 297 (citat).
587 Radzinskij (2007), citat s. 328. Snickaren hette Stepan Chalturin.
588 LN till AN 14 mars 1880, ANA, EI:3, RA.
589 AN till Nordenskiöld 19 mars 1880, AENA, KVA .
590 Inbjudningskort och placering, ANA, EII:4, RA.
591 SBL, artikeln om Kristina Nilsson; Erlandsson (2009), s. 242. Stavningen Christina Nilsson och Christine Nilsson förekommer, men i pressen 1880 skrev man Kristina.
592 AEN till Oscar II 15 april 1880, ANA, EII:2, RA; AEN till AN 10 och 15 april 1880, ANA, EII:2, RA; Kung Maj:ts ordensarkiv, matriklar, SE/KH/1/6 (1880–1899); AN till AEN 14 maj 1880 och 10 april 1881, AEN, Inkomna brev, 1850–1901, E 01:18, VAA (minnesgåvan dröjde ett år).
593 LN till AN maj 1880 i Åsbrink (2010), s. 59; LN till AN 12 aug 1880, ANA, EI:3, RA.
594 RN till AN, maj 1880, RNDS.
595 K W Hagelins minnesanteckningar, i Handlingar rörande Nobel, F 175:2, TMA.
596 AN till AL 25 juni 1880, ANA, ÖII:5, RA; AN till SH 23 juni 1880, i Sjöman (1995), s. 128f. Målen *The Giant Powder Company vs The California Powder Works et al*, Circuit Court of the United States, District of California och målet *Carl Dittmar vs Alfred Rix and George I. Doe*, US Circuit Court, outhern District of New York, 1880. ANA FIII:9 RA.
597 AN till SH 6 juli 1880, Sjöman (1995), s. 131; Larsson (2010), s. 167. Kontraktet signerades 29 maj. Lägenheten disponerades från 1 juli 1880, men renoverades fram till hösten.
598 AN till SH 5 dec 1880, Sjöman (1995), s. 133.
599 Brev från AN till SH under 1881 och 1882, Sjöman (1995), s. 128–159; kuvert till »Frau Sophie Nobel« i ANA, EI:4, RA.
600 RN till AN, 22 juni 1879, RNDS.
601 AN till SH, 21 sep 1882, Sjöman (1995), s. 157.
602 AN till LN 24 juli 1882, ANA, BI:3, RA; LN till AN 4 aug 1882, ANA EI:3, RA; AN till LN 5 jan 1883 i Sjöman (2001), s. 316.
603 AN till SH 26 aug 1881 och 16 juli 1882 i Sjöman (1995), s. 140 och 150.
604 Handlingarna vid försäljningen 1892, Archives Departementales, des Yvelines (2K829), MB; AN till SH 17 aug 1881, Sjöman (1995), s. 137. Franska myndigheten *Service des Poudres et Salpêtres* drev krutfabriken i Sevran-Livry samt därutöver ett laboratorium i centrala Paris. Paul Vieille utvecklade sitt krut i Paris, inte i Sevran. Först 1885 flyttades produktionen till Sevran, se Bergman (2009).
605 Strandh (1983), s. 161f; AN till SH 17 juli 1882, Sjöman (1995), s. 138; Lundström (1974), s. 124ff. Det tyska aktiebolaget gick efter en tid under förkortningen DAG. Barbe och Nobel hade, enligt Lundström, i praktiken majoritet i bolagets Aufsichtsrat.
606 Lundström (1974), s. 177; *La Dynamiterie de Paulilles* (2016), s. 31f; Clément, Praca och Deliau (2018), s. 31. Om Villa Petrolea, se t.ex. Åsbrink (2001), s. 100.
607 Lundström (1974), s. 180–183.
608 AN till SH 23 aug 1882, i Sjöman (1995), s. 152 (citat), skrupelfri, se brev från AN till Cuthbert 30 jan 1885, EB-arkivet. *Le Spleen* var titeln på en diktsamling (1868) av franske poeten Charles Baudelaire.
609 AN till RN 14 april 1883, ANA, BI:3, RA; AN till Barbe 15 april 1882, i Fant (1995), s. 166.
610 Personakterna för Paul Barbe och Geo Vian, BA 945/ 288206 och BA 1294/216392, APP .
611 Duby (red.) (1987), s. 154–161. I Frankrike

är »la laïcité«, frånvaron av religiöst inflytande i staten, fortfarande central.

612 Watson (2018), s. 34 f; Nordin (2016), s. 811f. Nietzsche skrev detta 1882 i *Den glada vetenskapen*, men genomslaget kom när det upprepades i *Så talade Zarathustra* (1883).

613 Erlandsson (red.) (2006), s. 105–114.

614 Juliette Adams personakt, E A 29/186 236, APP.

615 JA till AN odat. (styrelsen) samt 21 juni 1882, ANA, EII:3, RA.

616 AN till LN 6 feb 1883 och AN till RN, 2 april 1883, ANA BI:3, RA. Uppgiften om börsvärdet från Lundström (1974), s. 224.

617 LN till AN 5/17 mars 1883, ANA, EI:3, RA; AN till LN 1 maj 1883, ANA BI:3, RA. Alfred ordnade utöver lånet på 4 miljoner också den varukredit som de talat om i Sankt Petersburg.

618 LN till AN 16/28 mars 1883, ANA, EI:3; AN till LN 30 mars 1883, ANA, BI:3, RA (citat).

619 LN till AN 16/28 mars, 31 mars/12 april och 3/15 april 1883, ANA, EI:3, RA.

620 AN till LN 2 april och 1 maj 1883, ANA, BI:3, RA; AN till LN 21 okt 1883, ANA, BI:3, RA.

621 LN till AN 7/19 april och 28 april/10 maj, 1883, ANA, EI:3, RA; AN till RN 2 april och 1 maj 1883 (ångerköpt), ANA, BI:3, RA.

622 LN till AN 15/27 maj 1883, ANA, EI:3, RA.

623 AN till LN 20 maj 1883, ANA, BI:3, RA.

624 AN till LN 8 juni 1883, ANA, BI:3, RA.

625 AN till BvS 28 april 1883, i Biedermann (2001), s. 76.

626 Citat ur *Inventarium einer Seele*, i Hamann (eng. uppl. 1996), s. 41.

627 S & S (1926), s. 217. I sin essä om fredsprisen (1950) erkänner August Schou (dåvarande direktören för Norska Nobelinstitutet) BvS:s betydelse för AN:s fredstankar, men menar att deras olika uppfattningar om medlen talar mot att hon haft inflytande över fredsprisets utformning. Fredrik S. Heffermehl (2011) argumenterar för att det tvärtom var AN som sådde fröet om freden hos Bertha von Suttner (när de möttes 1875), men ger henne en avgörande roll för att fredspriset skapades. BvS hävdar dock i sina memoarer att hon så sent som under rysktürkiska kriget 1877–1878 inte kände något inre motstånd mot krig. Hon drogs med i kampen för de »slaviska brödernas befrielse« och stöttade soldaterna.

628 AN till SH 21 sep 1883, i Sjöman (1995), s. 165.

629 Strindberg (1995), *Dikter på vers och prosa. Sömngångarnätter på vakna dagar och strödda tidiga dikter*, redaktören och litteraturvetaren James Spens kommentar, s. 322 och 368. Giftas publicerades 27 september 1884.

630 I La Nouvelle Revue publicerade Juliette Adam essäer om städer – *Société de Berlin, Société de Londres* etc – under den kollektiva pseudonymen Paul Vasili. Strindberg började skriva på en *Société de Stockholm* för »Mme Adam« under den pseudonymen, enligt brev till Albert Bonnier 14 juni 1885, se Eklund (1956), s. 104. Artikeln tycks inte existera, men Strindberg får 1892 honorar från La Nouvelle Revue.

631 LN till AN 11 dec (citat), 16 sep och 7 okt 1883, ANA, EI:3, RA. Alfred bad om 500 000–700 000 franc.

632 LN till AN 11 dec och 19 dec (2 st), 1883, ANA, EI:3, RA.

633 AnN till AN, 18 nov 1883 och 18 jan 1884, ANA, EI:4, RA.

634 Marvin (1884), s. 199–226; Jangfeldt (1998), s. 206 (onumr. sida).

635 AEN till AN, 13 mars 1884, ANA, EII:2,RA; AN till AEN, 15 mars 1884, AENA, E01:18, KVA.

636 Citaten ur AN till Isidor Trauzl (IT), 2 april

1885, EB-arkivet, 6 okt 1956, NA; Åsbrink (2001), s. 53; AN till P. B. Eklund 16 juli och 23 okt ANA, B1:3, RA.

637 Bergengren, SvD, 7 dec 1958. AN korrigerar uppgiften om slump i brev till IT 2 mars 1881 och till V D Majendie, 7 juli 1883. Bägge citeras i sin helhet i artikeln.

638 AN till Berger, 6 juni 1882, EB-arkivet, NA.

639 Le Figaro, 27 okt 1885; Robbins (2001, e-bok), s. 101; Uddenberg (2017), s. 261.

640 S & S (1926), s. 244f; AN till Victor Hugo 26 feb 1885, ANA, BI:5, RA; AN till Juliette Drovot 10 juni 1885, ANA, BI:5, RA.

641 AN till Georges Fehrenbach (GF) 10 feb 1884 och AN laboratorieanteckning 16 aug 1884, EB-arkivet, 19 juli 1956, NA.

642 Lundström, (1974), s. 223–257; AN till PB 5 juli 1885, ANA, BI:4, RA (kräftfart); AN till James Thorne 3 dec 1884 och 6 april 1885 (citat), ANA, BI:4, RA. Mötet gällde bolagen på kontinenten och det brittiska bolaget. Det svenska var inte med i förhandlingarna.

643 AN till Carl Öberg (CÖ) 24 juli 1885, ANA, BI:4, RA; Lundström (1974), s. 254; Lundström (1971), s. 133.

644 Sjöman (1995), s. 34 och 176–184. Citat s. 179 och 181.

645 Sjöman (1995), s. 270–272.

646 AN till Edla Nobel (EdN) 7 sep 1884, i Bergengren (1960), s. 158.

647 Sjöman (1995), s. 62ff och 188 (citat).

648 Sjöman (1995), s. 66 (varenda kypare).

649 AN till BvS 17 aug, 1885, i Biedermann (red) (2001), s. 77.

650 AN till LN 30 april 1885, ANA EI:3, RA; AN till de Méran, 30 april 1885, ANA, BI:4, RA (citat 1); AN till Thorne, 17 jan 1886, ANA BI:4, RA (citat 2).

651 AN till FA 27 juli 1885, ANA, BI:4, RA.

652 AN till CÖ 24 juli 1885, ANA, BI:4, RA.

653 Bergman (2009), s. 40–60; *Le séjour et les travaux d'Alfred Nobel á Sevran 1878–1891och La Siècle de la Poudrerie*, a.a., (Vieille i Paris 1884 och produktion Sevran 1885). Vieilles krut fick namnet *Poudre B*. Enligt Bergman (2009) testade fransmännen redan 1885 ett rökfritt krut snarlikt AN:s, men avfärdade det då det ansågs fräta gevärspiporna. Detaljuppgifterna är viktiga, då spionanklagelser senare framförs mot AN.

654 PoIT 11 aug, 1882, 10 000 franc.

655 Mosenthal (1898); Bergengren (1960), s. 152–160; Hedin (1950), s. 210 (citat); von Suttner (1909, e-bok), citat s. 128. AN donerade bl.a. 10 000 franc, se PoIT, 11 aug 1882.

656 Hamilton (1928), s. 186f. Hamilton skrev om AN att det »låg [···] något underligt förtorkat och förtvinat över hans utseende«. Hamilton tycks ha starkt ogillat AN.

657 Hamann (1996), s. 56f; Mosenthal (1898); ANA, G5, RA (cigarr- och cigarettinköp i kassaböcker).

658 AN till Emil Flygare (EF) 20 nov 1885, ANA, B1:4, RA.

659 Mosenthal (1898) (vanorna); Mauskopf (2014), s. 103–149. Alfred tog ofta tåget också.

660 AN till Fredrick Abel (FA) och James Dewar (JD) vid denna tid, se ANA, B1:4, B1:5, B1:6, RA.

661 AN till Hoffer 20 mars 1886, NH-pärmarna 1956, NA.

662 AN:s kassaböcker, ANA, G:5, RA, t.ex. juli 1885, nov 1886, juni, juli och dec 1888; AN till SH, 28 mars 1886, i Sjöman (1995), s. 195.

663 Brev mellan AN och LN, AN och RN, AN och Lagerwall, jan och feb 1886, ANA, EI:3 och B1:4, RA.

664 AN till kurortsläkaren Axel Winckler 29 dec 1886, ANA, B1:5, RA. »Fördömda sprängämnesfacket«, AN till AL 2 april 1889, ANA, B1:7, RA.

665 Carlberg (2015).

666 Trustbildningen är komplicerad. Först gick flera tyska dynamitbolag samman i en union. Därefter förhandlingar mellan denna tyska allians och brittiska Nobel's Explosives Company som slutade i Nobel-Dynamite Trust Company 1886. De franska, spanska och schweizisk-italienska bolagen bildade sedermera en egen trust Société Centrale de Dynamite. För en detaljerad genomgång, se Lundström (1974). Det svenska dynamitbolaget ingick inte i dessa truster.

667 LN till AN 3 juni 1886, ANA, E1:3, RA.

668 AN till RN 23 juli 1886, ANA, B1:5, RA; LN till RN 8 aug 1886, NA. Bröderna blandar valutor. Robert begärde 6 000 pund, motsvarande cirka 150 000 franc. Vid den här tiden är en franc värd ungefär dubbelt så mycket som en rubel.

669 LN till AN 15 aug 1886, ANA, E1:3, RA.

670 Åsbrink (2001), s. 178; EN till AN 5 sep 1886, ANA, E1:2, RA.

671 Åsbrink (2001), s. 124f.

672 LN till AN 3 nov 1886, ANA, E1:3, RA; AN till LN 13 nov 1886, i Åsbrink (2001), s. 126f och Larsson (2010), s. 145.

673 Hamann (1996), s. 47–51. Den kritiska romanen om den österrikiska aristokratin hette *High Life* (1886).

674 Hamann (1996), s. 47–51; von Suttner (1909, e-bok), s. 166f; von Suttner (1897) (citat): AN till BvS 22 jan 1888, i Biedermann (2001), s. 79f. Alfred nämnde aldrig återseendet.

675 Hamann (1996), s. 55.

676 Citaten: Hamann (1996), s. 58; von Suttner (1909, e-bok), s. 169.

677 Hamann (1996), s. 58–63, citat ur *Das Machinenzeitalter*, s. 63.

678 Notiser i *L'Intransigeant* juni 1887, Paul Barbes personakt, BA 945, 288 206, APP; AN till LN 2 juni 1887, ANA, B1:6, RA.

679 AN till PB 12 juni och 4 aug, ANA, B1:6, RA.

680 Se AN till PB, t.ex. 4 okt och 30 okt 1887, ANA, B1:6, RA samt EN till AN, t.ex. 22 maj och 2 juni 1887, ANA, E1:2, RA.

681 Åsbrink (2001), s. 128; Oleinikoff (1952), s. 326; S & S (1926), s. 94. AN till EN 19 jan 1887, TsGIA, F 1258, Op 2, D 225.

682 AN till LN 27 maj 1887, ANA B1:6, RA.

683 Premiärminister i regeringen där Paul Barbe ingick var Maurice Rouvier.

684 *L'Intransigeant*, 10 okt 1887. (Uppgift om att PB fått privata pengar från ölindustrin och försett närstående med medaljer.)

685 Se t.ex. AN till SH 10 sep 1886 och AN till SH 31 okt 1887, i Sjöman (1995), s. 196 och 212 samt AN till LN 1 nov 1887, ANA, B1:6, RA.

686 AN till SH 28 mars 1886, i Sjöman (1995), s. 196.

687 AN till RN 4 juni 1886, ANA, B1:5, RA.

688 Heinrich Hess (HH) till AN 18 maj, 25 maj och 28 juli 1887, i Sjöman (1995), s. 204ff, även ANA, EII:6, RA. »Dr H« var en Dr Hebentanz från Pest, se brev från AN till SH 1 sep 1889, i Sjöman (1995), s. 251. HH påstod att Alfred erbjudit Dr H att gifta sig med Sofie, men ångrat sig då karln var en äventyrare, se odat. HH till AN sannolikt okt 1887, i Sjöman (1995), s. 210.

689 AN till SH »slutet av oktober«, 31 okt och 13 nov 1887, i Sjöman (1995), s. 211ff.

690 ANA, G5:7, RA.

691 AN till SH odaterat, »slutet av okt 1887«, 31 okt och 14 nov 1887, i Sjöman (1995), s. 211ff; AN till PB, 30 okt 1887, RA.

692 *Le Bonheur* i Maupassants *Contes du jour et de la nuit* (1885). Översättning Åke Erlandsson.

693 AN till Thomas Johnston (TJ), 20 och 26 nov 1887, ANA, B1:6, RA.

694 AN till AL 17 jan 1886, ANA, B1:4, RA.

695 AN till TJ 20 och 26 nov 1887, ANA, B1:6, RA. Citat 20 nov.

696 AN till PB 16 dec 1887, ANA, B1:6, RA. Alfred skriver dock »Guillaume II«, dvs.

Vilhelm II, men i december 1887 hette tyske kejsaren Vilhelm I.

697 Erlandsson (red.) (2009), s. 216.

698 Åsbrink (2001), s. 42; LN till AN 15/27 nov 1881, ANA E1:3, RA.

699 LN till AN 10 mars 1888, ANA, EI:4, RA (transkr. Karin Borgkvist-Ljung, RA); RN till AN 27 mars och 12 april 1888, ANA, E1:4, RA; Edla Nobel (EdN) till AN, 22 mars 1888, ANA, E1:1, RA och 20 april 1888, ANA, E1:4, RA; CN till AN 12 april 1888, ANA, E1:1, RA. Hjärtsjukdomen kärlkramp, *angina pectoris*, var inte obekant 1888.

700 AB, 14 april 1888; Le Figaro, 15 april 1888. Ska man vara petnoga stod halva notisen på s. 1, halva på s. 2. Le Matin, Le Gaulois och Gil Blas noterade bara kort och felaktigt att dynamitens uppfinnare M Nobel avlidit, men kommenterade inte hans gärning vare sig negativt eller positivt. I litteraturen förekommer påståendet att Alfred kallades »dödens köpman«, men den formuleringen har inte påträffats.

701 Le Figaro, 16 april, 1888. AN står med på lista över prenumeranter, se Le Figaro, 3 juni 1887.

702 JA till AN 19 april 1888, ANA, EII:3, RA

703 Nobel-Oleinikoff (1952), s. 328f och 342; EN till AN 14 april 1888, ANA, E1:2, RA; RN till PN 20 april 1888, i Åsbrink (2001), s. 132.

704 EdN till AN 20 april 1888, ANA, E1:4, RA; AN till EN 26 april 1888, ANA, B1:6, RA.

第十七章及第十八章

随着埃菲尔铁塔的落成，巴黎世界博览会成为19世纪末科学进步最明显的象征。我在吉尔·琼斯（Jill Jones）的《埃菲尔铁塔：巴黎人心目中的纪念碑和世界博览会背后惊心动魄的故事》以及路易斯·迪凡斯的《古斯塔夫·埃菲尔：一个工程师的职业生涯》中描写了这些部分。阿尔弗雷德·诺贝尔自然对此印象深刻。与埃菲尔一样，他也与当时卷入了当时围绕巴拿马运河的丑闻，我在让·布维尔的《巴拿马的两个丑闻》和让－伊夫·莫利耶的《巴拿马丑闻》的支持下描述了这一丑闻。阿尔弗雷德·诺贝尔的个人档案由法国安全警察保存在巴黎国家档案馆中，它是了解和描述将他赶出巴黎那场戏剧性事件的宝贵资料。

705 Se även www.pariszigzag.fr/histoire-insolite-paris/photo-construction-tour-eiffel. Tornet förlängdes 1959 med en tv-mast på 24 meter.

706 AN till SH, »juli«, »juli/aug« och 15 okt 1888, i Sjöman (1995), s. 225ff och 234; det samtida Wien, se t.ex. Morton (1980, e-bok); Hotel Imperial, se www.famoushotels.org; AN till BvS 6 april 1888, i Biedermann (2001), s. 81f (läkarrådet).

707 EN till AN 14 april 1888, ANA, E1:2, RA.

708 LN till AN 3 juni 1886, ANA, E1:3, RA.

709 EN till AN 6 maj 1888, ANA, E1:2, RA. Aktiefördelningen var enligt EN till AN 17 maj 1888: LN 5 040 000 rubel, AN 3 344 500 rubel, Bilderling 1 419 500 rubel och Polnaroff 1 miljon. Totalt 10 804 000 rubel. EN:s datering ömsom gregoriansk, ömsom juliansk.

710 AN till EN 12 maj 1888, ANA, B1:6, RA.

711 EN till AN 17 maj och 22 maj 1888, ANA, E1:2, RA; AN till EN 19 maj och 2 juni 1888, ANA, B1:6, RA.

712 Statuter för Ludvig Nobels pris, antagna av »Kejserliga Ryska Tekniska Samfundet« 1891, i Sittsev, V.M. och Koloss, S.M. Ludvig Nobels dödsdag inföll 31 mars/12 april; http://ludvignobel.ru/history; Åsbrink (2001), s. 134f.

713 Lundström (1971), s. 135.

714 AN t.ex. till »Schmidt« 28 juli 1888 och till Welinder 11 mars 1890, ANA, B1:7, RA.

715 AN brev till »herr Janzon«, Paris, som vädjat om stöd för en bildhuggare, 10 april 1888, ANA, B1:6, RA.

716 AN till fröken Backman, 6 juli och 8 aug 1885, ANA, B1:4 resp B1:5, RA; AN till Dr Lagerwall 28 juli 1885, ANA, B1:4, RA; AN till »herr Janzon« 10 april 1888, ANA, B1:6, RA (guldsugarcitatet).

717 Se samlingen med »tiggarbrev« (dock mest tackbrev), ANA, EII:3, RA; AN till frågeställaren, 4 juli 1888, ANA, B1:6, RA.

718 Ska ej förväxlas med La Société Generale pour la Fabrication de la Dynamite (franska bolaget); Lundström (1974), s. 248f; Vian-Barbe, se kap 15.

719 Citat ur medarbetaren Chevillards vittnesmål, i *L'Intransigeant*, 9 okt, 1892. Finanschef var baronen Jacques de Reinach.

720 Även personakterna för Émile Arton och Paul Barbe, APP.

721 Dossier de voirie, VO11 1992, AP; NA, FVII: 6 och 7, RA. Stort tack till Helena Höjenberg för genomgången av växtfakturorna.

722 AN till SH hösten 1888, 8 aug, 15 aug, 26 okt och 6 nov 1888, i Sjöman (1995), s. 230f och 238; AN till vapenutvecklaren Thorsten Nordenfeldt (TN) 29 maj 1888, ANA, B1:6, RA; Carl Nobel (CN) till AN 21 dec 1888, ANA, E1:1, RA (uppenbart Alfreds ord); Mauskopf (2014), s. 103–149.

723 AN till SH 4 aug, 8 aug, 26 okt, 27 okt, 6 nov och 23 nov 1888, i Sjöman (1995), s. 230–237ff. Adressen i Döbling: Hirschgasse 61.

724 AN till BvS 6 nov 1888, i von Suttner (1909, e-bok). Enligt BvS hade »fru Nobel« varit i Nizza(Nice), vilket kan motivera hänvisning till t.ex. EdN. Men detta händer just de dagar då Alfred gratulerade Sofie Hess till nya huset. Alfred skickade ofta blommor och skrev då och då till Sofie som »Madame Sophie Nobel«. Noterbart att han förnekar hela relationen.

725 Erlandsson (red) (2009), citat, s. 52 och 83f, plus struket material i fotnoter, t.ex. s. 232. Intrigen i *Systrarna*, se kap 11.

726 AN till BvS 6 april 1888, i Biedermann (red) (2001), s. 82.

727 ANA, BII:2, RA, även i Erlandsson (red.) (2009), s. 195–223, citat s. 200; Société Génerale des Téléphones, telefonkataloger 1882–1888, BHP; Wieviorka (2015), s. 19 och 306. Essäerna är inte daterade, men tidssambandet till BvS förfrågan stärks av att AN berör »hjärtats magnetism« i brev till henne samma år, 1888.

728 ANA, BII:2, RA, även Erlandsson (red.) (2009), citat s. 201, 209 och 213.

729 Flaubert (1888), Alfred Nobels exemplar, NMA. (Teologen och bibelöversättaren Hans Magnus Melin var författarens farmors farfar.)

730 Erlandsson (2002); inköp, se fakturor, ANA, G7, RA; Duby (red.) (1987), s. 215; Hägg (2000), s. 494ff; AN till EN 1 jan 1885, TsGIA, F 1258, Op 2, D 225. Dostojevskij förekommer inte i Alfred Nobels bibliotek. Han läste dock Turgenjev, som bodde i Paris och avled 1883.

731 Alfred Nobels kassaböcker, ANA, G5:7, RA.

732 Rimfrost, se AN till RN 23 sep 1892, i Fant (1995), s. 74; AnN till AN 21 mars 1889, 25 jan 1887 och 11 jan 1889, ANA, EII:1, RA. Anders Zorns målning dateras till 1886.

733 AL till AN 23 dec 1888, ANA, EII:2, RA.

734 Ibid; AN till SH, årsskiftet 1888/89, i Sjöman (1995), s. 245.

735 AN till CÖ, 3 mars och odat. mars 1889, ANA, B1:7, RA.

736 *Rapport de la gendarmerie de Vaujours au préfet de Seine-et-Oise*, 31 dec 1889; Le préfet de Seine-et-Oise au président du Conseil, ministre de Intérieur (Char-

les Floquet), 16 jan 188; Direction de la Sûreté au commissaire spécial Morin, 24 jan 1889 och Le ministre de l'Intérieur au préfet de Seine-et-Oise, Fonds de Moscou (FM), Dossier Nobel Alfred, 7382, cote 19940464/88 (DNA), Archives Nationales (AN). Ordern om upplysningar gick till agenterna vid järnvägspolisen, tillstånden till prefekten. I rapporten från gendarmerna hänvisas till beslutet om övervakning av utlänningar, som dock i andra källor dateras senare.

737 *Renseignements concernant un sieur Nobel*, 5 feb 1889, FM, DNA AN.

738 Le général Saussier, gouverneur militaire de Paris, au ministre de la Guerre, 2 feb 1889; Le Marie de Sevran au sous-préfet de Seine-et-Oise, 13 feb 1889, FM, DNA, AN.

739 *Renseignements concernant le nommé Nobel*, 23 feb 1889, FM, DNA, AN.

740 AN till FA 26 mars 1889, ANA, B1:7, RA.

741 Bergman (2017).

742 AN till General Mathieu 16 feb 1889, ANA, B1:7, RA.

743 Bergman (2017).

744 Laurent (2009), s. 388ff; Bergman (2017).

745 AN till FA 10 feb och 5 maj 1889; AN till JD 12 och 25 mars, ANA, B1:7, RA.

746 AN till JD 8 och 10 maj 1889; AN till Thorne 18 maj 1889, ANA, B1:7, RA.

747 AN till JD 21 juli 1889, ANA, B1:7, RA (mycket svårläst), även i EB-arkivet, 3 aug 1956, NA.

748 AN till JD 8 maj 1889, ANA, B1:7, RA.

749 Jonnes (2010, e-bok), s. 90 (citat).

750 Ibid, s. 113 (citat).

751 *L'utilité scientifique de la Tour*, www.toureiffelparis.

752 AN till AL 2 april 89, ANA, B1:7, RA; AN till SH 14 maj 1889, i Sjöman (1995), s. 248.

753 Faktura elektriska lampor, ANA, G1:7, RA; korrespondens mellan AN och C W Schmidt (CWS), Paris, 1893–1896, ANA, FVI:6, RA, citat ur AN till CWS 25 nov 1893.

754 Bodanis (2005), citat s. 100.

755 www.nobelprize.org (citat)

756 Urklipp ur Gil Blas, 3 juli 1889, FM, DNA, AN. Se även Le Figaro, 28 juni 1889.

757 EN till AN 3 juni 1889, ANA, B1:7, RA; Bergman (2017); AN till general Fedorov, ryska militärattachén, 29 april 1889, ANA, B1:7, RA. Alfred hade haft kontakt med denne Fedorov sedan 1887.

758 Le Temps, 21 sep 1889, i FM, DNA, AN.

759 AN till Ivar Lagerwall (IL) 26 mars 1889, ANA, B1:7, RA.

760 AN till EN 13 nov 1889, ANA, B1:7, RA.

761 AN till SH odat. 1889 och »hösten 1890«. Sjöman (1995), citat s. 244, 248 och 278.

762 LN till AN 15 aug 1886, ANA, EI:3, RA; RN till Hjalmar Nobel (HN) 15 mars 1886, avskrift i NMA; AN till AL 6 maj 1890, ANA, ÖII:5, RA.

763 AN till SH odat. vår, 1 sep, 4 sep och 11 nov 1889, i Sjöman (1995), s. 248–255, citat s. 249 och 252.

764 AN till SH slutet av 1889, i Sjöman (1995), s. 252–255, citat s. 252, 254 och 255.

765 S & S (1926), s. 249f; AN till SH 29 aug 1882 (AnN kärlek), 1 sep och 11 nov 1889, i Sjöman (1995), s. 154, 251 och 255.

766 AN till SH 1 sep 1889 och 11 nov 1889, i Sjöman (1995), s. 251 och 255.

第十九章

我从巴黎警察局历史档案中的涉案人员档案、1893 年巡回法院的判决、新闻报道和阿尔弗雷德·诺贝尔的信件中，拼凑出了在法国被称为“炸药事件”的百万美元诈骗案的细节。在描述迁往圣雷莫的过程中，我大量使用了乔瓦尼·洛蒂（Giovanni Lotti）的《诺贝尔在圣雷莫》，并根据阿尔弗雷德的信件、室内装修订单和库存清单中的细节对其进行了扩充。有关政治、科学和文学史的资料来源依然相同。在本章中，我使用了乔治·凯南（George Kennan）的《运的联盟：法国、俄罗斯和第一次世界大战的到来》一书。关于斯堪的纳维亚文学在法国的突破，我使用了斯特兰·阿斯特伦（Stellan Ahlström）的《斯特林堡征服巴黎》。

767 AN till BvS 24 nov 1889, i ANA, EII:2, RA och Biedermann (2001), s. 85f. Över femtio brev om dagen, AN till RN 29 juli 1893, i Fant (1995), s. 360.

768 DN, 9 dec 1889. Dödsannonsen i bl.a. AB och NDA 10 dec. AnN hade en våning på Hamngatan 20.

769 Begravningen ägde rum den 16 december kl. 14.00, SvD, AB och DN, 16 och 17 december 1889.

770 HH till AN 24 dec 1889, i Sjöman (1995), s. 260; AL till AN 1 jan 1890, ANA, EII:2, RA; JA till AN odat., ANA, EII:3, RA.

771 AN till AA 19 jan 1890 (även Roberts humör) och RN till AN 24 feb 1890, ANA, E1:4, RA. Alfred ville avsätta cirka 100 000 kronor till välgörenhetsfonden, cirka 6,5 miljoner idag. Roberts barn fick till slut 20 000 kronor vardera, eller ungefär 1,3 miljoner idag.

772 Goldkuhl (1954), s. 13f (citat). Enligt mantalslängden i Rotemansarkivet, SSA, flyttade RN från Stockholm till Getå den 24 september 1889. Gården köptes 1884 och familjen bodde där en del även dessförinnan. Robert sökte t.ex. patent på »sätt att anbringa rappning på byggnader«, SvD 25 nov 1890.

773 Robert klagar över Alfreds korta besök, se t.ex. RN till AN 23 aug 1892, NMA; AN till »Min bäste Herre« 28 aug 1889, daterat Getå (besöket 1889); AN till RN 29 juli 1893, i Fant (1995), s. 90 och 360; Roberts utbrott, se t.ex. AN till SH aug 1888, i Sjöman (1995), s. 229 och EN till AN 5 aug 1888, ANA, EI:2, RA; EN till AN 17 maj 1888 (Robert inte stor aktieägare), ANA, EI:2, RA.

774 RN till AN 24 feb 1890, ANA, E1:4, RA; AN till Adolf Ahlsell (AA) 19 jan, 30 jan och 7 feb 1890, ANA, EI:4, RA.

775 AB, 5 april 1890. Husauktionen ägde rum 15 april 1890.

776 Gösta Mittag-Leffler (GM-L) till AN 22 feb 1890, ANA, EII:4, RA, citat 1; AN till GM-L 1 mars 1890, ANA, B1:7, RA, citat 2; Stubhaug (2007), s. 426. Stockholms högskola var den institution som Alfred Nobels testamentsjurist propagerat för året innan.

777 AN till SH april 1890, i Sjöman (1995), s. 265 (passagerarna); von Suttner (1890), citat s. 230 och 453.

778 AN till BvS 1 april 1890, i Biedermann (2001), s. 88. Alfred Nobel nämnde dåtidens fabrikanter av gevär och kanoner: »les Lebel, les Nordenfelt, les de Bange«.

779 Le Radical, 22 feb 1890, urklipp i FM, DNA, AN.

780 Le ministre de l'Intérieur au préfet de Seine-et-Oise, 15 april 1890, FM, DNA, AN; Le préfet de Seine-et-Oise au ministre de l'Intérieur, 17 april 1890, FM, DNA, NA.

781 AN till prefekten i Seine-et-Oise 19 april 1890, FM, DNA, AN; grälet i parlamentet, se AN till EN 23 april 1890, ANA, B1:7, RA, även Journal Officiel de la République française (JO), 9 mars 1890, Chambre des députés. Comptes rendus in extenso des débats parlementaires. Séance du 8 mars.

782 AN till AL 21, 23 och 27 april 1890, ANA, ÖII:5, RA, citat 27 april. AN även till EN om dramat 23 april 1890, ANA B1:7, RA.

783 Le ministre de la Guerre (Freycinet) au ministre de L'Interieur, 5 maj 1890, FM, DNA, AN. Kraven: höga vallar och ett av-

stånd på 500 meter till all bebyggelse bl.a., se AN till AL 27 april 1890, ANA, ÖII:5, RA.

784 AN till Ivar Lagerwall (IL) 4 dec 1892, ANA, B1:8, RA.

785 SD, 21 maj 1890 och NDA, 12 juni 1890 (Avigliana); L'Estafette, 20 maj 1890 och 24 maj 1890 (Barbe); L'Écho de Raincy, 8 juni 1890, (utfallet mot AN), Barbes personakt, BA 945, APP. L'Écho de Raincy kom ut i närheten av Sevran, därmed en extra känslig attack.

786 Carl Lewenhaupt (CL) till AN 1 juni 1890, ANA, EII:4, RA; AN till SH maj 1890, i Sjöman (1995), s. 268.

787 AN till SH 17, 20 och 25 juni 1890; Sjöman (1995), s. 269f.

788 Mauskopf (2014), s. 125, oro, se AN till PB, t.ex. 6 dec 1889, ANA, B1:7; RA; Strandh (1983), s. 164ff; Bergengren (1960), s. 118ff; AN till AL 21 juni 1890, ANA, ÖII:5, RA.

789 AN till SH 7 juli 1890, i Sjöman (1995), s. 271f; AN till EN, ANA, BI:7, RA (Bellamy-citatet).

790 AN till Axel Winckler (AW) 17 juli 1890, ANA, B1:7, RA. Alfred känslig innerst inne, se t.ex. brev till RN 8 jan 1892, i Fant (1995), s. 358.

791 AW till AN 12 jan och 18 juli 1890, ANA, EII:2, RA.

792 AN till AA 1 aug 1890, ANA, EI:4, RA; AN till RN 21 juni 1890, ANA E1:2, RA. Alfred avsatte också en del av sitt arv efter AnN till fattiga svenskar i Paris. Hans två laboratoriebiträden i Paris fick en summa pengar. Roberts fyra barn fick 20 000 kronor vardera. Även några av kusinerna fick en slant.

793 La concentration, 10 aug 1890 (PB:s död), Barbes personakt, BA 945, APP; Chambre des députés. Séance du 31 juillet, JO, 1 aug 1890; AN till RN 2 aug 1890, ANA, EI:2, RA; La Lanterne, 3 aug 1890, artikel återgiven på www.amis-des paulilles.fr (begravningen). Alfred i Sthlm, se AN till AA 1 aug 1890, ANA, EI:4, RA.

794 La Concentration, 17 aug 1890, Barbes personakt, BA 945; Vian, BA 1294 och Le Guay, BA 1150, APP; AN till Le Guay 15 okt 1890, ANA, B1:7, RA.

795 Sex procents ränta motsvarade årslönen för en järnbruksarbetare 1919, sannolikt mer än så 1890. Årsinkomsten för en dräng 1890, med kost och logi, var runt 450 kronor. (Historiska lönedatabasen HILD, Göteborgs universitet). Alfred betalade brorsbarnen 600 kronor två gånger per år. I december 1891 »avrundade« han t.ex. Ludvigs ränta uppåt, från 840 franc (omräkning från 600 kronor) till 2 000 franc.

796 AN till AA 12 dec 1890 (ansvar för Ingeborgs vård), ANA, E1:4, RA; Ludvig Nobel, Roberts son (LNy) till PN 31 dec 1890, NA (svag i nerverna); LNy till PN 8 sep och 1 nov 1890, NA.

797 Fritt efter brorsbarnens brev, t.ex. LN:s brev till Pauline 1 nov, 16 nov och 12 jan 1890.

798 Sven von Hofsten till JJ sep 1890, ANA, ÖII:4, RA. Jöns Johansson hette egentligen Johan Erik.

799 AN och GF till JJ okt 1890–mars 1891, ANA, ÖII:4, RA; Uddenberg (2015), s. 272ff. Alfred Nobel tänkte sig rör i en smält massa av »borax och natriumfluorid«.

800 LNy till PN 12 jan 1891, NA; EN till AN 15 jan 1892 (fast adress); AN till TN 29 april 1890, ANA, B1:7 (Finspång); AN till AL 2 och 15 jan 1891, ANA ÖII:5, RA; AB till AN 20 jan 1891, ANA, EII:6, RA, även Sjöman (1995), s. 79.

801 LNy till PN 1 feb 1891, NA; AN till LNy 6 feb 91, INA, C:1, LL (inte bara nöje, letar nytt ställe).

802 AN till SH nov och dec 1890; Sjöman (1995), s. 282–291, citat s. 290.

803 AN till SH 1 jan 1891; SH till AN, 1 feb 1891; Sjöman (1995), s. 292ff.

804 Amalie Brunner (AmB) till AN 8 april 1891; AN till SH 10 feb 1891; Sjöman (1995), s. 295.

805 Axel Key till Selma Key 19 april 1893, ANA ÖII:6, RA; »Inventaire de la Villa Mio Nido á San Remo«, AN april 1891, ANA, G2:3, RA; ritningar, San Remo, Alfred Nobels Sterbhus arkiv (ANS), FII:1, RA; AN till en M »Benecke« (svårläst), San Remo, 15 juni, 2 juli och 29 sep 1891; AN, listor saker med till San Remo, sep 1891 och 16 nov 1891, ANA, B1:8, RA. Vin, se t.ex. AN till E Dignimont & Fils, 6 dec 1892, beställning av 155 flaskor vin i plomberade kartonger; Lotti (1980), s. 53–73.

806 LNy till PN 30 juli 1891, NA; AN till SH 17 juli 1891; Sjöman (1995), s. 303. Margrethe föddes 14 juli 1891; Tyskland, Mauskopf (2014); Ryssland, se t.ex. EN till AN, 4 apr 1892; Sverige, besked i AL till AN 24 mars 1892. Senare vann ballistiten mark och användes, förutom i Italien, i Tyskland och de skandinaviska länderna, se Mauskopf (2014).

807 Citat ur Nordisk familjebok (1904); Journal de France, s. 1762; Duby (red.) (1991), s. 166f.

808 Le Figaro, 10 sep 1890 och 12 sep 1893;Morcos (1961), s. 195–211.

809 JA till AN 31 dec 1890, ANA, EII:3, RA; Hogenuis-Seliverstoff (2001), s. 255f, citat s. 256.

810 AN till BvS 14 sep 1891.

811 von Suttner (1909, e-bok), s. 210. Tolstoj skrev på franska.

812 Hamann (1996), s. 72; AN till BvS 31 okt 1891, ANA, EII:2, RA och Biedermann (2001), s. 92; BvS till AN 4 nov 1891, ANA, EII:2, RA, även Biedermann (2001), s. 93.

813 AN till LNy, 9 nov 1891, INA, C:1, LL.

814 LNy till PN 1 feb 1892 (LNy använder ordet puts (spratt/upptåg); Axel Key till Selma Key, 19 april 1893, ANA ÖII:6, RA (ryska hästar); AN till RN 8 jan 1892, i Sjöman (2001), s. 322.

815 LNy till PN 17 feb 1892, NA; AN Till LNy 21 feb och 5 mars 1892, INA, C:1, LL; EN till AN 8 sep 1891, ANA EI:2, RA.

816 Se t.ex. AN till TJ 19 jan 1892 och AN till Kraftmeier 11, 18 och 23 mars 1892, ANA, B1:8, RA.

817 SH till AN 16 jan och 21 feb 1892, i Sjöman (1995), s. 307 och 310; AmB till AN 11 jan 1892, ANA, EII:6, RA; Sjöman (1995), s. 306; AN till Maximilian Barber (MB), citat 23 feb 1892 (sannolikt ej skickat), ANA, EII:6, RA, i Sjöman (1995), s. 68; AN till MB 24 feb 1892, ANA, EII:6, RA, i Sjöman (1995), s. 68.

818 AN:s odat. förteckning »Litteratur och poesi«, ANA, BII:2, RA. Verken, numrerade: 1. Tre systrarna, 2. Döden på halsen, 3. Sot och Bot, 4. Hon, 5. Gåtan, 6. Om jag har älskat (2 motsatser), 7. Det gifves drömmar, 8. Cenci, 9. Andlig uppfostran, 10. Predikningar, 11. Tro och otro, 12. Två på halsen, 13. Wonder, 14. I saw two rose-buds, 15. ···

819 Kuriosa: August Strindberg publicerade kort därpå artikeln »Vad är Ryssland? (Qu'est-ce que La Russie?)« i JA:s tidskrift (1 feb 1892). Han delade JA:s åsikter. JA:s presentation i tidningen: »M August Strindberg [···] är en av Sveriges främsta demokratiska skriftställare, vilket ger hans omdöme om Ryssland ett särskilt intresse«. Se Ahlström (1956), s. 147.

820 Ahlström (1956), s. 7–30 och s. 108–158. Ginistrys artikel publicerades i *La République Française* 16 nov 1891.

821 Personakterna för Émile Arton (BA 937) och Gilbert LeGuay (BA1150), APP; artiklar i *L'Intransigeant* om avslöjandet och arresteringen, 23 juni, 24 juni och 1 juli

1892, FM, DNA, AN (AN-citat 24 juni); Mollier (1991), s. 522ff (lista mutade parlamentariker); AN till Ristori 1 nov 1892, återgivet i Sohlman (1983), s. 75f; Bergengren (1960), s. 116 (obligationslånet); dom från Cour d'Assises, 15 feb 1893, AP (samt notis i Le 19e Siècle, 2 juli 1893, BA937, APP, om domen mot Arton i hans frånvaro). Första rättegången i Panamaskandalen hölls också i början av 1893. Finansdirektören Jacques de Reinach hade då begått självmord. Ferdinand de Lesseps dömdes först till fem års fängelse och Gustave Eiffel till två, men ingen av dem behövde avtjäna straffet. Regeringen avgick, en minister fick fängelsestraff, i bägge målen fanns antisemitiska övertoner som förebådade Dreyfusskandalen några år senare.

822 EN till AN 30 mars, 20 april, 7 juni, 10 juni och 30 juli 1892, ANA, EI:2, RA; Åsbrink (2001), s. 139f.

823 EN till AN 30 juli, 8 aug, 16 aug, 17 aug 1892, ANA, EI:2, RA.

824 AN till »Monsieur l'Ambassadeur«, 26 okt 1892, ANA, ÖII:6, RA. Alfred skrev på franska, oklart till vem, möjligen Rysslands ambassadör.

825 AN till Escher Wyss & Cie, Zürich, 3 juli 1892, ANA, B1:8, RA; Strand (1983), s. 249 (12 m lång); Larsson (2010), s. 66; AN till Mr Naville 20 feb 1893, ANA, BI:9, RA.

826 BvS till AN 2 juni 1892, i Biedermann (2001), s. 104.

827 BvS i Neue Freie Presse, 12 jan 1897 (citat), von Suttner (1909, e-bok), s. 277.

828 Ibid; Hamann (1996), s. 192; AN till Aristarchi Bey (AB), 5 sep 1892, ANA, B1:8, RA. BvS uppger 1909 att det var här som de talade om ett pris första gången. Detta motsägs dock av hennes reaktion på AN:s idé om ett fredspris i januari 1893. Jag stödjer mig därför på samtida brev framför efterhandsskildringen.

829 AN till AB 5 sep 1892, ANA, B1:8, RA; S & S (1926), s. 223f. AB:s brev och promemorior i ANA, EII:7, RA. Han fick 15 000 franc för att finnas till hands för AN under ett år.

830 Henri La Fontaine (HLF) till AN 11 okt 1892, ANA EII:2, RA.

831 AN till HLF 15 okt 1892, ANA B1:8, RA.

832 AN till BvS 6 nov 1892, ANA, B1:8, RA, även Biedermann (2001), s. 115.

833 BvS till AN 24 dec 1892, ANA, EII:2, RA, även Biedermann (2001), s. 118f.

834 AN till BvS 7 jan 1893, originalet i United Nations Library, Genève, kopia i ANA, B1:8, RA.

835 BvS till AN 27 jan 1893, ANA, EII:2, RA, även Biedermann (2001), s. 124f.

第二十章及第二十一章

为更新本章的科学知识，我增加了帕特里斯·德勃雷的《路易斯·巴斯德传》、苏珊·奎因（SusanQuinn）的《玛丽·居里：生平》和弗里德里希·德绍尔（Friedrich Dessauer）的《伦琴的发现》等资料，后者重现了重要的原始文件。拉格纳·索尔曼在这个部分重磅登场，我在此过程中依据的是索尔曼自己的著作《遗嘱》、他的孙子斯塔凡·索尔曼（Staffan Sohlman）在《拉格纳·索尔曼：巴库、芝加哥、圣雷莫》一书中自费出版的书信评论，以及拉格纳·索尔曼在KB的档案馆中与他的未婚妻/妻子和母亲之间的原始信件。科学史学家西摩·毛斯科普夫（Seymour Mauskopf）的研究《诺贝尔炸药有限公司诉安德森案》，以及阿尔弗雷德·诺贝尔的信件和英国报纸文章，是我了解困难重重的虫草和弹丸石专利案的主要资料来源。在《萨洛蒙·奥古斯特·安德烈：极地航空的开端（1895—1897）》一书中，我找到了阿尔弗雷德·诺贝尔参与的气球探险早期阶段的详细文献。比格尔·斯特克森（Birger Stecksén）1946年出版的《博福斯：炮兵工业的历史》一书记载了购买博福斯和国王访问挪威的情况。关于挪威在国际和平运动中的作用，以及和平思想对联盟分裂的重要意义，我引用了奥斯卡·J·法尔内（Oscar J Falne）1938年出版的《挪威与诺贝尔和平奖》一书和厄伊文德·斯滕森（Øivind Stenersen）、伊瓦尔·利拜克（Ivar Libaek）和阿斯勒·斯泰恩（Asle Steen）的《诺贝尔和平奖：百年和平》。弗雷德里克·S.赫弗梅尔（Fredrik S.Heffermehl）在他的《诺贝尔和平奖：消失的愿景》一书中从更具批判性的当代视角进行了论述。

836 Svenska Läkaresällskapets inbjudan till donatorer, ANA, EII:4, RA; S & S (1926), s. 245. Alfred Nobels eventuella bidrag är okänt.

837 AB, 9 dec 1892 (citat).

838 *Svenska klubben i Paris, en jubileumsskrift* (1952), citat s. 10 och 12.

839 S & S (1926), s. 250ff; AN till AL 13 okt 1892, ANA, ÖII:5, RA; AN till LN 8 okt 1892, NA.

840 Tusen idéer, se Stecksén (1946), s. 150; projektlistan ur ANA, BII:2, RA; AN till RN 29 juli 1883, i Fant (1995), s. 361.

841 AN till Wilhelm Unge (WU), t.ex. 16 sep, 30 sep och 10 okt 1892, ANA, BI:8, RA; AN till brukspatron Ekman, Finspång (»militärisk rigtning«) och AN till »My Dear Sir« (litteratur), 5 juli 1893, ANA, BI:9, RA; AN till AL 9 maj 1894, ANA, ÖII5, RA (citat).

842 Axel Key till Selma Key 19 april 1893, ANA, ÖII6, RA; AN till EN 21 juni 1893, ANA EI:2, RA (pratat medicinska idéer).

843 AN till »Högtärade Herr Professor« 10 maj 1893, ANA ÖII:6, RA. AN lovade att försöka närvara, men befann sig enligt brevdateringar i Aix-en Provence vid promoveringen i september.

844 AN till EN 21 juni, 29 juni och 8 aug 1893, ANA, EI:2, RA.

845 Tolf (1977), s. 160f; Yergin (1991), s. 70f; AN till Sven Hedin 17 juli 1893, ANA B1:9, RA; AN till EN, ANA EI:4, RA.

846 Erlandsson (red.) (2009), citat, s. 173 och 174; AN till Ingeborg Nobel (InN) 28 aug 1894, NMA; AN till fröken Öberg 17 juni 1894, ANA BI:9, RA; AN till pensionsfonden, 4 mars 1896, ANA EII:3, RA.

847 S & S (1926), s. 252; AN till Lavatelli 30 maj 1893, ANA, BI:9, RA.

848 Se t.ex. BvS till AN 11 april 1894, även Biedermann (2001), s. 142f.

849 Rieffel till AN 5 sep och 18 okt 1892, ANA, EII:2, RA; AN till Rieffel 8 dec 1892, ANA, B1:8, RA (8 dec, renskrivet i EB-arkivet, 15 juli 1956, NA.)

850 Le Figaro, 16 nov 1893; Quinn (1996), s. 136 (elva bomber); Gil Blas, 12 nov, 1893 (skärpta dynamitlagar).

851 RS till Hulda Sohlman (HS) 2 nov 1893, Ragnar Sohlmans arkiv, L10a:19, KB; Sohlman (2014), s. 121; Sohlman (1983), s. 53.

852 Fredrik Ljungströms (FL) minnesanteckningar, EB-arkivet, 17 okt 1955, NA.

853 RS till HS 5 maj 1894, RSA, L10a:19, KB.

854 Sohlman (2014), s. 130f.

855 RS till HS 30 nov 1893, 3 och 25 jan 1894 RSA, L10a:19, KB.

856 RS till HS 6 jan 1894, RSA, L10a:19, KB; Sohlman (2014), s. 137; Stecksén (1946), s. 143ff. Bolaget hette AB Bofors-Gullspång vid förvärvet. Alfreds första alternativ var Finspång, men han tyckte anläggningarna var för gammalmodiga.

857 London Daily News och Morning Post, 12 sep 1893. Patentmålet i Chancery Division pågick mellan 30 januari och 14 februari 1894. Det överklagades till Court of Appeal i juli 1894 med samma utgång. Målet kom sedan upp i House of Lords i februari 1895.

858 Sheffield Evening Telegraph, 31 jan 1894 (Nobel vittnar); AN till TJ 2 jan 1895, ANA BI:9, RA (kommit i onödan); Mauskopf (2014); AN till TJ 20 april 1894, EB-arkivet, 10 juli 1956, NA; AN till Carl Lundholm (CL), 21 juni 1894, ANA, BI:9, RA.

859 Pall Mall Gazette, 15 feb 1894.

860 AN till AEN 11 april 1894, AENA, E01:18, KVA (hemlängtan).

861 AN till styrelsen för Bofors-Gullspång, 27 mars 1894, ANA, BI:8; AN till Jonas Kjellberg, Bofors disponent (JK), 19 nov 1894, ANA, BI:9, RA; AN till JK 27 mars och 9 maj 1894, ANA, BI:8, RA.

862 Mignon skickades på AL:s inrådan till Finnboda Slip, se AL till AN 12 maj 1894, ANA, ÖII:5; RA. Båtens öde är därefter oklart. Våren 1896 funderade AN på att sälja den, se brev 10 april 1896, ANA, BI:10, RA.

863 Hjalmar Nobel (HN) till RN 20 maj 1894, NA; HN till RN 22 apr 1894, NA. (»O vore du än hvit som en svan, de g jorde dig strax till en svart morian«, citerade han ur Gluntarna); HN till RN 17 juni 1894, NA; AN till HN 24 okt 1894, NA.

864 Kopia av tidningssidan, ANA, EII:6, RA. Orden som används är »kuratel« och »kurator«; SH till AN 10 juli 1894, ANA, EII:5, RA; Sjöman (1995), s. 70. I tidningen stavas namnet Sophie. Alfred använde båda stavningarna, Sofie och Sophie.

865 RS till HS 19 nov 1893 och 20 maj 1894, RSA, L10a:19, KB; Sohlman (2014), s. 144; RS till AN 1 mars 1894, ANA, EII:1, RA; Sohlman (1983) s. 30; AN till W Schmidt m.fl. 1893–1896, ANA, FVI6, RA samt AN till WS, B1:8, 9 och 10, RA.

866 FL:s minnesanteckningar, EB-arkivet, NA; Strandh (1983), s. 278ff; AN till Mavor (annan cykelpartner), 10 maj 1896, ANA, B1:10, RA (kan inte cykla). Kontakten förmedlades av affärsmannen Charles Waern (CW), som också deltog i projektet.

867 AN till RS 3 sep 1894, ANA, BI:9, RA; Sohlman (1983), s. 19 och 54.

868 RS till HS 16 april 1895 och 16 okt 1894, RSA, L10a:19, KB; RS till HS, pingstdagen 1894, Sohlman (2014), s. 144.

869 AN till Hjalmar 4 okt 1894, ANA, BI:9, RA. »Jag skämtar förstås ty nog vet du att en 60-årig Josef skulle fått vara ifred för Potifars hustru, fast judinna hon var.«

870 AN till HN 4 och 24 okt 1894, ANA, BI:9, RA; AN till HN 2 dec 1894, BA:9, RA.

871 Brev från Gaucher till AN, i EII:3, från Alfred Hammond till AN, EII:4 och från Emma, Marie och Claire Winkelmann till Alfred, EII:4, samt kvitton på inköp.

872 AN till major Adelsköld 9 nov 1894, ANA, BI:9, RA.

873 AN till EN 29 okt 1894, ANA, BI:9, RA; EN till AN 1 jun 1895, ANA, EI:2, RA.

874 BvS till AN 28 nov 1894; Biedermann (2001), s. 151f. Eugènie Turpin upptäckte 1886 att pikrinsyra utg jorde ett kraftfullt sprängämne och gav namnet åt granaten som omtalas, Turpin.

875 BvS till AN 11 april 1894; Biedermann (2001),s. 142f. »Des budgets de la Paix-c'est du nouveau. On commence á accorder á notre institution caractère'd'utilité ublique' .«

876 »Voldgiftadressen«, 5 mars 1890, se Garbo, Gunnar, »Fredsaktivisme på Stortinget«, Dagbladet 15 april 2004.

877 Bjørnson till BvS 20 juli 1894, återgivet i von Suttner (1909, e-bok), s. 318f; BvS till AN 1 sep 1895 (»geni från Norden«), 28 okt 1894 och 28 nov 1894, i Biedermann (2001), s. 157 och 150ff; även Garbo, Gunnar, »Fredsaktivisme på Stortinget«, Dagbladet 15 april 2004.

878 Erlandsson (red.) (2006), s. 40 (Rydberg); InN till AN juli 1893, 3 okt, 17 okt 1894 och 7 jan 1895. InN gifte sig med greve Carl Ridderstolpe 28 aug 1894. De flyttade

först till Strömsholm, »fyra timmar väster om Stockholm«.

879 PN till HN 23 aug 1894, NMA; EN till AN 6 okt 1894, ANA, EI:4, RA.

880 Nobel-Oleinikoff (1952), s. 109f; Sjögren,- se t.ex. AN till HS 4 okt 1894, ANA, BA:9, RA samt 9 mars och 5 juli 1895, Hjalmar Sjögrens arkiv, W 4, KVA; LN till AN 18 okt 1895, NA, C1, LL.

881 AN till TH 2 jan 1895, ANA, BI:9, RA.

882 AN till Julius Heydner (JH) 16 okt 1894, i Sjöman (1995), s. 72ff.

883 Nicolaus Kapy von Kapivar (NKK) till JH 30 jan 1895 och AN till JH 9 mars 1895, i Sjöman (1895), s. 80f.

884 NKK till JH 30 jan 1895 och AN till JH 9 mars och 30 okt 1895, i Sjöman (1995), s. 80ff.

885 Mauskopf (2014), s. 139ff; Lord Justice Kay, återgiven i S & S (1926), s. 175.

886 Pall Mall Gazette, 6 mars 1895; AN till EN 10 mars 1895, ANA, BI:9, RA; AN till Timothy Warren (TW) 10 mars 1895, ANA, BI:9, RA; AN till redaktören för Daily Chronicle, 9 mars 1895, ANA BI:9, RA.

887 Utkast till Patent Bacillus, i ANA, BII:2, RA; AN till HN 18 mars, ANA, BI:9, RA.

888 AN till AL 22 jan 1895, ANA; ÖII:5, RA; Stecksén (1946), s. 166 (lab klart); AN till AL 22 jan, 6 feb (verkliga vänner), ANA, BI:9 och ÖII:5, RA; AN till EN 13 juni 1895, ANA, BI:9, RA; AN till M Wiberg 26 feb 1895, ANA, B1:9, RA (citat ju större summor); Strandh (1983), s. 265f; första laboratorieanteckningen om nya krutet 6 april 1894, se NH-pärmarna, 5 sep 1956, NA.

889 Sohlman (1983), s. 52ff; AL till RS 1 april 1895, ANA, ÖII:2, RA (labbis); S & S (1926), s. 194.

890 Anekdot berättad av Rolf Sohlman för Erik Bergengren 20 juli 1955, EB-arkivet, NA.

891 Sohlman (2014), s. 159f; EN till AN 20 juni 1895; EB:s kortregister (hästnamnen), NA; »Uppfinnarens ekipage«, Upsala Nya Tidning, 25 april 1898; Karlskoga tidning, maj 1898, citerad i EB-arkivet, 11 jan 1957, NA.

892 AN till FL 12 mars 1896, ANA, BI:10, RA; FL:s minnesanteckningar, EB-arkivet, NA. (FL avslutade: »··· som är smutsig«, men han måste rimligen ha skrivit fel); AN till mr Julien, Paris, 3 feb 1896, ANA, B1:10, RA (sälja Malakoff); AN till CW 3 nov 1895, ANA, B1:10, RA. (Cykeln prövades i »Besvärsbacken« vid Pustegränd på Söder, »Stockholms brantaste backe«). 893 Sollinger (2005), s. 89–07. De största donatorerna: Alfred Nobel 65 000 kronor, Hovet 30 000 kronor, affärsmannen Oscar Dickson, 30 000 kronor.

894 AN till Salomon August Andrée (SAA) 18 sep och 22 sep 1895, ANA, BI:10, RA.

895 EN till AN 28 juli 1895, ANA, EI:2, RA. SvD 18 sep och 19 sep, AB 19 sep och Nya Wermlandstidningen (NWT) 19 sep 1895; Stecksén (1946), s. 163ff; ryska hästen och vagnen, se referat av Karlskoga tidning 1898, EB-arkivet, 11 jan 1957, NA.

896 AN till Leonard Weylandt 19 och 21 okt 1895, ANA, BI:10, RA. Alfred tyckte Grand Hôtel, restaurang Hasselbacken och bankiren Wallenbergs nybyggda hotell i Saltsjöbaden borde föras ihop i ett bolag.

897 Aristide Rieffel (AR) till AN 31 okt 1895, EII:4, RA; AN till AR och AN till HN 5 nov 1895, ANA, BI:10, RA; AN till HN omkr. 21 nov och omkr. 24 nov, 1895, ANA, BI:10, RA.

898 AN till HN 7 dec 1895, ANA, BI:10, RA.

899 AN till HN 29 oktober, ANA, BI:10, RA.

900 Strindberg (1999), s. 587ff; BvS till AN 12 aug 1894, i Biedermann (2001), s. 146. (Hon läste en tysk tidigare utgåva).

901 Nordau (1993), citat s. 541; Brunetière, Ferdinand, »Après une visite au Vatican«, *Révue des deux mondes*, 1895-01, citat s. 99.

902 Strindberg, August, »Introduction à une chimie unitaire. Première esquisse«, Mercure de France, okt 1895, Alfred Nobels Björkborns arkiv (ANBA); AN till direktör E Hörnell 22 okt 1895, ANA, B1:10, RA.

903 Svenska klubben (1952), s. 10, 14 och 17; SBL (Strehlnert) och EB-arkivet, NA (Hwass).

904 De innestående 20 000 kronor som Roberts barn redan fått är inte med i den beräkningen. Alfred gav också till de för de flesta okända, men här tidigare nämnda, Hammond, fröknarna Winkelmann och fru Gaucher samt George Fehrenbach. Han kom ihåg sin nuvarande och förre tjänare Auguste Oswald och Joseph Girardot samt förre trädgårdsmästare Jean Lecof med små livräntor. Den Elise Antun som får en livränta och sitt innestående kapital utbetalat är svår att spåra, men sannolikt Alfred Nobels före detta hushållerska i Paris.

905 Protokoll, Stockholms Rådstugurätt, 5 feb 1897, i *Protokoll hållna vid sammanträden för öfverläggning om Alfred Nobels testamente*, bil B, Nobelstiftelsen (1898).

906 BvS till AN 26 sep 1895, i Biedermann (2001), s. 159.

907 BvS till AN 1 sep 1895, i Biedermann (2001), s. 157.

908 Alfred Nobels testamente, www.nobelprize.org; S & S (1926), s. 250–257; SE till AN 16 dec 1895, ANA, EII:3, RA.

909 Röntgens rapport till Physikalisch-medicinischen Gesellschaft i Würzburg, *Über eine neue Art von Strahlen*, 1895, i Dessauer (1895), s. 56ff.

910 Claire Winkelman till AN 23 feb 1896, ANA, EII:4, RA; BvS till AN 7 feb 1896, i Biedermann (2001), s. 168f.

911 LN till AN 1 jan 1896, NA, C1, LL; ANA, EII:3, RA.

912 AN till Mr Président 12 jan 1896, ANA, B1:10, RA; AN till Mr Julien, Paris, 3 feb 1896, ANA, B1:10, RA; Sohlman (1983), s. 48.

913 AN till fru Tamm 29 jan 1896, EB-arkivet; AN till Sofie Ahlström (SoA) 30 jan 1896, ANA, BI:10, RA, samt odat. 1896, ANA ÖII:6, RA. Valborg Nobel (VN) till AN 12 nov 1895, NoA, C:1, LL. SoA anställdes sedan som sekreterare hos testamentsexekutorerna.

914 Nemesis, drama i fyra akter, ANA, BII:1, RA; Sjöman (2001), s. 69–92.

915 Korrespondens AN–BvS, jan–april, i Sjöman (2001) s. 98–106.

916 AN till LNy, ANA, B1:10, RA.

917 SAA till AN (siden) 23 dec 1895, ANA, FVIII:1, RA; Johannesson, Lars, »Berättelsen om ballongen Sve«a, Stadsvandringar/Stockholms stadsmuseum, 13/1990, s. 19–25.

918 Alfred Nobels tekniska beskrivning, 7 maj 1896 och AN till GF bl.a. 1 juli 1896, ANA, BI:10, RA; Sohlman (1983), s. 34.

919 SAA till AN, 26 maj 1896, ANA, FVIII:1, RA; Arbetet, 8 juni 1896; AN till Andrée, Ekholm och Strindberg, sommaren 1896, ANA, BI:10, RA.

920 TyN till AN, Getå 23 juli 1896, NA, C:1, LL; RN till HN 8 nov 1895, NMA; resande tidningen Kalmar, 17 juli 1896; PN till AN 7 augusti 1896, ANA, EI:4, RA.

921 AN till HN resp. RS 11 aug 1896, ANA, BI:10, RA.

922 Telegram SAA till AN 24 aug 1896; Sohlman (1983), s. 39; se även telegram från AN till SA odat. okt 1896 och brev 30 okt 1896, RA. Andrées expedition blev av 1897. De tre expeditionsmedlemmarna omkom utan att ha nått Nordpolen.

923 AN till Lea 6 aug 1896, i Sjöman (2001), s. 128; Sohlman (1983), s. 52. Affärskontakten var C H Waern, se Sjöman (2001), s. 130.

924 Arrhenius (1896), s. 237–276 (begreppet »växthuseffekten« myntades 1909 av fysikern Robert Wood); Crawford (1996), s.

123ff (äktenskapet).

925 Korrespondens SAA–AN, 10 sep, 29 sep, 30 sep, 13 okt, 4 nov och 12 nov 1896, ANA, EII:4, RA.

926 Strandh (1983), s. 282–286; FL minnesanteckningar, NA.

927 AN till RS 25 okt 1896, i Sohlman (1983), s. 54; AN till RS 28 okt 1896, EB-arkivet, 26 jan 1957; Martennieri, Ulisse, »Rapport över Mr Alfred Nobels sjukdom och död«, EB-arkivet (1896), NA; Alfred Nobels kassabok, 1896, ANA, G5, RA.

928 LN till AN 17 okt 1896, NoA; C:1, LL; VN till AN 21 okt 1896, ANA, ÖII:6, RA.

929 AN till ärade broder 20 nov 1896, ANA, B1:10, RA (vin); AN till C H Waern 7 nov 1896, i Sjöman (2001), s. 130; AN till SAA 11 nov 1896 (10 000 kr), ANA, B1:10, RA; Nathan Söderblom (NS) till AN 13 nov och 9 dec 1896, ANA, EII:3, RA; Söderblom (2014), s. 15f (barnslig); Svensknorska understödsföreningen till AN 28 mars 1895, ANA, EII:3, RA (fattiga); Söderblom, Nathan, manuskript till Alfred Nobel och fredssaken, 11 dec 1930, Nathan Söderbloms samling, UUB; Hemmets Magasin, Sveriges Radio, 1947 (citat).

930 Söderblom (1930); Sjöman (2001), s. 164.

931 Söderblom (1930); Sydsvenska Dagbladet, 20 nov 1896 (banketten). Söderblom anger en fest för kung Oscar II 1 dec 1896. Men 1 dec 1896 hade AN lämnat Paris. Banketten för Nordling hölls däremot den 14 november 1896. Där deltog både Alfred Nobel och Nathan Söderblom (tidningsreferat), den största festen i sällskapets historia så långt. 932 Sigurd Ehrenborg till AN 17 nov, 20 nov och 25 nov, ANA EII:3, RA; AN till SE 18 nov 1896, ANA, BI:10, RA.

933 AN till BvS, 21 nov 1896 och BvS till AN, 28 nov 1896, i Biedermann (2001), s. 191ff. Alfred lämnade Paris den 26 november 1896, se AN till Smitt, 26 nov 1896,ÖII:6, »reser idag till San Remo«.

934 Sohlman (2014), s. 153

935 AN till SH 11 nov 1889, i Sjöman (1995), s. 255; Martennieri, (1896), NA; Alfred Nobels kassabok, 1896, ANA, G5, RA

第二十二章

内森·索德布洛姆牧师的日记《1896年12月15日至19日圣雷莫之旅》，以及他在阿尔弗雷德·诺贝尔灵柩前发表的演讲和1930年诺贝尔奖颁奖典礼上的精彩演讲稿《阿尔弗雷德·诺贝尔与和平事业》，都是很好的当代资料。此外，我还借助拉格纳·索尔曼的《遗嘱》和书信，以及卡尔·林德哈根（Carl Lindhagen）的《回忆录》，对事件进行了记录。诺贝尔家族的书信对展现历史的复杂性非常重要，因为它们说明历史并不像人们通常描述的那样非黑即白。诺贝尔基金会的古斯塔夫·凯尔斯特兰（Gustav Källstrand）写了两本关于诺贝尔奖评选过程的好书，我都参考过，还引用了他的博士论文《诺贝尔奖的未来：新闻界的诺贝尔奖（1897—1911）》和《更棘手的计算：诺贝尔基金会的历史（1896—1932）》（出版中），后者虽然未出版，但他让我读了手稿。我一如既往地查阅了当时媒体的报道，其中尤为重要的是瑞典本地的报道。保存在UL卡尔斯库加郡法院档案馆的阿尔弗雷德·诺贝尔遗产清单和其他的地方报道在本章中都非常有价值。

936 RS till Ragnhild Sohlman (in spe) (RagS) 10 dec 1896, RSA, L10a:20, KB; RS till HS 13 dec 1896, RSA, L10a:19, KB.

937 RS till RagS odat. sön (13 dec) 1897, i Sohlman (2014), s. 153f.

938 Sohlman (1983), s. 124f; Lindhagen (1936), s. 246.

939 RS till HS dec 1896, Sohlman (2014), s. 154.

940 Söderbloms *Resan till San Remo 15–19/12 1896, talet vid båren* (Tal och skrifter 1930) samt *Alfred Nobel och fredssaken*; Il Pensiero di Sanremo, 18 dec 1896; Sohlman (2014), s. 156.
941 RS till LNy, 7 mars 1897, ANSA, EI:1, RA.
942 Sohlman (1983), s. 130; Lindhagen (1936), s. 246.
943 Stockholmstidningen 30 dec 1896; DN 29 dec 1896; AN:s testamente.
944 EN till RS 27 dec 1896, ry kal, ANAS, EI:1, RA; Socialdemokraten, 4 jan 1897 (ej AB); Källstrand (u. utg.), s. 11 (20 årslöner); Sohlman (1983), s. 131; SvD, 4 jan 1897.
945 DN, 4 jan 1897.
946 Socialdemokraten, 4 jan 1897.
947 Göteborgs Aftonblad, 21 jan 1897.
948 Citerat i AB, 4 jan 1897.
949 Hamann (1996), s. 198.
950 Ibid; von Suttner, Neue Freie Presse, 12 jan 1897 (innehållet annars återgivet där minnena hör hemma i historien).
951 Le Figaro, 7 jan 1897.
952 Bouppteckning, 30 oktober 1897, Karlskoga häradsrätts arkiv, FII:54. ULA.
953 Sohlman (1983), s. 140ff; Lindhagen (1936), s. 260f.
954 Sohlman (1983), s. 138ff. På den tiden behövde ett testamente registreras (bevakas) för att vara giltigt.
955 Protokoll, Stockholms Rådstugurätt, 5 feb 1897, i *Protokoll hållna vid sammanträden för öfverläggning om Alfred Nobels testamente*, bil B, Nobelstiftelsen (1898).
956 AB, 5 feb 1897.
957 LNy till RS, 18 feb 1897, ANAS, EI:1, RA.
958 LNy till RS 7 mars 1897, ANAS, EI:1, RA.
959 Sjöman (2001), s. 170–175. RS exemplar av Nemesis ligger i ANA, BII:1, RA.
960 Sohlman (1983), s. 144ff.
961 Brisson, Adolphe, *Autour d'un testament*, Le Temps, 19 feb 1897.
962 Sohlman (1983), s. 145ff; Lindhagen (1936), s. 260 (citat).
963 Sohlman (1983), s. 143, »falska dokument« och 149.
964 HN till RS 27 feb 1897, ANAS, EI:1, RA.
965 InN till RS 7 mars 1897, ANAS, EI:1, RA.
966 *Utkast till villkor för överklagan*, 16 mars 1897, NoA, C1, LL. Ett av de villkor som angavs i detta skede var att överklagan skulle ske av alla släktens medlemmar.
967 RS till RagS, 26 mars 1897, RSA, L10a:20, KB. I Ett testamente skriver RS att de då aldrig samtalade med kungen. Av det samtida brevet till Ragnhild framgår motsatsen.

第二十三章

在隆德地区档案馆的诺贝尔档案中发现的两份文件为我们揭示了瑞典家族在遗嘱问题上的策略：一份是1897年3月的《上诉条款草案》，另一份是1899年恩斯特·特吕格律师写给卢德维格·诺贝尔的信，其中涉及对这一问题的建议。本章中参考的一些新的第一手资料，主要是卡尔斯库加郡法院的法庭文件和遗嘱执行人于1897年1月发起的关于遗嘱的会议记录，丰富了对事件的叙述。除此之外，上一章中的重要基本资料仍然保留。

968 Sohlman (1983), s. 160ff; Lindhagen (1936), s. 262 (asylrätt); RS till RagS 1 april 1897, RSA, L10a:20, KB.
969 SvD, 24 mars 1897.
970 Sohlman (1983), s. 160–168. Hjalmar hävdar felaktigt sjutton år.
971 Sohlman (1983), s. 170f och 184.
972 RS till HN 8 april, 1897, NMA.
973 Ernst Trygger (ET) till LNy 21 feb 1899, NA, C1, LL; *Utkast till villkor för överkla-*

gan, 16 mars 1897, NoA, C1, LL.

974 ET i Vårt Land, 14 april 1897, i Källstrand (2012), s. 82.

975 ET till LNy 21 feb 1899, NA, C1, LL.

976 RS till HN 12 och 16 april 1897, NMA.

977 Källstrand (2012), s. 80ff. Vårt Land 14, 15 och 17 april 1897, i Källstrand (2012), s. 180.

978 Sohlman (1983), s. 180; AB, 3 april, 1897 (texten i breven).

979 DN, 24 april 1897; Sohlman (1983), s. 182.

980 Arbetet, 17 april 1897.

981 Protokoll vid urtima ting, Karlskoga häradsrätt, 14 april 1897, Karlskoga häradsrätts arkiv, A1b-5, ULA; DN, 28 april 1897.

982 AB, 6 april 1897.

983 Bjørnson, se Sydsvenska Dagbladet, 12 jan 1897; RS till BvS 4 feb 1897 och 13 april 1898, Bertha von Suttner Papers, UN Archives, Geneva; GHT, 12 apr 1897; GA, 19 juli 1897, fredsmissionsapostlar.

984 RS till BvS 4 feb 1897 och 13 april 1898, Bertha von Suttner Papers, UN Archives, Geneva.

985 Sohlman (1983), s. 188f; Källstrand (2012), s. 192; Källstrand (u. utg.), s. 75ff; Carlberg, DN 17 april 2018; GA, 23 jan 1897.

986 Sohlman (1983), s. 193ff; S & S (1926), s. 258f; Källstrand (u. utg.), s. 74f. De formella beskeden att åta sig uppdraget lämnades 26 april (Stortinget), 28 maj (Svenska Akademien), 29 maj (Karolinska Institutet) och 30 juni 1897 (Vetenskapsakademien).

987 Sohlman (1983), s. 196ff.

988 Bouppteckning, 30 okt 1897, Karlskoga häradsrätts arkiv, FII:54. ULA. Huset i San Remo såldes till Max Philipp, dåvarande chefen för dynamitbolaget i Hamburg.

989 Sohlman (1983), s. 201f.

990 Sohlman (1983), s. 269f.

991 Sohlman (1983), s. 203f; Socialdemokraten, 9 juli 1897; HN till RS 7 aug 1897, samt okänd till RS 8 aug 1897, ANAS, EI:1, RA; SvD, 9 juni 1897 (silke); Sohlman (1983), s. 215 (cykelbolaget).

992 Bouppteckning, 30 okt 1897, a.a.; Hamann (1996), s. 200.

993 Sohlman (1983), s. 117; EN till RS 5 jan 1898, ANAS, EI:1, RA; Sjöman (1995), s. 84ff.

994 Se t.ex. AB, 8 juli 1897 och 7 april 1898.

995 *Protokoll hållna vid sammanträden för öfverläggning om Alfred Nobels testamente*, 11 jan, 26 jan och 1 feb 1897, Nobelstiftelsen (1898).

996 Karlskoga häradsrätts arkiv, A1a: 160, ULA; DN, 7 feb 1898

997 *Protokoll hållna vid sammanträden för öfverläggning om Alfred Nobels testamente*,11 feb 1898; Sohlman (1983), s. 231ff.

998 Sohlman (1983), s. 236ff. Om irritationen över Bjørnson, se RS till BvS 13 april 1898.

999 AB, 7 april 1898; Sohlman (1983), s. 230; RS till BvS 13 april 1898.

1000 EN till RS 3 juni 1898, ANAS, EI:1, RA.

1001 Sohlman (1983), s. 241; RS till RagS, brev från beväringen, Sohlman (2014), s. 163–167.

1002 Lindhagen (1936), s. 270; Ernst Trygger till LN 21 feb 1899, NA, C1, LL.

1003 Lindhagen (1936), s 270ff; Källstrand (u. utg.), s. 87. 1004 EN till RS 3 juni 1898 (ry kal), ANAS, EI:1, RA.

第二十四章

挪威诺贝尔研究所（DNN）的档案中保存着有关和平奖第一年的来信和会议记录。第二十章中的和平奖文献也是这里的基本资料来源，此外还有伊瓦尔·利拜克关于和平奖最初几年的一系列论文，这些论文由DNN出版，很有价值。1950年，诺贝尔基金会出版了

《诺贝尔奖50年》一书，这是一份诺贝尔奖的周年纪念出版物，其中包括诺贝尔奖早期非常宝贵的原始资料。瑞典学院对1901年诺贝尔文学奖得主的选择引起了激烈的争论，我的叙述以瑞典学院（博·斯文森编辑）的《1901—1920年诺贝尔文学奖》、谢尔·埃斯普马克（Kjell Espmark）的《诺贝尔文学奖：决定背后的原则和价值观》、赫尔默·朗（Helmer Lång）的《1901—1983年诺贝尔文学奖》以及佩尔·吕登（Per Rydén）的卡尔·大卫·维尔森传记《成功的失败者》为基础。

1005 Hamann (1996), s. 200ff; Davis (1962), s. 36f; SvD 31 maj 1899.

1006 Indkomne skrivelser 1897–1901 Nobels fredspris, Prisuddelingskomiteen och Det Norske Stortings Nobelkomité, Redeg jørelse for Nobels Fredspris, No. 1, 1901, Det Norske Nobelinstitutts (DNN), Oslo. I den första norska Nobelkommittén ingick venstrepolitikerne Johannes Steen, Jørgen Løvland och John T. Lund samt radikale diktaren Bjørnstjerne Bjørnson och Norges riksadvokat Bernhard Getz, se Libaek (2000).

1007 DN, 10 juli 1901.

1008 Källstrand (2012), s. 260; DN, 12 nov 1901.

1009 Gribbins (2002), s. 509f; Källstrand (u. utg.), s. 122ff. Max Planck tog emot sitt pris först 1919.

1010 DN, 3 okt och 4 nov 1901; Svensén (red.) (2001), s. 3–13; Rydén (2010), s. 581; Lång (1984), s. 26ff. Källstrand (u. utg.), s. 143 och 211.

1011 Svensén (red.) (2001), s. 12 och 31; Espmark (1986), s. 24f.

1012 Återgivet i SvD, 7 dec 1901.

1013 Nobelstiftelsen, *Nobelprisen 50 år* (1950); SvD, DN och Aftonbladet, 10 dec 1901. Kemipristagaren bodde hemma hos Svante Arrhenius, som informellt varit pådrivande för hans namn.

1014 SvD, DN och AB, 10 och 11 dec 1901; Socialdemokraten, 12 dec 1901.

1015 Hamann (1996), s. 205.

1016 SvD, DN och AB, 10 och 11 dec 1901.

参考文献

精选档案

公共档案（部分可在线访问）

Offentliga arkiv (en del även digitalt)

Archives de l'Académie des sciences, Paris

Archives de la préfecture de police, Paris (APP)

Archives Nationales, Paris (ANP)

Archives de Paris (AP)

Bibliothèque historique de Paris (BHP)

Bibliothèque Nationale de France (BNF)

Centrum för näringslivshistoria (CN), Stockholm

Gosudarstvennyj archiv Rossijskij Federatsii (Ryska federationens statsarkiv), Moskva (GARF)

Institut national d'histoire de l'art, Paris

Kungliga Biblioteket (KB), Stockholm

Kungliga vetenskapsakademiens arkiv (KVA)

Landesarchiv, Schleswig-Holstein (LAS)

Landsarkivet (LL), Lund
    Nobelska arkivet (NoA)

National Archives, Washington

New York Historical Society

Riksarkivet (RA), Stockholm
    Alfred Nobels arkiv (ANA)
    Alfred Nobels sterbhus arkiv (ANS)

Rossijskij gosudarstvennyj istoritjeskij archiv (Ryska statens historiska arkiv), Sankt Petersburg (RGIA)

Rossijskij gosudarstvennyj vojenno-istoritjeskij archiv (Ryska statens militärhistoriska arkiv),

Moskva (RGVIA)

Rossijskij gosudarstvennyj archiv vojenno-morskogo flota (Ryska statens marinhistoriska arkiv), Sankt Petersburg (RGAVMF)

Service Historique de la Défense, Vincennes

Stockholms stadsarkiv (SSA)

Staatsarchiv, Hamburg (SH)

Tekniska museets arkiv, Stockholm

Tsentralnyj gosudarstvennyj istoritjeskij archiv (Centrala historiska statsarkivet), Sankt Petersburg (TsGIA)

United Nations Library, Genève (UNL)
  Bertha von Suttner Papers (BvSP)

Uppsala universitets arkiv (UUA)

Uppsala landsarkiv (UL)

Österreichische Nationalbibliothek

私人档案

Alfred Nobels Björkborns arkiv (ANBA)

Förderkreis Industriemuseums arkiv, Geesthacht (FIA)

Nobelstiftelsens arkiv (NA)

Nobelmuseets arkiv (NMA)

Manuel Bonnets dokumentsamling (MBS)

Professor Eckhardt Opitz dokumentsamling (EO)

Robert Nobels digitala samling (RNDS)

Svenska klubbens arkiv, Paris

文献资料

Adam, Juliette, (se även Juliette Lamber), *Le siège de Paris. Journal d'une parisienne*, Michel Lévy Frères, 1873

Adelsköld, C L, *Utdrag ur mitt dagsverks- och pro diverse-konto*, Albert Bonniers förlag, 1900

Ahlström, Stellan, *Strindbergs erövring av Paris*, Almqvist & Wiksell, 1956

Almquist, Helge, *Marsoroligheterna i Stockholm*, 1848, särtryck ur Samfundet S:t Eriks Årsbok, 1942

Almqvist, Carl Jonas Love, *Det går an*, faksimil av 1839 års upplaga med författarens egna kommentarer, Bokgillet, 1965

Alnaes, Karsten, *Historien om Europa. Uppbrott 1800–1900*, Albert Bonniers förlag, 2006

Anbinder, Tyler, *City of dreams. The 400-year epic history of immigrant New York*, Houghton

Mifflin Harcourt (2016)

Anceau, Éric, *Aux origines de la guerre de 1870, i France Allemagne(s)* 1870–1871. La Guerre, La Commune, Les Mémoires, Gallimard, Musée de l'Armée, 2017

Andersson, Sven, *De första ångbåtarna Åbo-Stockholm: ett hundraårsminne*, Åbo akademi, Sjöhistoriska museet vid Åbo akademi, 1996

Antonmattei, Pierre, *Gambetta, héraut de la République*, Editions Michalon, 1999

Averjanova, Aleksandra Jevgenjevna, *Dokument rörande resultat från den statliga expertundersökningen av kulturarvsobjektet beläget på adressen Sankt Petersburg, Peterburgskaja nabereszjnaja, 24*, 2016, Ryska kulturministeriet (kulturhistorisk granskningsrapport angående Alfred Nobels födelsehus)

Bahr, J F, *Anteckningar om Ryssland under ett vistande i Petersburg och en utflygt till Moskva*, tryckt hos L J Hierta, Stockholm, 1838

Baird, Julia, *Victoria. The queen*, Random House, 2016

Barbe Paul (red.), *La dynamite. Substance explosive inventée par M A Nobel, ingénieur suédois.*

Collection de documents, Imprimerie Viéville et Capiomont, 1870

Barlow, Nora (red.), *The autobiography of Charles Darwin*, Collins, 1958

Bartlett, Rosamund, *Tolstoy–A Russian life*, Houghton Mifflin Harcourt, 2011

Beiser, Frederick C, *Weltschmerz. Pessimism in German philosophy, 1860–1900*, Oxford University Press, 2016

Bell, Madison Smartt, *Lavoisier och kemin: den nya vetenskapens födelse i revolutionens tid*, sv uppl, Nya Doxa, 2005

Bergengren, Erik, *Alfred Nobel*, Gebers, 1960

Berggrund, Lars & Bårström, Sven, *De första stambanorna. Nils Ericsons storverk*, Sveriges Järnvägsmuseum, 2014

Berlin, Isaiah, *Russian thinkers*, The Hogarth Press, 1978

Biedermann, Edelgard (red.), *Chère baronne et amie. Cher monsieur et ami. Der Briefwechsel zwischen Alfred Nobel und Bertha von Suttner*, Olms, 2001

Bjurman, Eva Lis och Olsson, Lars, *Barnarbete och arbetarbarn*, Nordiska museet, 1979

Blackbourn, David, *The long nineteenth century: a history of Germany, 1780–1918*, Oxford University Press, 1998

Blackwell, William L, *The beginnings of Russian industrialization 180–1860*, Princeton University Press, 1968

Bladh, Christine, *Månglerskor. Att sälja från korg och bod i Stockholm, 1819–1846*, Kommittén för Stockholmsforskning, 1991

Bladh, Mats, *Ekonomisk historia, Europa, Amerika och Kina under tusen år*, Studentlitteratur, 2011

Boberg, Stig, *Carl XIV Johan och tryckfriheten, 1810–1844*, Göteborg 1989.

Bodani, David, *Elektricitet*, Månpocket, 2005

Boehart, William, *Geesthacht. Eine stadtgeschichte*, Kurt Viebranz Verlag, 1997

Boehart, William & Busch, Wolf-Rüdiger, *Ein traum ohne Ende, Beiträge über das Leben under Wirken Alfred Bernhard Nobels aus dem Jubiläumsjahr 2001 in Geesthacht*, Hamburger Arbeitskreises für Regionalgeschichte und des Stadtarchivs Geesthacht, LIT Verlag, 2001

Boström, Raoul F, *Ladugårdslandet och Tyskbagarbergen blir Östermalm*, Trafik-nostalgiska förlaget, 2008

Boterbloem, Kees, *A history of Russia and its Empire*, Rowman & Littlefield Publishers, 2014

Boutin, Aimee, *City of noice. Sound and nineteenth century Paris*, University of Illinois Press, 2015

Bouvier, Jean, *Les deux scandales de Panama*, René Juillard, 1964

Brandell, Gunnar, *Strindberg–ett författarliv, D. 3, Paris, till och från: 1894–1898*, Alba, 1983

Brandell, Gunnar, *Strindberg–ett författarliv, Del 2. Borta och hemma: 1883–1894*, Alba, 1985

Brandell, Gunnar, Browaldh, Tore, Eriksson, Gunnar, Strandh Sigvard & Tägil Sven, *Nobel och hans tid. Fem essayer*, Atlantis, 1983

Bremer, Fredrika, *England om hösten år 1851*, P A Norstedt & Söners förlag, 1922

Bresler, Fenton, *Napoleon III. A life*, HarperCollins, 1999

Brown, G I, *Explosives. History with a bang*, The History Press, 2010

Burgwinkle, William, Nicholas Hammond & Emma Wilson (red.), *The Cambridge History of French Literature*, Cambridge University Press, 2011

Burrows, Edwin G. & Wallace, Mike, *Gotham. A history of New York City to 1898*, Oxford University Press, 1999

Busjkovitj, Paul, *A concise history of Russia*, Cambridge University Press, 2012

Busse, Ulf-Peter, *Zwischen politischen Zwängen und ökonomischen Chancen*, i Busch och Boehart (red.), 2001

Bykov, G.V., *Organitjeskaja chimija–Kazanskaja sjkola chimikov-organikov. Issledovanija po istorii organitjeskoj chimii* (Organisk kemi–Kazanskolan, i Studier i den organiska kemins historia), Förlaget »Nauka«, 1980

Bynum, William F, *Science and the practice of medicine in the nineteenth century*, Cambridge University Press, 1994

Cantor, Geoffrey, *Religion and the Great exhibition of 1851*, Oxford University Press, 2011

Church, William Conant, *The life of John Ericsson. Vol I*, Charles Scribner's sons, 1890

Clément Gilles Praca, Edwige & Deliau Philippe, *Paulilles. L'Avenir d'une mémoire*, Editions Trabucaire, 2018

Crawford, Elisabeth, *Arrhenius. From Ionic Theory to the Greenhouse Effect*, Science History Publications, 1996

Crosland, Maurice P, *Science under control: The French academy of sciences 1795–1914*, Cambridge University Press, 1992

Crump, Thomas, *A brief history of science as seen through the development of scientific instruments*, Robinson, 2002

Dahlström Svante, Åbo brand 1827. Studier i Åbo stads byggnadshistoria intill 1843, Åbo tryckeri och tidnings aktiebolag, 1929

Danius, Sara, *Den blå tvålen. Romanen och konsten att göra saker och ting synliga*, Albert Bonniers förlag, 2013

von Dardel, Fritz, *Minnen. Andra delen*, P A Norstedts förlag, 1911

Darwin, Charles, *Om arternas uppkomst genom naturligt urval eller de bäst utrustade rasernas bestånd i kampen för tillvaron*, första sv. uppl., L J Hierta, 1871

Davies, Norman, *Europe. A history*, HarperPerennial, 1998

Davis, Calvin Dearmond, *The United States and the first Hague peace conference*, Cornell University Press, 1962

Debré, Patrice, *Louis Pasteur*, Flammarion, 1994

Delpiano, Paola Maria, *Viaggio intorno alla dinamite Nobel*, editris, 2011

Dessauer, Friedrich, *Röntgens upptäckt*, Natur och Kultur, 1955

Devance, Louis, *Gustave Eiffel. La construction d'une carrière d'ingénieur*, Éditions Universitaires de Dijon, 2016

van Doren Stern, Philip, *The man who killed Lincoln. The story of John Wilkes Booth and his part in the assassination*, Jonathan Cape, 1939

Duby, Georges (red.), *Histoire de la France des origines à nos jours*, Larousse, 1999

Duby, Georges (red.), *Histoire de la France de 1852* à nos jours, Larousse, 1987

Duclert, Vincent, *1870–1914, La République Imaginée, Histoire de France*, Belin, 2014

af Edholm, Erik, På Carl XVs tid, Norstedts, 1945

Ekbom, Torsten, *Europeiska konserten*, Bonniers, 1975

Eklund, Torsten (red.), *Strindbergs brev, Volym III. April 1882–1883*, Bonniers, 1952

Eklund, Torsten (red.), *Strindbergs brev, Volym V. 1885–juli 1886*, Bonniers, 1956

Ekman, Stig, *Slutstriden om Representationsreformen*, Svenska Bokförlaget/Norstedts, 1966

Elrod, Richard B, The concert of Europe: A fresh look at an international system, World Politics, Vol. 28, No. 2, 1976

Ericson Wolke, Lars, *Stockholms historia under 750 år*, Historiska Media, 2001

Eriksson, Monica, *Brandskydd, Stockholms brandskydd och brandkår under gångna tider*, Stockholms brandförsvar, 1992

Eriksson, Sven, *Carl XV*, Wahlström & Widstrand, 1954

Erlandsson, Åke, *Alfred Nobels bibliotek. En bibliografi*, Atlantis, 2002

Erlandsson, Åke (red.), *Dikter av Alfred Nobel*, Atlantis, 2006

Erlandsson, Åke (red.), *Alfred Nobel. Berättelser och filosofiska brev*, Atlantis, 2009

Espmark, Kjell, *Det litterära Nobelpriset. Principer och värderingar bakom besluten*, Norstedts, 1986

Falnes, Oscar J., *Norway and the Nobel peace prize*, Columbia University Press, 1938

Fant, Kenne, *Alfred Bernhard Nobel*, Norstedts, 1995

Feldman, Burton, *The Nobel prize. A history of genius, controversy, and prestige*, Arcade Publishing, 2012

Fierro, Alfred, *Histoire et dictionnaire de Paris*, Robert Laffont, 1996

Figes, Orlando, *Crimea. The Last Crusade*, Allen Lane, 2010

Figuier, Louis, *L'Année Scientifique et Industrielle*, Librairie de Hachette, 1866

Figurovskij, N. A och Solovjov, Ju. I, *Nikolaj Nikolajevitj Zinin. Biografitjeskij otjerk* (Nikolaj Nikolajevitj Zinin, en biografisk skiss), Vetenskapsakademiens förlag, Moskva, 1957

Fjeld, Odd, *Norsk artilleri 1814–1895*, Forsvarsmuseet, 2019

Folsom, Ed & Price, Kenneth, *Re-scripting Walt Whitman*, Blackwell Publishing, 2005

Fournel, Victor, *Ce qu'on voit dans les rues de Paris*, E Dentu, 1867

Frank, Joseph, *Dostoevsky. A writer in his time*, Princeton University Press, 2012

Fredriksson, Gunnar, *20 filosofe*r, Norstedts, 1995

Fredriksson, Gunnar, *Schopenhauer*, Bonniers, 1996

Friman, Helena & Söderström, Göran, *Stockholm. En historia i kartor och bilder*, Bonnier Fakta, 2010

de Geer, Louis, *Minnen*, P A Norstedt & Söners förlag, 1892

Glinka S. F. *Personliga minnen av N. N. Zinin*, i Figurovskij och Solovjov (1957), bilaga 10

Gogol, Nikolaj, *Nevskij Prospekt, i En dåres anteckningar och andra berättelser*, Wahlström & Widstrand, 1982

Goldkuhl, Carola, *Getå och Kolmården. Natur, historia, färdvägar*, Norrköpings Tidningars AB, 1954

Gonzales-Quijano, Lola, *Capitale de l'amour. Filles et lieux de Plaisir à Paris au XIXe siècle*, Vendémiaire, 2015

Grebenka, Jevgenij, *The Petersburg quarter i Nekrasov, Nikolaj (red.), Petersburg. The physiology of a city*, 1845, i översatt nyutgåva, Northwestern University Press, 2009

Gretzschel, Matthias, *Hamburg Kleine Stadtgeschichte*, Verlag Friedrich Pustet, 2016

Gretzschel, Matthias & Kummereincke, Sven, *Hamburg Zeitreise*, Hamburger Abendblatt, 2013

Gribbin, John, *Science: A history*, Penguin, 2002

Gruber, Karl, *Alfred Nobel. Die Dynamitfabrik Krümmel–Grundstein eines Lebenswerks*, Flügge Printmedien

Guareschi, Icilio (red.) och Sobrero Ascanio, *Memorie scelte di Ascanio Sobrero*, Associazione chimica industriale di Torino, 1914

Haffner, Sebastian, *Von Bismarck zu Hitler. Ein Rückblick*, Droemer, 2015

Hamann, Brigitte, *Bertha von Suttner. Ein Leben für den Frieden*, Piper, 1986

Hamann, Brigitte, *Bertha von Suttner. A life for peace*, Syracuse University Press, 1996

Hamilton, Hugo, *Hågkomster: strödda anteckningar*, Bonnier, 1928

Headlam, James Wycliffe, *Bismarck and the foundation of the German empire*, 1899

Hedenborg och Morell (red.), *Sverige–en social och ekonomisk historia*, Studentlitteratur, 2006

Hedin, Sven, *Stormän och kungar. Förra delen*, Fahlcrantz & Gummelius, 1950

Heffermehl, Fredrik S, *Nobels fredspris. Visionen som försvann*, Leopard förlag, 2011

Hellberg, Carl Johan (Posthumus), *Ur minnet och dagboken om mina samtida personer och händelser efter 1815 inom och utom fäderneslandet*, Iwar Häggströms boktryckeri, 1870

Hodes, Martha, *Mourning Lincoln*, Yale University Press, 2015

Hogenuis-Seliverstoff, Anne, *Juliette Adam 1836–1936*, L'Harmattan, 2001

Homberger, Eric, *New York City. A cultural history*, Interlink Books, 2015

Homberger, Eric, *The historical atlas of New York City. A visual celebration of 400 years of New York City's history*, 2005

Houte, Arnaud-Dominique, *Le triomphe de la République 1871–1914*, Seuil, 2014

Hägg, Göran, *Den svenska litteraturhistorien*, Wahlström & Widstrand, 1996

Hägg, Göran, Världens litteraturhistoria, Wahlström & Widstrand, 2000

Israel, Paul, *Edison: A life of invention*, Wiley, 1998

Jangfeldt, Bengt, *Svenska vägar till S:t Petersburg*, Wahlström & Widstrand, 1998

Joll, James, *The origins of the First world war*, Longman, 1984

Jonnes, Jill. *Eiffel's tower. The thrilling story behind Paris's beloved monument and the extraordinary world's fair that introduced it*, Penguin Random House, 2010, e-bok

Järbe, Bengt, *Dofternas torg. Hur Packartorget blev Norrmalmstorg*, Byggförlaget, 1995.

Kantor-Gukovskaja A. S, Pri dvore russkich imperatorov. *Proizvedenija Michaja Zitji iz sobranij Ermitazja* (Vid de ryska kejsarnas hov. Verk av Michaj Zicy ur Eremitagets samlingar), katalog m.a.a. utställning vid Eremitaget, 2005

Keegan, John, *The American civil war*, Vintage Books, 2010

Kennan, George Frost, *The fateful alliance: France, Russia, and the coming of the First world war*, Pantheon Books, 1984

Kichigina, Galina, *The imperial laboratory. Experimental physiology and clinical medicine in postCrimean Russia*, Editions Rodopi, 2009

King, David, *Vienna, 1814: how the conquerors of Napoleon made love, war, and peace at the congress of Vienna*, Harmony Books, 2008

Kissinger, Henry, *Diplomacy*, Touchstone, 1994

Kleberg, Carl-Johan (red.), *Långholmen. Den gröna ön*, Stockholmia förlag, 1998

Klessman, Eckart, *Geschichte der Stadt Hamburg*, Die Hanse, 2002

Kolbe, Gunlög, *Marie Sophie Schwartz, August Strindberg och det moderna genombrottet*, Personhistorisk årsbok, 2004

Koppman, Georg, Weimar, Wilhelm, Milach, Rafal & Luczak, Mical, *Stadt. Bild. Wandel. Hamburg in Fotografien 1870–1914/2014*, Historische Museen Hamburg, 2015

Kullander, Björn, *Sveriges järnvägs historia*, Bra Böcker, 1994

Källstrand, Gustav, *Medaljens framsida. Nobelpriset i pressen 1897–1911*, Carlssons, 2012

Köstler, Lorenz, *Ein Blick auf Eger-Franzensbad in seiner jetzigen Entwicklung*, Wien, 1847

Lagerqvist, Lars O, *Karl XIV Johan–en fransman i Norden*, Prisma, 2005

Lagerqvist, Lars O, Wiséhn, Ian & Åberg, Nils, *Ryska statsbesök i Sverige och mindre officiella visiter samt några svenska besök i Ryssland*, Kungliga Myntkabinettet, 2004

Lamber, Juliette (Mme Edmond Adam), *Le siège de Paris. Journal d'une parisienne*, Michel Lévy Frères, 1873

Langlet, Eva, 1834. Året då koleran drabbade Stockholm, Recito förlag, 2011

Larsson Ulf, *Alfred Nobel. Nätverk och innovationer*, Nobelmuseum, 2010

Laurent, Sébastien, *Politiques de l'ombre*, Fayard, 2009

Lemonchois, Edmond, *Sevran-en France d'hier et d'aujourd'hui*, Société historique du Raincy et du pays d'Aulnoye, 1981

Lenk, Torsten, *Two U.S. political gifts of arms. The history of the gifts*, band 3, häfte 10, Livrustkammaren, 1945

Lewes, G. H., *Ranthorpe*, Leipzig, 1847

Lincoln, W. Bruce, *Nicholas I. Emperor and autocrat of all the Russians*, Northern Illinois University Press, 1989

Lindberg, Birgit, *Malmgårdarna i Stockholm*, Natur och Kultur/LTs förlag, 2002

Lindhagen, Carl, *Memoarer*, Albert Bonniers förlag, 1936

Lindorm, Per-Erik, *Stockholm genom sju sekler*, Sohlmans, 1951

Lindskog, Carin, *Ferdinand Tollin som Stockholmsskildrare*, Samfundet S:t Eriks Årsbok, 1934

Loose, Hans-Dieter (Hrsg), *Hamburg. Geschichte der Stadt under ihrer Bewohner*, Hoffmann und Campe, 1982

Lotti, Giovanni, *Nobel a Sanremo*, Administrazione Provinciale di Imperia, 1980

Lotti, Giovanni e Antonella, *Nobel a Sanremo*, Umberto Allemandi & Co, 2009

Lundgren, Anders, *Kunskap och kemisk industri i Sverige i 1800-talets Sverige*, Arkiv förlag, 2017

Lundin, Claës, *En gammal stockholmares minnen*, Stockholm, Hugo Gebers förlag, 1904

Lundin, Claës, *I Hamburg. En gammal bokhållares minnen*, Stockholm, 1871

Lundin, Claës, *Nya Stockholm*, Gidlunds faksimilupplaga, 1987

Lundin, Claës och Strindberg, August, *Gamla Stockholm. Anteckningar ur tryckta och otryckta källor*, Stockholm 1882

Lundström, Ragnhild, *Alfred Nobels förmögenhet, i Ur ekonomisk-historisk synvinkel. Festskrift tillägnad professor Karl-Gustaf Hildebrand 25.4*, Scandinavian university books, 1971

Lundström, Ragnhild, *Alfred Nobel som internationell företagare. Den nobelska sprängämnesindustrin 1864–1886*, Uppsala universitet, 1974

Lysholm, Gustaf Adolf, *Livet på Ladugårdslandet. Ur magister Ekenbergs dagbok från 1833*, Albert Bonniers förlag, 1968

Lång, Helmer, *De litterära Nobelprisen 1901–1983*, Bra bok, 1984

Lönnroth, Lars & Delblanc, Sven, *Den svenska litteraturen. Genombrottstiden.* Albert Bonniers förlag, 1999

MacDonald, G W, *Historical papers on modern explosives*, London, 1912

Martin-Fugier, Anne, *Les salons de la IIIe République. Art, littérature, politique*, Perrin, 2009

Marvin, Charles, *The region of the eternal fire. An account of a journey to the petroleum region of the Caspian in 1883*, W H Allen and Co, 1884

Melua, A N, *Documents of life and activity of the Nobel family 1801–1932*, Sankt Petersburg, 2009

Millqvist, Folke, *Gummiindustrins framväxt i Sverige,* Daedalus, Tekniska museets årsbok 1988

Molinari E & Quartieri, F, *Notices sur les Explosifs en Italie*, Publication de la Société Italienne des Produits Explosifs, fransk upplaga, 1913

Mollier, Jean-Yves, *Le scandale de Panama*, Fayard, 1991

Monas, Sidney, *The third section. Police and society in Russia under Nicholas I*, Harvard University Press, 1961

Montefiore, Simon Sebag, *The Romanovs 1613–1918*, Weidenfeld & Nicolson, 2016

Montefiore, Simon Sebag, *Den sista tsardynastin Romanov 1613–1918*, Norstedts, 2017

Montelin, Gösta, *Tysk litteratur i historisk framställning*, P A Norstedts & Söner, 1923

Morcos, Saad, *Juliette Adam*, Le Caire, 1961

Morton, Frederic, *A nervous splendor: Vienna, 1888–1889*, 1980 (e-bok)

Morton, Timothy (red.), *The Cambridge companion to Shelley, Cambridge University Press, 2012*

Munthe, Arne, Västra Södermalm från mitten av 1800-talet, Församlingshistoriekommittén i Sancta Maria Magdalena och Högalids församlingar, 1965

Murray, John, *A hand-book for travellers in Denmark, Norway, Sweden and Russia*, London, 1838

Napier, Charles, *History of the Baltic campaign of 1854*, Richard Bentley, 1857

Nerman, Gustaf, *Stockholm för sextio år sedan*, Albert Bonniers boktryckeri, 1894

Nobel, Alfred, *Dikter* (med introduktion av Åke Erlandsson), Atlantis, 2006

Nobel, Alfred, *Berättelser och filosofiska brev* (med introduktion av Åke Erlandsson), Atlantis, 2009

Nobel-Oleinikoff, Marta, *Ludvig Nobel och hans verk: en släkts och en storindustris historia*, Stockholm, 1952

Nobelstiftelsen, *Nobelprisen 50 år, Forskare. Diktare. Fredskämpar*, Sohlmans, 1950

Nordau, Max, *Degeneration*, University of Nebraska Press, 1993 (1895)

Nordén, Arthur, *Jacobiternas gamla skola. 300 år i Vasa Realskolas gestalt*, Stockholm, 1959

Nordenskiöld Israel, Paul, *Edison. A life of invention*, John Wiley & Sons, 1998

Nordin, Svante, *Filosoferna. Den moderna världens födelse och det västerländska tänkandet 1776–1900*, Natur & kultur, 2016

Odelberg, Axel, Äventyr på riktigt. Berättelsen om upptäckaren Sven Hedin, Norstedts, 2008

Ohlsson, Per T, *100 år av tillväxt. Johan August Gripenstedt och den liberala revolutionen*, Timbro, 2012

Olsson, Bengt & Algulin, *Ingemar, Litteraturens historia i världen*, Norstedts akademiska förlag, 1995

Opini, Udo, *Zu Gast im Alten Hamburg*, Hugendubel, 1997

Opitz, Eckardt, *Otto von Bismarck als Minister für Lauenburg. Ein Beitrag zur Regionalgeschichte, i Kleine Bismarck-Studien*, Helmut-Schmidt-Universität/Universität der Bundeswehr, Hamburg, 2007

Ottosson, Stellan, *Darwin. Den försynte revolutionären*, Fri tanke, 2016

Paul, David, *John Ericsson and the engines of exile*, Chandler Lake Books, 2007 (e-bok)

Pauli, Herta E. *Alfred Nobel: Dynamite king, architect of peace*, L. B. Fischer, New York, 1942

Peterson, Hans-Inge, *Medicinens historia. En koncentrerad aktuell översikt från forntid till framtid*, Warne förlag, 2013

Pinon, Pierre, *Atlas du Paris Haussmannien. La ville en héritage du second empire à nos jours*, Parigramme, 2016

Pinon, Pierre, *Paris pour mémoire. Le livre noir des destructions Haussmanniennes*, Parigramme, 2012

Porter, Roy, *Blood and guts: A short history of medicine*, Penguin Books, 2002

Pratt, Sarah, *Russian metaphysical romanticism: The poetry of Tiutchev and Boratynskii*, Stanford University Press, 1984

Quammen, David, *Den motvillige mr Darwin. Ett personligt porträtt av Charles Darwin och hur han utvecklade sin evolutionsteori*, Adoxa, 2006

Quinn Susan, *Marie Cure. A life*, Da Capo Press Inc, 1996

Radzinskij, Edvard, *Alexander II. Den siste store tsaren*, Norstedts, 2007

Rasch, Mårten, *Boklådorna och stallpalatset vid Norrbro*, Bokvännerna, 1972

Rasch, W, i Ritter, Joachim m.fl., *Historisches Wörterbuch der Philosophie*, Schwabe, 2004

Remini, Robert V, *A short history of the United States: From the arrival of native American tribes to the Obama presidency*, HarperCollins, 2009

Reynolds, David S, *Walt Whitman*, Oxford University Press, 2005

Ridley Jasper, *Napoleon III and Eugénie*, Constable, 1979

Robbins, Louise E, *Louis Pasteur and the hidden world of microbes*, Oxford Portraits in Science, 2001 (e-bok)

Roberts, Hugh, *Shelley and the chaos of history. A new politics of poetry*, Pennsylvania State University Press, 1997

Ross, Graham, *Victor Hugo*, Picador, 1997

Royle, Trevor, *Crimea. The great Crimean war 1854–1856*, 2000

Rudstedt, Gunnar, *Långholmen. Spinnhuset och fängelset under två sekler, Skrifter utgivna av Institutet för rättshistorisk forskning*, Rättshistoriskt bibliotek, 1972

Rummel, Erika, *A Nobel affair, The correspondence between Alfred Nobel and Sofie Hess*, University of Toronto Press, 2017

Rydén, Per, *Den framgångsrike förloraren. En värderingsbiografi över Carl David af Wirsén*, Carlssons, 2010

Råberg, Marianne, *En framtid för Stockholm? Storstadens framväxt under industrialismen...*, Stockholms stadsmuseum, 1976

Sandström, Birgitta, *Emma Zorn*, Norstedts, 2014

Santesson, Gunnar O.C.H, *Släkten Santesson från Långaryd*, 1982

Schieb, Roswitha, Böhmisches Bäderdreieck, *Literarischer Reiseführer*, Deutsches Kulturforum Östliches Europa, 2016

Schivelbusch, Wolfgang, *Järnvägsresandets historia*, Arkiv, 1998

Schmid, Susanne, *Shelley's German afterlives 1814–2000*, Palgrave Macmillan, 2007

Schopenhauer, Arthur, *Aforismer i levnadsvishet*, Björck & Börjesson, 1923

Schou, August, Fredsprisen, i *Nobelprisen 50 år. Forskare Diktare Fredskämpar*, Sohlmans, 1950

Schück, Henrik & Sohlman, Ragnar, *Alfred Nobel och hans släkt. Minnesskrift utgiven av Nobelstiftelsens styrelse*, 1926

Schön, Lennart, *En modern svensk ekonomisk historia. Tillväxt och omvandling under två sekel*, SNS Förlag, 2000

Shaffner, Tal P, *The telegraph manual, Pudney & Russel Publishers*, New York, 1859

Shaffner, Tal P, *The war in America, being an historical and political account of the southern and northern States*, showing the origin and cause of the present secession war, 1862

Shaffner, Tal P, *Memorial to congress*, US Senate, 1858

Shaplen, Robert, *Alfred Nobel. Adventures of a pacifist, särtryck ur The New Yorker*, Nobelstiftelsen, 1958

Shaw, David W., *The sea shall embrace them. The tragic story of the steamship Arctic*, The Free Press, 2002

Siguret, Philipp, *Chaillot Passy Auteuil Le Bois de Boulogne. Le Seizième Arrondissement*, Henrie Veyrier, 1982

Sjöberg, Birthe & Vulovic, Jimmy, *Bibelns lära om Kristus: provokation och inspiration*, Absalon, 2012

Sjöman, Vilgot, *Mitt hjärtebarn. De länge hemlighållna breven mellan Alfred Nobel och hans älskarinna Sofie Hess med en biografisk studie av Vilgot Sjöman*, Natur & Kultur, 1995

Sjöman, Vilgot, *Vem älskar Alfred Nobel?* Natur & Kultur, 2001

Sohlman, Ragnar, *Ett testamente*, Atlantis, 1983 (nyutgåva)

Sohlman, Staffan (red.), *Ragnar Sohlman–Baku, Chicago, San Remo*, Författares bokmaskin, 2014

Sollinger, Günther, *S.A. Andrée. The beginning of Polar aviation 1895–1897*, Russian Academy of Sciences, 2005

Spåren efter Nobel, Årsbok för Riksarkivet och Landarkiven, 2001

Standage, Tom, *The Victorian internet*, Phoenix, 1998

Steckzén, *Bofors. En kanonindustris historia*, Stockholm, 1946

Steinberg, Jonathan, *Bismarck. A life*, Oxford University Press, 2011
Stenersen, Øivind, Libæk, Ivar & Sveen, Asle, *Nobels fredspris. Hundra år for fred*, Cappelen, 2001
Stowe, Charles Edward, *Harriet Beecher Stowe. The story of her life*, Houghton Mifflin Company, 1911
Strandh, Sigvard, *Alfred Nobel. Mannen, verket, samtiden*, Natur & Kultur, 1983
Strindberg, August, *Samlade verk 15. Dikter på vers och prosa*, Norstedts, 1995
Strindberg, August, *Tjänstekvinnans son*, Norstedts, 1989
Stråth, Bo, *Sveriges historia 1830–1920*, Norstedts, 2012
Stubhaug, Arild, *Att våga sitt tärningskast. Gösta Mittag-Leffler 1846–1927*, Atlantis, 2007
von Suttner, Bertha, *Memoiren*, 1909 (e-bok)
von Suttner, Bertha, *Ned med vapnen!*, Beijers, 1890
Svensén, Bo (red.), *Nobelpriset i litteratur 1901–1920*, Svenska Akademien, 2001
Söderblom, Omi, *I skuggan av Nathan*, Verbum, 2014
Söderblom, Nathan, *Tal och Skrifter. Fjärde delen*, Världslitteraturens förlag, 1930
Tadié, Jean-Yves (red.), *La littérature française*, Gallimard, 2007
Tahvanainen, K V, *Telegrafboken. Den elektriska telegrafen i Sverige 1853–1996*, Telemuseum, 1997
Terras, Victor, *A history of Russian literature*, Yale University Press, 1991
The Poetical Works of Rev. Charles Lesingham Smith, Deighton, Cambridge och Parker, 1844
Thuselius, Olav, *The man who made the Monitor. A biography of John Ericsson, naval engineer*, McFarland & Company, 2007
Tjerneld, Staffan, *Nobel. En biografi*, Bonniers, 1972
Tjerneld, Staffan, *Stockholmsliv. Första bandet*. P. A. Norstedt & Söners förlag, 1949
Tolf, Robert W, *Tre generationer Nobel i Ryssland*, Askild & Kärnekull Förlag, 1977
Tombs Robert, *Les deux sièges de Paris, i France Allemagne(s) 1870–1871. La Guerre, La Commune, Les Mémoires*, Gallimard, Musée de l'Armée, 2017
Tolstoj, Lev, *Från Sevastopols belägring* (maj 1855), Samspråks förlag, 2010
Uddenberg, Nils, *Lidande & läkedom II, Medicinens historia från 1800–1950*, Fri Tanke, 2015
Volkov, Solomon, *St. Petersburg: A cultural history*, Free Press Paperbacks, 1997
Västerbro, Magnus, *Svälten*, Albert Bonniers förlag, 2018
Wahlbäck, Krister, *Jättens andedräkt: Finlandsfrågan i svensk politik 1809–2009*, Atlantis, 2011
Waldén, Bertil, *Vieille Montagne. Hundra år i Sverige 1857–1957. Minnesskrift*, Vieille Montagne, 1957
Watanabe-O'Kelly, Helen (red.), *The Cambridge history of German literature*, Cambridge University Press, 1997
Watson, Peter, *Den gudlösa tidsåldern*, Fri Tanke, 2018
Wawro, Geoffrey, *The Franco-Prussian war. The German conquest of France in 1870–1871*,

Cambridge University Press, 2003

Wetzel, David, *A duel of Giants. Bismarck, Napoleon III and the origins of the Franco-Prussian war*, The University of Wisconsin Press, 2001

Wieviorka, Olivier (red.), *La France en Chiffres de 1870 à nos jours*, Perrin, 2015

Woodham-Smith, Cecil, *Florence Nightingale 1820–1910*, Forum, 1952

Yergin, Daniel, *The prize. The epic quest for oil, money and power*, Simon & Schuster, 1991

Zacke, Brita, *Koleraepidemien i Stockholm*, Monografier utgivna av Stockholms kommunalförvaltning 32, 1971

Zelenin, K N & Solod, O.V, *N. N. Zinin–utjitel A. Nobelja. Nikolaj Nikolajevitj Zinin. Istoriko-biografitjeskij otjerk* (N. N. Zinin. A. Nobels lärare, i Nikolaj Nikolajevitj Zinin, Historisk-biografisk samlingsvolym), Kazan, 2016

Åsbrink, Brita, *Ludvig Nobel: »Petroleum har en lysande framtid«. En historia om eldfängd olja och revolution i Baku*, Wahlström & Widstrand, 2001

文章和论文

已发表

Arrhenius, Svante, »On the influence of carbonic acid in the air upon the temperature of the ground«, Philosophical Magazine and Journal of Science, April 1896

Bergengren, Erik, »Nobel och dynamiten«, Svenska Dagbladet, 7 dec 1958

Bergman, Yoel, »Fair chance and not a blunt refusal. Understandings on Nobel, France, and ballistite in 1889«, Vulcan, Volume 5: Issue 1, 2017

Bergman Yoel, »Paul Vieille, codite & ballistite«, ICON, Vol. 15, 2009

Bret, Patrice, »La Compagnie Financière Nobel-Barbe et la création de la Société Central de Dynamite (1868–1896)«, 1996, halshs.archives-ouvertes.fr/halshs-00002881

Brunetière, Ferdinand, »Après une visite au Vatican«, Révue des deux mondes, 1895–1901

Carlberg, Ingrid, »Alfred Nobel misstänktes för spioneri«, DN, 6 dec 2015

Carlberg, Ingrid, »Inget upprörde Alfred Nobel så mycket som intriger, kotterier och humbug«, DN, 17 april 2018

Cronquist, Werner, »Alfred Nobel, hans far och hans bröder«, Ord & Bild, 1898

Cronquist, Werner, »Nobelarnas moder«, Idun, nr 6, 1897

Eklund, Torsten, »Strindbergs verksamhet som publicist, 1869–1880«, Samlaren. Tidskrift för svensk litteraturhistorisk forskning, 1930

Elrod, Richard B, »The concert of Europe: A fresh look at an international system«, World Politics, Vol. 28, No. 2, 1976

Exposition Universelle de 1878, á Paris, Royaume de Suède, registre, classe 8, nr 94

von Feilitzen, Olof, »Carl XV och Jefferson Davis. En episod från 1864«, Personhistorisk tidskrift, 2–3, 1949

Garbo, Gunnar, »Fredsaktivisme på Stortinget«, Dagbladet 15 april 2004

Isatjenko V. N. & Pitanin, V. G., »Litejnaja storona«, Izdatelstvo Ostrov, 2006

Johannesson, Lars, »Berättelsen om ballongen Svea«, Stadsvandringar/Stockholms stadsmuseum, 13/1990

Johansson, Sara, *Societetsparken i Norrtälje–nulägesanalys och utvecklingsförslag*, examensarbete vid Sveriges lantbruksuniversitet, 2011

Kean, Sam, »Phineas Gage. Neuroscience's most famous patient«, Slate Magazine, 6 maj 2014

Kullberg, Karl, »Franzensbad – en skizz«, Aftonbladet, 15 maj 1858

»La Siècle de la Poudrerie«, kronologi i *Sevran, Citoyens de Demain*, Editions Franciade, 1990

Le Journal du siège de Paris, publié par »Le Gaulois«, specialutgåva mars 1871, BNF/Gallica

»Le séjour et les travaux d›Alfred Nobel á Sevran 1878–1891«, En Aulnoye, Jadis, no 3, 1974

Libaek Ivar, »Et Nobelinstitutt eller 'Revue Nobel'? Konflikter i den förste Nobelkomiteen«, DNN:s skriftserie, vol 1, no 1, 2000

Linge, Karl, »Folkundervisningen i Stockholm före 1842«, Samfundet S:t Eriks Årsbok, 1912

Marsh, N. & Marsh, A., »A Short History of Nitroglycerine and Nitric Oxide in Pharmacology and Physiology«, Clinical and Experimental Pharmacology and Physiology, 27, 2000

Mauskopf, Seymour, »Alfred Nobel, 'Creative Bricoleur' who invented a smokeless military powder (ballistite)«, i *Objects of Chemical Inquiry*, Ursula Klein & Carsten Reinhardt (red.), Sagamore Beach, Mass, Science History, 2014

Mauskopf, Seymour, *Nobel's Explosives Company, Limited*, v Anderson, 1894, Jose Bellido (red.), Landmark Cases in Intellectual Property Law, Oxford, Hart Publishing, 2017

Matz, Erling, »Riskfylld resa mellan Stockholm och Åbo. Sveriges viktigaste postväg gick över havet«, Populär Historia, nr 2/1996.

de Mosenthal, Henry, *The inventor of dynamite*, The Nineteenth Century, vol. XLIV, 1898

Nauckhoff, Sigurd, *Sobreros nitroglycerin och Nobels sprängolja*, Daedalus, 1948

Nauckhoff, Sigurd, »Sprängämnen och tändmedel i det svenska bergsbruket under de sista hundra åren«, särtryck ur Teknisk tidskrift, 1919

Nevius, James, »A Walking Tour of 1866 New York«, ny.curbed.com, 27 juli 2016

Nilsson, Göran B, *Den samhällsbevarande representationsreformen*, s. 198—271, Scandia, 2008

Nobel, Alfred, »Explosionen på Heleneborg den 3 sept. Till Redaktionen af Aftonbladet!«, Aftonbladet, 7 september 1864

Pasteur, Joubert et Chamberland, »La théorie des germes et ses applications à la Médicine et à la Chirurgie«, Comptes rendus des séances de l'Académie des Sciences, 29 april 1878, BNF/Gallica

Prosper-Olivier, »Les huit journées de mai derrière les barricades«, Petit Journal, 1871

Rehnberg, Mats, »Régis Cadier–den franska matkulturens främste företrädare i Sverige under 1800-talet«, Gastronomisk kalender, 1982/1983

Salomon, Ib, »Hålet genom Alperna«, Världens historia, 1/2010.

Seely, Charles A, »Nitro-glycerin – the cause of its premature explosion«, Scientific American, 5 maj 1866

Sittsev V.M & Koloss S.M, »Pervaja nautjnaja konferentsija 'Dinastija Nobelej i razvitie nautjnogo i promysjlennogo potentsiala Rossii. Istorija i sovremennost'« (Den första vetenskapliga konferensen »Nobeldynastin och den vetenskapliga och industriella utvecklingen i Ryssland«. Historia och nutid), Ekonomitjeskie strategii (Ekonomiska strategier), nr 7, 2005

Statistiska Centralbyrån, »Att förlora ett litet barn«, Välfärd, 1/2012

Strindberg, August, »Introduction à une chimie unitaire. Première esquisse«, Mercure de France, oktober 1895

von Suttner, Bertha, »Erinnerungen an Alfred Nobel«, Neue Freie Presse, 12 januari 1897

Svalan. Weckotidning för familiekretsar, 20 sep 1872 (runa över Immanuel Nobel)

Vasiljeva, G och Kropova R, Peterburgskaja storona, Leningradskaja panorama, nr 5, 1987

未发表

Arrhenius, O. *Utkast till en biografi över J W Smitt*, i Axel Paulins samling, SBL, RA

Bergström & Andrén, *Nitroglycerinaktiebolagets historia 1864–1964*, outgivet maskinskrivet manus i Vilgot Sjömans arkiv, KB

Källstrand, Gustav, *En kvistigare kalkyl. Nobelstiftelsens historia 1896–1932*, manus under utgivning

Lundholm, C, *Old Ardeer*, minnesskrift, ANA, ÖII:6, RA

Nobel, Alfred, »Prospectus öfver de fördelar Bolaget genom Nobelska patent kan ernå«, avskrift återgiven i Bergström & Andrén

Nobel, Anna, *Immanuel Nobel* (levnadsteckning), ANA, EI:4, RA

Nobel, Immanuel, »Försök till anskaffande af arbetsförtjenst, till förekommande af den nu, genom brist deraf tvungna utvandringsfebern« (1870), NoA, A9, LL

其他

L'Academie des Sciences, Paris, *Compte Rendues*.

Chandler, Zachariah, »A bill to regulate the transportation of nitroglycerine or glycerin oil«, 9 maj 1866, SEN39A-E3, U.S. Senate Committee on Commerce, 39th Congress, 1st Session, RG 46, National Archives

La Dynamiterie de Paulilles. Une histoire, une usine et des hommes 1870–1991, Comité de Banyuls-sur-Mer, 2016

Hamburger Adressbuch, 1866

Journal de la France et des Français. Chronologie politique culturelle et religieuse de Clovis á 2000, 2001

Journal officiel de la République française

Les Merveilles de L'Exposition de 1878, Librairie Illustrée, Paris, 1878

Le 16e, Chaillot, Passy, Auteuil, Métamorphose des trois villages. La Société Historique d'Auteuil et de Passy, 1991

Le Livre d'Or des Salons, 1888-1892

Nobel's Patent Blasting Oil (nitro-glycerine), reklambroschyr från Bandmann, Nielsen & Co, San Francisco, 1865

Ny adress-kalender och vägvisare inom hufvudstaden Stockholm, P A Huldbergs förlag, 1864

Official catalogue of the Great Exhibition of the works of Industry of all Nations, London, 1851

The pink guide for strangers in Paris, presented by the Hotel de Saint-Pétersbourg, 1874

Polovtsev, A. A., *Russkij biografitjeskij slovar* (Ryskt biografiskt lexikon), digital version, www.rulex.ru

Porträttgalleri af Svenska industriens män, P A Eklund, 1883

Protokoll hållna vid sammanträden för öfverläggning om Alfred Nobels testamente, 11 jan, 26 jan och 1 feb 1897, Nobelstiftelsen, 1898

Ryssländska arkivet, *Fäderneslandets historia i vittnesutsagor och dokument 1700–1900-talen*, Studia »Trite« Nikity Michalkova, Moskva 1955

S:ta Katarina svenska kyrka, historisk skrift utgiven av församlingen i Sankt Petersburg, 2015

»Statistik öfver Sverige, grundad på offentliga handlingar«, Hörbergska boktryckeriet, 1844

Stockholms adresskalender

Stockholms belysning, utgiven med anledning af Gasverkets femtioåriga tillvaro, den 18 december 1903, K L Beckmans boktryckeri, Stockholm.

Svenska klubben i Paris, en jubileumsskrift, Svenska Dagbladet, 1952

Svenska litteratursällskapet i Finland, Biografiskt lexikon för Finland. Volym 2. Ryska tiden, Atlantis, 2009

Société Génerale des Téléphones, telefonkataloger 1882–1888, Bibliothèque Historique de Paris (BHP)

The Giant Powder Company vs The California Powder Works et al, Circuit Court of the United States, District of California och Carl Dittmar vs Alfred Rix and George I. Doe, US Circuit Court, Southern District of New York, 1880. ANA FIII:9 RA

CHEERS
湛庐

Azeem Azhar
[英]阿奇姆·阿扎尔 著

郭英
袁冬华 译

指数型技术重塑世界

The Exponential Age

浙江科学技术出版社·杭州

测一测

你了解指数时代吗?

扫码加入书架

领取阅读激励

- 在指数型发展的未来，科技领域更有可能出现某个公司一家独大的现象吗?

  A. 是

  B. 否

- 以下哪种现象符合指数型增长的特点?（单选题）

  A. 病毒的传播

  B. 石油的产量

  C. 货币购买力

  D. 城市人口的增长

扫码获取全部测试题及答案，

一起了解指数型技术的力量

- 关于技术的指数型发展，以下描述正确的是?（单选题）

  A. 计算能力的增长已经减速

  B. 所有技术都呈指数型增长

  C. 指数型发展与单个发明所取得的进步相关

  D. 任何时候都有多种技术遵循 S 型曲线的模型发展

扫描左侧二维码查看本书更多测试题

人们之所以对技术驱动下的世界变局感到恐慌，根本原因就是头脑中的观念与数字世界背后的驱动逻辑之间出现了“鸿沟”。这个鸿沟就是“指数视角”平台的创办者阿扎尔在《指数型技术重塑世界》中提到的“指数鸿沟”。

这一观念最重要的地方，就在于重新理解未来智能技术在建构经济模式、社会结构的过程中，人与机器、人与技术、人与自身的关系。“指数鸿沟”存在的根源，并不是技术有多么炫酷和神奇，而是人们的技术观念还停留在过去。阿扎尔的这本著作，是跨越“指数鸿沟”必要的思想助手。

段永朝
苇草智酷创始合伙人
信息社会 50 人论坛执行主席

有一种说法，因为人类活得不够久，所以在其有生之年所观察到的世界都是片面的，社会的发展有时是线性的，有时是指数型的；还有一种说法是，人类对于技术变革带来的社会效益，总是倾向于高估其短期成就，又常常低估其长期影响。人类社会发展至今日，进入了一个日新月异，甚至让很多人开始无所适从的时刻，作为“智人”种的人类，我们需要做的就是了解它、适应它并尝试引导它的未来走向。为了实现这个目标，阿扎尔在本书中为大家提供了一个颇有借鉴意义的独特视角。

韦青
工程师，微软中国首席技术官

为什么未来难以预测？本书作者提出，因为我们处于指数时代：以摩尔定律为特征的芯片技术是典型的指数型技术，它驱动着人工智能和新能源等技术的飞速发展。然而个人、公司和社会习惯于线性发展，怎么做才能缩小指数鸿沟？本书描绘了指数时代的发展趋势，是一部值得阅读的佳作。

汪波
资深芯片研究专家
文津图书奖得主，《芯片简史》作者

高科技创新的加速发展，给社会带来了巨大的利益，也带来了独特的挑战。阿扎尔对他称之为指数时代的关键问题进行了全面而生动的探讨。关于这些非凡的新技术能将人类带到哪里，以及我们应该设定怎么样的目标这类讨论，本书内容是重要的补充。强烈推荐！

里德·霍夫曼
领英联合创始人
《GPT 时代人类再腾飞》作者

阿扎尔是业内备受推崇的思想领袖之一。但更重要的是，他洞悉了技术的指数型发展可以解决当下的多种问题，比如弥合文化差异，进而可以塑造人类社会。

丹尼尔·埃克
Spotify 联合创始人兼首席执行官

虽然很多人都在谈论创新的速度，但很少有人谈论创新的方向。阿奇姆的新书通过对经济、社会和技术力量之间联系的动态理解，有助于将这种方向性展现出来。如果你对如何设计一个以技术变革为中心的更包容和可持续的系统感兴趣，请阅读这本书。

玛丽安娜·马祖卡托
经济学家，伦敦大学学院教授

阿扎尔是一位大师，擅长解读一系列令人眼花缭乱的趋势，并照亮未来。对于个人、企业和社会来说，这本书是理解问题和前进道路上的必读书。

保罗·多尔蒂
埃森哲科技集团首席技术官

《指数型技术重塑世界》是这个时代急需的指南，可以帮助我们在一个近乎失控的世界中寻找机会，克服眩晕。事实证明，阿奇姆·阿扎尔是这个高度网络化时代的杰出向导。

凯文·沃巴赫
宾夕法尼亚大学沃顿商学院教授

我想象不出还有哪本书能更清晰地突显我们目前所经历的技术变革的速度。这种变化不再是时间上的线性变化，而是生活中所有事务的变革性和指数型转变。

采黛尔·尼利
哈佛商学院副院长

阿奇姆的新著为我们在由技术引领且呈指数型加速的不确定和错综复杂的未来中，指明了清晰的方向。他邀请我们一同探索共同的未来，并指出目前存在的棘手问题，勾勒出一幅令人信服、充满希望的未来图景。这本书是所有渴望积极塑造未来岁月的人的必读之作。

帕斯卡尔·菲内特
奇点大学创新项目主席

每一代人都在对技术变革的迅猛速度感到忧虑，这种忧虑往往被夸大，这源于对未知的恐惧。然而，在今天，技术的变革正对人们的生活方式乃至理智带来前所未有的挑战。阿奇姆·阿扎尔的这部作品，不仅揭开了这些指数型变化的神秘面纱，而且展示了如何驾驭这种持续的波动，使之成为能够为人类所用的力量。对于所有渴望理解如何在即将到来的混乱中重建美好社会的人来说，这本书是不可或缺的指南。

罗伯特·佩斯顿
英国独立电视公司政治主编

大多数企业和企业领导者习惯于线性的衡量和思考方式。然而，阿扎尔深刻理解并清晰阐述了真正关键的突破是如何以指数型增长的形式出现的。在本书中，阿扎尔用一系列富有洞察力的技术案例来构建指数思维的框架，这些案例展示了如何实现跨越式飞跃。他的观点不仅挑战了传统的线性思维模式，而且提供了新的视角和工具，帮助我们在这个快速变化的世界中找准方向。

汤姆·格洛瑟
汤森路透前首席执行官

阿扎尔通过一系列引人入胜的故事和深入的分析，带领我们穿越了那些伴随我们成长的工业时代的假设，迈向了一个由指数型增长定义的全新现实。

汤姆·惠勒
美国联邦通信委员会前主席

阿奇姆·阿扎尔是一个难得的人物：一位思想领袖，同时也是一位科技创始人。大局观和真实技术体验的结合在这本不容错过的书中大放异彩。

斯蒂安·韦斯特莱克
英国皇家统计学会首席执行官

阿扎尔是全球公认的技术及其影响力的代言人。他写了一本引人入胜的重要作品，就是《指数型技术重塑世界》。任何想要了解新经济并希望抓住机会的大型跨国公司的领导者，都需要阅读这本书。

马修·泰勒
英国皇家艺术学会首席执行官

阿奇姆的动态思维，能够以一种独特而富有启发性的方式，将社会、政治、经济和技术趋势紧密相连，形成一种挑战传统观念的新视角。本书不仅是他这种独到能力的延伸，更是对其深度的扩展，正如他在播客中所展现的那样，他能够洞察、剖析并重新编织那些构成技术社会结构的基本要素。

卡莉·金德

阿达·洛芙莱斯研究所所长

阿奇姆·阿扎尔认为，世界正处于（指数级）转型之中。作为一名创业企业家、科技投资者、大公司创新高管和记者，阿扎尔很有资格解读这类趋势。他掌握了颠覆传统思维的诀窍。例如，他认为采用指数型技术会增加而不是减少工作岗位——看看亚马逊等超级明星企业的员工数量就知道了。他认为，那些未能适应这种变化的公司会导致失业，而那些适应了这种变化的公司会创造更多工作岗位。

《经济学人》

献给萨尔曼、索菲、贾丝明和“指数视角”

我们没有理由不更快速地发展

沈　斐
蔚来高级副总裁

世界正处于指数型发展之中。我们亲历了这一指数型增长的过程，例如PC、芯片、手机、互联网、光伏风电等新能源，包括这几年的电动汽车，都经历了或者正在处于指数型发展之中。我们也见证了一个个呈现指数型发展的企业，例如微软、亚马逊、苹果、特斯拉、腾讯、阿里、拼多多、小米等。

《指数型技术重塑世界》一书中提到了一些和蔚来、蔚来能源相关的指数现象。由于算力呈指数型上升（当然也包括算力所需要的能源），光伏、风电的发电成本仍然处于指数型下降的通道中，以及电池成本也会下降，3～5年后，电池成本会不会变成现在的1/3呢？如果可以，那么汽车和能源行业又会发生什么样的变化呢？这是一个充满想象空间的未知惊喜。

风电、光伏等新能源发电占比在不断提升，势必要求电网具备更强的动态调节能力。这样，一个指数型发展时代的完美供需关系就诞生了，动力电池成本的指数型下降和智能化水平的指数型上升，一定会推动电动汽车，特别是纯电动汽车的快速增长。所有汽车上的电池联网后，正好能满足电网的灵活调节性要求。所有这些由汽车电池构成的虚拟电厂，将取代一部分大型发电站和高耸入云的大烟囱，在我们睡觉时，把白天存储下来的光伏发的电提供给我们和我们的邻居。

这些正是蔚来能源正在努力做的事，有点难，但曙光已经出现。今年初，国家发展和改革委员会、国家能源局等四部委联合发布《关于加强新能源汽车与电网融合互动的实施意见》，表明国家也意识到了这种变革所带来的巨大机遇。本书作者在结语中总结道："现代历史由两股强大的力量定义：一是技术变革的非凡力量；二是人类面对技术变革时创造我们想要的世界的智慧。事实证明，人类是可以控制技术的。"我们有强烈的愿望，也有能力，让交通与能源融合，让汽车与电网互动，创造更加低碳、高效的美好生活。

希望蔚来也能站在指数型发展的曲线上，实现快速增长。蔚来能源更需要站上指数型发展的曲线，因为我们是在做汽车市场保有量的生意。如果每年车辆新增销量以 20% 的速度递增，第五年的销量就会增长到 2 倍多，而此时的保有量已经增长到了 7.4 倍多，进一步提升了能源服务业务的指数型增长速度。

我们没有理由不更快速地发展，"加电"！

我们需要赶紧往前看

万维钢
科学作家
“得到”App《精英日课》专栏作者

这本书说的是，在此时此刻的世界上，干什么最赚钱，但这并不适合所有人，你得有条件才行。这个条件是你得掌握某种呈指数型增长的技术。

“指数型增长”，想必大家已经很熟悉了，摩尔定律描述的就是典型的指数型增长。传统的科技都有一个指数型增长时期：先是价格贵、用户少，只被小众知道，然后随着市场规模变大，收入提高，就可以让技术升级，让成本下降，于是市场规模变得更大，形成正反馈循环。

但传统公司的增长都有个上限，它们会在成为一个平台之后停止增长，也就是所谓的“S 型曲线”。这是容易理解的。比如，你们公司卖洗衣机，最初洗衣机市场并不存在，你们跟着市场一起成长。但是终有一日，到每家每户都已经用上洗衣机的时候，你就不能再指望会有那么高速的增长了。

你会发现投资效率越来越低，企业规模扩大的边际效益在递减……直到有一天，你们公司被别的公司的创新给颠覆掉。

然而，看一看当今的这些巨无霸科技公司，比如谷歌、亚马逊、腾讯、阿里巴巴，你会发现它们的规模一直在扩大，已经比历史上任何公司都大，可是好像目前还没有衰减的迹象。这是怎么回事呢？

传统公司的规模是它自身的负担。公司规模越大、业务越复杂，管理成本就越高，就好像普通人变成巨人必定会行动不便一样。所以传统公司为了确保效率，就必须把自己限制在一个比较窄的领域（不是说想研发新东西就能研发新东西），所以最终必然被别人颠覆。

但是新的巨无霸公司有三个特点，能够避免“大企业病”。

特点一：技术自身的指数型增长

这里面因素比较多，这里就不细说了，也不用说芯片行业遵循的摩尔定律，单说一个例子：光伏发电。如果使用传统的发电方法，你要修电站，又要组织各路人力，非常复杂，当然项目容易臃肿，管理成本高。而光伏却是把能源问题完全变成了科技问题，你只要把研发解决了，生产根本不是问题。在发展过程中你不会遇到以往的那些阻碍。

2019 年，光伏价格只有 1975 年的 1/500。这个趋势还在继续，这是势不可挡的力量。

特点二：网络平台效应

把亚马逊和阿里巴巴的客户数量扩大一倍，但它们的员工数量并不需要扩大一倍。这是因为它们是网络平台，只要搭建好基础设施，完全可以用人工智能进行管理。

平台更厉害的地方在于，它是边际效益递增的：每增加一个新用户，都会使得这个网络比以前更有用，而且是更更有用。平台公司每多雇用一个员工，人均创造的价值不但不会减少，而且还会增加。

特点三：无形资产

有形资产，比如机器和厂房，其管理成本高，而无形资产的管理成本非常低，也许趋近于零。无形资产包括技术研发能力、品牌声望、专利和组织能力等。这些东西要想第一次拥有，非常贵；但是一旦有了，用起来很便宜，且别人难以跟上。

这样看来，当代中美两国的竞争应该首先是这些“巨无霸”科技公司之间的竞争。有人总担心是不是中国的这些公司已经太大了，要搞所谓的“脱虚向实”，但那都是过时的思维。中国的优势本来就是大，不要自废武功。

阿扎尔认为当今有四个关键的技术正在呈指数型增长，它们之间的互动构成了全球经济的基石：

- 计算
- 能源
- 生物
- 制造

没错，制造业也在呈指数型增长。人工智能和 3D 打印等技术将会让制造业实现指数型增长，而且还会实现“本地化”，也就是什么东西都在本地生产，而不必诉诸国际贸易。是的，虚拟经济反过来提升了实体经济。

这里有些趋势对中国经济是天大的好消息，有些可能是坏消息。我们需要赶紧往前看。

指数型增长，理解未来的发展方式

吴　晨
财经作家，《经济学人·商论》原总编辑
晨读书局创始人

在工业革命之前，经济长期停滞或者小幅波动是常态，经济高速增长是非常态。在中国改革开放之后，人们习惯了高速增长，年均增长率一度超两位数，这是一种线性增长，固化在不少人的记忆中。而从互联网时代开始，增长方式再次发生变化，不再是简单的线性增长，而是呈现一种加速的状态，暴增到不可限量的程度。这种增长方式被称为指数型增长，或者乘数效应。阿奇姆·阿扎尔的这本《指数型技术重塑世界》对这种增长方式做了深入分析。

指数型增长揭示了从传统的工业经济向数字智能时代发展的巨大转变。什么是指数型增长？简而言之，指数型增长是三种定律叠加的结果。

首先是芯片发展所遵循的摩尔定律：电子产品中的元部件一定会越来越便宜，算力发展从芯片时代一直持续到算法时代。其次是网络经济所遵循的麦特卡夫定律[①]，即网络的价值与加入网络的用户数的平方成正比，其带来的乘数效应更明显。两者叠加起来，就带来了数字经济中的投资的两个重点：在任何一个细分赛道中，先发优势很明显；在任何一个细分赛道中，尽早脱颖而出，利用两个定律叠加形成的规模效益将会更明显。这种叠加产生的恰恰是第三条定律——幂律，即创投长尾所产生的影响力惊人，至少能带来百倍的收益。幂律揭示的是数字经济的风口逻辑——站在风口上，猪也能飞上天。

如果说摩尔定律强调的是算力的翻番，麦特卡夫定律揭示的是网络随复杂度的提升而释放出的惊人的创新能量，幂律则是技术推动创新、创业发展背后的源动能，其本质就是在数字经济中加杠杆的结果。

在数字世界中，加杠杆就是要利用“网络效应”，复制的成本几乎为零，这时候企业的影响力、传播力、数字产品和服务的边际成本都很低，企业可以借助这种杠杆来树立自己的影响力，并据此变现。

风投行业（VC）是展示幂律效果最具代表性的产业。幂律就是快速规模化、推动飞轮、占据先发优势，乃至实现赢家通吃。幂律还可以用期权来解释：做空的收益只可能是股价降到 0，也就是说，风险投资的成本就是资金本身，但如果买对，未来的收益没有上限。

---

① 由美国物理学家鲍勃·麦特卡夫提出，指的是网络的价值与网络使用者数的平方成正比。——编者注

当然，在 VC 领域，尤其是中后期成长基金的加入，确实在一定程度上加剧了“造王”现象。这种现象一直为人所诟病。那些得到了最大资金支持的企业最终赢得了市场主导地位，而排在第二、第三的企业很可能只能喝汤。最终胜利的企业并不一定是最优秀的企业。“烧钱”模式对整个生态会产生较为严重的负面影响。这些事实都不容回避。

随着技术的进一步演进，三种定律的相互影响也会发生细微的变化。比如在智能数字时代，摩尔定律与人工智能的网络效应进一步叠加。

对比一下 100 年前的网络效应和当下数字经济产生的连接，会发现网络效应的影响已经有了极大的跃升。100 年前，电话公司的用户越多，每个用户可能产生的连接也越多，每个用户的效用呈现乘数级增加，这完全符合麦特卡夫定律的描述。数字智能时代带来了全新的改变，网络平台不仅仅提供连接，还提供海量数据，并利用人工智能对这些数据进行分析，形成洞察力。这时，平台的用户不仅仅是使用者，还是大数据“尾气”的提供者，人工智能洞察力的原材料提供者，当然也会是更便宜、更贴心服务的享受者。

这三个定律叠加，催生了指数经济，可以说指数经济是数字智能时代的根本特征。

指数经济具有三大重要特征。

首先是技术的加速迭代，新技术层出不穷。

其次是指数型企业的出现，它们从传统围绕价值链（围绕生产、产品）的企业演变成平台型企业——轻资产、强调匹配和连接的高科技平台。平台型企业因为不再受物理资产的束缚，可以充分发挥数字经济的网络效应，获得爆炸式增长。

最后，它给既有的经济和社会组织带来巨大冲击力，导致指数鸿沟越发明显，分化越发严重。分化体现在几个方面：指数型企业与传统企业的分化；企业和知识工作者的快速变化与机构和体制的龟速变化之间的分化；知识工作者与普通劳动者之间的分化。

出现指数鸿沟的例子很多。比如，平台型企业推动共享经济的发展，将工作在平台上分包，解构了工业时代所形成的一系列围绕工作的规则：保障（社保）、最低工资、雇用责任等。平台型企业内部的员工呈现明显的两极分化：高科技平台型“大厂”的技术人员动辄年薪百万，而网约车司机和快递员等在算法的驱使下，无时无刻不在为微薄的收入而奔忙。在指数经济时代，最大的矛盾是工作岗位的分化，受过高等教育的人往往可以享受更高的工资、更灵活的工资结构；没有受过高等教育的人可能工资少、工作不稳定。

指数鸿沟本质上是不同发展速度之间形成的差距：一方面技术突飞猛进，以乘数级别增长，另一方面，人的习惯、组织的惯性、制度的更新和变革，却无法及时跟上，两者之间会形成日益扩大的鸿沟。一方面是无形领域内的爆炸式增长，另一方面则是物理世界的慢速改变。

当沉浸在指数型增长的快感中时，我们需要不断警惕指数鸿沟形成的这种制度债。制度需要一定的稳定性，只能渐进地被改变。剧变时代之未来不可预测，数字智能时代创新的层出不穷与制度的龟速改变，导致了指数差距，时间一久就会拖累经济的增长。

在企业层面，指数鸿沟也点出了数字智能时代面临的两大最重要的变化。

首先是技术变革在加速，这将导致环境不断发生巨大的变化，也要求企业在剧变的环境中必须不断应对全新的挑战和抓住涌现的新机会。

这种变化给组织提出了三个重要的要求：第一，没有全知全能的人，没有谁能了解和追踪所有的变化，群策群力变得非常重要，组织需要能够尽可能多地利用集体智慧，我们也称之为众包的智慧；第二，剧烈变化要求组织能够有快速的应对能力，这对由习惯于自上而下开展工作、习惯于执行却缺乏思考能力的个体组成的组织是一大挑战；第三，组织在剧变的时代最看重的是创造性解决问题的能力和创新的能力，组织需要为拥有这种能力的个人和小团队赋能。

由此可以引出转型的第二点，就是越来越多的组织都将变成知识密集型组织，而知识经济的运行法则、知识工作者的协作机制，与大规模制造的工业组织截然不同。创造力和创新是推动知识经济发展最重要的引擎，要释放创造力并鼓励创新，就需要充分调动人的自主性和判断力。

理解智能数字时代的发展逻辑，需要理解无形经济、知识经济和指数经济这三个相互紧密关联的特点和标签。

在快速变化的世界中行走自如

当我在 2024 年坐下来写这篇序时，我为自英文版《指数型技术重塑世界》首次出版以来席卷全球的变革浪潮感到惊叹。那时，我常常望向窗外坏掉的花园围栏，下定决心再写一篇随笔、再打一通电话、再写一篇文章后就把围栏修好。这是一个永远会被推迟到明天的任务，是我们在这个快节奏世界中时间永远不够用的小小证明。自那以后，我们经历了一系列变革：新型冠状病毒的全球大流行结束，新的冲突爆发，很多国家的领导人换届。

然而，一个独特的事件触发了一连串变革，这场变革的规模和速度都是前所未有的。2022 年 11 月，ChatGPT 发布，变革的步伐超出了许多人的预期。从那时起，我彻底改变了工作方式，现在每天都会使用一系列人工智能工具和聊天机器人作为智力辩论伙伴、编辑和导师。增强版的阿奇姆甚至开始追求创造性：在人工智能工具的帮助下，我成为了一名业余 DJ，这些工具在我当初写书时还不存在。人工智能是一种通用技术，这意味着它在广泛的领域有着广泛的应用，并可能经过实践证明其具有广泛的变革性。

然而，在见证这些技术进步的同时，我却一直没有抽出时间去修理花园的围栏。这个悖论完美地概括了《指数型技术重塑世界》的核心主题——技术的快速进步与个人和社会较慢的适应速度之间日益扩大的鸿沟。当今社会的某些领域迅速发展，而其他领域却“顽固地”保持不变，这种差距就导致了“指数鸿沟”。

人工智能的浪潮是我们所处的指数时代的完美缩影。这项技术正以惊人的速度进步，其成本迅速下降，其影响力如风暴般席卷全球。这预示着我们的生活将迎来翻天覆地的变化。人工智能技术的迅猛发展，使传统的衡量标准变得陈旧，仿佛我们每隔数周就需要为汽车更换一个新的速度计一样。

人工智能似乎在一夜之间崛起，但其实它已经酝酿多年。在书中，我提到了2020年发布的GPT-3，我认为它标志着深度学习的初步成功。我指出，2012 年至 2018 年，用于训练最大人工智能模型的算力增长速度，是摩尔定律预测的算力增长速度的大约 6 倍。如今，用于训练人工智能模型的算力峰值正在不断被刷新。据估计，2010 年至 2024 年，要求最高的人工智能系统每年对算力的需求以 5 倍的速度增长。

然而，人工智能仅是这个复杂拼图中的一块。正如我在书中所述，指数时代是由一系列新型创新推动的，这些创新不仅包括计算和人工智能，还有可再生电力、能源存储和生物技术等领域。每一个领域的发展都符合我在书中描述的指数型增长的特点。

以能源行业为例。正如我所论证的，太阳能的发电成本一直在以指数型速度下降——每年下降约 40%。自 2021 年以来，太阳能发电成本一直在以这一比例下降。如今，利用太阳能电池板发电比燃烧化石燃料发电更便宜。事实上，可再生能源目前至少贡献了全球发电总量的 30%。

自我完成本书的英文版以来，全球新增发电量达到约 878 吉瓦，这一数字超过了过去 10 年新增发电量的总和。电力生产成本之低，有时甚至导致电价出现负值！中国在全球太阳能电池板和电池的生产以及安装方面都走在了世界前列。2023 年，中国新增太阳能发电量约 217 吉瓦，占全球新增总量的一半以上。

同样，在能源存储领域，从 2010 年开始的整个 10 年间，锂离子电池的储能成本每年下降约 19%。然而，在中国，从 2023 年到 2024 年，锂离子电池价格下降了约 37%，呈现指数型下降趋势。我所描述的指数鸿沟会随着技术进步的加速而逐渐扩大。英伟达、谷歌、苹果、OpenAI、百度、腾讯和商汤科技等依托人工智能技术的公司，已经步入世界上最有价值也最强大的公司之列。它们是少数有能力构建这项技术最佳版本并负担得起它所需的庞大计算基础设施的组织。

那些紧跟技术变革脚步的人与现有的法律体系、组织架构和社会整体之间的鸿沟，如今尤为明显。对于大多数私营和公共部门而言，理解并适应这些变化本身就是一项艰巨的任务，对普通民众来说更是如此。然而就在此刻，我们对这个鸿沟的认识开始真正觉醒。随着这种认识的加深，我们开始采取实际行动来应对挑战。全球各国政府正在积极制定人工智能相关的法规，中国和欧盟在这方面走在了前列。媒体机构也在不遗余力地向公众传达信息，帮助人们理解这些日新月异的变化。尽管目前这道鸿沟依然十分明显，但我们已经看到了跨越这道鸿沟的坚定信心和明确行动。

我们面临的挑战不止追赶上人工智能的发展，因为通用技术并不是孤立存在的，随着人工智能的不断进步，这些挑战也在推动合成生物学、可再生能源和材料科学等其他领域的快速发展。这种技术之间的相互交织和促进，正是指数时代的一个重要特征。我着重指出了合成生物学正蓄势待发，即将彻底改变多个行业："据一些预测，到 2040 年，全球经济中 60% 的物质'输入'将能够通过生物技术生产。"生物学与制造业的这种融合，得益于人工智能和计算技术的进步，有望重塑我们的经济体系以及我们与自然的联系。

谷歌旗下 DeepMind 公司开发的人工智能模型 AlphaFold，以其精准预测蛋白质结构的三维模型而闻名。该模型不仅推动了疟疾疫苗、癌症治疗和酶设计等方面的重大发现，而且其原创论文的影响力甚广，已被引用超过 20 000 次。这一成就凸显了人工智能技术与生物学的融合所具有的巨大潜力。世界知识产权组织的报告进一步证实了这一点，该报告指出，生命科学是迄今为止生成式人工智能应用中专利申请最为集中的领域之一。人工智能与生物学的这种融合预示着未来科学探索的无限可能，将持续推动人类对生命奥秘的深入理解。

能源转型也正在被多种技术的相互作用加速。人工智能的改进提高了可再生能源系统的效率，而材料科学的进步使电池更强大、更可持续。不同指数技术之间的这种协同作用将实现"整体大于部分之和"的效果。

在这个快速变化的格局中，书中提供的框架变得更加有价值。我们面前有很多条前进的道路。具体来说，我建议重新思考劳动市场，并以灵活和有弹性的方式投资公共产品。至关重要的是，我认为“应持续开展国际合作，这对发达国家和发展中国家同样重要”。2023 年 11 月，在英国举行的人工智能安全峰会就是国际合作的范例，参加此次峰会的有来自中国、英国、美国和欧盟的代表。

展望未来，我们会发现变化的步伐没有放缓的迹象。《指数型技术重塑世界》中文版的出版恰逢其时。中国作为上述众多指数型技术的全球领导者，在塑造人类共同的未来中发挥着至关重要的作用。

在这个充满变革的新时代，我们所共同面对的挑战与机遇变得日益严峻。人工智能、可再生能源、生物技术以及其他指数型技术，在应对从气候变化到医疗保健等全球性问题上展现了巨大的潜能。然而，技术发展同时也带来了风险，包括不平等的加剧、由技术引起的失业问题，以及技术竞争所激化的地缘政治紧张关系。面对这样的未来，我们需要对那些推动社会变革和技术前进的根本动力有一个共识。本书便是为了培养这种共识，同时为你指明前行的道路而进行的尝试。

我的花园围栏或许尚待修缮，但我们的全球社群已无法等待。指数时代已经降临，它带来了空前的挑战与机遇。在你细读《指数型技术重塑世界》这本书的过程中，我期望你不仅能理解我们的现状及其成因，更能预见我们未来可能的前进方向。

亲爱的读者，感谢你阅读本书。我希望它能为你提供一些有用的视角，帮助你在这个快速变化的世界中行走自如。

指数时代的伟大变革

我家在伦敦西北部的戈尔德斯格林和克里克伍德两个街区之间，是那种在欧洲和美国很常见的位于郊区街道上的房屋。这里是新发展起来的。如果你看 1920 年该地区的地图，会发现这里曾经是一片农田。我的半独立式房屋的地基就在一块田地中间。你还能从地图上看到一条马道，不过现在它已经变成一条便道。之前就存在的几扇大门和树篱现在成了社区的分界线，往北几百米处曾有一家铁匠铺。

仅仅几年后，这个地方就发生了变化。拿起一张 1936 年的地图，你会看到农田已经成为我每天走过的街道。那家铁匠铺不见了，取而代之的是一个机械车间。第一次世界大战和第二次世界大战期间建造的砖砌房也已经整齐地排列起来，而且从此以后就没有搬迁过，当然，那时这些房屋可能还没有这些奇特的玻璃装饰。这是一次非凡的转变，反映了一种公认的现代生活方式的出现。

19 世纪 80 年代之前，伦敦人的生活与以往相比没有太大变化：马匹在街道上穿梭，留下一堆堆粪便；大多数家务活是靠双手来完成的；大部分人居住在有着数百年历史的拥挤的贫民窟中。但 19 世纪 90 年代以来，一些关键技术开始对人们的生活产生重要影响，这种情况差不多持续到 20 世纪 20 年代。1925 年，伦敦市中心街道的照片上不再有马匹的身影，取而代之的是汽车和公共汽车。电网系统可以将电力从燃煤发电站输送至办公室和家庭。电话线进入千家万户，人们因此可以与远方的朋友交谈。

这些变化也引发了社会剧变。随着现代生产体系的发展，包含现代人熟悉的福利条款的全职雇用合同也出现了；通勤也伴随着新的交通方式产生了；工厂的电气化促进了拥有知名品牌的大公司的崛起。生活在 20 世纪 80 年代的人如果利用时光机穿越到 19 世纪 80 年代，他们可能看不到自己熟悉的东西，但如果他们回到 20 世纪 30 年代，就会看到很多熟悉的东西。

这 20 年的转变反映了技术带来的戏剧性突变。自从燧石斧和木制挖掘棍棒问世以来，人类一直是技术专家。我们力求让自己活得更轻松，因此开始制造工具，发明各种技术。一直以来，这些技术使人类能够重新定义周围的世界。借助这些技术，人类耕种农田，建造房屋；在陆地上旅行，在天空中飞翔，在太空遨游；生活方式也发生了转变，人们逐渐放弃了游牧，乡村逐渐形成，最终城市得以出现。

但是，正如当年那些生活在伦敦西北部的祖辈们认识到的那样，我们开发的技术可能会使社会朝着令人意想不到的方向发展。当一项技术腾飞时，它的影响是巨大的，会波及人类生活的所有领域，包括工作、战争、政治，甚至我们的举止和习惯。借用经济学领域的一句话就是，**技术对定义我们生活的其他力量来说并不是"外生的"，技术与政治、文化和社会系统融合在一起，而且往往是以戏剧性和不可预见的方式结合在一起的。**

技术以不可预测的方式与更广泛的力量融合，有时进展缓慢，有时会导致快速和剧烈的转变，因此很难对其进行分析。复杂性科学这一新兴学科试图弄清楚复杂系统中不同元素相互作用的方式。例如，不同物种如何相互关联从而构成生态系统。人类社会是终极"复杂系统"，它由无数不断相互作用的元素组成，这些元素包括个人、家庭、政府、公司、信仰和技术。

按照复杂性科学的观点，不同要素之间的联系意味着系统某个区域的微小变化可能会波及整个系统，而且这些变化可能充满混乱、非常突然、影响深远。[1] 即使我们对系统的组成部分有着相当程度的了解，想要确定这些涟漪最终可能会在哪里结束也不是一件容易的事。[2] 新技术可能首先会导致微小的社会变革，但这些微小的社会变革最终会演变成重大的社会变革。

当这些涟漪（或复杂性科学术语中的"反馈循环"）开始蔓延时，人们会感觉不舒服。我们只需看一眼 20 世纪初的报纸，就会发现突然的变化会引发大众的焦虑。你只需快速浏览一个世纪前《纽约时报》上的文章就会发现，当时的美国人对电梯、电话、电视等技术感到非常恐惧。[3]

当然，乘坐电梯时感到紧张并不是问题的根本，问题的根本在于这些技术创新揭示了人们对变化发生速度的恐惧。我们凭直觉知道，技术变革很少会局限在一个领域内。电梯使建造更高的建筑物成为可能，由此彻底改变了城市的布局和经济形态。电话使联系变得更容易，因此彻底改变了人与人之间的互动方式。一项技术腾飞后，它的影响无处不在。

今天，我们正在经历另外一个戏剧性的转变时期。最明显的标志是人们谈论技术的方式。美国公关公司爱德曼（Edelman）每年都会针对公共领域（public sphere）的信任度进行一项著名的调查。该公司向 20 个国家的 3 万人提出的一个关键问题是，他们是否对技术发展的速度感到满意。2020 年，超过 60% 的受访者认为“变革步伐过快”，相比于 5 年前，这一数字提高了 20%。[4]

人们很容易做出假定，大众总是觉得技术和社会变化太快了。一个世纪前他们肯定是这样想的，现在他们还是这样想。但本书的观点是，我们确实生活在一个社会变化异常迅速的时代，而这种变化是由突然的技术进步带来的。21 世纪初，工业时代的决定性技术正在发生蜕变。突然间，计算和人工智能、可再生电力和能源存储，以及生物学和制造业的新突破等一些新型创新技术正在成为社会变革的推动力量。

这些创新正在以我们尚未完全理解的方式迅猛发展。它们的独特之处在于发展方式，也就是以指数型速度发展。这意味着，随着时间的推移，这些创新的发展速度会越来越快。与前几次技术快速变革时期一样，这些创新的影响波及全社会，不仅带来了新的服务和产品，而且改变了新公司与旧公司、雇主与工人、城市与国家、公民与市场之间的关系。

复杂性科学家将系统内发生根本变化的时刻称为“相变”（phase transition）。[5] 当液态水变成水蒸气时，它的化学性质没有改变，但其行为却截然不同。社会也会经历“相变”时刻。有时，人们会感觉变化发生得很突然、很突兀，带来了天翻地覆的影响。我们可以想想哥伦布到达美洲时或者柏林墙倒塌时的情形。

今天，社会的快速重组就是这样一个“相变”。拐点已经到来，我们正在目睹社会系统所发生的变化，一如水变成水蒸气的过程。

理解新技术

21 世纪初社会的快速转型是本书的重点。这是一本关于新技术的产生如何变得更快的书，它试图解释这种加速对政治、经济和人们的生活方式的影响。但这不是一本悲观的书，书中描述的技术并不一定会带来危害。对我们来说，公司、文化和法律等重要的社会因素，是为了应对早期技术带来的变化而出现的。人类历史的一个决定性特征是人类的适应性。当快速的技术变革到来时，它首先会带来动荡，然后人们学会适应并且最终学会如何创造繁荣。

然而，我之所以选择写这本书，是因为我们目前缺乏理解技术变革的精确词汇。当你看新闻或阅读来自科技之都硅谷的博客时会发现，很明显，人们围绕科技的公众对话是有限的。新技术正在改变世界，但关于这项技术是什么、它为什么重要以及我们应该如何应对的误解无处不在。

在我看来，我们在谈论技术时存在两个主要的问题，本书希望能够解决这些问题。首先，人们对人类与技术的关系存在误解。我们经常假设技术在某种程度上独立于人类，它是一种自发产生的力量，并不反映创造它的人类的偏见和权力结构。在这种表达方式中，技术是价值无涉（value-free）① 的，

① 价值无涉指科学研究等工作不使用价值判断，只采用逻辑判断。——编者注

它是中立的，由技术使用者决定它是用于行善还是作恶。

这种观点在硅谷尤为普遍。2013年，谷歌执行主席埃里克·施密特（Eric Schmidt）写道："技术是中立的，但人不是中立的，技术行业的这一真谛将会在嘈杂声中迷失方向。"[6] 彼得·戴曼迪斯（Peter Diamandis）① 是一名工程师，也是一名医生，还是致力于培养未来科学家的奇点大学（Singularity University）的创始人。他写道："虽然计算机是我们所见过的最伟大的自我赋权工具，但它仍然只是一种工具，而且和所有工具一样，基本上是中立的。"[7]

对那些发明技术的人来说，这是一个省事的概念。如果技术是中立的，它的发明者可以专注于他们的小发明。如果这项技术开始产生任何潜在的影响，应该受到谴责的是社会，而不是它的发明者。但如果技术不是中立的，也就是说，如果它已经嵌入某种形式的意识形态或权力体系，那可能意味着它的发明者需要更加慎重。我们可能希望更谨慎地管理或规范技术人员及其创造。这些规范可能会成为麻烦。

可惜，对这些工程师来说，他们对技术的看法是虚幻的。技术不仅仅是用户应用（或误用）的中立工具，它们还是由人创造的，这些人会根据自己的喜好来设计他们的发明。如果说人类是按照上帝的形象塑造的，那么工具也是按照设计者的形象创造的。这意味着我们的技术经常会再现已经存在的社会权力体系。比如，我们的手机被设计成更适合男人握持。许多药物对某

---

① 在下一个10年，哪些指数型技术将在哪些行业引发变革性影响？这些指数型技术的融合如何改变我们的思维与生活？彼得·戴曼迪斯在《未来呼啸而来》一书中给出了答案。该书中文简体字版已由湛庐引进、北京联合出版公司出版。——编者注

些人种的效果较差，因为制药行业经常会为某批特定客户开发治疗方法。当我们构建技术时，我们通过将这些权力系统编码到比人类更难以捉摸、更不负责任的基础设施中，从而使这些权力系统更加持久。

所以本书并没有把技术作为一种抽象的力量来分析，没有把它与社会的其他部分分割开来。本书将科技视为人类创造并反映人类欲望的东西，虽然它也能够从根本上以意想不到的方式改变人类社会。本书既关注技术本身，也关注技术与社会、政治和经济组织形式相互作用的方式。

我们在谈论技术时涉及的另外一个问题更加隐蔽。许多技术领域之外的人并不会去努力理解它，也不懂如何做出正确的反应。政客们对主流技术最基本的运作方式往往一无所知。[8] 他们的表现与那些试图通过用干草填充汽车的后备厢来为汽车加油的人一样。英国与欧盟于 2020 年 12 月达成的脱欧贸易协议将 Netscape Communicator 描述为“现代电子邮件软件包”。实际上，该软件自 1997 年开始就已经停止使用了。

诚然，了解新技术很难，需要掌握大量新知识，还需要了解社会现有的规则、规范、制度和惯例。换句话说就是，要想对技术进行有效分析，需要跨越两个世界。这让人想起 1959 年英国科学家和小说家斯诺（C. P. Snow）的著名演讲。他担心文化领域正在分裂为文学和科学两个阵营，特别是在英国，这种分裂尤为明显。这“两种文化”很少有交集，理解一种文化的人通常不理解另一种文化，这两个阵营之间存在一条“互不理解的鸿沟”。这条鸿沟是由一群“向后看的知识分子”造成的，这些人是一群看不起科技进步、充满艺术气息的牛津、剑桥毕业生。根据斯诺的说法，他们的这种行为产生了灾难性后果：“当这两种思维分开时，任何社会都无法进行明智的思考了。”[9]

今天，两种文化之间的鸿沟比以往任何时候都大。尤其是现在，无论是软件工程师、产品开发人员还是硅谷高管，这些技术专家和其他社会群体之间的鸿沟尤为明显。技术文化不断向新的、危险的、意想不到的方向发展，而另外一种文化无法及时了解正在发生的事情。这种文化对应人文和社会科学的世界，大多数评论员和政策制定者都属于这个阵营。在两种文化之间缺乏对话的情况下，双方主要的思想家都将难以提供正确的解决方案。

指数型技术与指数鸿沟

本书是我试图将这两个世界弥合在一起的尝试。一方面，我将尝试帮助技术人员在更广泛的社会背景下看待他们的成果。另一方面，我的目标是帮助非技术人员更好地了解支撑这一快速社会变革时期的技术。

我很愿意研究这种不同学科的融合。这可能与我本人的经历有关。我出生于第一款商用计算机处理器发布后的第二年，当我还是孩子时，正赶上微型计算机时代；我成长为年轻人时，刚好赶上了互联网时代，在大学期间接触了互联网；我还是科技行业的一名专业人士，我在 1995 年推出了我的第一个网站，那是为英国《卫报》设计的网站。自 1998 年以来，我创办了 4 家科技公司并投资了 30 多家初创企业，它们在千禧年的互联网狂潮中幸存下来。后来，我在路透社管理一个创新团队，这个团队为对冲基金经理和印度农民等打造过奇特的产品。这些产品有时称得上出色。几年来，我与欧洲的风险投资家合作，为我们能找到的最雄心勃勃的技术创始人提供支持。我的主要投资对象仍然是年轻的科技公司。作为一名初创企业投资者，我与人工智能、先进生物学、可持续发展、量子计算、电动汽车和太空飞行等领域的数百位技术创始人进行过对谈。

但我接受的是社会科学方面的学术训练。在读大学时，我专注于政治学、哲学和经济学，当然，比较不同寻常的一点是，我还与一群比我聪明得多的物理学家一起上编程课。在我职业生涯的大部分时间里，我关注技术如何改变商业和社会。在我的记者生涯中，我曾先后在《卫报》和《经济学人》工作过，在此期间，我发现自己有时不得不向主流观众解释软件工程领域的复杂话题。

我对新技术形式的政治含义特别感兴趣。有一段时间，我是英国电信、互联网和媒体行业监管机构 Ofcom 的非执行成员。2018 年，我成为阿达·洛芙莱斯[①]研究所的董事会成员，我们一直在研究数据和人工智能的使用对社会的道德意义。

在过去几年，我一直在尝试跨越这两种文化，并将尝试的过程在“指数视角”（Exponential View）播客中呈现，该播客主要探讨新技术对社会产生的影响。该播客是在我的第三家初创公司 PeerIndex 被一家规模更大的技术公司收购后创立的。PeerIndex 将机器学习技术应用到了大量关于人们在线行为的公共数据中。稍后，本书将详细介绍机器学习技术。我们努力解决了关于这些公共数据是什么以及不适合使用它们来做什么的道德难题。我的公司被收购后，我有了在我的播客中探索这些问题的空间。

“指数视角”播客引起了人们的共鸣。在撰写本文时，它在全球拥有近 20 万名订阅者，包括一些全球知名的创始人，以及 100 多个国家的投资者、决策者和学者，它使我得以深入研究新技术引发的最发人深省的问题。我通

① 阿达·洛芙莱斯（Ada Lovelace）是世界上首位给计算机写程序的人。她的父亲是大名鼎鼎的拜伦。——编者注

过与播客同名的专题系列，采访了不同领域的100多位名人，他们中有工程师、企业家、决策者、历史学家、科学家和企业高管等。为了完善研究，我在6年多时间里，阅读了成千上万的图书、报纸和杂志文章、博客文章和期刊文章。我估计，在那段时间里，为了理解正在发生的事情，我读了2 000多万字。值得庆幸的是，我的这本书篇幅并不长。

所有这些研究得出的结论看起来非常简单。从本质上讲，有关指数时代的观点有两条关键线索。首先，新技术正在以前所未有的速度被发明和推广，同时价格也在迅速下降。如果我们将这些技术的崛起绘制在一张表上，会发现它们遵循的是一条指数曲线。

其次，我们的制度发生变化的速度十分缓慢，从政治规范到经济组织体系，再到我们建立关系的方式都是如此。如果我们将这些机构的适应情况绘制在一张表上，它们将沿着一条直线递增。

新技术的快速发展和现有制度的缓慢适应能力导致的结果就是我所说的“**指数鸿沟**”。或者说，这是新的技术形式及其带来的商业、工作、政治和公民社会的新方法与落后的公司、员工、政治和更广泛的社会规范之间的鸿沟。

当然，这种鸿沟会引发更多问题。呈指数型增长的技术在工作、冲突、政治等不同领域会产生什么影响？这种指数型变化能持续多久？它会停止吗？作为决策者、商业领袖或公民，我们能做些什么来防止指数鸿沟侵蚀我们的社会呢？

我希望通过本书的结构设置将我的答案尽可能清楚地呈现给读者。在第一部分中，我将解释什么是指数型技术，以及它们为什么会出现。我认为，我们这个时代是由几种新的“通用技术”所定义的，每种技术都以指数型速度发展。这是一个从计算开始的故事，但故事的主角也包括能源、生物和制造业。这一变化的广度意味着我们已经进入了一个全新的人类社会和经济组织时代，我称之为“指数时代”。

接下来，我将探讨指数鸿沟的出现给人类社会带来的更广泛的影响。人类社会的机构适应速度缓慢，其原因有很多，包括从人们认识到指数型变化心理层面的困难，到大型组织转型本身固有的挑战，所有这些都加剧了科技与社会制度之间的鸿沟。

但是，指数鸿沟在实践中会产生什么影响呢？我们能做些什么呢？这些问题是本书其余部分的重点。本书将从经济和工作、贸易和贸易与冲突背后的地缘政治动态，以及公民和社会之间更广泛的关系等多个领域进行分析。

我们将探讨指数型技术对企业的影响。在指数时代，技术驱动型公司的规模往往变得比传统认知中的更大，而传统公司被这类公司甩在了后面。这导致了赢家通吃的市场，在这一市场中，少数超级明星公司占据主导地位，而其竞争对手则变得越来越无足轻重。在我们现有的关于市场力量、垄断、竞争和税收的规则与主导市场的新兴大公司之间，出现了指数鸿沟。

由于这些超级明星公司的出现，我还将揭示员工的工作前景将会发生什么变化。工人和雇主之间的关系总是在不断变化，但现在这些变化的发生速度比以往任何时候都快。超级明星公司青睐以零工平台为中介的新型工作方式，这可能会给员工带来问题，因为现有的法律和就业实践难以应对不断变化的劳工规范。

我们将继续讨论指数型技术影响政治经济的方式，即经济与政治之间的相互作用。经济领域正在发生两个重大转变。首先是生产制造的本地化：我们在获取商品、制造产品和生产能源的方式上的创新意味着，我们将越来越有能力在自己所在的地区生产这些产品。与此同时，经济日益增加的复杂性将使城市比以往任何时候都更加重要。如果工业时代的故事是全球化的故事，那么指数时代的故事将是重新本地化的故事。随着世界重新本地化，全球冲突的模式也将发生变化。各个国家和其他行动群体将能够利用新的对抗战术，比如网络威胁、无人机以及虚假信息等。这将大大降低引发冲突的成本，从而导致冲突更加普遍。新的高科技攻击形式与社会的防御能力之间将出现不匹配。

我们还将研究指数时代如何重塑公民与社会之间的关系。富可敌国的企业正在崛起，它们的崛起会令我们关于私营企业所扮演的角色的最基本假设不再成立。公共领域和私人生活领域中的很多方面正变得市场化。国家层面的对话越来越多地在私有平台上进行；由于数据经济的出现，人们内心深处的私密细节会成为在网上售卖的商品，甚至人们结识朋友和组建社群的方式也变成了一种商品。但由于我们仍然固守着工业时代那种对市场作用的看法，因此还没有找到应对措施来防止这些变化侵蚀我们最珍视的价值观。

换句话说，指数鸿沟正在挑战人们最珍视的许多价值观。但这个问题是可以解决的。因此，在本书的最后，我将提出确保人类社会在指数时代繁荣发展所需的概括性原则，比如，使我们的机构面对快速转型更具适应性，或者重申集体所有权和集体决策的力量。我希望，**这本书能成为关于技术如何改变社会以及我们应该做些什么的全面指南。**

新技术将带我们走向何方

在写本书的过程中，世界发生了翻天覆地的变化。当我刚开始进行这项研究时，新型冠状病毒还没有出现，隔离也只会发生在《僵尸启示录》(*Zombie Apocalypse*) 之类的电影中。但是，当本书的初稿写到一半时，世界各国开始关闭边境并向其民众发布居家令，所有这些都是为了防止病毒对其卫生系统和经济造成严重破坏。

人们起初认为，新型冠状病毒疫情并不难应对。数千年来，人们一直通过隔离手段防止病毒传播。隔离并不是什么新鲜事，这个词源于黑死病时期，当时水手们必须在船上隔离 40 天才能上岸。全球经济因病毒而陷入低谷，这提醒我们，有许多古老的问题是目前的技术无法解决的。

但这场疫情也使本书的一些要点得到了印证。病毒的传播表明指数型增长很难控制：病毒悄悄地侵入你的身体，然后突然暴发——前一刻似乎还一切静好，下一刻医疗服务很快就被这种病毒引发的新型疾病压垮了。许多政府，尤其是欧洲和美国政府，对病毒的蔓延反应迟钝，这也说明人们对这种变化速度认识不足。

与此同时，在这场疫情中，一些最新技术展现了巨大的力量。在大多数发达国家，隔离只有在高速互联网普及的情况下才有可能实现。我们这些被封闭在家里的人将大部分时间都花在了用手机上网上。而且，最引人注目的是，在一年之内，科学家已经研发出了几十种新疫苗，这一成就得益于机器学习等新技术的突破。事实证明，在某些方面，指数型技术让我们看到了应对新型冠状病毒感染等事件的希望。

最重要的是，这场疫情表明，指数时代的技术，无论是视频通话还是社交媒体平台，现在都已经渗透到我们生活的每一部分，而且这种渗透会变得越来越明显。随着技术变化速度的加快，它与我们生活的其他领域——从人口统计学到治国方略再到经济政策之间的相互作用将变得越来越稳定。对技术领域和政治等领域进行细致区分将毫无意义，因为技术在重塑政治，政治也在塑造技术。无论是对技术还是对政治进行建设性分析，都需要对两者同时进行分析。除了政治领域，经济、文化和商业战略等领域发生的情况也是如此。

由于技术、经济、政治和社会的反馈循环，人们很难对未来做出可靠的预测。在我写本书时，它的主题也在不断变化，我刚写完一章就需要根据新的技术发展进行更新。这正是在指数时代写作所面临的挑战。

但我希望这本书仍然是一本有用的书，可以帮助人们了解新技术将带领人类走向何方。我们生活在一个技术正在以前所未有的速度变得更加先进、快速和多样化的时代。许多定义人们生活的规范和机构，其稳定性正受到这一进程的冲击。到目前为止，还没有一个路线图可以引领人类走向自己想要的未来。

就这本书而言，它不太可能提供一幅完美的地图，但它可能有助于描述地貌，并为我们指明正确的方向。

The Exponential Age

目　录

The Exponential Age

第一部分

指数时代的指数型技术

The Exponential Age

第 1 章

指数时代的先兆

计算技术是指数时代的先兆，是第一个显示这种显著变化速度的技术。它向我们展示了当技术加速、性能变得更好、价格变得更便宜，并随之创造了一个个完整的行业时会发生什么。

我在知道硅谷是什么之前，就见过计算机了。那是 1979 年 12 月，我的邻居带回来一台自己动手组装的计算机。我还记得他在自家客厅的地板上组装了这台设备，并把它连接到一台黑白电视上。他一丝不苟地输入了一系列指令后，屏幕变成了一块由块状像素组成的“挂毯”。

在一个 7 岁孩子的眼里，这台机器比他见过的任何东西都神奇。此前，我只在电视节目和电影中看到过计算机，没想到自己居然还能接触到实物。然而，我现在认为，更令人惊叹的是，在 20 世纪 70 年代，这样一台精巧的装置竟然出现在赞比亚卢萨卡市的郊区。当时全球供应链还很原始，远程购物还没有出现，但数字革命的发生已现端倪。

这种自己动手组装的工具激发了我的兴趣。两年后，我也拥有了自己的第一台计算机。那是一台辛克莱 ZX81 计算机，是在 1981 年秋天买的。买这台计算机的前一年，我家搬到了伦敦城外一个偏僻的社区。这台 ZX81

计算机现在还放在我家的书架上。它相当于一个 7 英寸[①] 唱片套那么大，大约二指厚。在 20 世纪 80 年代初的客厅里，相比于真空管电视等电子产品或者比较大的盒式磁带架，ZX81 计算机还算是小巧轻便的，用两根手指就可以拎起来。这台计算机的内置键盘在敲击时很不顺手，卡顿严重，而且你也不能用它打字。它只会对那些不友好的、断断续续的敲打做出反应。但你可以用这个小盒子做很多事情。我记得可以用它来编程，进行简单的计算，画一些基本的形状，玩最原始的游戏。

这台曾出现在全英国各大日报广告版面上的设备是一个里程碑。当时，你只要花 69 英镑（当时约合 145 美元），就能得到一台功能齐全的计算机。它内置的简单编程语言，基本上能够处理任何计算问题，无论这个问题多么复杂，它都能处理，当然，处理复杂问题可能会花费比较长的时间。[1] 但是因为技术发展非常迅猛，ZX81 并没有流行很长时间。没过几年，我那台只有黑白图形、键盘不好用、处理速度慢的计算机就过时了。6 年后，我家就换了一款更先进的计算机，是由英国艾康计算机公司生产的。该公司的 BBC Master 计算机像一头强壮的野兽一样引人注目，有一个全尺寸键盘和一个数字键盘。它那排橙色的特殊功能键很适合作为 20 世纪 80 年代以太空探索为主题的影视剧的道具。

BBC Master 不仅外观与 ZX81 不同，内部构造也经历了彻底转变。BBC Master 的运行速度比 ZX81 快了好几倍，而且内存也是 ZX81 内存的 128 倍，可以显示多达 16 种不同的颜色，不过一次只能显示 8 种。它的小扬声器最多能发出 4 种不同的音调，足以播放简单的音乐。我还记得它在播放巴赫的《d 小调托卡塔与赋格》时发出的嘟嘟声。BBC Master 的功能相

① 1 英寸 = 2.54 厘米。——编者注

对复杂，可以运行一些功能强大的应用，包括电子表格（我从未使用过）和游戏（我使用过）。

又过了大约 6 年，也就是到了 20 世纪 90 年代初，我的计算机又得再次升级。那时，计算机行业经历了一段残酷的整合时期。比如 TRS-80、Amiga 500、Atari ST、Osborne 1 以及 Sharp MZ-80 都曾有过良好的市场表现。一些小公司获得了短暂的成功，但很快发现自己输给了少数几家正在崛起的新科技公司。

微软和英特尔两家公司在 20 世纪 80 年代你死我活的竞争中脱颖而出，分别成为操作系统领域和中央处理器领域最成功的公司。在接下来的几十年里，这两家公司建立了一种共生关系，英特尔公司提供了更多算力，而微软公司利用这种能力不断对软件进行升级。每一代软件都使计算机的负担加重，这迫使英特尔公司不断提升其处理器的性能。“安迪给予的，比尔会拿走”[①] 成为业界的一个笑谈。

当时我只有 19 岁，对这些行业动态一无所知。我只知道计算机的运行速度越来越快，性能越来越好，我也想拥有一台。学生们通常会购买所谓的“山寨机”，也就是仿造 IBM 个人计算机的廉价山寨货，是用品牌和非品牌部件拼凑起来的。这些计算机采用了符合个人计算机标准的各种部件，这意味着它们配备了微软公司最新的操作系统，也就是用户（和程序员）用来控制硬件的软件。

我的山寨机是一个丑陋的长方形设备，唯一值得炫耀的是它配置了一个

① 安迪·格鲁夫曾任英特尔公司的 CEO，比尔·盖茨是微软公司的创始人。

当时最新的英特尔 80486 处理器。这种处理器每秒可以处理 1 100 万条指令，大概是我上一台计算机每秒能够处理指令数的 4 ～ 5 倍。按一下机箱上标有 Turbo 的按钮，可以使处理器的运行速度提高 20% 左右。然而，就像司机的脚一直踩在油门上一样，速度的提升是以频繁的系统崩溃为代价的。

这台山寨机配备了 4MB 内存（或者叫 RAM），是 ZX81 内存的 4 000 倍。这台山寨机的图像显示技术虽然不是最先进的，却也足以令人叹为观止。它可以在屏幕上显示 32 768 种颜色，使用的是插入机器的一个不算太先进的图形适配器。彩虹色的调色板令人印象深刻，但不是很逼真，蓝色看起来效果很差。如果我的预算再多出 50 英镑（当时约合 85 美元），我可能就会买一个可以显示 1 600 万种颜色的显卡。实际上，如果颜色种类太多的话，人眼根本无法区分其中一些颜色的差别。

从 ZX81 到山寨机的 10 年历程反映了技术的指数型变化。这台山寨机的处理器性能是 ZX81 处理器性能的数千倍，而 1991 年的计算机处理器性能是 1981 年计算机处理器性能的数百万倍。这种转变是新兴的计算机行业迅速发展的结果，大约每隔几年，计算机的处理速度就会翻一番。

要理解这种转变，我们需要弄清楚计算机是如何工作的。19 世纪，英国数学家和哲学家乔治 · 布尔（George Boole）开始将逻辑运算表示为一系列二进制数。这些二进制数字，也就是所谓的“位”（bit），实际上可以用任何东西来表示。例如，你可以用杠杆的位置“上”和“下”来表示它们。理论上，你可以用红色和蓝色的 M&M 巧克力豆来表示它们（巧克力豆当然很好吃，但并不实用）。科学家最终确定 1 和 0 是最合适的二进制数。

在计算机发展的早期阶段，让机器执行布尔逻辑是非常困难和麻烦的。

因此，计算机（基本上是任何可以使用布尔逻辑进行操作的设备）往往需要几十个笨拙的机械部件。关键技术的突破出现在 1938 年，当时麻省理工学院的硕士研究生克劳德·香农（Claude Shannon）发现，可以利用布尔逻辑来构造电子电路，用 on 和 off 代表 1 和 0。这是一项革命性发现，这为计算机使用电子元件铺平了道路。后来，在第二次世界大战期间，普林斯顿高等研究院电子计算机项目使用第一台可编程电子数字计算机来破译密码。该项目的成员包括艾伦·图灵（Alan Turing）。

战争结束两年后，贝尔实验室的科学家们研制了晶体管，这是一种部分导电、部分不导电的半导体材料，可以用于制造开关。这些器件又可以用来构建“逻辑门”，即能够进行基本逻辑计算的设备。这样的逻辑门可以叠加在一起，形成一个有用的计算设备。

这个例子听起来很深奥难懂，但我要表达的意思很简单：新型晶体管比早期电子元件使用的电子管更小、更可靠，为后续更复杂计算机的出现铺平了道路。1947 年 12 月，科学家制造了第一个晶体管，它看起来很笨重，是由包括一个回形针在内的许多部件拼凑而成的，但它可以正常工作。随着时间的推移，晶体管变得越来越常见，质量也越来越稳定。

从 20 世纪 40 年代开始，科学家们开始着手制造尺寸更小的晶体管。1960 年，美国仙童半导体公司的罗伯特·诺伊斯（Robert Noyce）研发了世界上第一个“集成电路”，它将几个晶体管组合成一个组件。这些晶体管很小，无法由人或机器直接使用。它们是通过一种类似于化学摄影术的复杂工艺制造出来的，业界称这种工艺为光刻工艺。工程师们会用紫外线照射带有电路设计的薄膜，这种薄膜就像小孩玩的蜡纸。人们通过光刻工艺可以将多个电路印在一块硅片上，从而将几个晶体管叠加在一起。因此，每个圆的晶片可以包含若干份相同的电路，这些电路分布在一个网格中。切下其中一份电路，你就得到了一个硅芯片。

戈登·摩尔（Gordon Moore）最早认识到了这项技术的力量。摩尔是诺伊斯手下的一名研究员，在诺伊斯的发明问世 5 年后，摩尔意识到集成电路的尺寸正在以每年 50% 的速度减少，而晶体管的数量却没有减少。胶片，或者说光刻工艺使用的“掩膜”变得越来越精细，晶体管的尺寸以及它们与集成电路的接触面积变得越来越小，组件变得越来越复杂。这不仅降低了成本，而且提高了性能。新的芯片，其组件的尺寸更小，封装得更紧密，处理速度也更快。

摩尔详细研究了这些进展，并在 1965 年提出了一个假说。他认为，在一定的时间内，这些进展将能够在不改变成本的情况下使芯片的有效处理速度翻倍。[2] 他最终做出估算：在成本不变的情况下，集成电路上可容纳的元器件的数量每经过 18 ～ 24 个月便会增加一倍，性能也将提升一倍。摩尔后来与他人共同创立了英特尔公司，英特尔公司是 20 世纪最伟大的芯片制造商。摩尔之所以广为人知，可能更多凭借的是他提出的理论，也就是众所周知的“摩尔定律”，而不是因为他是英特尔公司的创始人。

这个“定律”很容易被误解。它不像物理定律，是基于可靠的观察得出的，摩尔定律有很大的预测成分。人类的日常行为是无法违背牛顿运动定律的。牛顿告诉我们，力等于质量乘以加速度，不管你做什么或不做什么，不管你是在一天中的什么时候做某件事，也不管你是否有营利目标要实现，这一定律总是成立的。[3]

实际上，摩尔定律并不具有预测性，它具有描述性。摩尔提出这一定律后，在计算机行业内部，无论是芯片制造商，还是无数为他们提供支持的供应商，都将摩尔定律视为一个目标。因此，它变成了一个“社会事实”①，这里的“事实”不是指技术本身固有的东西，而是指计算机行业希望存在的东西。材料公司、电子设计师、激光制造商都希望摩尔定律成立。然后，它真的就成立了。[4]

但这并没有削弱摩尔定律的影响力。自从摩尔提出该定律以来，它一直是计算机行业发展的一个很好的指南。芯片上确实出现了更多晶体管。它们遵循指数型增长曲线：一开始变化速度慢到看不出不同，然后在人们意想不到的时候突然加速。

图 1-1 显示了从 1971 年到 2017 年，每个微处理器上的晶体管数量的增长情况。从第一幅图中不难发现，一直到将近 2005 年，这条曲线才稍微有了一点变化，这充分反映了指数型增长的特点。在第二幅图中，我们用对数标度来呈现相同的数据。对数标度将上图中的指数型增长转换为直线形式。我们可以看到，从 1971 年到 2015 年，每个芯片上的晶体管数量增加了近 1 000 万倍。

我们无法用概念来表示这种转变的规模，但可以通过关注单个晶体管的价格来理解这种转变。1958 年，仙童半导体公司以单价 150 美元向 IBM 出售了 100 个晶体管。[5] 20 世纪 60 年代，晶体管的价格已经下降到每个 8 美元左右。1972 年，也就是我出生那一年，晶体管的平均成本降至 15 美

---

① 法国社会学家涂尔干为社会学确立了有别于哲学、生理学、心理学的独立研究对象和方法，即社会事实。社会事实具有特殊的和不同于自然现象、生理现象特征的决定因素。它先于个体的生命而存在，比个体生命更持久。它的存在不取决于个人，是由先行的社会事实造成的。社会事实以外在的形式“强制”和作用于人们，塑造了人们的意识。这种“强制”既指人们无法摆脱其熏陶和影响，又指对某些社会规则拒不遵从将受到惩罚。——编者注

分[6]，半导体行业每年生产 1 000 亿～ 10 000 亿个晶体管。2014 年，人类每年生产 25 000 亿亿个晶体管，是银河系恒星数量的 25 倍。每一秒钟，世界上的“晶圆厂”——生产晶体管的专业工厂，都能生产 8 万亿个晶体管。[7] 晶体管的成本已降至十亿分之几美元。

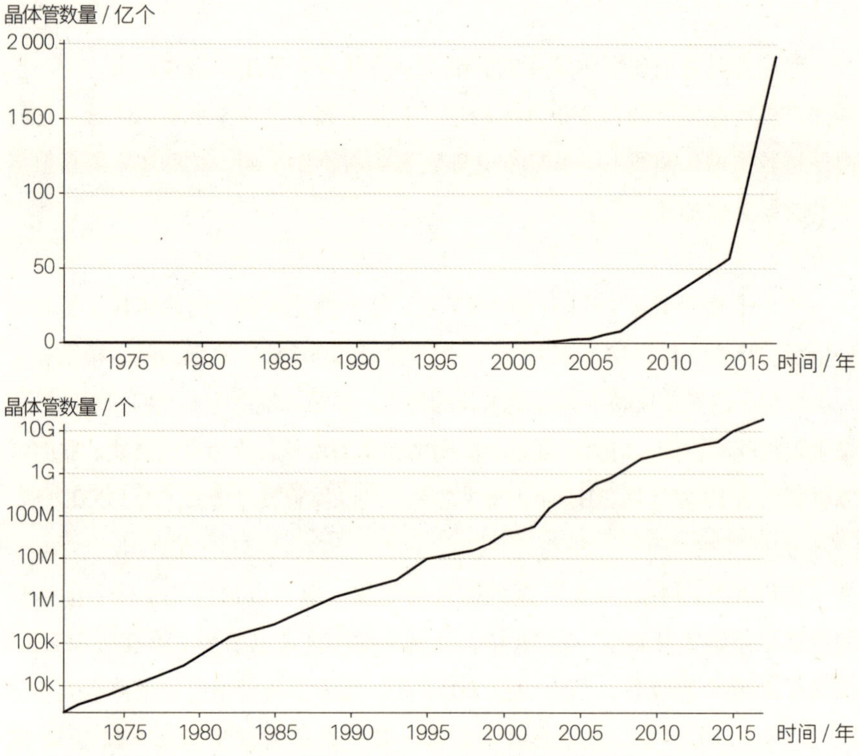

图 1-1　1971 年至 2017 年微处理器上的晶体管数量的变化曲线

资料来源：*Our World in Data*。

为什么这很重要？因为它使计算机以惊人的速度在进步。计算机处理信息的速度大致与组成其处理单元的晶体管数量成正比。芯片配备了晶体管后，它们的处理速度越来越快。与此同时，芯片本身也变得越来越便宜。

正是这种惊人的价格下降推动了发生在我十几岁时的计算机革命，让我的 BBC Master 比我的 ZX81 性能高得多。从那以后，晶体管的价格下降又一次改变了所有人的生活。当你拿起智能手机时，你手里拿着的是一个包含了几个芯片和数十亿个晶体管的设备。计算机曾经仅限于在军事或科学研究领域使用，但现在已经在几乎所有领域得到普及。想想 1945 年，第一台电子计算机在布莱切利园①执行艾伦·图灵的密码破译算法。10 年后，全世界仍然只有 264 台计算机，而且其中许多计算机每月的租金高达数万美元。[8] 又过了 60 年后，使用中的计算机已超过 50 亿台，其中包括像智能手机这种可以放在口袋里的超级计算机。在我们的厨房橱柜、储物箱和阁楼上，到处都是只用了几年的计算机设备，尽管它们仅有几年历史，却因迅速过时而已无实际用途。

摩尔定律是描述数字技术的指数型发展最著名的理论。在过去的半个多世纪里，计算机以不可阻挡的速度发展，催生了数不清的技术、经济和社会变革。本章的目标是解释这种转变是如何发生的，以及为什么在可预见的未来，这种转变会持续下去，同时还将介绍我们这个时代的决定性力量——指数型技术的崛起。

摩尔定律的时代

用最简单的术语来说，指数型增长就是任何以常数比例增长的东西。年龄的增长是一个线性过程，随着地球围绕太阳公转，你的年龄以可预测的速度增长。指数型过程就像一个按照复利计算的储蓄账户，账户内的金额以一个固定

① 这里是第二次世界大战期间英国的密码破译中心。——译者注

的百分比增长，比如按每年 2% 的利率增长。到了第二年，账户里的存款金额等于原始存款加上第一年的利息，以此类推。刚开始时，账户内的金额会增长得很慢，利息少得可怜。但在某一时刻，金额增长曲线便开始上升并开始迅速上扬。从这一点开始，账户内的存款金额就会以令人目眩的速度迅速增加。

事物的自然变化过程都遵循指数型增长的模式，例如培养皿中的细菌数量，或病毒在人群中的传播速度。然而，指数型技术的出现时间的确没有很久。我把指数型技术定义为一种可以按照基本固定的成本改进的技术，在几十年里以每年超过 10% 的速度改进。当然，纯粹的数学家会认为，即使是 1% 的复利变化也是一种指数型变化。确切地说，是这样的。但每年 1% 的变化需要很长时间才能开始出现明显变化。按每年 1% 的复利计算的话，要翻一倍，需要花上 70 年，这基本上相当于一个人的一生了。

这就是为什么每年 10% 的起点很重要。如果一项技术在价格和性能上的复合改进率达到 10%，那么在同样的价格下，它的性能每 10 年就会提高 2.5 倍以上。或者反过来，在同样的性能水平下，成本将下降 60% 以上。10 年只是两个传统的商业规划周期；10 年是一份工作或人的职业生涯的一部分。英国或法国在 10 年内会进行两届选举，澳大利亚在 10 年内会进行 3 届选举，美国两届总统的任期比 10 年短一点。

这个定义的另外一部分也很关键。对一项指数型技术来说，这种变化应该持续几十年，而不是昙花一现。如果一项技术在几年的时间里以超过 10% 的速度进步，然后就停止了，那么它的变革性将远远赶不上一项不断发展的技术。因此，柴油发动机并不是一项指数型技术。早期，柴油发动机得到了迅速改进，但在接下来的 20 年中，基本没有什么改进。此外，计算机芯片技术在过去 50 年里每年大约有 50% 的进步，这当然是合乎要求的。

想象一下，你有一辆开了 10 年的车，现在换了一辆新的。再想象一下，如果这辆新车的主要性能，比如最高速度或燃油效率，每年能提高 10%。相比于旧车，你的新车可能有两倍的燃油效率或超过两倍的最高速度。一般来说，这种情况不会发生在汽车行业，但对本书讨论的许多技术来说，实际情况就是这样。事实上，**有一些技术每年能够实现 20% ～ 50% 的有效进步。这样的创新速度意味着，在 10 年时间里，花同样的钱，你买得的产品性能将增长 6 ～ 60 倍。**

这一现象体现在两个方面：价格的下降和发展潜力的增加。随着一项技术的价格下降，它的应用开始无处不在。突然之间，业界负担得起将指数型技术转化为新产品的费用了。芯片起初是为军方和航天机构的专业设备设计的，随后用在了只有超大型公司才负担得起的微型计算机上。10 年后，随着芯片变得越来越便宜、越来越小，芯片不仅广泛应用于台式机中，随后也广泛应用于手机中。

与此同时，科技的力量爆发了。目前智能手机的一些常见功能，如高清彩色视频、高保真音质、流畅的动作视频游戏、文本扫描等，放在几十年前，甚至在最富裕的国家，也是可望而不可及的。当技术呈指数型发展时，它们会使真正能够催生新事物的产品价格越来越廉价。

技术传播的 S 型曲线

为了了解这一过程的实际情况，我们有必要研究一下贺拉斯·德迪欧（Horace Dediu）的工作。德迪欧是一名商业分析师，师从克莱顿·克里斯滕森（Clayton Christensen）。克里斯滕森是世界知名学府哈佛大学的学者，也是硅谷科技公司的“圣经”——《创新者的窘境》（*The Innovator's Dilemma*）的作者。德迪欧凭借对创新模式的研究，本身享有当之无愧的声誉。在过去的20年里，他分析了200多年的历史数据，研究技术在美国经济体系中的普及速度。[9] 他广撒网，一丝不苟地追踪各种各样的创新，如抽水马桶、印刷电气化、道路的大范围铺设、吸尘器、柴油机车、汽车动力转向系统、电弧炉、人造纤维、自动取款机、数码相机、社交媒体和平板电脑等。他估算了每一种产品要花多长时间才能在美国市场达到75%的渗透率，也就是有75%的成年人（或家庭）会使用它。

虽然每一种产品都是不同的，但它们的兴起方式具有共性。大多数技术的传播遵循“逻辑曲线”或S型曲线。一开始，一项技术的普及是缓慢的。早期的使用者会对它进行实验，而生产者会研究到底该生产什么以及如何定价并逐步提高产能。在某一时刻，产品到达一个拐点，它的传播速度迅速增加。因此，曲线的前两部分看起来像一个经典的指数曲线，一开始增长缓慢而令人感到乏味，随后曲线迅速升高而令人兴奋。然而，与纯粹的指数曲线不同，S型曲线有一个极限。毕竟，一个家庭能拥有的汽车和洗衣机数量是有限的。随着市场达到饱和，这种需求会逐渐减少：没有数码相机或手机的家庭会越来越少，或者说只有非常少的几家钢铁制造商没有采用电弧炉来炼钢。图中陡峭的部分开始变平。换句话说，这种技术传播模式看起来像一个起伏不那么明显的S型。

有时候，市场饱和的终点远比所有人预期的要远。1974年，比尔·盖茨称他的愿景是“每个家庭的每张桌子上都有一台计算机”。那时候，全世界所有类型的计算机加起来不到 50 万台。在世纪之交，计算机的数量超过了 5 亿台，距离欧洲或美国的家庭每家一台的目标还有一点差距。然而，在几十年的时间里，一个普通的西方家庭会拥有 6 台计算机，如智能手机、家庭计算机、现代电视和像亚马逊的 Alexa 这样的智能扬声器。一个喜欢电子设备的家庭拥有的计算机数量很容易突破两位数。

总的来说，当时的发展趋势仍然符合 S 型曲线模型描述的特征。然而，当你面对指数型技术时，它们在 S 方向的加速度是惊人的。几十年间，市场达到饱和的过程一直在加速，这种不断加快的变化速度对任何生活在美国的人来说都是显而易见的。1920 年出生的人可能活不到 55 岁，可能见证了登月。除了原子弹、太空飞行等少数例外情况，在他们所生活的时代，汽车、电话、电视、洗衣机、电动车和抽水马桶等产品背后的技术是稳步发展的。[10] 有些产品的发明相对较早，比如 1946 年就问世的微波炉，到了 20 世纪 70 年代依然非常稀有。[11]

对出生在摩尔定律提出后的时代的人来说，情况就不同了。新产品推出的速度要快得多，其中由数字基础设施驱动的技术的发展速度是最快的。社交媒体在美国市场达到 70% 的渗透率用了 11 年，而在此期间，社交媒体引入后，人的平均寿命超过了 77 岁。所以，社交媒体从出现到达到市场饱和的时间是人类平均寿命的 14%，相比之下，电力技术的渗透过程用时为人类平均寿命的 62%。以智能手机推出时的人类平均寿命为基准，它的普及速度比当年的电话快 12.5 倍。

图 1-2 更加直观地表达了这一点。图的右边是 20 世纪早期的关键技术：电话、电力和汽车。每一种技术都是在世纪之交引入的，花了 30 多年时间才进入 3/4 的美国家庭，当时美国人的平均预期寿命约为 50 岁。图的左边是我们这个时代的首批指数型技术，它们都是由不断增长的算力支撑的。这些技术用了 8 ～ 15 年进入 2/3 的美国家庭，此时美国人的平均预期寿命超过 75 岁。这不仅仅是因为现在的技术规模比过去要大，还因为它们的发展速度在不断增加。

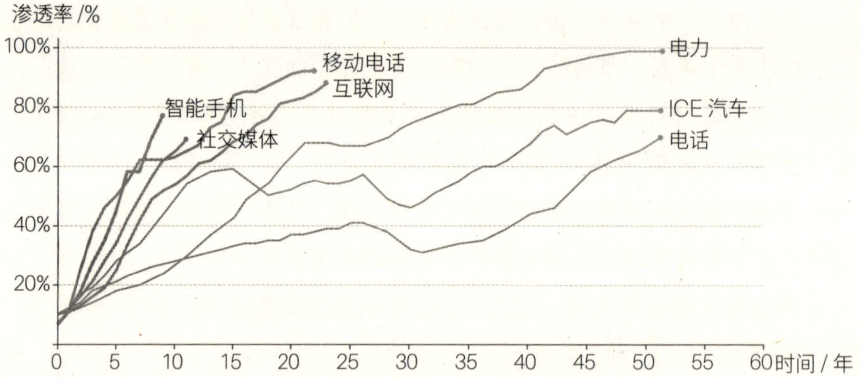

图 1-2　主要技术在美国的渗透所花费的时间

资料来源：Horace Dediu，Exponential View analysis。

换句话说，技术——特别是数字技术的传播速度，比以往任何时候都要快，这个过程越来越快。**摩尔定律时代的生活是由技术的指数型传播来定义的。**

这种加速已经持续了半个世纪，只是在最近一二十年才变得明显起来。以社交媒体为例，世界上第一个基于互联网的社交网络是 SixDegrees。1997 年，我是在它推出后几天加入这个社交网络的。Friendster 和领英都出现在 2003 年，我是它们最早期的 1 000 位会员中的一个。同年晚些时候，MySpace 也加入了它们的行列。MySpace 迅速成长，成为这个新兴行业的巨头，其在鼎盛时期拥有 1.15 亿名用户。但证明数字技术能够以惊人速度增长的是 Facebook。自 2004 年 2 月 Facebook 推出以来，它成为历史上增长速度最快的产品之一，在短短 15 个月内便积累了首批 100 万名用户，其创始人马克·扎克伯格如今拥有全球最受欢迎的产品。截至 2019 年年底，Facebook 拥有 25 亿名用户。然而，如今 Facebook 的增长速度看起来确实有些奇特。

Witness Lime 于 2017 年 1 月在旧金山成立，是一家为城市居民提供别具特色的绿色电动滑板车和自行车服务的公司。你只需在智能手机上按下一个按钮，就可以租赁一辆自行车（按分计费）。虽然 Witness Lime 的业务在一辆自行车上整合了全球定位系统（GPS）、全球移动通信系统（GSM）连接、充电、维护和跟踪等功能，比 Facebook 的业务复杂得多，但仅用了 6 个月，Witness Lime 就完成了 100 万次骑行服务；又过了 7 个月就达到了 1 000 万次。[12] 这一切都得益于计算革命。由于成本已经下降了很多，因此 Witness Lime 可以将一台小型计算机和 GSM 发射接收机装进它运营的数十万辆自行车中的每一辆。[13]

数字技术日益快速的增长并不局限于美国。KakaoTalk 是韩国领先的社交网络，类似于微信或 WhatsApp。2016 年 1 月，该公司决定成立一家银行。在两周内，200 万韩国人（约占韩国总人口的 4%）在这家银行开设了账户。到了 2019 年夏天，已经有超过 20% 的韩国人在这家银行开设账户。[14] 当我们开始能够熟练使用一种快速增长的指数型产品时，又会有新的此类产品出现。以短视频社交平台 TikTok 为例，它从鲜为人知的服务提供商发展成为全球累计下载次数最多的应用软件，只用了几个月时间。随之而来的是空前的销售额增长。

TikTok 的母公司字节跳动在报告中称，2018 年销售额为 70 亿美元，两年后，其收入增长了 5 倍多。5 年前，Facebook 的收入也超过了 70 亿美元。相比之下，在接下来的两年里，它的收入仅增长了 2 倍。[15] 这种加速似乎具有传染性。

这才是摩尔定律真正泽及后世的地方。硬件的性能不断增加，价格不断下降，这有力地保障了数字技术的发展。芯片的算力多年来都是按照每年 50% 或更高的速度递增，符合指数型增长的特点，而对应的成本却微不足道。这种成本上的超级通货紧缩创造了更大的可能性，使新产品反过来可以更快地传播，从而使整个过程持续加速。

计算技术是指数时代的先兆

21 世纪初，一些技术专家注意到单位芯片上的元器件数量的增长速度开始放缓。这不足为奇，并不是所有技术都呈指数型增长。今天，汽车的行驶速度比第二次世界大战结束时快不了多少。现代客机的飞行速度约 800 千米 / 时，这比 20 世纪 50 年代第一架客机约 753 千米 / 时的飞行速度快不了多少。

一个强有力的例子表明，我们目前的芯片设计方法已经接近极限。科学家开发了越来越复杂的过程来满足摩尔的预测。随着晶体管变得越来越小，人们需要越来越精密的机器来制造它们。今天的半导体工厂依赖极其复杂的激光技术，最先进的激光设备每台的成本超过 1 亿美元。与此同时，工厂空气条件方面的任何微小变化都会对微型晶体管的生产构成严重威胁，一粒尘埃就能毁掉一块硅片。因此，制造芯片的房间是当今世界上最平稳的，它们坐落在大量的防震减震器上。这些房间也是最干净的，空气面积有时接近19万平方米，通常每小时要净化大约600次。相比之下，医院手术室的空气每小时只需要净化15次。

这就是我们强调摩尔定律是一个社会事实而不是一个物理定律的原因：半导体行业一直在拼命遵守该定律，使其成立。一些经济学家估计，从1971年到2018年，为了使摩尔定律成立，相关研究的数量增加了18倍。半导体晶圆厂的建设成本以每年约13%的速度增长，最近的建设成本为150亿美元或更多。[16]

尽管该行业付出了巨大努力，但到了21世纪第二个10年结束时，每个芯片上晶体管数量的增长速度开始放缓。就像大热天汗流浃背的通勤者聚在一起会使地铁车厢内的温度升高一样，这些亚微观电路散发的热量也会相互影响。每个微型晶体管产生的热量会传递到邻近的电路中，使其变得不稳定。芯片工程师发现这个问题越来越难以解决。更重要的是，现代晶体管非常小，只有几个原子那么大，它们可能很快就会表现出令人毛骨悚然的量子物理行为。当粒子足够小的时候，它们会表现出波的特性，这意味着它们可以穿过物理障碍，出现在不该出现的地方。摩尔定律将会被量子态的电子所颠覆。

但这并不意味着算力的增长将会减速，计算革命并没有放缓的迹象。世界领先的技术研究者雷·库兹韦尔（Ray Kurzweil）① 提出了一种技术发展

① 在《人工智能的未来》中，雷·库兹韦尔通过一系列推理告诉我们，我们有能力创造超越人类智能的非生物智能。该书中文简体字版已由湛庐策划、浙江人民出版社出版。——编者注

理论，试图解释其中的原因。他说，根据他所谓的“加速回报定律”，技术往往会加速发展。库兹韦尔提出的理论的核心是一个正反馈循环。有了高性能计算机芯片，我们可以处理更多数据，从而了解如何制造更好的计算机芯片，与此同时，我们可以利用这些新的芯片来制造更好的芯片，然后重复这个过程。在库兹韦尔看来，这个过程在不断加速：每一代技术的回报都高于上一代，这些技术甚至会互相影响。[17]

然而，库兹韦尔的理论的关键部分并不是针对某一项具体的技术的，比如汽车或微芯片，其重点是不同的技术如何相互作用。库兹韦尔见解独到，他指出了技术的指数型发展实际上与单个发明所取得的进步无关，甚至与单个经济领域无关。事实上，**技术发展之所以呈现指数形态，得益于数十种不同技术的协同发展和持续的相互作用。**

还记得德迪欧的数据中的 S 型曲线吗？当一项技术最初被创造出来时，它的发展和传播遵循一个渐变的梯度，这代表缓慢但有意义的进展。然而，到了某个节点，这项技术的发展速度开始增加。随之而来的就是快速扩张，直到某一阶段，技术的发展势头逐渐消失，曾经接近垂直的上升曲线现在成了水平的。

然而，在库兹韦尔看来，任何时候都有多种技术遵循 S 型曲线的发展模型。当一条 S 型曲线达到它的高点时，另一条曲线就会出现。当第一条曲线开始变平时，更新一点的技术正好接近其加速发展的拐点，并开始呈爆炸性增长之势。而且，最重要的是，这些不同的技术相互助力，因此一个领域的创新可能会促进另一个领域的发展。**当一种技术达到其潜力的极限时，一种新的技术范式就会应运而生，以弥补当前技术的不足。其结果是，哪怕单项技术的发展持续放缓，在整个社会范围内，技术进步的步伐仍在加快。**[18]

这一理论对计算机的未来有着深远的影响。虽然摩尔定律所描述的范式已经达到了它的极限，但总的来说，算力还没有达到极限。我们总能找到一些新的方法来满足用户不断增长的需求。只不过，未来增加的算力可能依靠的不是在芯片上塞入更多晶体管。

到目前为止，库兹韦尔的理论是站得住脚的。在 21 世纪初的那几年，许多工程师认为摩尔定律预设的发展已经接近物理极限，差不多在同一时间，技术的发展达到了一个临界点。最终，因为有足够的数据和足够的算力，人们开发了一种新的技术范式——人工智能。它促成了一种全新的思考算力的方式，一种突破早期芯片设计局限的方法。

自古以来，人类就在思考构建人工智能的可能性。根据人工智能领域经典教材的作者斯图尔特·罗素（Stuart Russell）的观点，如果一台计算机能够为实现其目标而采取相应的行动，就可以认为它是智能的。[19] 最重要的是，一个人工智能软件需要能够做出某种决策，而不是盲目地遵循程序代码限定的每一步。

1955 年，计算机科学家约翰·麦卡锡（John McCarthy）创造了“人工智能”一词后，研究人员就着手建造这样的“智能”机器。在接下来的 60 年里，人工智能的研究进展变缓。这一领域的研究者一开始就犯了许多错误，那些看似重要的突破使人们对这项技术产生了过高的期望，而期望落空后，人们倍感沮丧。这项技术的关键阻碍是缺乏数据和算力。几十年来，许多科学家认为，人工智能的任何重大突破可能都要通过一种叫作“机器学习”的方法来实现。这种方法需要收集关于某个问题的大量信息，并使用算法来识别循环模式。例如，你可以通过向人工智能展示 1 000 万张猫和狗的照片，并明确告诉它哪些是猫，哪些是狗，从而教会它区分猫和狗。最终，

“模型”将学会区分猫和狗的图片。但当时，我们还是缺乏实现机器学习潜力的数据和算力。由于需要处理大量数据，这种方法有赖于海量的信息和高成本的计算。在当时，这样的信息量和算力还不存在。

然而，到了2010年之后的几年，这种情况开始发生变化。普通人开始在互联网上分享自己生活中的照片，由此产生了海量数据。起初，人工智能研究人员并没有意识到这些数据的重要性，改变这一状况的人是斯坦福大学的李飞飞教授。在斯坦福大学工作的李飞飞是一名计算机科学家，专门研究神经科学和计算机科学的交叉领域，她对人类如何感知物体特别感兴趣。她的想法是用数字技术绘制尽可能多的真实世界的物体，以提高人工智能的性能。2009年，她发起了ImageNet项目，历时5年多，仅凭一己之力就推动了人工智能的大爆发。该网站精心收集了14 197 122张图片，全部都用标签进行手工标注，比如“蔬菜”“乐器”“运动”，当然还有“狗”和“猫”。这个数据集成了年度竞赛的基础，以便找到最一致和最准确地识别物体对象的算法。多亏了ImageNet，研究人员在短时间内获得了海量高质量的标签数据。

伴随着海量数据的出现，算力也出现了爆炸式增长。2010年，摩尔定律催生了足够强大的能力，从而促进了一种新的机器学习——“深度学习”的出现。深度学习需要以人类大脑的基础细胞为模型，创建多层人工神经元。科学家早就预言这些“神经网络”将成为人工智能领域的下一件大事。然而，它们一直受算力不足的制约。不过现在情况已经发生改变。2012年，包括亚历克斯·克里切夫斯基（Alex Krizhevsky）、伊尔亚·苏茨克维（Ilya Sutskever）和杰弗里·辛顿（Geoffrey Hinton）在内的一群顶尖人工智能研究人员，开发了一种“深度卷积神经网络”，将深度学习应用于长期以来人工智能一直难以完成的图像分类任务。它根植于非凡的算力。这个深度卷积神经网络包含 65 万个神经元和 6 000 万个参数，这些参数可以用来调整系统。这改变了游戏规则。克里切夫斯基的团队将自己的这个发明称为 AlexNet，在它出现之前，大多数参与 ImageNet 竞赛的人工智能模型以失败告终，多年来成功率从未超过 74%。而 AlexNet 的成功率高达 87%，这表明深度学习是有效的。

深度学习的成功引发了人工智能的疯狂竞赛。科学家们纷纷构建人工智能系统，将深度卷积神经网络及其衍生模型用于解决一系列问题：从发现制造过程中的缺陷到语言翻译，从语音识别到信用卡诈骗检测，从新药发现到视频推荐。投资者们急切地打开钱袋支持这些发明家。很快，深度学习的应用就无处不在了。因此，神经网络需要越来越多的数据和处理能力。2020 年的神经网络 GPT-3，拥有 1 750 亿个参数，是 AlexNet 参数数量的 3 000 多倍，它的文本写作水平有时候甚至超过普通人。

但如果新的计算方法是人工智能，那么它的驱动因素是什么呢？2012 年至 2018 年，用于训练最大的人工智能模型的算力增长速度比摩尔定律预测的增长速度快了约 6 倍。图 1-3 显示了在同一时期内，与摩尔定律对应的指数曲线相比，最先进的人工智能系统算力的增长情况。如果人工智能对算力的需求遵循摩尔定律，那么相应的算力需求将在 6 年内增长约 7 倍，然而事实上，算力增长了 30 万倍。[20]

这是一个令人眼花缭乱的统计数据，但库兹韦尔几十年前发现的过程可以准确地对它进行解释。就在我们遇到旧方法的极限，也就是无法再将更多晶体管塞到一块芯片上时，科学家想出了一种新的解决方案，找到了一种略有不同的方法。

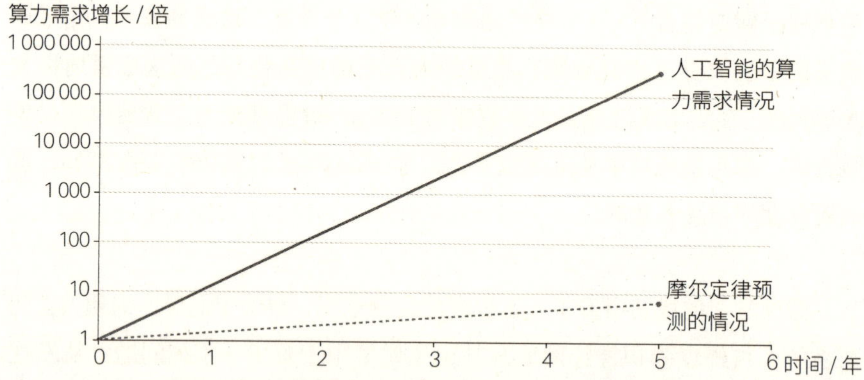

图 1-3 人工智能使用的相对算力与摩尔定律预测的情况

资料来源：Open AI、Exponential View analysis。

这个解决方案就是使用不同类型的芯片。像克里切夫斯基这样的人工智能研究者，会使用专为绘制电子游戏高端图形而设计的计算机芯片来取代传统的计算机芯片。在日常计算中，我们不会使用这样的芯片，但事实证明，它们非常适合人工智能场景。特别是，这类芯片在数学计算方面表现非常出色。为电子游戏制作逼真的场景所需的计算涉及许多乘法运算。要让一个复杂的神经网络工作起来，需要执行数百万次乃至数十亿次这样的乘法运算，因此这些图形芯片能胜任这项任务。

随着这类芯片的市场需求日益增加，计算机行业开始迎接挑战。人工智能开发人员需要更强大的算力，而只有专业级芯片才能提供这种算力。像美国加利福尼亚州的 Cerebras 和英国的 Graphcore 这样的公司开始专门为高速运行神经网络制造芯片。

结果是，算力一直呈指数型增长，摆脱了摩尔定律的束缚。这一定律是由微型化驱动的，即通过在更小的设备中放置更多晶体管来实现的。但如今的人工智能芯片不再依赖于越来越微缩化的工程技术。事实上，有些芯片是由更大的组件组成的。笔记本电脑中的那类处理器，元件之间大约间隔 7 纳米，在一根头发的宽度上可以放置大约 3 000 个这样的元件。Graphcore 公司设计的专业人工智能芯片规格为 16 纳米，相当于在每根头发的宽度上安装 1 300 个元件。

这意味着在可预见的未来，算力将呈指数型增长。如果事实最终证明，我们的新型芯片无法满足社会对算力不断增长的需求，那么等待我们的将是一种全新的方法——量子计算。[21] 在经典计算中，信息的基本单位是位，即二进制数字。在量子计算中，信息的基本单位是量子位，而量子位反映了量子物理的基本数学特点。位的二进制性质决定了它必须是 0 或 1，而量子位可以同时表示 0 ～ 1 的所有值。

像专业的人工智能芯片一样，量子计算机并不适合大多数类型的计算，但它们可以解决关键问题。例如，科学家希望借助量子计算机制造氮肥，而不会向大气中释放大量二氧化碳。这就需要模拟生成新型分子，将其作为化肥生产过程中的催化剂。传统的计算机需要数十万年的时间来模拟这些分子，而一台量子计算机大约需要一天的时间就能完成模拟过程。[22]

据报道，在 2019 年 10 月的一项实验中，谷歌的一台原型量子计算机在 200 秒内完成了计算测试。如果用最新型经典超级计算机进行同样的测试，需要大约 10 000 年才能完成。这台量子计算机原型的处理速度比经典超级计算机的处理速度快 10 亿倍以上。

换句话说，到目前为止，库兹韦尔的观点是对的。当一种技术范式已经失去动力时，新的替代方法就会被开发出来，所以当我们接近一种方法的极限时，另一种方法就会取代它。无论何时，当任何一项技术遇到硬性限制时，有创造力的人们就会利用新技术解决这个问题，这些新技术可能来自邻近的行业和学科。

如果这个理论在总体上是正确的，那么它特别适用于计算。从 ZX81 到谷歌的量子计算机原型，在过去的半个多世纪里，计算机的运行速度大大提高了。这种指数性没有显示发展放缓的迹象，随着计算机运行速度的提高，新的技术范式将会发展。当一种方法将潜力发挥到极致时，另一种方法就会出现，来弥补当前方法的不足。

从这个意义上来说，**计算技术是指数时代的先兆，是第一个显现这种显著变化速度的技术。它向我们展示了当技术加速发展、性能变得更好、价格变得更便宜，并随之创造了一个个完整的行业时会发生什么。**

但计算机并不是唯一的指数型技术。在许多行业，技术正在以越来越快的速度改进，而且引发了巨大变革。社会、经济和政治力量的共同作用正在推动这些技术的加速发展。我们接下来要讨论的就是这个范围更广的加速过程及背后的原因。

The Exponential Age

第 2 章

我们正处于指数时代

我们不再只是生活在一个技术呈指数型增长的时代，而是生活在一个这些技术及其影响将成为社会决定性力量的时代。

我明白，当我承认自己最喜欢的 007 系列电影是《金枪人》（*The Man with the Golden Gun*）时，我就成了非主流。[1] 这部电影角色形象过于单一，场景设计也很一般，但它仍不乏吸引力。影片中，喜剧演员罗杰·摩尔（Roger Moore）饰演的詹姆斯·邦德从中国澳门到泰国，在一个个风景如画的热带地区追踪自由职业杀手弗朗西斯科·斯卡拉曼加。斯卡拉曼加偷走了苏里斯转化器，这是一种可以利用太阳能为世界各地提供电力的设备，邦德的任务是把它找回来。整部电影都体现了科技拜物教风格，最具代表性的就是斯卡拉曼加在他的私人岛屿上建立的未来主义的太阳能发电厂，他和邦德最终在那里展开对决。

这部电影于 1974 年上映，反映出全世界笼罩在前所未有的石油危机引发的焦虑之中。1973 年 10 月，一些中东石油出口国颁布禁运令，拒绝向美国及其一些盟友国出口石油。在接下来的 6 个月里，石油价格飙升了 3 倍。在油价高得惊人的背景下，替代能源一下子吸引了全世界的目光。或许，由此才出现了苏里斯转化器。

然而，尽管邦德在亚太地区出生入死，寻找苏里斯转化器，但太阳能并不能解决石油危机。和这部电影制片人的想法一样，当时的日本和美国政府也迅速采取了行动，通过加大对太阳能研究的投入来应对日益严重的油价上涨和石油短缺问题。但在当时，把太阳光能转化为电能实在太昂贵了。

1975 年，一个硅光伏组件——现在遍布全球太阳能发电厂的太阳能反射板，每瓦电力的成本高达 100 美元。对于如此高的价格，太阳能只能扮演节能玩具的角色，只由政府采购，除此之外就没什么用武之地了。自 1958 年以来，人造卫星上就安装了比化学电池还轻的太阳能电池板。[2] 20 世纪 70 年代末，一些腕表和计算器开始使用太阳能。但太阳能要想获得更广泛的应用并不现实，因为应用它的成本太高了。

然而，这种情况后来发生了改变。1975 年至 2019 年，光伏的价格大约降至此前的 1/500，每瓦电力的成本低于 23 美分。[3] 这种变化主要发生在 2020 年至 2021 年。即使在 2010 年，使用太阳能电池板发电 1 千瓦时也要花费 30 ～ 40 美分，是使用化石燃料发电成本的 10 ～ 20 倍。[4] 但太阳能发电的成本一直在以指数型速度下降，在大型商业合同中，该成本每年下降约 40%。到了 2020 年 10 月，大规模太阳能和风能发电的成本已经比最便宜的化石燃料产品——复合循环天然气的发电成本还要低。[5] 在这 10 年里，太阳能发电的成本不断降低，已经下降大约 89%。

没有其他发电方式的成本比太阳能发电成本更低。在斯卡拉曼加的时代，太阳能还只是一种美好的构想。21 世纪初，它仍然是一种完全不经济的能源。如今，在全球 2/3 的地区，太阳能已成为最廉价的电力来源。[6]

现在，太阳能电池板遍布世界各地，不管是在富裕国家还是在贫穷国家，不管是在北半球还是在南半球，不管是在炎热的国家还是在寒冷的国家，随处可见它们的身影。[7]

太阳能技术自 20 世纪 70 年代以来的发展历程表明，指数型变化并不局限于计算领域。没错，计算机行业为技术加速发展的新时代奠定了基础，但这种加速发展的现象并不局限于晶体管，也不局限于人工智能。指数型变化在 4 项关键技术领域已经普遍存在，而这 4 项关键技术领域构成了全球经济的基石。**它们就是计算领域、能源领域、生物领域和制造领域。**每一个国家都在经历一场壮观而激动人心的变革。每个领域关键技术的成本都在急剧下降，相当于每 10 年下降至此前成本的 1/6 之多。在第 1 章中，我们已经看到了这 4 个领域中第一个领域的指数型变化。在本章中，我们将探讨其他 3 个领域。

这 4 个领域的广度表明，对于指数型变化，我们需要采用更广泛的视角。为了理解计算世界之外的指数型变化，我们应该明白，这种指数型变化是多种技术以及经济和政治力量共同作用的结果。本章的目标就是对这些力量进行解释。

首先，我们将研究为什么这些领域中的新技术会对社会产生如此巨大的变革性影响。其次，我们将分析为什么会产生这些新技术。你将看到，不断增长的需求已经使技术的价格不断降低。每一项创新都与其他创新相互作用和结合，从而创造新的技术。一直以来，不断增长的信息和贸易网络使新技术的传播及使用规模的扩大变得越来越容易。

我们有可能在计算、能源、生物和制造这 4 个关键领域之间勾勒出人类社会新时代的整体轮廓。本书讨论的并非少数几个特定领域中的一些加速发展的技术，因为指数型增长已经融入技术的逻辑，对经济的众多领域产生影响。换句话说，我们正处于指数时代。

能源、生物与制造 3 种指数型技术的变革

本书接下来将逐一分析其他 3 个领域的指数型技术。首先，我们来分析能源技术。太阳能并不是唯一呈指数型发展的能源技术。越来越多巨大的风力涡轮机出现在多风的浅水地区以及时常刮风的平原和山顶，因为这些地区的风能更丰富，发电成本更低。在截至 2019 年的 10 年里，风力涡轮机发电的成本下降了 70%，或者说每年下降约 13%，这种成本下降正在加速风力发电取代全球其他形式能源发电的进程。由于可再生能源价格呈指数型下降趋势，化石燃料发电站正在逐步被弃用。

当然，仅靠风能和太阳能并不能满足人们的全部需求。它们的局限在于发电效率不够稳定，时高时低，因为风能和太阳能无法存储。化石燃料的一个显著特点是，它们自身储存着能量，一块煤就像是一个热量块，可以被运输到任何地方，并在使用者认为合适的时候燃烧，从而释放其中的能量。可再生能源面临的最大挑战是，在晚上或没有强风的日子里，这类能源无法获取。电池技术也在呈指数型增长，在从 2010 年 9 月开始的整整 10 年里，锂离子电池的储能成本每年下降 19%。[8] 到 2021 年，大型电池系统的生产成本已经非常低，足以与燃煤和燃气发电站的发电能力相媲美。

我们有理由预期，2020 年至 2030 年，太阳能或风能发电的价格可能会继续大幅下降，变为此前价格的几分之一，而电池储能的价格也会以同样的速度下降。

另外一个关键领域——生物领域，也在经历类似的历程。如果说有什么区别的话，那就是生物领域的技术进步使能源革命显得微不足道。对几代人来说，生物学似乎都是一门复杂而混乱的科学，这一领域并不容易发生技术变革。如果说化学家很早就能够在试管中分离简单的化学物质，物理学家能够归纳出宇宙的基本规律，那么生物学就显得非常含糊了，因为它关注的是生物有机体令人困惑的复杂内部功能。

我们可以想想解读人类基因组的过程。基因组是每个人的基因密码，解读它显然是一项复杂的任务。人类的基因组是一个可以用二进制编码的长链，大约有 30 亿个字母那么长。我们用字母 G、T、C 和 A 来代表鸟嘌呤、胸腺嘧啶、胞嘧啶和腺嘌呤这 4 种碱基。要想读取这样的基因组，必须把它分解成数以百万计的小片段，使用电化学阵列进行读取，然后仔细地对每个序列进行排列和重新组合，从而得到一份完整的解读报告。

第一个完整的人类基因组测序是在 1999 年 4 月至 2000 年 6 月完成的。人们破解这份遗传脚本的成本大约是 3 亿美元。后续的优化工作又花费了 1.5 亿美元。因此，破译第一个基因组至少花费了 5 亿美元，甚至可能高达 10 亿美元。

这种情况很快就发生了改变。2001 年 9 月，美国国立卫生研究院下属的国家人类基因组研究所估计，对一个完整的人类基因组进行测序的成本高达 95 263 702 美元。2019 年 8 月，基因组测序的价格已降至 942 美元，约变为之前的十万分之一。[9] 美国因美纳公司是价格大幅下降的幕后推手，该公司推出的 HiSeq X 基因组测序仪使测序成本在 2014 年首次低于 1 000 美元。

在美国因美纳公司占据行业主导地位几年之后，总部位于中国深圳的华大基因公司于 2020 年 3 月宣布，它能够以 100 美元的价格完成一个完整的基因组测序。这相当于在不到 20 年的时间里，基因组测序的性能提高了 100 万倍。[10] 也就是说这 20 年来，基因组测序的价格每年减半。这种价格递减的幅度令摩尔定律相形见绌。如果基因组测序的性价比发展趋势与摩尔对微芯片的预测遵循同样的曲线，那么到本书写作时，基因组测序的价格应该超过 10 万美元。事实上，基因组测序价格的下降幅度是摩尔定律预测的下降幅度的 1 000 倍。

而且，和过去一样，更低的价格意味着更高的使用率。1998 年，我们只能对一个混乱的基因组进行测序，而 2015 年，人类每年会对超过 20 万个基因组进行测序。[11] 有研究小组估计，到 2025 年，可能会有多达 20 亿人进行基因组测序。[12]

有许多因素促进了编码基因组成本的降低，其中一个因素就是不断增长的算力。基因组序列是巨大的字母链，编码一个人类基因组需要大约 100G 存储空间（这足以存储大约 25 部高清电影），相比于 20 年前，目前编码一个基因组对应的存储空间需求已经大大降低。但摩尔定律远不是价格下降的唯一推手。我们生产试剂和"放大器"的方式有了进步，这些试剂和"放大器"能把 DNA 样本变成人类可读的东西。这些年来，这些试剂和"放大器"等化学品变得越来越便宜。与此同时，电子技术的进步使科学家能够制造更便宜的传感器。并且，随着机器人技术的发展，复杂的测序过程中的人工部分可以实现更高程度的自动化。[13]

基因编码只是生物技术革命的一个方面，另一个方面是合成生物学，该领域融合了计算机科学、生物学、电气工程和生物物理学等学科，致力于创造新的生物组件和系统。同样，合成生物学技术也在经历指数型发展，在农业、制药、材料和医疗保健领域都取得了突破性进展。今天，人们可以对微生物进行测序和操控，可以把它们变成小型天然工厂来生产我们需要的化学品和材料。这在 10 年前是不可想象的，这将产生变革性影响。据估计，到 2040 年，全球经济中 60% 的物质“投入”将通过生物方式生产出来。[14] 以这种方式利用自然产物将生产出全新的材料，比如不会对海洋造成污染的生物聚合物、更轻或更省电的电子元件。

制造业也是被指数型技术改造的领域。人们制造东西的方式正在发生根本性转变，这也许是数百万年来的第一次。

早在智人出现之前，人类就一直在以几乎相同的方式操控物质。已知最古老的燧石是在大约 170 万年前在现在的坦桑尼亚奥杜瓦伊经过打磨制造的。工业时代制造产品的过程与人类祖先制造工具的过程有许多共同之处。我们通常会使用减法，去掉一堆东西中不想要的部分。这是原始人在制造燧石时的做法，也是法老时期的石匠在用石块制作金字塔时的做法，还是米开朗基罗用一块大理石创造《大卫》这个经典雕塑的做法。

今天，我们可以以更大规模和更高的精度操控物质，但操控过程基本上是一样的。即使计算机时代预示着精密的计算机加工，但这仍然是一个减法过程：早期，人类在石头上敲击燧石的方式被计算机控制的钻石切割机取代。当然，还有其他制造材料的方法，比如用铸件铸造金属或生产塑料。这些方法比凿刻有优势，它们不会浪费任何材料，但也有很大的缺点，利用铸模和模具制造的产品是一模一样的。想要制造一种新产品，首先需要制造一个新模具。

增材制造又称3D打印，是一种指数型技术，可以提供个性化减材制造，不会造成浪费。一般来说，物品是通过计算机辅助设计制作的。这个过程包括从零开始创造一个新的物品：通过使用激光或类似于喷墨打印机的设备，将一层层熔化的材料叠加在一起。这些材料可以是玻璃，也可以是塑料，还可以是巧克力。它标志着存在了数千年的减材制造技术以及铸造技术的根本性突破。

自20世纪80年代中期查尔斯·赫尔（Charles Hull）发明3D打印机以来，增材制造的发展非常迅速，这个过程变得更快捷、更精确、更多样化。如今，3D打印机可以打印钢铁、陶瓷甚至人类蛋白质等材料。1999年，美国维克森林大学再生医学研究所培育了第一个用于移植手术的3D打印器官。2019年，在迪拜，我的朋友诺亚·拉福德（Noah Raford）制造了当时世界上最大的3D打印物体——一栋约232平方米的单层建筑。[15] 该建筑采用混凝土原料，在17天内被打印出来，成为世界上首座3D打印办公室。该项目比其他同类设计少用了75%的混凝土，而且建造精度前所未有。

增材制造仍然属于一个很小众的行业。你会在昂贵的产品中发现它的存在，在战斗机的轻量部件或医疗植入物等高度专业化的经济领域也会发现它的身影。但其基础技术正在呈指数型增长。据研究人员估计，大多数增材制造方法正以每年16.7%～37.6%的速度发展，平均增长率在30%左右开始出现放缓的迹象。[16] 在未来10年里，这项技术的性能将会提高14倍，当然，价格也会随之下降。增材制造行业分析师特里·沃勒斯（Terry Wohlers）称，在截至2019年的10年里，3D打印的市场规模增长了11倍，年增长率为27%。[17]

通用技术改变一切

为什么这 4 个领域的变革很重要？毕竟，新技术在不断涌现。研究人员开发解决问题的新方法，工程师改进现有的方法，偶尔也会取得突破。你可能会想，即使变化的速度在加快，但基本过程与之前的也没有什么区别。

但计算、生物、能源和制造这 4 个领域的技术具有特殊性。要理解其中的原因，**我们必须认识到关于创新的一个基本真理，那就是并非所有技术都具有同等重要性。**

大多数技术的用途十分有限，比如用来制作马镫或灯泡。但这并不意味着它们的影响很小。不起眼的马镫，只能供马背上的骑手使用，但帮助成吉思汗横扫欧亚大陆，建立了世界上最大的陆地帝国之一。灯泡把我们从黑暗的枷锁中解放出来，使工作或家庭生活在太阳落山后依然可以继续进行。小小的技术可以产生广泛的影响，然而它们的用途仍然相对有限。

然而，有些技术创新却具有更广泛的用途。轮子可以为水车提供动力，或作为滑轮的一部分，或用于交通工具。农民、消防员和金融家可能都需要轮子，而且要进行贸易，通常也离不开轮子，或者说离不开运输工具。这些用途广泛的发明背后的技术被称为“通用技术”，它们可能会取代其他技术，为各种替代性产品的出现创造机会，其他产品和服务只有在这些通用技术出现后才可能存在。

纵观历史，通用技术对社会的改变超出我们的认知。电力彻底改变了工厂的工作方式，也彻底改变了人们的家庭生活。印刷术在欧洲改革和科学革命中发挥了关键作用，它绝不只是一套压力板和铸造金属活字。通用技术改进了经济以及社会的很多方面，带来的变化远远超出了它们最初出现时所在的领域。[18] 正如经济学家理查德·利普西（Richard Lipsey）、肯尼斯·卡洛（Kenneth Carlaw）和克利福德·贝卡（Clifford Bekar）所言，**通用技术“几乎改变了社会的一切……为新产品、新流程和新组织形式的创建开辟了新的道路”。**[19]

通用技术之所以具有如此巨大的变革性，部分原因在于它的影响绝不局限于任何一个领域。想一想 20 世纪初的一项使用了通用技术的关键发明——汽车，为了发挥汽车的潜力，需要遍布全国、适合驾驶的道路基础设施。汽车也需要燃料和备件，司机需要补充能量，这就产生了对加油站和路边咖啡馆的需求。汽车迫使城市环境发生改变，于是城市开始发生变化，以便跟上机动车的变化。随着时间的推移，郊区得到了发展，随之而来的是消费行为的逐渐重塑：为度假者打造的价格适宜的酒店以及大型零售商店逐渐出现在郊区。新规则慢慢出现，包括一系列针对司机的安全规则。简而言之，通用技术改变了一切。

这从侧面说明了为什么这 4 个关键领域的指数型革命如此重要。我们正在见证一次具有变革意义的新通用技术浪潮的出现。印刷时代出现的不是一种通用技术。20 世纪早期出现的不止是电话、汽车和电力这 3 种通用技术。在指数时代，我们正在见证计算、能源、生物和制造这 4 个领域的多项突破性技术产生的影响。

目前还处在这些技术发展的初级阶段，因此很难精确预测这些领域的通用技术是什么。我们所知道的是，每个领域的新兴技术都可以通过各种各样的方式得到应用。第 1 章提到，不断增长的算力似乎有着无穷无尽的用途。基因工程可能被用来培育微生物、为智能手机制造新的屏幕、帮助我们研制效果更好的药物。利用 3D 打印机，我们能够制造从精密汽车零件到人体器官等一切东西。

这些技术的迅速发展并不会立刻带来变化。通用技术的革命性影响可能需要一段时间才能显现。以电力为例，著名经济历史学家詹姆斯·贝森（James Bessen）说："1881 年，第一座发电站投入使用，但一直到 20 世纪 20 年代，电气化对经济生产率的影响都很小。"[20] 通用技术需要一段时间才能产生有意义的效果。随着新的基础设施开始建立，人们的工作方式将发生变化，公司会针对这些新的实践对员工进行培训。

通用技术需要经过一系列步骤才能对经济产生影响，经济学家卡洛塔·佩雷斯（Carlota Perez）对此做出了最恰当的描述。[21] 首先是安装阶段，在此阶段，通用技术的基础设施得到了发展。通用技术的推广是一个艰巨的过程：为了建立电网，需要建立发电系统，铺设电线和线路网。在这个阶段，技能是有限的，专业知识是稀缺的。大规模应用通用技术所需的知识需要一定的时间才能成熟。在通用技术的发展历程中，早期可能是一个生产率很低、以发现为主导的时期。在某些情况下，现有的成熟技术比新发明更有效、更普遍，甚至在某些情况下，使用新技术带来的问题可能超过了它带来的价值。

但真正的革命会在接下来的阶段——部署阶段出现。经过艰难的安装阶段，经济体中已经有足够多的新技术准备就绪，可以用来做一些有用的事情了。公司已经找到了这些新技术的用途。最重要的是，管理人员和工人已经积累了使用这项技术所需的知识和经验，诸如维修店和供应店之类的配套服务也已经建立起来。在部署阶段，社会可以享受通用技术带来的好处，用佩雷斯的话说就是，这是一个"黄金时代"，但一切都需要时间来验证。

然而，正如第 1 章提到的那样，今天的技术，无论是通用技术还是其他技术，其发展速度都要比以往快得多。很多基础设施，比如云计算和智能手机，已经部署完毕。这意味着，佩雷斯提到的变革可能会比以往任何时代都来得更快。当下的时代是由层叠的技术定义的，一项新技术迅速导致下一项技术的出现，然后它又促进再下一项技术的出现。

想一想计算的广泛影响，它远远超出了互联网技术的传统边界。正如佩雷斯指出的那样，计算革命使信息的创造和处理变得更容易。其中一个结果是瞄准越来越小的利基市场的产品的兴起，从多种口味的番茄酱到令人眼花缭乱的各类服装，这些都得益于我们收集和处理数据能力的增强。另外一个结果是企业组织的转型，公司改变了经营方式并制定了不同的战略目标，第 4 章将探讨这背后的原因。

但计算机的兴起只是第一步。个人计算机的普及为互联网的迅速普及奠定了基础。1984 年，只有 1 024 台计算机连接到互联网。1994 年，这个数字增长了 3 000 多倍。有人估计，1995 年互联网用户的数量为 1 600 万，而到了 2020 年年底，这一数字超过了 50 亿，增长了约 300 倍。[22]

智能手机的崛起促进了互联网的传播，反过来互联网也促进了智能手机的发展。尽管 20 世纪 90 年代就出现了第一批智能手机，但它们根本无法胜任这项任务，它们的电池续航时间很短，屏幕很小，而且能运行的软件数量也非常有限。IBM 在 1992 年发布的 Simon 只卖出了 5 万台。[23] 但随着 2007 年第一部突破性智能手机 iPhone 的问世，一切都变了。5 年内，10 亿人拥有了这种多功能设备。到 2020 年年底，这一数字已达到 35 亿。

随着这些创新技术的相互作用，它们改变了许多经济领域。智能手机已经取代了许多其他消费设备，包括随身听、计算器、日记、手表和街道地图。随着智能手机的兴起，相机的销量大幅下滑，人们的购物方式也发生了变化。2020 年，美国消费者的手机购物总额为 2 840 亿美元。[24]2019 年 11 月，在一场年度促销活动中，中国购物者通过智能手机在阿里巴巴下的订单金额总计 390 亿美元。一年后，同样的促销活动创造了 740 亿美元的销售额。那些在店铺租金高昂的区域投入重金打造店面的零售商发现，与去实体店消费相比，顾客更喜欢躺在床上刷手机浏览和购买商品。

这就是通用技术的力量，它们的影响不可阻挡地从一个地区扩展到另一个地区，改变了日常生活的方方面面。指数时代的通用技术才刚刚开始出现。我们已经见证了个人计算机、互联网和智能手机的崛起，尚未经历超级廉价的能源、生物工程、3D 打印和其他许多尚不成熟以及尚处在萌芽阶段的技术可能给我们带来的影响。

指数时代的变革力量一：从实践中学习

到目前为止，我们已经就新一代的指数型技术进行了探讨。你也了解了为什么这些具有通用技术特征的创新会产生如此巨大的变革性影响。但这一切都提出了一个新的甚至更重大的问题：为什么这种变革性影响会在现在出现？换句话说，是什么推动了指数革命？

答案在于 3 种力量，本章的其余部分将重点讨论它们。第一种力量可以用一句简单的格言来概括："从实践中学习。"

要理解第一种力量发挥作用的原因，我们需要回到摩尔定律，了解它的局限性。这个定律中的一些东西一直困扰着我，那就是它与时间的关系。正如戈登·摩尔所指出的，时间的推移是关键，每两年左右，你就可以用同样的价格买到同样大小的硅片，但硅片上的晶体管数量会翻倍。20 世纪 80 年代中期，当我第一次接触到摩尔定律时，我像其他任何一位青少年一样，只看到了它的表面价值。这个定律很诱人，很容易记住。但当我作为一名专业人士进入科技世界后，我对它进行了批判性思考。究竟是什么原因，能够让时间的推移神奇地将更多的半导体封装到硅片上呢？当然，人类在这一过程中肯定发挥了某种作用。以罢工为例，如果工人们放下工具，关闭工厂，并在工厂外抗议两年呢？晶体管还会变得更小吗？肯定不会。

通过第 1 章我们了解到，摩尔定律是一个社会事实，是由行业决定的。这意味着人类行为是关键：如果我们不再试图让摩尔定律成立，它就不再成立。因此，尽管到目前为止，它对技术变革的描述是恰当的，但至少它还不足以解释技术为什么会不断进步。

更好的方法是找到技术变革法则，该法则不基于时间，而是基于一个行业的实际情况。这样的模型可以解释人们的行为发生改变的原因：如果人们停止制造微芯片，这个模型不会立即失去解释力。理想情况下，我们希望这样的预测适用于不同的技术，而不仅仅适用于一个行业。

幸好，我们已经有了这样一个定律，而且它在硅片被发明的 20 年前就得到了理论化，那就是莱特定律（Wright's Law）。该定律是由航空工程师西奥多·莱特（Theodore Wright）提出的，他试图了解飞机的制造成本及其影响因素。因此，他分析了 20 世纪 20 年代和 30 年代飞机的制造成本，并注意到制造成本似乎按照某种模式在下降。制造的飞机越多，意味着工程师、机械师和设计师必须组装更多的机身，每一架飞机的成本也就越低。[25]

他的理论的具体内容是，单位产量每增加一倍，成本就会以恒定的百分比下降。下降的确切程度取决于具体的工程。以莱特研究的飞机为例，产量每增加一倍，生产效率就会提高 15%，这 15% 的提高被称为“学习率”。

在莱特看来，原因很简单。**当工程师制造一款产品时，他们会逐渐理解如何才能把它做得更好。他们会想出一种更优雅的方式来连接两个组件，或者将一组不同的元素组合成一个组件。工人会找到捷径，让自己的效率更高。换句话说，他们通过实践来学习。**当工程师完善整个过程时，这里的一个小创新和那里的另一个小创新就会推动效率的快速提高。

因此，莱特定律成立的关键是产品数量的增加。更大的需求会推动流程的改进，这反过来又降低了成本，而成本的降低又带来了更大的需求。这与规模经济的观点截然不同。规模经济认为，效率来自经营规模的扩大，或从供应商那里获得更合适的价格，而莱特强调的是需求和技能之间的关系。随着对一种产品需求的增长，这种产品的生产者必须制造更多产品，这意味着他们有更多在实践中学习的机会。当他们不断将学到的东西付诸实践时，制造成本就会不断降低。

这意味着莱特定律比摩尔定律更有说服力。两者都描述了技术的成本呈指数型递减这一趋势，但有很多场景无法用摩尔定律解释，比如那些微芯片厂工人的罢工行为。而莱特定律将进步与生产数量联系起来，认为每增加一倍的产量，产品的单位成本就会下降 20%。如果产量每两年翻一番，成本每两年就会下降 20%。如果产量每年翻一番，成本每年就会下降 20%。即使在那个神奇的罢工故事中，莱特定律仍然成立：如果生产停止，成本的降低也会停止。

自莱特时代以来，研究人员发现，莱特定律适用于从化学工业产品到风力涡轮机和晶体管等产品背后的数十种技术。生产数量翻倍确实导致单位价格相对持续下降，对指数时代的标志性技术来说也是如此。莱特定律已经成功预测了锂离子电池成本的下降。2010 年至 2020 年，电动汽车的销量增长了 140 倍，而每一辆电动汽车都需要锂离子电池。在这 10 年间，对这种电池的需求增长了 665 倍（电池的容量每年都在增加）。从 2010 年到 2020 年，产量的增加导致了单位价格的下降。电池组的平均价格下降了近 90%。而且事实证明，不仅仅是电池价格，莱特定律比摩尔定律更准确地描述了硅片价格的变化趋势。[26]

这个定律在指数时代之前就已经存在了。但今天，有一个非常关键的不同之处。历史上，莱特定律有其明显的适用边界。想一想，产品进入市场遵循的是 S 型曲线。一开始，它的扩散呈指数型，但随着市场趋于饱和，人们对产品的需求逐渐减少。人们认为这种情况符合莱特定律的描述：最终，市场饱和，产品价格下降的趋势放缓，直至停止继续下降。莱特于 1970 年去世，如果他知道自己研究的飞机价格最终发生了什么变化，他可能会感到不满意。最初的波音 737 于 1967 年建造，到 2020 年时成本为 2 700 万美元。最新机型是波音 737 MAX，它在 2016 年首飞，价格高达 1.35 亿美元，几乎是波音 737 的 5 倍。显然，飞机的价格变化趋势就不符合莱特定律的描述。

然而，我们这个时代的一个显著特征是，莱特定律的适用边界离我们似乎非常遥远，在某些情况下甚至可能并不存在。如今，新技术的价格似乎能够无止境地下跌。我们已经多次看到这个过程在起作用，所以在这里，我们来看一个特别引人注目的例子。很多人都熟悉 USB 驱动器，这是一种用来移动计算机文件的小加密狗。这一概念于 2000 年首次出现：50 美元可以买到 8MB 存储空间。[27] 20 年后，50 美元可以买到一个高质量的 2TB 闪存驱动器（内存是人类大脑记忆容量的 25 万倍），这意味着在同等价格下，USB 驱动器的存储空间每年增长 85%。在工业时代的产品中，比如一台洗衣机，在发展过程中的某个时刻，莱特定律就会逐渐不再适用，而 USB 驱动器的发展情况则一直符合莱特定律的描述。

为什么莱特定律的适用边界在今天的经济环境中显得如此遥不可及？在某种程度上，它与基础技术的物理性质有关，这些技术与以前的发明有本质的不同。当你把硅芯片的组件做得更小时，它的速度就会更快。因为芯片是安装在方形晶圆片上的，所以每缩小一个元件，芯片的效率就会呈平方倍数提高。如果你有一块 100 平方毫米的晶圆片，而你可以在每一平方毫米晶圆片上安装一个元件，那么一块晶圆片可以容纳 100 个元件（10 × 10）。如果你把元件缩小 50%，这样每平方毫米面积就能装下 2 个元件，那么在同一个模具上就会有 400 个元件（20 × 20）。

这一过程适用于许多指数型技术。即使是强大的风力涡轮机也受到这种影响。风力涡轮机的发电能力与叶片扫过的面积成正比。弧线的长度是叶片长度的平方，所以如果你能制造 2 倍长的叶片，你就能得到 4 倍的冲击力。[28] 1990 年，一个典型的大型风力涡轮机有 3 个叶片，直径为 40 米，能够产生 0.5 兆瓦的电力。[29] 到 2020 年，美国通用电气公司的风力涡轮机产量是 1990 年的 24 倍；直径为 220 米，是 1990 年的 5.5 倍。[30]

但是，莱特定律之所以具有新的影响力，更大的原因在于经济规模。此前，由于需求呈 S 型曲线，因此在市场达到饱和时，需求会衰退。今天，这个市场饱和点会延后很多，因为全球市场要大得多。这意味着由莱特定律解释的过程可以持续更长时间，指数型收益可以继续得以保持。

正如我们将在本书中一再看到的那样，全球产品市场的崛起是过去 50 年中最大的变化之一。2020 年，世界贸易总额从 1971 年的 3 180 亿美元增长到 194 680 亿美元，增长了约 60 倍，这使得我们在莱特定律预测的道路上走得更远。更大的市场意味着更多的需求，更多的需求意味着更高效的生产，更高效的生产意味着更便宜的商品，更便宜的商品意味着更大的市场。这个循环在内在逻辑上呈指数型发展态势。因此，**莱特定律描述了技术进步是如何以其自身的势头发展的：我们制造的东西越多，市场需求就越大，所以需要制造更多产品。**

从本质上讲，这就是莱特定律正在推动我们进入呈指数型增长的未来的原因，因为我们会从实践中学习。近年来，我们进行了更多这类学习，这最终将我们带入了指数时代。

指数时代的变革力量二：技术的组合

指数性的第二个驱动力量更简单，这个因素就是技术的组合。指数时代的通用技术不仅在以指数型速度改进，它们也在以更新、更强大的方式组合。今天的通用技术以不可预测、不断变化的模式互相促进。随着这些新技术的使用，它们将帮助其他技术向新的方向发展。

技术组合的力量

有一个绝佳的例子可以说明组合创新所具有的冲击力，它来自我的朋友比尔·格罗斯（Bill Gross）的亲身经历。他尝试通过建立新的能源储存系统来帮助经济脱碳，从而解决我们之前提及的可再生能源的储存问题。他的公司 Energy Vault 正在建设一个巨大的电力存储系统，那是一个形似昆虫的巨型起重机，有 6 条机械臂从中心塔向外伸出，并且配有巨大的再生建筑碎石块。这些起重机由太阳能提供动力，可以将这些长方形石块吊到空中。当它们堆积起来时，用来抬升这些巨石的大部分电能就转化成了重力势能。

当石块堆积起来时，中心塔就形成了一个电池，它的重力势能中储存了相当于 35 兆瓦时的电量，这足够给 1 000 辆小型电动汽车充满电，或者能够满足一个典型的美国家庭 9 年以上的电力需求。当晚上需要电时，由于天黑，太阳能电池板处于休眠状态，这时起重机可以把石块的高度降低。这会将重力势能转化为动能，进而驱动发电机向电网输送急需的电流。

这和组合有什么关系？正是多亏了几种不同技术的相互作用，上述电力存储方法才能变为现实。巨型起重机电池依赖 4 种众所周知的技术产品的特殊组合，它们分别是起重机、建筑材料、将下落的石块转化为能量的发电机，以及用于移动这些东西的运输系统。此外，你可能想象不到，巨型起重机还使用了另外一种技术，那就是装配了使用深度学习的自动化“机器视觉系统”。每台起重机都有一组摄像机，由计算机自动处理这组摄像机的输入。这台计算机控制起重机和石块的升降及放置位置。它不需要任何人工操作，正因如此，该公司的解决方案价格才具有竞争力。

当然，技术总是组合在一起发挥作用的。在中世纪的欧洲，飞轮和曲柄结合在一起创造了水泵。将电、玻璃灯泡和惰性气体结合起来，才能制作灯泡。对通用技术来说，情况更是如此。福特汽车公司创始人亨利·福特（Henry Ford）的生产系统之所以成为可能，得益于电这种通用技术的出现。正是由于电的出现，福特才能够使另外一种通用技术变为现实，这种通用技术对应的产品就是汽车。发明看起来就好像家谱，新的技术突破总是依赖于已有的某些技术。[31]

但这种组合从未像今天这样规模巨大。当代技术比 20 世纪早期到中期的技术更容易进行组合。出现这种情况有几个原因，其中一个原因是标准化。今天，标准组件可以用于不同的复合产品。你可以把 AA 电池用在遥控器、电动牙刷、手电筒或玩具车上。这种标准化使那些更为复杂的产品的制造变得更容易、更便宜。牙刷制造商不需要成为电池方面的专家，他们可以购买该技术。因此，标准化提高了产品进入市场和扩大规模的速度。

在某种程度上，相比于可更换部件这种旧观念，标准化是一种进步。可更换部件是 18 世纪军队的一种创新，这使军队能够制造可以用于修理任何步枪的备件。在此之前，每支步枪都需要专门的部件。但在今天，标准化的过程比任何枪手所能想象的都更加容易，标准化的范围也比那时广泛得多。近几十年来，国际电信联盟和国际标准化组织等将可更换部件的逻辑提升到了新高度。这些组织在简单的事情（如组件）和复杂的事情（如制造过程）上达成了共识。一旦标准建立，它就能消除不少令人头疼的问题。插座没有国际标准，因此我们在旅行时需要带上适配器，并且在很多情况下会发现目的地的插头没法用。

但是，指数时代最重要的标准并不是由国际组织自上而下推行的。相反，它们是自下而上发展起来的，而且往往是由那些发明新技术的人推动的。互联网的标准就是按照这样的方式建立的，这些标准是由研究人员制定的，20 世纪 90 年代以前，这些研究人员一直管理着相关网络。电子邮件协议是一组描述电子邮件是什么，以及发送和接收邮件的计算机应该如何处理它的规则。有两个文档对该协议进行了描述，它们是 RFC 821 [32] 和 RFC 822 [33]。这两个文档都编写于 1982 年，分别由美国南加州大学已故教授乔恩·波斯特尔（Jon Postel）和当时任职于美国特拉华大学的戴维·克罗克（David Crocker）编写。1989 年，蒂姆·伯纳斯–李（Tim Berners-Lee）完善了这个网络协议，几年之后，它就成为事实标准。这些互联网标准以及其他许多标准意味着我们可以自由地向另一个人发送电子邮件，而不必担心电子邮件系统的兼容性。简而言之，它们是互操作的，每个人都从这种互操作性中获益颇多。

这种标准化使世界变得更加高效，并使得不同的创新可以组合在一起。当技术遵循标准形式时，它们可以应用于更广泛的行业。标准技术变得像乐高积木一样，你可以通过选择积木块，将它们组装成一个服务阵列，这种组合和再组合催化了进一步的创新。

我也亲身经历了新时代的标准化带来的革命性影响。2006 年，我在路透社管理一个创新小组。时任首席执行官的汤姆·格罗瑟（Tom Glocer）一直热衷于开拓新领域。他让我负责实现他的最新计划：定期获取新加坡、釜山、鹿特丹等国家和地区主要港口的卫星照片，并利用它们为客户做出经济方面的分析和预测。繁忙的港口预示着经济繁荣；油轮较少、货船半载，可能预示着经济衰退。

这是一个绝妙的想法，但很难实现。因为我不清楚要向谁寻求帮助。我开始给美国国家航空航天局和欧洲航天局打电话。在为写本书而进行相关研究的过程中，我才了解到，当时在轨道上运行的商业地球观测卫星数量不多，而且很多配备的传感器也无法获得我们想要的照片。我当时并不清楚这一点，唉，我让汤姆失望了。

但在今天，找到汤姆想要的东西是小事一桩。你可以找到地球上几乎任何一个地方精确的最新照片，而且成本很低，只需几十美元。对冲基金和大宗商品交易员使用这些图片的方式，与我老板的设想一模一样。这些公司计算购物中心停车场的汽车数量，以此来估计客户需求，并最终评估零售行业的发展状况。或者，他们分析油轮的影子来估计它们的装载量，从而估计全球对石油的需求。美国的一家保险公司 Lemonade 利用卫星成像来评估发生森林火灾的风险，后来又推出了家庭保险服务。[34]

截至 2018 年年底，大约有 2 000 颗卫星在绕地球运行。根据忧思科学家联盟的数据，1991 年至 2000 年，美国共发射了 118 颗卫星，大约每年发射 10 颗，其中 80% 是商业卫星，主要用于通信（其余的由政府或军事部门发射）。[35] 2018 年，美国共发射卫星 372 颗，是世纪之交发射水平的 20 多倍。

没错，新一代卫星的崛起，也离不开标准化。标准组件使卫星的价格更低廉，也更容易进入太空。标准组件使标准大小的卫星成为可能，比如被称为“立方体卫星”（CubSats）的小型低轨道卫星。然后，人们会根据卫星的标准尺寸设计火箭，这大大降低了火箭脱离地球大气层的成本。[36]

在软件领域，标准化已经司空见惯。它促成了一种组件化，许多我们经常使用的软件功能，现在都可以作为易于访问的代码块来使用。现代软件开发人员将这些标准组件组合在一起花费的时间可能与他们编写新代码的时间一样多。一个新的移动应用可能包含数万行或更多代码，但编写应用的开发人员不会自己键入这些代码。相反，他们会找到其他人开发的标准化组件。这样的共性意味着公司可以利用诸多不同行业的专业知识，比如开发旅游类应用的人，可能会使用原本为会议类应用开发的日历组件功能。

所有这些都表明了技术发展性质的转变，现代技术更容易进行组合与再组合，这个组合的过程导致了新的创新出现。

指数时代的变革力量三：网络的扩大

劳拉·奥沙利文（Laura O’Sullivan）在爱尔兰科克的摩西山学即将完成高中学业时，决定开发一种可以检测子宫颈涂片异常情况的自动化系统。因为就在前一年，发生了一桩子宫颈检查丑闻：200 多名爱尔兰妇女被错误地排除了患宫颈癌的风险，但后来患上了癌症。时年 16 岁的奥沙利文决心解决这个问题。她了解了当时在机器视觉方面的突破，也就是第 1 章提到的计算机识别物体或图像模式的能力。她认为，也许这项技术可以用来更好地识别子宫颈涂片图像中的恶性肿瘤。

奥沙利文只有最基础的编程经验，她参加过几期编程夏令营，但没有接受过正式的培训。她告诉我："我在 Coursera① 和斯坦福大学上了一些机器学习和深度学习在线课程。我需要了解机器视觉的基本工作原理。"她在暑假期间开始了这个项目，学习如何构建和微调卷积神经网络，以及如何查找和筛选数据。幸运的是，丹麦的 Herlev 医院有一套她可以使用的开源子宫颈涂片数据。

① 这是一个大型公开在线课程项目，由美国斯坦福大学两名计算机科学教授创办。——译者注

即便有了数据，奥沙利文接下来的工作也并不顺利。因为这个数据集存在弊端，用数据科学家的行话来说就是，它是不平衡的。它包含了太多不正常的、可能发展为癌症的子宫颈涂片数据，而没有足够多健康的子宫颈涂片数据。现实世界的数据则恰恰相反：大多数女性的涂片是健康的，只有少数人的子宫颈涂片是有问题的。奥沙利文使用的数据中的这种不一致性或不平衡性可能会导致她的系统出现问题。

因此，她找到了一种方法，人为地创造更多数据，用于代表健康的样本。通过不懈努力，奥沙利文创建了一个稳健的数据集，可以让算法有效地进行学习。她使用的技术是生成对抗网络（generative adversarial networks，GANs），这项技术非常热门。GANs 是由加利福尼亚州的研究人员伊恩·古德费洛（Ian Goodfellow）在 2014 年建立的。[37] 奥沙利文能够从 GitHub 上免费下载运行 GANs 的代码，GitHub 是一个软件开发者可以自由合作和分享软件的网站。所有计算都是在她父亲的普通计算机上完成的。这台计算机有一个奥沙利文喜欢的特点，它有两个屏幕，因此，她可以在一个屏幕上查看自己的代码，在另一个屏幕上查看计算教程。

2018 年 12 月，奥沙利文对数据结果进行了微调。2019 年 1 月，当我在爱尔兰青年科学家大赛决赛上遇到她时，她的新软件在识别图像异常方面已经比医生的表现更好了。不出所料，她获奖了。

奥沙利文的经历是一个完美例证，它引出了指数型技术背后的第三个驱动因素：网络的扩大。在过去的 50 多年里，信息和贸易网络激增，将资金从世界上的一个地方转移到另一个地方从来没有像现在这么容易过，一个表情包从圣地亚哥传送到悉尼也从来没有像现在这么容易过。[38] 把一台电子设备从深圳运到斯德哥尔摩，同样从来没有像现在这么容易过。就这一点而言，病毒从一个幅员辽阔的国家的偏远地区在几周内传播到 100 个国家，也从来没有像现在这么容易过。

网络已经改变了贸易、发明、科学、关系、疾病、金融、信息、威胁的性质。而且最重要的是，它们的相互作用促进了技术的指数型发展和传播。

我们可以确定几种不同形式的网络，它们在催生指数型技术方面特别重要。第一种网络是信息网络。信息网络已经发展了几十年。20 世纪 70 年代，随着计算机在学界变得越来越常见，使用计算机共享研究成果开始变得可能。与学术计算的发展几乎同时进行的，还有互联网的扩张。1990 年，超过 12 个国家的 30 万台计算机（主要是大学里的）连到了互联网。突然之间，科学家们可以很容易地通过电子邮件将他们的论文发送给彼此，事实上，他们也正是这样做的。

从那时起，创建免费的大型学术数据库就变得很简单了。年轻的物理学研究员保罗·金斯帕格（Paul Ginsparg）天天忙于应付铺天盖地的电子邮件论文。他梦想有一个集中的系统，可以从上面下载所有预印本。1992 年，当我第一次访问该系统时，它是由洛斯阿拉莫斯国家实验室负责运行的。研究人员可以通过一个名为“地鼠”（Gopher）的程序——万维网的前身找到它。如今，金斯帕格的这一创举被称为 arXiv（发音为 archive，X 代表希腊字母 chi）。它还彻底改变了科学知识的传播方式。

arXiv 上有成千上万的高质量论文，只不过这些论文还没有经过同行评审。金斯帕格和他的合作者点燃了“开放访问”（open access）运动，力图使学术思想的传播更为便捷。今天，arXiv 已经从最初的高能物理学扩展到天体物理学、计算机科学和数学等学科。截至 1994 年，提交至 arXiv 的论文超过 1 万篇；2019 年 12 月，所有学科的论文下载总量高达 2 300 万篇。[39] 在经过严格的同行评审并最终得以发表在期刊上之前，人们始终可以在 arXiv 上下载论文，因此，该网站获得了“预印本服务器”这一称号。

这种现象并不局限于物理学领域，其他领域也发现了预印的好处。2003 年，面向生物学家的 BioRxiv 出现了，2016 年，面向心理学家的 PsyArXiv 和面向社会科学家的 SocArXiv 同时出现。目前约有 50 家预印本服务机构致力于加速学术知识的传播。[40]

这些预印本服务器非常强大，因为它们消除了学术研究的边界，让普通人能够免费接触学科的前沿观点，这就扩大了参与科学过程的群体数量。在应对新冠病毒疫情时更是如此。2020 年 1 月 24 日，第一篇关于该病毒的学术论文发表在了预印本服务器上。截至 2020 年 11 月，全球已有 8.4 万多篇关于新型冠状病毒的论文可以通过预印本服务器和其他开放来源获取。奥沙利文的例子也说明了预印本服务器在加速新思想传播方面的力量。令人惊讶的是，像生成对抗网络这样强大的理念，居然能在不到 5 年的时间里，从一份未经同行评审的白皮书，传播到另外一个大陆的高中项目中。

预印本服务器是一个极好的例子，说明了新信息网络——一般是在线网络，是如何成为快速协作工具的。互联网可以使成千上万人进行协作。GitHub 让 5 600 万名软件开发人员在 6 000 万个不同的软件项目中协作；[41] Behance 帮助设计师在创意项目中进行合作；博客允许人们写下自己的想法，发表评论；维基百科允许任何人访问并贡献大量可访问的专业信息。在线社交网络通常具有与私人社交网络类似的功能。

这些信息网络催生了指数型技术，它们传播各种诀窍，从而使得突破性技术成为可能。互联网在全球范围内将各种想法发送给数百万受众。

信息网络有助于思想在世界范围内的传播，集装箱有助于实体产品在世界范围内的传播。

The Exponential Age

信息网络与集装箱

20 世纪 50 年代，石油和谷物等大宗商品往往需要装载在油轮或散装货轮中来运输，其他货物则装在各种大小不同的箱子里或用船散装来运输。装卸工人靠人力装卸货物，这是一个烦琐、缓慢和昂贵的过程。将货物从美国运往欧洲或从欧洲运往美国可能需要 3 个月，而运输成本可能会占到货物价值的 20%。

集装箱化改变了这一切。1956 年 4 月，第一批集装箱由 Ideal-X 号运抵美国休斯敦港。这些集装箱长 35 英尺①，宽 8 英尺，高 8 英尺。在这方面，标准化也发挥了作用：1965 年，国际标准化组织确定了集装箱的规格：8 英尺宽，8.5 英尺高，10 英尺、20 英尺或 40 英尺长。集装箱可以经由世界各地的港口运往目的地，然后直接装上平板卡车。1966 年 3 月，首批装载此类集装箱的船只从美国出发。[42]

第一艘船装了 226 个集装箱。一年后，一艘载有 609 个集装箱

① 1 英尺约为 0.3 米。——编者注

的集装箱船开始在美国西海岸的奥克兰与越南的金兰湾之间的航道上航行。这些船只越来越大，到 2020 年，世界上最大的集装箱船是现代商船株式会社的“阿尔赫西拉斯号”（Algeciras），满载时可以装载 23 964 个集装箱。[43]

运力增加的效果是惊人的。从 1980 年到 2015 年，全球集装箱船的运力增长了 25 倍。这是长期变化趋势的一部分，降低了在全球开展业务的成本。从第二次世界大战结束至 1980 年，集装箱船舶占全球货轮吨位的比例不到 10%，海运成本下降了 2.5 倍。在随后的 30 年里，集装箱船运输的货物占了全球货物总量的 60%，因此运输价格再次减半。随着运输的货物数量的急剧增加，运输价格不断下降。2000 年至 2018 年，集装箱港口的吞吐量增加了 3 倍多。[44]

这些新的运输技术与互联网、电子商务和计算机化的订购系统相结合，使物流变得越来越高效。“及时”供应链意味着，我们在一周内购买的大部分商品，目前可能装在一艘漂在海洋上的货轮上。像苹果公司这样的巨头，它的库存周期不足 10 天。这样的库存也被称作“未清偿库存”。该公司知道两周内就能售出的价值数百万美元的产品还没有生产出来。它可以依靠互联网的数字网络来接收和协调订单，并依靠卡车和船舶的物理网络来满足所有可预见的需求。

这样的贸易网络促进了新技术的发展和传播。它使产品以前所未有的速度扩散到广阔的市场。最新型手机、最新型笔记本电脑等新产品，可以在同一天在全球范围内发布。2007 年 6 月 29 日，苹果公司发布第一款 iPhone，此时，该设备仅在旧金山的一家商店有售。2019 年 9 月 20 日，第 11 版

iPhone 发布时，迫不及待想拥有一部的消费者可以在全球 30 多个国家的数百个不同城市买到现货。

因而，这些网络是指数时代的第三个变革力量。随着世界通过信息和航道有了更加紧密的联系，技术以最快的速度跨越世界也变得更加容易。

超越技术，理解指数型变化的起源

到目前为止，我们可以逐步弄清楚新一波指数型技术来自哪里。指数型技术是由 3 个相互加强的因素驱动的：从实践中学习所带来的变革力量、各种新技术之间不断增加的互动与组合，以及新的信息和贸易网络的出现。

但要使这幅图完整，我们还需要了解经济和政治背景。你可能已经注意到，这些驱动力都离不开政治和经济方面一系列更广泛的转变，特别是全球化的进程。我们在实践中学习的能力之所以能够不断提升，是因为国际商品需求在不断增加。零件、软件和技术协议的标准化在一定程度上要归功于国际标准化组织的出现。贸易网络的兴起既与新技术的出现有关，也与新市场的发展有关。技术、政治和经济是相互影响的。事实上，我们可以清楚地观察到指数型技术与全球化的相互促进。摩尔定律是在 1965 年提出的，而第一艘国际集装箱船于 1966 年 3 月从美国新泽西州启航。

所以，我们需要超越技术去理解指数型变化的起源。就在指数时代的标志性技术刚刚起步，还没有真正扬名的时候，一种新的政治正统思想正在成熟。根据历史学家本雅明 · 阿佩尔鲍姆（Binyamin Appelbaum）的说法，20 世纪 60 年代末和 70 年代初，美国的经济学家开始“在制定公共政策方面发挥主要作用”。[45] 在那之前，经济学家们在大学以及中央银行一直处于边缘位置。但到了 20 世纪 70 年代，一切都变了。

这是个众所周知的故事。发达国家的经济受到低增长和高通胀的双重打击，这被称为“滞涨”。罢工浪潮和燃料危机破坏了人们对西方政府的信任。随着人们对政府的信心降到低谷，选民和政策制定者开始寻找新的行动方式。这为新的经济学派的出现奠定了基础，该学派的领军人物是芝加哥大学教授米尔顿·弗里德曼（Milton Friedman）。

弗里德曼的观点是，如果政府退出，市场会运转得更好。自第二次世界大战结束以来，西方政府对其经济采取了强有力的干涉措施。1979 年之前，英国的投资收益所得税最高税率为 98%，美国为 70%。在英国，到了 20 世纪 70 年代后半期，基本税率为 33%。面对高税收，这些国家的政府开始“亲力亲为”，因此产生了国有化的工业、严格的管制和干涉主义的产业政策。但弗里德曼的追随者倡导一种不同的方法。通过放松监管和减税，政府可以释放市场的力量，为经济再次带来高增长和可控的通胀。这种对市场友好的意识形态源自弗里德曼的著名理论，该理论认为，企业和商业领域的最大社会责任是增加利润。[46]

该理论影响深远。1976 年，当弗里德曼获得诺贝尔经济学奖时，芝加哥大学可以说是世界上最重要的经济机构。人们开始欣然接受市场的力量。随着罗纳德·里根当选美国总统，玛格丽特·撒切尔在英国执政，这些想法也进入了政府。突然间，人们关注的重点从国家转向了市场。1981 年，里根本人曾说过一句名言，他认为“政府本身才是问题所在”，它不是解决问题的手段。这两个国家的政府都掀起了放松管制的热潮，清除了人们眼中阻碍企业成功的绊脚石。在此过程中，它们在大西洋两岸掀起了一股创业浪潮，从银行业到酒店业再到科技业，新市场无处不在。

大多数读者可能非常熟悉这场变革。许多人正好经历这一过程。但是我们很少去思考它与技术的关系，特别是本章讨论的指数型技术。自由市场经济推动了全球化。全球化令指数时代加速到来。所有这些都意味着，我们在追溯指数时代的开端时，不仅仅要关注摩尔定律的发现，或者 1971 年 Intel 4004 处理器的发明。同样重要的是，我们要注意到一种新的政治正统学说的出现。从 20 世纪 70 年代末开始，自由市场资本主义释放了指数型技术的力量。

从这一刻起，向指数时代过渡的基础已经打好，进入指数时代指日可待。人们很难给出指数时代开始的确切日期，因为它既不像飞行时代（以 1903 年莱特兄弟的试飞成功为标志），又不像原子时代（以 1942 年芝加哥一号堆的建立为标志），也不像太空时代（以 1957 年第一颗人造卫星进入轨道为标志）有明显的标志。指数型变化是一条连续、平滑的曲线，没有尖峰和突破时刻。正如我们在第 1 章中看到的那样，对于这种变化，人们在刚开始时几乎察觉不到，但它却呈现逐渐加速的趋势，直到最后一切都开始飞速发展。在图 2-1 中的 A 点，世界仿佛是静止的。在 B 点，一切都快得令人不安。

我认为，图中的 A 点位于 1969 年至 1971 年之间，互联网和微处理器开始发展。即使 30 年后，指数型技术仍在缓慢发展。当我在 20 世纪 90 年代中期构建互联网服务时，线下产品仍然比线上产品重要得多。可以肯定的是，一些硅谷大师已经开始看到指数型技术的这种潜力。但世界其他地方的人却没有看到：技术变革刚刚开始，但还没有彻底改变“现实世界”。我在 1996 年为《经济学人》建立的网站只有一小部分用户，这说明阅读电子版的读者数量远少于阅读纸质版的读者数量。

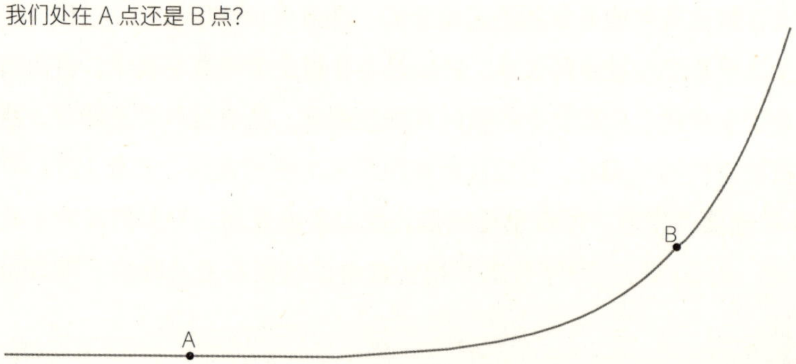

图 2-1 指数型变化曲线

资料来源：Azeem Azhar。

然而，在 20 世纪 90 年代的某个时刻，我们到达了 B 点，到了 2020 年，《经济学人》的纸质版拥有 90 万名读者，但是在 Twitter 上的粉丝超过 2 500 万。[47] 在我看来，指数型技术开始真正改变一切的转折点出现在 21 世纪的第二个 10 年。2010 年，智能手机销量达到 3 亿部；到了 2015 年，智能手机的年销售量达到 15 亿部。2014 年至 2015 年，全球光伏能源的平均价格低于煤炭的平均价格。2011 年，在商业领域，世界上最大公司的头衔几十年来第一次旁落，不再属于石油公司：苹果公司在几周内击败了埃克森美孚。除非发生重大变化，否则埃克森美孚最后一次成为全球市值最高的公司的时间将停留在 2013 年。2016 年初，苹果、腾讯、Alphabet、微软、亚马逊和 Facebook 这 6 家依靠呈指数型发展的数字技术建立起来的公司，跻身全球十大公司行列。

这就是我所说的指数时代。**我们不再只是生活在一个技术呈指数型增长的时代，而是生活在一个这些技术及其影响将成为社会决定性力量的时代。**像以前的时代一样，社会的变化是由新技术驱动的。但近年来，这些技术以前所未有的速度发展，每年的发展程度超过 10%。随着这些技术的不断提升，它们不断进行组合和再结合，从而创造越来越多的可能性。它们渗透人们生活的方方面面，重塑了商业、工作、政治，甚至人们的自我意识。

但是指数时代的颠覆性力量不仅在于指数型变化本身，还在于人类对这种变化的反应。我们接下来将要探讨的就是人类对指数时代的反应。

The

Exponential

Age

第二部分

指数时代的指数鸿沟

The Exponential Age

第 3 章

指数鸿沟，指数型技术发展的结果

亚马逊洞察了指数时代的本质，那就是“变革的步伐正在加快；能够驾驭新时代技术的公司将腾飞，而那些跟不上步伐的公司则会以惊人的速度被摧毁”。

2020 年，亚马逊迎来了它的 26 岁生日。在过去的 25 年里，这家公司改变了购物行业，零售收入超过 2 130 亿美元，高于德国的施瓦茨集团、美国的开市客超市和英国的所有零售商，只落后于美国的沃尔玛。沃尔玛的销售额为 5 000 亿美元。但如今，亚马逊已经是世界上最大的在线零售商，它的线上业务规模大约是沃尔玛的 8 倍。亚马逊不仅仅是一家在线商店，它在云计算、物流、媒体和硬件等领域的庞大业务为它额外增加了 1 720 亿美元的销售额。

亚马逊成功的核心在于它的年度研发预算，包括开发从机器人到智能家居助手的各种产品，这项预算在 2019 年达到了惊人的 360 亿美元。这一数字让其他公司和许多国家都望尘莫及，与英国政府用于研发的年度预算相差不远。[1] 美国联邦政府 2018 年的研发预算也就只有 1 340 亿美元。[2]

2018 年，亚马逊的研发支出超过了美国国立卫生研究院。同年，以大手笔投资研发而闻名的全球制药公司罗氏的研发支出仅 120 亿美元。[3] 与此同时，英国最大的零售商乐购的年销售额超过 700 亿美元，它拥有一个研究实验室，其 2016 年的研发预算为“六位数”。[4]

或许更引人注目的是亚马逊研发预算的增长速度。10 年前，亚马逊的研究预算是 12 亿美元。在接下来的 10 年间，该公司每年在这方面的预算会增加 44%。2010 年后，亚马逊加大了对研发的投入。用首席技术官沃纳 · 沃格尔（Werner Vogels）的话来说就是，如果停止创新，那么亚马逊“将在 10 ～ 15 年内倒闭”。[5]

在这个过程中，亚马逊在新旧世界之间制造了一道鸿沟。传统企业的做法是依赖昨天的成功模式，这种策略的潜在假设是，明天可能会有一点变化，但变化不会太明显。

这种线性思维背后的假设是，变化的发生是以几十年而不是几个月为单位的，这种假设在过去可能行得通，但现在行不通了。**亚马逊洞察了指数时代的本质，那就是“变革的步伐正在加快；能够驾驭新时代技术的公司将腾飞，而那些跟不上步伐的公司则会以惊人的速度被摧毁”。**

新世界和旧世界之间的分歧就是我所说的“指数鸿沟”的一个例证。一方面，有些技术正在以指数型速度发展，而公司、机构和社群正在适应或利用这种发展。另一方面，旧世界的观念和规范决定了公司、机构和社群只能循序渐进地适应这种发展，它们很快就会被甩在后面。

这种差距的出现是指数型技术发展的结果。直到 21 世纪 10 年代初，大多数企业都认为，刨除通胀因素，它们的投入成本每年都将维持在一个类似的水平。原材料的价格可能会随着商品市场出现的变化而波动，但原材料生产的规划流程在正统管理体系中已经被制度化，能够应对这种波动。但在指数时代，公司的主要投入是其处理信息的能力。处理这些信息的主要成本之一是计算的成本。[6]但是计算的成本并不是每年都在上升，而是在迅速下降。企业运营的根本机制已经发生变化。

在第 1 章中，我们探讨了摩尔定律是如何每隔几年使计算的成本减半的。这意味着，每 10 年，计算机处理数据的成本将会降至此前的 1/100。但这一过程带来的影响远远超过了个人笔记本电脑带来的影响，也远远超过了任何一家笔记本电脑制造商带来的影响。

一般来说，如果组织有一些涉及计算的任务，而该任务目前的成本又过高的话，那么在接下来的几年内，它可能会变得不再那么昂贵。对企业来说，认识到这一点具有非常深远的意义。那些发现计算的有效价格在下降的公司，即使它们购买这些算力的表面价格保持不变，甚至有所上升，它们也可以按照自己对未来的设想进行计划、实践和试验。即使这些面向未来的活动当前的成本很高，但公司很快就能负担得起了。**那些能够理解算力的这种通货紧缩并为之做好计划的组织，在指数时代就会占据有利的位置。**

如果说亚马逊很早就意识到了这一趋势，并因此成为历史上最有价值的公司之一，那么它并不是唯一一家这样做的公司。优步、阿里巴巴、Spotify、TikTok，许多新兴的数字巨头都走上了类似的道路，紧随其后的是那些了解如何将上述流程应用于其他领域的公司。特斯拉的老板们知道，电动汽车价格的下降趋势可能是一条指数曲线，因此发起了电动汽车革命。Impossible Foods 的创始人明白，昂贵的精密发酵技术（涉及转基因微生物）将变得越来越便宜。Spire 和 Planet Labs 等太空公司的高管们明白，这个过程可以降低将卫星送入轨道的成本。那些未能适应技术的指数型变革的公司，比如很多报纸出版公司，存活下来的可能性很小。

我们现在可以用已经非常熟悉的指数曲线以可视化的方式表示这个鸿沟（见图 3-1）。正如我们所看到的那样，单个技术是按照 S 型曲线发展的，在开始时大致遵循指数轨迹。在早期，指数型变化非常不明显，大多数人和组织会忽视它的存在。在这一阶段，这个行业内出现的指数型技术对业内人士来说是令人兴奋的，但对其他人来说就像一潭死水。但到了某一点，指数型变化曲线与线性变化的直线相交。很快，这条曲线就到达了一个拐点。这种转变既突然又微妙，一般人很难弄明白。

因为，尽管存在明显的指数型变化，但大多数社会机构的适应能力遵循线性轨迹。成文的法律和不成文的社会规范、传统公司和非政府组织、政治体系和政府间机构，都只知道如何逐步适应变化。稳定是机构内部的一股重要力量。事实上，这是机构的固有特性。

机构的变革能力和新技术的加速发展之间的鸿沟是我们进入指数时代的必然结果。一方面，按照指数型速度不断发展的技术以及由此构建的产品和服务，赋予了个体新的行为、关系和结构；另一方面，目前的规范是为了适应早前的技术配置而不断演化或者设计出来的。这种差距会导致鸿沟。在指数时代，这种不同步正在上演，而且随处可见。

以经济问题为例，当一个指数时代的公司能够发展到前所未有的规模并拥有巨大的市场力量时，它可能会从根本上削弱市场的活力。然而，工业时代的垄断法可能认为这一行为不具有破坏性。公司拥有的强大力量和旧的法规之间不匹配就会导致指数鸿沟。

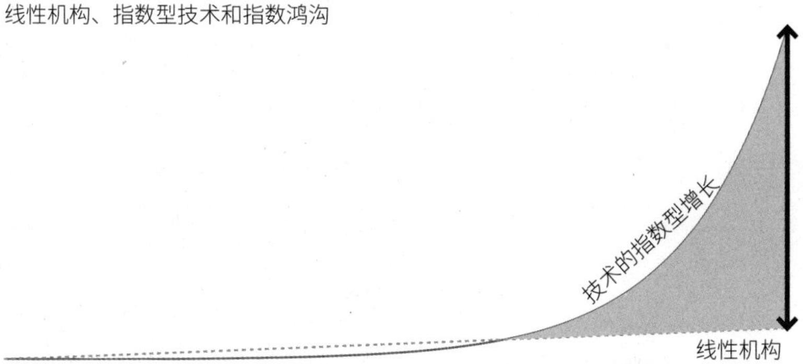

图 3-1　指数鸿沟

资料来源：Azeem Azhar。

或者以工作性质为例：当新技术允许公司通过零工平台发布短期任务，允许工人通过零工平台认领短期任务时，它为小型工作创造了一个充满活力的市场，但可能会以牺牲更安全、更稳定的就业为代价。当工人们在任务共享平台上通过手机应用来竞聘工作时，他们的就业身份是什么？他们有什么权利？这个过程是赋予了他们更多权利还是使他们的工作变得不人性化？没有人能给出非常肯定的回答，因为我们的工作方式是在 19 世纪和 20 世纪发展起来的。对于半自动零工，这个过程能告诉我们什么信息呢？充满活力的就业市场和工作变得不人性化会导致指数鸿沟。

或者看看市场和公民之间的关系。随着企业利用突破性技术开发新服务，人们生活中越来越多的方面将由私营企业来提供服务。许多我们曾经认为是私有的东西，将越来越多地成为指数时代的公司买卖的对象。这造成了一种不和谐，我们现有的保护隐私的系统突然失灵了，我们努力想提出一套新的、更合适的规章制度。这种不和谐也会导致指数鸿沟。

这些领域定义了我们的日常生活——无论是消费者和公民，还是工人和雇主。在每个领域，新技术的潜力都对现有的社会规范提出了挑战。这种分歧的影响将是本书的讨论重点。然而，现在我们的重点是分析为什么会出现指数鸿沟。

指数型技术与线性发展的人类

为什么会出现指数鸿沟？根本原因很简单，因为我们数学不好。

我们可以思考一下：生活在指数时代是什么感觉？很多读者会发现，答案是令人困惑的。像我这样出生在 20 世纪 70 年代初的人，经历了一轮又一轮创新：固定电话被手机取代；拨号上网被移动互联网取代；从黑胶唱片到 CD 到 MP3，再到流媒体，音乐领域发生的变化可谓天翻地覆。比吉斯乐队（Bee Gees）的《周末夜狂热》（*Saturday Night Fever*）这首曲子，我至少购买过 5 个版本：黑胶唱片、盒式磁带、CD、MP3 下载，以及现在的流媒体版本。

人类的认知机制无法很自然地处理如此快速的变化。这些快速变化涉及的计算会使我们感到困惑。以一次非典型的伦敦暴雨为例。温布利体育场是英格兰国家足球队的比赛场馆。它在我家西北方向 8 千米处，当我去拜访我的岳父和岳母时，我可以透过窗户看到它。它的钢拱跨度为 315 米，最高处达到 133 米，高耸在银灰色的屋顶之上。场馆是一座巨大的建筑，可容纳约 9 万人。

想象一下，你坐在温布利体育场第 3 层的最高一排，这里距离出口最远，大约 40 米。开始下雨了，但是雨被你头上的棚顶挡住了。然而，这不是一场普通的雨，这是指数型降雨。下落的雨滴的数量会逐渐增加，每分钟增加一倍。刚开始的一分钟落下一滴，接下来的一分钟落下 2 滴，再之后的一分钟落下 4 滴，到了第 4 分钟时，落下了 8 滴。如果要花 30 分钟才能离开座位走出体育场，你应该以多快的速度奔跑才能避免被淋成落汤鸡？

为了安全起见，你应该在第 17 分钟开始之前离开座位。由于需要 30 分钟才能离开体育场，到了第 47 分钟时，指数型降雨将以每分钟 141 万亿滴的速度落下。假设一个雨滴大约含有 4 立方毫米的水，那么到了第 47 分钟，降水就会达到 6 亿升。[7] 当然，第 48 分钟的降水量会翻倍，所以你很可能在到达停车场时被淋透。如果你能顺利坐进车里，到了第 55 分钟，降雨量将达到 50 亿升。这些水重达 50 亿吨。坦白地说，如果天气预报说会有指数型降雨，你最好待在家里。

指数型过程是违背直觉的，我们需要付出很大的努力才能理解它。18 世纪的政治经济学家托马斯·马尔萨斯（Thomas Malthus）很好地阐述了人类在理解指数型过程方面存在的不足。根据马尔萨斯的观点，人口数量呈指数型增长，但当我们意识到这种指数型增长的力量时，为时已晚。最终，人类的需求将超过我们生产食物的能力，从而导致饥荒和瘟疫。马尔萨斯的可怕预言没有成为现实，这要归功于工业革命带来的生产力的显著提高。但他认为我们一直低估了指数过程的这一基本观点仍然很重要。

20 世纪 60 年代末开始兴起的现代环保运动，让人想起了马尔萨斯的一些警告。1969 年 9 月，美国科罗拉多大学的物理学家阿尔伯特·巴特利特（Albert Bartlett）开始开设课程宣讲人口和能源使用的极限。他观察到“人类最大的缺点是我们无法理解指数函数”。[8] 这是一个他渴望传播的信息。在随后的 36 年里，他做了 1 742 次有关这方面的演讲。

在巴特利特开设这门课程 3 年后，《增长的极限》（*The Limits to Growth*）这本开创性的著作指出，资源使用速度呈指数模式，从本质上看，这将变得不可持续。[9] 这本书引发了一场运动，因为人们担心不断增加的资源消耗会破坏生物圈。但不为人知的是，这本书还引发了关于人类是否能够预测经济活动带来的加速（或非线性）变化的热烈讨论。[10]

从那时起，金融和心理学等不同领域的学者发现了大量证据，表明人类在理解指数型增长方面的表现并不好。心理学家在研究人们如何为未来储蓄时，发现了“指数型增长偏差”（exponential growth bias），该偏差表明，我们会低估以复合速度增长的事物的未来规模。[11] 这方面的研究表明，人们总是对储蓄、贷款和养老金计划的复合增长感到迷惑。如果你进行养老金投资的时间有点晚，你就像我们中的许多人一样，可能已经遭受了很长时间的指数型增长偏差。

人们总是低估指数型增长的速度

一项研究测试了瑞典成年人对复合增长过程的理解程度。研究人员问了一个明显简化了的问题：如果你把 100 瑞典克朗存进银行账户，假设每年的存款利率为 7%，那么 30 年后，你的账户里会有多少钱？很多受访者弄不清楚这个简单的增长率问题。所有受试者给出的答案的中位数是 410 克朗，而正确答案是 761 克朗，几乎是受访者估计数字的 2 倍。超过 60% 的受访者低估了这一答案。[12]

对于 7% 的年复利，人们都会有所低估。想象一下，如果一种指数型技术将以每年10%或更快的速度提高，那么我们对它的预测又是什么样子的？7%的复合增长率持续30年将会带来7.61倍的增长。如果每年的增长率约为40%的话，差不多就是摩尔定律所描述的速度，那么30年后将会出现大约3.2万倍的增长。1975年的一份经过同行评审的总结性文章简明扼要地归纳了这个问题：对指数型增长的低估是“一种普遍存在的现象，即便人们在日常生活中会接触各类指数型增长过程，但他们对这些过程的低估程度并不会因此而降低”。[13]

这个盲点与“锚定偏差”（anchoring bias）有密切的关系。诺贝尔经济学奖得主丹尼尔·卡尼曼（Daniel Kahneman）①和阿莫斯·特沃斯基（Amos Tversky）②研究了人们在不确定情况下如何做出决策。他们发现，当面对数字挑战时，人们倾向于先根据一些现成的数字确定锚点，并围绕该数字调整自己的反应。这是销售人员经常使用的一种技巧：他们将某个特定的价格作为锚点，锚定了购买者对某样东西可能的真正价值的预期。但当这种技巧遇到指数型增长时，它可能就不奏效了。随着增长曲线的上升，人们的预期从一开始就一直停留在较小的数字上。

为什么人类总是低估指数型变化的力量呢？最大的可能也是最

① 丹尼尔·卡尼曼在行为决策领域的研究中，发现了人类判断中极易被忽视的影响因素——噪声，并在《噪声》一书中详细介绍了其成因和应对方法。该书中文简体字版已由湛庐引进、浙江教育出版社出版。——编者注

② 阿莫斯·特沃斯基是20世纪最具影响力的心理学家之一。他在《特沃斯基精要》中充分揭示了人类的非理性选择背后的原因。该书中文简体字版已由湛庐引进、浙江教育出版社出版。——编者注

好的回答是：我们从一岁到二岁再到三岁所经历的大部分增长过程，都遵循线性原则，呈线性发展态势。这种线性思维能带来很大的进化方面的益处。一般来说，人类思维的进化是为了适应一个快速变化的力量尚未显现的世界。狩猎采集社会的节奏是缓慢的：人类适应了一种在很大程度上具有季节性特点的生活，年复一年，循环往复。一直到近代，这种缓慢的节奏定义了人类的存在。

研究前工业时代的历史学家经常指出，社会发生了缓慢得几乎无法被察觉的变化。法国历史学家费尔南·布罗代尔（Fernand Braudel）记录了中世纪法国的生活，其中第一部分的主要内容是：这是一段几乎无法被察觉的历史，一段人类与环境的关系的历史，一段所有变化都很缓慢的历史，一段不断重复、不断循环的历史——出生，婚礼，繁衍，死亡。[14] 即使是在工业化程度最高的国家，比如英国和美国，这种缓慢的生活节奏几乎在人类历史的所有时期定义了人们的生活方式。直到 20 世纪 20 年代，才有一半的人口居住在城市。我们需要努力才能适应更快的生活节奏，这并不值得大惊小怪。

当然，任何事情都有例外。例如，引起 1918 年大流感的 H1N1 病毒的传播过程就遵循指数曲线。处于恶性通货膨胀时期的货币贬值的比率也遵循指数曲线，比如 20 世纪 20 年代德国魏玛共和国时期的货币。但是，除了这些相对特殊的例子外，人类在一生中并不需要经常应对剧烈且持续时间很长的变化。

我们从一个线性世界进化而来。如果说线性世界创造了一套体验，那么指数时代创造了另一套完全不同的体验。正如进化心理学家帕斯卡尔·博耶（Pascal Boyer）和迈克尔·邦·彼得森（Michael Bang Petersen）所说的那样，人类的大脑很可能“进化得更适合……第一类适应性问题，而不是第二类”。[15]

指数鸿沟出现的原因一：指数时代难以预测

当我们在现实世界而不是在心理学家的实验中预测指数型变化时，会发生什么？

我目睹了这样做带来的麻烦。在我的职业生涯中，我看到过一些见多识广的人对手机、互联网、社交网络、在线购物和电动汽车嗤之以鼻，认为它们注定是永远默默无闻的小众玩意儿。在过去的 20 年里，我观察到一些成熟行业的高管，他们经常会注意到一种新产品或服务的传播，然后就对它不屑一顾。这往往是因为，尽管有迹象显示这些产品或服务的增长，但增长率一定很低，这样做导致的结果就像下大雨时温布利体育场内的观众一样，最终等到他们离开座位时，为时已晚。

例如，20 世纪 80 年代初，一些公司开始运营第一代移动电话服务。那时的手机很笨重，通话时存在严重的静电干扰，没有什么数据服务，覆盖范围也十分有限。然而，人们越来越清楚地看到，移动电话带来了非常明显的好处。美国电话公司巨头 AT&T 请世界顶级管理咨询公司麦肯锡估计该产品未来的市场规模。麦肯锡做了一个面向未来 20 年的预测：到 2000 年，美国移动电话市场的用户将接近 90 万。[16]

然而实际情况与麦肯锡公司的预测差别巨大。第一款手机是摩托罗拉于 1984 年推出的 DynaTAC，有一块砖那么大，售价 3 995 美元。但核心部件的价格一年比一年便宜，手机也随之变得更好用、更小巧、更便宜。到了

2000年，你花几百美元就可以买到一部新手机。移动网络的性能也越来越好。1991年，移动电话网络刚刚开始引入数据服务，至此，电话才实现了较为稳定的语音通话功能。在那个年代，如果你购买了一台可以将计算机连接到手机网络的设备，你就可以用这台设备以每秒9 600位（或约1 000字）的速度发送数据。如果当时数码相机普及程度很高的话（当时还没普及），发送一张照片需要几分钟。到了2020年，普通4G手机网络每秒至少可以向手机传输3 000万位数据。

随着网络传输速度的提高，移动资费大幅下降。2005年至2014年，传输1兆字节数据（相当于15万个单词）的平均成本从8美元降至几美分。[17] 简而言之，麦肯锡做出了错误的估测。2000年，超过1亿的美国人拥有手机。世界上最著名的管理咨询公司的预测与实际情况产生了约100倍的出入。预测未来是困难的，根据指数曲线进行预测就更难了。

做出错误预测的情况并不局限于私营企业，国际机构也会犯类似的错误，比如为应对全球石油危机而于1974年成立的政府间机构国际能源署。多年来，国际能源署的年度《世界能源展望》（*World Energy Outlook*）每年都会对全球太阳能发电量进行预测。在2009年的一项预测中，该机构成员估计，2015年全球太阳能发电量将达到50亿瓦，然而事实证明，他们预测错了。2009年，也就是他们做出这一预测的那一年，全球太阳能发电量实际上为80亿瓦。2010年，他们将2015年的预测发电量提高至80亿瓦。2011年，他们又将预测值提高至110亿瓦。2012年，他们再次更新了这一预测值，将其修改为240亿瓦。到了2014年，他们仍在更新这一数值，这一次，他们将其修改为350亿瓦。那么，2015年的真正产能是多少呢？答案是560亿瓦。这个全球专家小组对市场连续6年做出了错误预测。但事情并没有就此结束。接下来几年，他们又做出了几次错误预测。2018

年，国际能源署的专家估计，目前全球太阳能发电量为 900 亿瓦。他们预测，2019 年全球太阳能发电量将与 2018 年持平，也为 900 亿瓦。事实上，2019 年的全球太阳能发电量超过了 1 050 亿瓦。每一年，他们预测的年增长率是 100% 还是无穷大，取决于他们采用的计算方式。那是人们观察和研究指数型技术的 10 年，在这 10 年间，技术的价格下降，市场规模增加，但预测出现了系统性错误。[18]

然而，问题是，我们不仅会低估指数型增长，也会高估。认识到指数型增长潜在力量的专家很容易高估它的力量。雷·库兹韦尔在 1999 年出版的《机器之心》（*The Age of Spiritual Machines*）一书中预测，到 2019 年，一台价值 1 000 美元的计算机将拥有“大致相当于人脑的算力”。[19] 然而事实证明，这一预测过于乐观了。当你试图把快速的指数型增长和一个异常复杂的问题结合起来时，你的基本假设中的一个微小错误就会打乱整个预测。对像人脑这样复杂的神经网络来说，要让所有这些假设都正确几乎是不可能的。我们目前最准确的猜测是，人脑大约有 1 000 亿个神经元。[20] 平均而言，每个神经元都与上千个其他神经元相连，科学家们据此估计，人脑中有 100 万亿个连接。[21] 如果这些估计是正确的，如果我们准确地理解了神经元的功能，那么就可以在几十年内建造出一个模拟大脑复杂性的机器。但这些都是假设，当我们对某一主题的科学理解尚不全面时，预测有时比猜测好不了多少。[22]

自动驾驶汽车的发展也存在类似的问题。2019 年，埃隆·马斯克（Elon Musk）设想，到 2020 年年底，特斯拉这家汽车公司将有 100 万辆无人驾驶出租车行驶在路上，也就是他所谓的“机器人出租车”。[23] 但到了 2020 年年底，特斯拉却连一辆符合要求的无人驾驶出租车也没有造出来。然而，特斯拉并不是孤例，每一家自动驾驶汽车公司都未能实现自己的目标。事实证明，从纯技术的角度来看，这个问题的困难程度要比技术开发团队愿意承认的大得多。当你开车去杂货店时，你每走 1 千米大概就要做 100 个决定，虽然这听起来不是很多，但当决策基于无数个变量时，做出决策所面临的挑战就会非常大。[24]

人们之所以会做出过低或过高的估计，往往是因为有一些他们根本预料不到的因素出现，对结果造成了影响。指数型增长往往会带来意想不到的影响，这是这类技术的特点之一。以口香糖为例，从 2007 年开始的 10 年里，美国的口香糖销量下降了 15%，在这段时间里，正好有 2.2 亿个美国成年人购买了他们人生中的第一部手机。这并非巧合。以前，当人们在杂货店排队结账时，他们会浏览收银台上出售的商品来消磨时间，此时，口香糖成为显而易见的选择。而有了手机之后，他们将这些时间花在了玩手机上，所以口香糖的销量直线下降。[25] 没有人预料到这件事情。要想预测 iPhone 对杂货店口香糖销售的影响，除非有一个像法国知名预言家诺查丹玛斯（Nostradamus）那样的现代预言家。

我们无法准确预测指数型发展的情况在 2020 年表现得淋漓尽致。当新冠病毒疫情刚刚暴发时，大多数人一度低估了它的传播速度。在病毒传播的早期阶段，新增感染病例的数量几乎可以忽略不计。但如果增长速度不可阻挡地上升，人们很快就会遇到麻烦。果不其然，在从 2 月 15 日开始的两周内，美国新型冠状病毒感染确诊病例仅为 60 例。在接下来的两周，新增病例数达到 3 753 例，在之后的两周内，又出现了 109 995 例新增病例。到了 11 月中旬，每天的新增病例达到 15 万例。

早期的实践证明，公众和决策者（至少在美国和欧洲）并没有理解这种病毒的传播速度。唐纳德·特朗普（Donald Trump）、鲍里斯·约翰逊（Boris Johnson）等政界人士，都一直在淡化指数型增长所昭示的风险。新冠病毒疫情暴发的第一年发布的早期研究表明，人们在认识上出现了指数型增长偏差。在整个新冠病毒疫情期间，人们都低估了病毒传播的发展进程。在一项研究中，研究者在向被试提供前 3 周病毒发展的实际数据后，要求他们预测接下来一周和两周的感染水平。尽管有数据在手，被试仍对这种疾病的未来发展轨迹做出了非常糟糕的估计。平均而言，被试对病毒在第一周的发展情况的估计比实际水平低 46%，对第二周发展情况的估计比实际水平低 66%。[26] 在指数时代做出预测非常困难，我们经常出错。

指数鸿沟出现的原因二：制度变革缓慢

如果说出现指数鸿沟的主要原因是我们未能预测指数型变化的节奏，那么次要原因就是在这种变化出现后，我们未能及时适应它。变革速度在加快，但社会重塑自我的速度显得过于缓慢。社会机构有一种天然的渐进主义倾向。

技术快速发展，机构缓慢适应，这并不是新鲜事，甚至可以说这是创新不可避免的结果之一。19 世纪，工业机械技术的突破使英国的经济跻身全球主导地位。但是有一个问题：在长达 50 年的时间里，英国的 GDP 快速增长，但工人的工资保持不变，经济历史学家罗伯特 · 艾伦（Robert Allen）称之为“恩格斯停顿”（Engels’pause）。那些有钱投资新机器的公司最初表现不错，这主要得益于技术推动了增长，但几十年后，工人的工资才达到应有的水平。[27]

问题不只是工资，工业革命最终带来了更多的财富、更长的寿命和更好的生活质量。但对大多数劳动者来说，工业化的第一个影响是工作环境的改变，这种改变通常并不让人感到开心。从 18 世纪末开始，随着科技的发展，数百万此前在农田、农场和作坊工作的人进入工厂。18 世纪 60 年代，在工业革命真正开始之前，英国工人平均每周工作 41.5 小时。到了 1830 年，英国工人平均每周的工作时长增至 53.6 小时，平均每天多出约 1.5 小时。到了 19 世纪 70 年代，维多利亚时代的经济已经基本完成了从农业到工业的转型，一位普通工人每周工作 57 小时。[28] 如今的发达国家，当年也未能摆脱早期工业化的要求。到了 1870 年，美国人平均每周辛苦工作 62 小时，同一时期的一名普通澳大利亚工人，每周的工作时间只比美国人少 6 小时。

查尔斯·狄更斯（Charles Dickens）或许比任何其他作家或观察家都更好地记录了 19 世纪这一充满剥削、苦难和肮脏的时代。狄更斯在 1854 年出版的《艰难时世》（*Hard Times*）一书中，描述了英格兰北部工业城镇的恶劣生活条件，工厂外的空气中弥漫着烟尘和灰烬，工人们几乎没有工资，却仍在不停地工作。但即使在狄更斯生活的时代之前，新时代的工作条件也是非常恶劣的。1814 年，英国诗人罗伯特·骚塞（Robert Southey）乔装成西班牙贵族，描写了伯明翰工人的工作情况：

> 我现在仍然被印刷机的撞击声、发动机的轰鸣声和车轮的旋转声吵得头昏眼花。我的头因恶魔般的杂音而疼痛，我的眼睛因炼狱般的火焰而疼痛，我可以补充一下，我的心也因看到那么多从事炼狱职业的人而疼痛。他们看起来好像永远不会有更好的归宿……伯明翰的噪声简直让人无法形容；锤子似乎永远不会静止。污秽令人作呕，尽管我们自己生活的一些古老城镇可能肮脏不堪，但它们的肮脏无害。它们存在于堆积的垃圾堆里，人们走在那些臭气难以触及的地方并不会感到烦恼。但是在这里，肮脏是活跃的、移动的，一种恶作剧般的社会规范充满了整个环境，渗透到每一个地方。[29]

30 年后，恩格斯在他的开创性研究《英国工人阶级状况》（*The Condition*

of The Working Class In England）一书中，将城市的生活状况描述为“一大堆我们应该感到羞耻的不幸”。[30] 150 多年后，由于类似情况的再次出现，恩格斯也许愿意再次将自己的名字与“停顿”联系起来。

要想理解工业化带来的社会问题，一种观点认为，这是由技术和社会变化的速度与制度和政治领域适应这些变化的速度之间的差距所导致的。工业革命期间，政府未能规范劳动行为，反映了当时的政府主要关注的是大地主和贵族精英的利益。英国在经济上是现代的，但政治秩序明显是前现代的。正如英国前首相托尼·布莱尔（Tony Blair）告诉我的那样：“在变化与政策制定者赶上变化之间存在着一定的时滞。”[31] 直到 1833 年《工厂法》（*Factory Act*）颁布，英国政府才开始对工厂进行适当的监管，为城市工人阶级谋求利益的劳工运动和福利制度的出现则花了更长时间。

就像生活在维多利亚时代的人一样，今天的制度也面临着如何跟上快速变化的技术的难题。但这一次，鸿沟会变得更大，而且问题出现的速度会更快。在指数时代，变化不是在几十年内出现的，而是在几年内，有时甚至是几个月内迅速发生的。

我们有必要停下来思考，这些“制度”到底是什么。这个词让人联想到一种坚固的感觉：雄伟的警察大楼、巨大的教堂，或者高耸入云的纽约联合国总部。然而，制度不是建筑物，它们远不止于此，它们是管理人们日常生活的系统，管理着人们公开和私下的个人行为以及人与人之间的互动方式。

如果按照社会学术语来解释，制度指的是所有定义人们如何生活的持久规范。就其目的而言，我认为制度是不同社会行动者之间的某种协定，这些协定有助于促进他们相互之间的联系。这些制度给我们纷纷扰扰的世界带来了稳定。正如社会学家安东尼·吉登斯（Anthony Giddens）所说："从定义上讲，制度是社会生活中更为持久的特征。"[32] 如果不是这样，那它们就不是制度，而是时尚、空想、狂热。

但在这个宽泛的背景下，制度可以有许多不同形式。有些制度在本质上可能是明显的"制度"：企业是雇员、老板和企业所有人之间的一种协定；国家是公民和治理机制之间的一种协定；政府的分支机构是正式的机构；宗教实体也是一样，比如教堂或寺庙。还有一些国际组织，如欧盟、世界银行、世界卫生组织和国际能源署（该机构对全球太阳能发电量的前景多次做出错误预测）。许多这样的机构是"具体化的"，我们可以想象组成它们的人及其所在的建筑。

其他一些制度，如法治的概念或者构成知识产权法的国际协议和国内立法机构，它们约束的不是一群人，但它们也是机构。有些看起来更像是一套正式的规则，而不是一个组织。法律及其存在的法律体系常常被书写下来，成为约束我们生活的主要制度之一。

但并非所有制度都需要如此正式，有一些习惯和实践被用来指导我们的行为。人们对这种不成文的规则的遵守程度可能与对成文规则的遵守程度是一样的，甚至更高。对许多玩《大富翁》桌游的人来说，罚款被放在桌游的中心位置；任何人只要看到"免费停车"，就会把它视作一种幸运，尽管这并没有写在规则手册里。在英国，如果有司机给你让路，你要亮前车灯表示感谢，尽管官方的道路法规不建议这样做，但这是一种常见的做法。经济学家理查德·纳尔逊（Richard Nelson）举过一个例子，那就是面包师对制作蛋糕的最佳方法是有共识的，只是在细节上可能存在差异。[33] 这些规范也是一种制度，它们带来了稳定，从而塑造了人类的集体行为。

所有这些机构有一个共同点，它们在很大程度上并不适合以指数型速度发展，也不适合应对快速的社会变化。在最极端的情况下，它们根本无法适应社会的快速变化。

以历史上最具制度性质的机构之一——天主教会为例。教会有将近2 000年的历史，是现存最古老的组织之一。1633年，天文学家伽利略因提出与天主教会不同的有关太阳系结构的观点而遭到审判。然而，直到1979年，也就是伽利略被判处软禁直至去世的346年后，也就是第一颗人造卫星环绕地球运行22年后，教皇约翰·保罗二世才下令让教皇委员会审查对伽利略的判决。[34] 13年后，该委员会和教皇推翻了17世纪宗教裁判所对伽利略做出的“异端思想”的裁决结果。[35]

这是一个极端的例子。很少有机构的适应速度像天主教会这么慢，也几乎没有哪个机构能快速适应变化。这与预测指数型变化的难度不一样：即使我们的预测是正确的，机构的反应仍可能是迟钝的。

无法适应指数型发展的组织

以柯达公司为例，1975年，柯达的一位工程师史蒂夫·萨森（Steve Sasson）组装了一种设备，大约有烤面包机那么大，可以以电子方式保存图像。经过23秒的处理，图像被传输到磁带上，人们可以在电视屏幕上看到这些图像。这在当时是令人震惊的，那时，个人计算机几乎不存在，在美国家庭中，就连录像机都很少见。几年后，萨森获得了“电子静态相机”的美国专利，专利号为

4131919A。[36] 他根据摩尔定律推断，数码相机需要 15 ～ 20 年才能具备与胶片相机竞争的实力。他的估计完全正确。但柯达即使领先了行业 20 年，依然没有抓住机会。当时，美国人购买的胶卷和相机中分别有 90% 和 85% 是由柯达生产的，因此柯达觉得没有必要彻底改变自己的商业战略。萨森后来回忆道："当你和公司里一群人谈论未来 18 ～ 20 年的事情，而这些人到时候又都离开了公司时，他们当然对此不会太感兴趣。"[37]

柯达后来陆续开发了一系列数码相机，事实上，它是第一批进入市场的。该公司甚至意识到了互联网的力量，于 2001 年收购了照片分享网站 Ofoto，这家网站比 Instagram 早出现 9 年。但是，制度性知识，即对其业务的既有共识，阻碍了柯达接触像 Instagram 这样流行的东西，而 Instagram 是世界上最成功的照片业务。柯达的高管们将 Ofoto 视为一个销售更多实体打印产品（他们的既有业务）的机会，而不是通过（互联网可以提供的）照片分享体验将人们联系起来的机会。事实上，将 Ofoto 网站与柯达传统的照片打印业务联系在一起的思路，与 20 多年前柯达在开发数码相机时的错误思路是一样的。胶片相机市场在 20 世纪 90 年代末达到繁荣的顶峰。在科技的推动下，世界在向前发展，然而，柯达没有向前发展，因为组织的集体记忆太强了。其结果是，这家公司陷入了困境，即使不断挣扎也无济于事，最终在 2012 年宣布破产。作为破产程序的一部分，柯达出售了 Ofoto。[38]

更具技术思维的组织也会出现这种反应迟钝的情况。微软是历史上最引人注目、最具活力的公司之一，但它也被变革的步伐打得措手不及。20

世纪 90 年代中期，微软才后知后觉地发现互联网是一个技术颠覆者。直到 1995 年 5 月 26 日，时任首席执行官比尔·盖茨才写下了一份现在很出名的备忘录，他认为："互联网是一股浪潮。它改变了规则。这是一次难得的机会，也是一次难得的挑战。"[39]

但一切都太迟了。在接下来的数十年里，微软在互联网领域始终是一个实力较弱的参与者，至少与它在计算机软件领域的主导地位相比是这样。此外，它还将电子商务、互联网搜索、信息市场等主要互联网业务，拱手让给了其他公司。2007 年，面对 iPhone 的发布，微软公司又一次错失良机。微软时任首席执行官史蒂夫·鲍尔默（Steve Ballmer）对苹果公司的这款新产品不屑一顾，他说："它不可能获得显著的市场份额。"[40] 当然，iPhone 后来成为美国移动设备市场中的龙头老大，而微软自己开拓移动设备市场的野心却破灭了。微软在 2000 年推出了首款使用 Windows 系统的手机，15 年后却将该项目搁置，因为用户几乎只接受苹果公司的 iOS 系统和谷歌的 Android 系统。

鲍尔默把他的错误归结于他对个人计算机行业的深刻理解，他把对旧范式的认知运用到了新的智能手机行业中。从某种意义上说，他掉进了指数鸿沟。2014 年，在意识到微软明显误判了 iPhone 的前景之后，他辞去了微软的职务。[41] 微软没有错过第三次机会。继任 CEO 萨蒂亚·纳德拉（Satya Nadella）成功地利用 21 世纪第一个 10 年的又一次技术转变——企业云计算服务的兴起，帮助微软重新成为全球最具价值和创新力的公司之一。

当然，不仅只有公司会在面对快速变化时陷入困境。事实证明，法律和政治机构也可能出现僵化的情况。社会学家威廉·奥格本（William Ogburn）在 1922 年写到，随着工业机械和汽车等新技术的发展，出现了"文化滞后”的现象。他对“文化”这一概念的描述与我对制度的描述类似，也是一个广泛的类别，包含了大量的习惯和规范。他在一个案例研究中分析了工业事故的增长率，并将这项数据与美国各州制定赔偿和责任法规的增长率进行了比较。这些法规中的第一项是在1910年通过的，在接下来的12年里，美国政府没有采取任何全国性的强制措施。奥格本认为，在第一部雇主责任法通过的40年前，发生在工作场所的事故就足以说明问题了：“就算在1870年制定工人赔偿法案都不算早。如果这些法规从1870年就开始在美国实施，那么很多事故就会得到妥善处理，给工人带来的负担就会少得多。”[42]

最近，新技术的兴起挑战了我们日常生活中一些比较模糊的文化习俗。吃饭时使用智能手机合理吗？青少年也许希望可以一边吃饭一边玩手机，但他们的父母可能不同意。智能手机是一股革命性的文化力量。它不仅对青少年阶段的文化有影响，还建立了一套全新的行为和价值观，令许多群体难以适应。电子游戏也是一样。游戏，尤其是在线游戏，已经在男孩子建立友谊和进行社交中发挥着越来越重要的作用。[43]但我们的文化规范却难以跟上这种变化。在智能手机问世15年后，在第一款游戏机问世25年后，文化规范仍不甚清晰。

为什么无论是模糊的社会规范还是蓝筹公司这样的制度，在面对变化时反应都如此迟缓？关于这一主题的许多研究都指向“路径依赖”，即实践和习惯在任何过程的早期就变得相对确定。[44]社会学家指出，一个制度开始的路径会对人们的行为产生长期影响，人们会被“锁定”在一个特定的行动过程中。让我们回到能否在吃饭时玩智能手机的问题。在美国，家庭成员共进晚餐的习惯于18世纪在富有家庭中被保留下来，这些家庭负担得起建造一个单独的房间作为餐厅的费用，他们通常会在餐厅的中央放置一张餐桌。[45]随着时间的推移，餐厅在文化上的重要性逐渐确立，用餐时间也因此固定下来，那些不愿意坐下来一起用餐的家庭成员会受到道德评判。你可以在这些起源于 18 世纪的家庭聚餐习俗和今天流行的育儿经中强调家庭聚餐的重要性之间绘制一条直线，从早期开始，文化路径就已经设定好了。

这一现象对企业、政府等各类机构以及社会规范等都产生了广泛影响。即使我们试图改变一种制度，它也会直接或间接地扎根于之前确立的制度和规范。

研究制度演化的顶级理论家凯瑟琳·西伦（Kathleen Thelen）发现了制度在实践中适应社会变化的一些关键方式，包括堆叠（在旧规范的基础上建立新规范）、漂移（不管环境如何变化，制度的具体政策仍保持不变），以及替代（发生在当一种制度仍采用旧的做事方式，但在不同的环境中重新部署这种方式时）。但所有这些都从侧面表明了一个事实，即制度陷入了用过时的方式解决问题的泥沼。[46]

英国国家医疗服务体系就是一个很好的例子。2020 年之前，该机构仍然经常使用寻呼机来交换信息。从 20 世纪 80 年代开始，该机构就使用寻呼机进行沟通，因为那时候还没有廉价的手机。寻呼机的使用范围越广，它们就越容易被嵌入 NHS 系统，它们嵌得越深，基于它们建立的惯例和规范就越多，甚至在它们已经被淘汰很久之后，情况依然如此。当新制度建立在原有制度的基础上时，堆叠方式在发挥作用。就我个人而言，20 世纪 90 年代末，我在帮助获得英国财政资助的英国广播公司搭建首批网站时，就经历过制度漂移。收到简报的电视执行官们从电视节目中获得了思路，他们看到节目有传输日期和分阶段的发布周期（比如一周发布一次），于是将这一思路应用到了强调实时发布的网络世界。结果可想而知，他们推出的内容必然与网络用户的期望不符。

当然，也存在例外的情况。个别时候，制度也能适应非常迅速的变化，战争和革命往往会促成这一点。成立国际货币基金组织的提议在 1944 年 7 月的布雷顿森林会议上被提出后，只用了不到一年时间，该组织就成立了。第二次世界大战给人们的内心带来的冲击，以及为国际合作寻找坚实基础的需要，为许多制度的建立提供了动力，如联合国的成立和关税及贸易总协定的诞生。

用制度理论的语言来说，这些是“间断平衡”（punctuated equilibrium）时刻。但在某种程度上，这一警告仅仅揭示了灾难的巨大规模，它带来的强烈冲击足以促使人们迅速进行制度变革。在没有灾难的情况下，制度的发展往往更像天主教会为伽利略正名，而不是像联合国的快速成立。

面对指数鸿沟，我们该做些什么

由于在指数时代进行预测固有的困难性，以及制度变革的内在缓慢性，在这两种因素的共同作用下，指数鸿沟就出现了。在技术发展的同时，企业、政府和社会规范却几乎停滞不前。我们的社会落伍了。

在 21 世纪早期，这种指数鸿沟是相对微不足道的。柯达的倒闭，或者微软未能理解早期互联网的潜力，都不是会危及社会的问题。在计算机行业的早期，技术行业十分小众，并且与其他行业没有什么联系。在早期，如果一家公司不能适应一种新的趋势，也没什么大不了的。公司可能会破产，留给顾客对已经停产的产品和前员工的美好（或不那么美好的）回忆，但不会造成世界末日般的后果。

然而，在我们进入指数时代之后，这个鸿沟成为一个关乎生存的问题。

虽然我们刚刚进入 21 世纪 20 年代，但指数型技术已经具备“牵一发而动全身”的影响力。我们访问的每一项服务，无论是在最富裕的国家还是最贫穷的国家，都可能通过智能手机来实现。与公司或政府的每一次互动都（或很快将）由靠机器学习算法驱动的软件来处理。我们的教育和医疗保健越来越多地通过人工智能技术来提供。我们生产的产品，无论是家居用品还是房子，都将很快由 3D 打印机生产出来。指数型技术正在成为我们与其他个体、国家和经济互动的媒介。

对理解了这种转变的个人和公司来说，这种指数鸿沟创造了巨大的机会。那些能够利用指数性影响力的人会比其他人表现得更好。这不仅仅关乎个人财富。我们的规则和规范是由所处时代的技术塑造的，那些发明了核心技术的少数人有机会塑造所有人的生活方式。在那些利用了新技术力量的人和那些没有利用新技术力量的人之间，一个两极化社会正在形成。你我都是见证者。

我们应该做些什么？当我们再来查看图 3-1 时，会发现很明显有两种可能的方法来阻止我们的社会制度变得落伍。

我们可以通过减缓图 3-1 上面那个线条的增长来缩小两条线之间的差距，但这绝非易事。这种加速已经融入经济结构。正如第 2 章提到的那样，技术改进和加速的过程并不是由政府或某个中央机构控制的。它是随着一个个公司的业务需求而产生的，并由经济中各个参与者所构成的联盟来实现。病毒学家受益于更快的基因组测序技术，因此需要寻找更好的电化学方法、运行速度更快的处理器和更易于访问的基因组数据存储平台。家庭住户想要更高效的太阳能电池，农民想要更精确的施肥方法。指数时代是人类的雄心壮志所导致的必然结果。

即使我们可以减缓这种指数型变化的速度，我们也不清楚这样做是否可取。在当前这个时代，许多最紧迫的问题只能用指数型技术来解决。例如，应对气候变化需要更激进而不是更温和的技术。为了使经济脱碳，我们需要迅速推广可再生能源的使用，开发动物蛋白的替代食品，扩大零碳足迹建筑材料的使用范围。更重要的是，如何为地球上最贫穷的数十亿人提供高质量的医疗保健、教育、卫生设施和电力，也只有通过技术创新才能解决的一个问题。发达国家过去取得这些成就时所采取的昂贵的（资源密集型）方式，在环境危机时代，对贫穷国家来说并不是一个现实的选择。

因此，我们没有理由对技术发展踩下刹车。一个更优的选择是针对技术加速期做出更充分的准备。我们可以通过使下边的线上升得更快的方法来缩小技术鸿沟。这意味着社会制度要与时俱进，包括政府、公司和文化规范，都要与时俱进。与此同时，我们可以努力使制度更加完善，使其能够应对快速的变化，这样它们就不会被指数型技术发展道路上的任何挫折所摧毁。我们甚至可以开发新的方式来组织社会，以确保指数型技术带来的利益能够平均分配。

这些措施使我们能够将指数性的力量，以及造就指数性的各种规则和规范整合起来，以满足社会的需要。第 4 章将对此进行阐述。

这是一种迫切的需要。在指数时代，当下管理经济的机构很快将不再适用。在接下来的 5 章中，我们将探讨这种指数鸿沟是如何在商业和工作场所、贸易和地缘政治、公民和市场之间的关系等领域出现的。在上述每一个领域，新技术都将与我们现有的期望、规则和系统发生冲突。在每一种情况下，我们都需要进行激进的思考，以防止指数鸿沟侵蚀现有的社会结构。

The Exponential Age

第 4 章

商业领域的指数鸿沟

在新的经济格局中，任何微小的优势都可以转化为更大的优势，甚至可能成为持久的优势。反过来看，任何一个微小的失误都可能导致一家公司变得无足轻重。

在我人生的前 30 年里，商业世界有一套明确的运行规则。几十家非常大的公司主导着经济，每家公司都有自己的专业领域。埃克森美孚和英国石油公司投资石油钻塔，从地下开采石油，并以高于开采成本的价格出售。通用汽车公司和福特汽车公司组装原材料和零部件，并将它们拼接在一起，然后出售以获取利润。通过推出更优质的产品或更优惠的价格而取得成功的公司的规模将进一步扩大。它们可能会从规模经济中受益，因为规模越大，相对而言，生产成本会越低。

但这些公司也遇到了阻碍自身发展的因素。随着规模的扩大，它们可能变得过于复杂而难以管理，老板、经理和员工之间的信息流可能会交织在一起，总部可能不知道一线工作人员在做什么。如果你曾在一家规模非常大的公司工作过，你就会熟悉官僚主义是如何悄然而至并使一切都变得迟缓的。经济学家罗纳德·科斯（Ronald Coase）对这种困境做了精彩的描述。他认为，组织成本会随着公司变大而增长，这就像地心引力一样，会拖公司的后腿，进而抵消规模经济带来的优势。[1]

随着规模不断扩大，公司的结构变得越来越复杂，管理它们就像整理一团缠在一起的电线一样，有太多的矛盾导致决策过程越来越慢。为了避免出现这个问题，公司可能会转而发展一个狭窄的专业领域。如果只专注于一件事，一家公司将会获得竞争优势，但它也会变得不太可能具有企业家精神，也不太可能抓住邻近行业的新机遇。它们锤炼出来的组织能力和机构能力将强调执行力和效率，而不是强调探索和敏捷。根据复杂性科学家杰弗里·韦斯特（Geoffrey West）的说法，随着公司规模的扩大，它们往往变得复杂而难以为继，规模巨大的老公司就会变得“目光短浅、保守和单一”。[2]

这就导致了一种违背直觉的现象。对已经稳固的大公司来说，扩大规模的成本越来越高。由于规模决定了其优势和劣势，竞争对手或许能够撼动市场领跑者的优势地位。在 20 世纪，在市场中占据统治地位是很困难的。

在一个又一个行业中，人们可以感受到规模增长带来的阻碍。这导致了一种被称为边际收益递减（diminishing marginal returns）的现象：公司投资的每一美元带来的收益呈递减趋势。公司通常会获得一定的市场份额，但不能太高，40% 的市场份额已经差不多了。在制药行业，顶尖的公司可能占有 40% 的市场份额。[3] 在食品杂货领域，全球知名的食品零售企业乐购 2019 年的市场份额约为 25%。在传统汽车行业，市场极其分散，很少出现一家独大的现象。2020 年，在英国，没有一家制造商的市场份额超过 12%。[4] 在电视行业，三星以 18% 的市场份额引领全球市场。[5] 即使是在美国软饮料市场中占据超过 40% 份额的可口可乐公司，其规模也没有达到其最强劲的竞争对手百事可乐公司的 2 倍。

这种程度的竞争也会让这些公司保持诚信。如果它们试图抬高价格，竞争对手就会介入。有一个奇怪的例子：如果一家公司占有的市场份额很大，比如 50%、60% 或更多时，人们会认为你有问题。你可能会做出一些不良行为，比如哄抬价格来淘汰竞争对手。然而一旦公司的地位稳固了，它必然会提价。

这种市场主导地位甚至可能激怒政府，最典型的例子当数标准石油公司。约翰·洛克菲勒的公司一度控制了美国 90% 的成品油。面对该公司如此之高的市场份额，美国最高法院裁定它的行为为非法垄断，并在 1911 年将该公司拆分为 34 家规模不小的公司。[6]

然而，看看指数时代的企业巨头时，我们看到的却是截然不同的景象。谷歌在美国搜索市场的占有率为 80%，在英国为 85%，在巴西为 95%。在智能手机市场，全球有 80% 的手机安装了 Andriod 系统，剩下的绝大多数手机都安装了苹果公司的 iOS 系统。除了 iPhone，没有手机能做到这一点。这种优势在具有特定人口统计特征的群体和某些年龄段的群体中表现更为明显。在美国，超过 85% 的青少年拥有一部 iPhone 手机。[7] 在网络广告方面，Facebook 和谷歌这两家公司的广告支出占全球总广告支出的 90% 以上。[8]

这种情况也出现在更传统的市场中。在出租车行业，如今有了“共享出行”这个光鲜的名字，优步在 2020 年占据了美国共享出行市场 71% 的份额。[9] 零售行业也有类似的情况。这曾是一个竞争激烈的市场。2017 年，美国市场领先的零售商沃尔玛占据了美国线下零售市场 25% 多一点的份额。然而，在互联网领域，亚马逊目前在整个在线商务领域所占的市场份额约为 40%，并且有继续上升的迹象，这一数字已经比沃尔玛的线下市场份额高出 2/3。

指数型技术似乎给企业注入了一种力量，使它们能够对抗阻碍前几代企业发展的“地心引力”。经济学家称这种新型公司为“超级明星公司”。超级明星公司迅速崛起，似乎没有受到阻碍传统公司发展的力量的影响。超级明星公司更富有效率，更有进取心，更有创新精神，增长更快。它们主导了已经存在的市场，并开创了以前不存在的市场。超级明星公司变得越来越庞大，统治着一个又一个市场。[10] 许多超级明星公司的名字已经家喻户晓，比如苹果、谷歌、优步、Facebook，它们改变了自身占据的市场的运行规则，把这些市场变成了自己的沃土和竞争对手的沙漠。

在世界各地，无论是在中国、美国、欧洲还是在其他地方，超级明星公司比比皆是。管理咨询公司麦肯锡在 2018 年指出，超级明星来自“所有地区和行业”。[11] 2015 年，世界前 50 强公司的销售额占世界 500 强公司销售额的近 50%。而在 1975 年，这一比例仅约为 42%。[12] 大约 10% 的全球上市公司创造的利润占据全部上市公司利润的 80%。[13] 换句话说，一个行业越是数字化，越依赖摩尔定律的逻辑，也就越容易出现超级明星公司。2015 年，全球排名前 25% 的 IT 公司的生产率是全球排名后 25% 的 IT 公司生产率的 4 倍。但在鞋类和水泥行业，生产率的差距缩小至 1.5 倍。[14]

超级明星公司打破了传统市场的企业文化。昔日的大公司，如丰田、沃尔玛、西班牙的桑坦德银行，会争夺每一个小数点的市场份额。如果市场份额稍有一点扩大，它们的经理就会很兴奋。对一名高管来说，赢得 0.5% 的市场份额就意味着丰厚的回报，但也仅此而已。在指数经济中，赢家通吃。虽然总是有公司比其他公司做得更好，但最好的公司和最差的公司之间的差距比以往任何时候都要大。

在本章中，我们将探讨为什么当今最大的公司往往会成为超级明星公司。它们植根于技术以及指数型技术不同于工业时代技术的独特表现方式。指数型技术成本的迅速下降是其中一个原因。此外，我们很快就会了解到，指数型技术的普及会使其成本下降，而成本下降又会推动指数型技术的普及。这是一个正反馈循环，它把市场领导者变成了一种永动机。这种情况产生的结果是，**指数时代的公司在任何给定的市场中几乎是通过运营来获得市场统治地位的。例如，它们不需要采取以往“控制市场、提高价格”的垄断策略。它们巨大的规模是自然而然发展起来的。**

而且，尽管超级明星公司可能给这些公司的股东带来好处，但它们对经济或社会是否有利尚不明确。我们早就知道，尽管资本主义能够带来巨大的生产活力，但它也能激发人性中一些最糟糕的特质。这就是为什么我们需要公司法体系来规范公司应该如何运营，并明确公司董事的监管义务。这也是为什么银行推出的贷款和信用卡、制药公司推出的药品等许多产品都会受到严格监管。也正是因为如此，才会有一套全面的规则来告诉企业应该如何进行运营核算，并照章纳税。

在超级明星公司时代，公司法体系已经支离破碎。超级明星公司的运营方式与用来控制它们的规范、惯例和规则之间存在着指数鸿沟。这些公司的崛起暴露了一系列问题，使现有的规范和规则显得过时，从对缺乏竞争力的市场做出适当反应，到如何对空前庞大的全球性公司征税，都体现了这一点。这种指数鸿沟正在影响公司，进而影响经济。

超级明星公司崛起的驱动力量一：网络效应

为什么超级明星公司和其他公司之间会出现这种鸿沟？**在新的经济格局中，任何微小的优势都可以转化为更大的优势，甚至可能成为持久的优势。**

反过来看，任何一个微小的失误都可能导致一家公司变得无足轻重。为什么会这样呢?

我们可以看出，有三种力量导致了超级明星公司的出现，其中每一种力量都推动并强化另外两种力量。第一种力量是第2章提到的指数型增长的驱动因素之一，即新网络的出现引发的网络效应。正如我们所看到的那样，所有指数型技术都是1970年以后在全球经济中出现的一系列新力量的结果。但是，这些力量——新的全球信息和贸易网络所带来的好处并不是均匀分布的。一种被称为“网络效应”的现象推动了超级明星公司的崛起。

我记得1986年暑假的一天，我的父母当时在伦敦东区经营着一家小型会计师事务所，他们第一次拥有了一台传真机。和当时的大多数办公设备一样，它是米色的，噪声很大，价格昂贵。在最初几个月里，它并没有多大用处，但到了1987年，它就开始派上用场了，它每天吐出的传真纸张越来越多。随着我父母的客户中购买传真机的人越来越多，他们越来越多地通过传真而不是通过邮件发送账户信息。我的父母可以通过电子方式将文件发送给每一位新客户。每个月都有一两位客户购买传真机，他们不仅给我父母发传真，还会给供应商和客户发传真，这些人当中购买传真机的也越来越多。每增加一位接收人，我们的传真机的用处就变得更大。当只有一个人有传真机时，它实际上毫无用处；然而当成千上万的人都拥有传真机时，它一下子就派上用场了。

换句话说，1988年，当我父母知道有数百家其他公司也在使用传真机时，传真机带来的好处相比于两年前他们购买传真机时已经大大增加。经济学家称这种额外的好处为“外部性”（externality），也就是说，这种结果对买方和卖方都具有外在性，对没有直接参与这一交易的其他人也造成了影响。

19 世纪末的经济学家阿尔弗雷德·马歇尔（Alfred Marshall）和他的学生阿瑟·塞西尔·庇古（Arthur Cecil Pigou）首次论述了外部性。他们指出，外部性可以是积极的，也可以是消极的。庇古指出，空气污染是由汽车的买家和卖家造成的，但它会影响每个人，这就是消极外部性。而我父母的传真机则具有积极外部性，即“网络外部性”。换句话说，这个设备带来的好处远远超出了我父母在伦敦东区的办公室的范畴，它还增加了网络中其他人的传真机的有用性。

网络中每个新成员的加入都会给网络中的其他人带来好处，这种网络效应并不是新现象。这就是自古以来人们都聚集在实体市场上的原因，人们确实能从所有买家和卖家聚在一起的地方获益。每多一个新的买家，市场对卖家就有更大的吸引力，至少从理论上来说是这样。

这种网络效应是 Facebook、PayPal、微软、谷歌和 eBay 等许多指数时代的公司规模如此庞大、经营如此成功的原因之一。正如我们所看到的那样，这些公司之所以取得如此成就，是因为呈指数型增长的算力，但网络效应使它们获取了越来越多的好处。美国大多数使用消费者社交网络的人会选择使用 Facebook，因为其他人都聚在那里。美国商家接受维萨信用卡（Visa）或万事达卡（Mastercard），因为买家主要使用的就是这两种信用卡。随着业务规模的扩大，这种正反馈循环会让业务变得更好、更强。

网络效应的力量

我们以微软的发展历程为例。从计算领域的早期阶段一直到现在，微软一直主导着个人计算机的操作系统市场。尽管 IBM 和 Novell 等资金充足的竞争对手在 20 世纪 90 年代发布了在技术上更具优势的竞争产品，但从 20 世纪 80 年代开始，微软占据了越来越多的市场份额。到 21 世纪初，微软已经占据了 90% 的个人计算机市场份额。即使在最近几年，这一比例也从未低于 75%。

为什么微软会如此成功？这主要得益于网络效应的力量。计算机软件开发者需要决定自己开发的软件支持哪个操作系统，因为支持不同操作系统需要编写不同的代码，这项工作成本高昂。20 世纪 90 年代，有许多操作系统与微软的 DOS（即后来的 Windows）竞争，但软件开发者想要进入最大的受众市场。因此，无论哪种操作系统在市场份额上稍稍领先，都将成为程序员优先选择的操作系统。一旦微软占据领先地位，那它的操作系统就会成为开发者的首选。这意味着面向 DOS 和 Windows 系统的软件比面向其竞争对手系统的软件会更多。这又进一步使微软的操作系统更受用户青睐，因为他们有了更多的软件和硬件的选择。这给微软提供了更强大的用户基础，使微软对软件开发人员更具吸引力，从而形成了一个正反馈循环。

这种网络效应使竞争者更难打入市场。在 20 世纪 80 年代和 90 年代，微软不仅赢得了操作系统之战，还赢得了提升工作效率的软件之战。它的竞争对手是几家开发日常办公软件的公司，最终微软胜出。1979 年，米奇·卡普尔（Mitch Kapor）发明了第一个电子表格 VisiCalc，并于 1982 年创立莲花软件公司。该公司还开发了其他电子表格应用，比如 1-2-3。在整个 20 世纪 80 年代和 90 年代的大部分时间里，1-2-3 都是主流办公软件。该公司还开发了一个名为 Improv 的电子表格程序。我很喜欢这个程序。他们还开发了文字处理器 Ami Pro，我就是用它写了一篇关于古巴导弹危机的本科论文。除了莲花软件公司，WordPerfect 和 WordStar 等公司也开发了文字处理软件。

其中一些公司曾在很长一段时间内占据主导地位。WordPerfect 在 1995 年成为文字处理领域的市场领导者，当时它拥有 50% 的市场份额。一旦微软在操作系统市场确立了主导地位，就会变得越来越难以被撼动。这是一种强大的网络效应，当所有人都在使用 Windows 并使用 Word 文档和 Excel 电子表格时，你大概率也会选择使用它们。网络效应不仅促使微软获得成功，而且促使它势不可当地成为一个又一个领域的市场领导者，首先是操作系统，接着是文字处理器，然后是电子表格。

不是只有以营利为目的的公司会受网络效应的影响。由一家基金会管理的免费在线百科全书维基百科也受益于网络外部性。任何人都可以创建百科类网站，成为维基百科的竞争对手，而且可以选择很多细分领域 ，如致力于创造《星球大战》(*Star War*) 宇宙的 Wookieepedia。但维基百科是大多数贡献者聚集在一起分享各自的智慧和相互评论的地方，所以它成了读者的聚集地。由于读者聚集在这里，所以维基百科成为贡献者选择写作的地方。这是一种积极的外部性，每增加一位贡献者，都会带来更多读者，而读者的增加又会吸引更多贡献者。

事实上，万维网本身也受益于网络效应。当蒂姆 · 伯纳斯 - 李在 1989 年开发万维网时，它的几个竞争者，比如 Gopher 和 WAIS，也推出了自己的网络信息存储方法。当时，还存在像 GEnie、CompuServe 和 Delphi 这样的商业产品。1994 年，微软瞄准了这个市场，并且开发了自己的产品微软网络。但伯纳斯 - 李的网络不仅占据了主导地位，而且因为网络外部性，它成了互联网上唯一可行的信息网络。一旦有很多人在那里，其他所有人也必然会聚集在那里。哪里有网络效应，哪里就会出现赢家通吃的机会。一旦一家公司确立了市场领导者的地位，要想挑战它就变得极其困难。而这种效应是由消费者推动的，加入最大的网络符合消费者自身的利益，毕竟，他们将在那里获得最大的价值。

超级明星公司崛起的驱动力量二：平台商业模式

为什么网络效应在指数时代变得更加明显？这背后的原因可能并不是很明确。毕竟，指数时代之前的世界也存在网络效应。贝尔电话公司（AT&T 的前身）的首席执行官西奥多 · 韦尔（Theodore Vail）对此理解得很透彻，他在 1908 年写道："一部电话的价值取决于它与其他电话的连接，以及连接数量的增加。"[15]

但与早期的创新相比，21 世纪的数字技术能够更加充分地利用网络效应。为什么？因为以前的公司不得不经历一个烦琐的过程，那就是为每一位新客户提供电话、传真机或其他设备，而今天的数字巨头不需要再经历搭建网络这一烦琐的过程，因为它们的客户已经接入了通信网络——互联网。支持网络效应的网络已经存在。2000 年，我在为法国一家在线房地产中介公司提供网络技术支持时发现，我们不仅必须为房产中介购买互联网连接服务，在许多情况下，还需要为他们提供个人计算机。如今，任何一个房地产经纪人、在线中介、租赁公司都可以理所当然地认为，大多数潜在消费者可以通过智能手机接入互联网。

这为新型业务创造了空间。**企业可以把自己想象成“平台”，而不是供应商，这意味着它们只是将生产者和消费者连接起来，并不需要过多参与生产或消费环节。**

我们可以通过观察类似于福特这样的工业时代的公司，来了解这种变革的规模。该公司按照内部程序进行组织。企业购入原材料，然后经过几个连续步骤的加工，生产出完整的产品，即一辆汽车。接下来，“接力棒”就从业务部门转移到市场营销部门，由营销和销售人员通过广告、运营良好的汽车展厅等方式吸引客户购买。这个循序渐进的过程被称为“线性价值链”。[16]这类公司的组织结构，从商品进入制造、包装、分销、营销到销售，反映了围绕一系列步骤设计的内部价值链。

现在将福特与eBay这样的公司进行比较。你会发现，eBay等公司不是植根于生产线——线性价值链，而是一个平台。这类公司获取、匹配并连接不同的客户。[17]所以，eBay不是商店，而是一个空间，在这个空间里，卖家可以与买家“相遇”，出售自己的商品，而eBay本身不生产和销售任何东西。Facebook也是如此。Facebook到底为消费者提供了什么？提供了与他人交流的机会。

这种为不同类型的人提供匹配服务的做法对我们来说并不陌生。毕竟，这就是市场的作用。市场把买卖双方聚集在一起进行交易。但实体市场一直面临着很多现实的制约因素。实体市场可能会太大或太拥挤。去过伊斯坦布尔大巴扎集市的人，在巴基斯坦拉合尔的阿纳尔卡利的小巷穿梭的人，或者在澳大利亚韦斯特菲尔德开着空调的大型购物中心闲逛的人，都可以体会到这一点。

这就是为什么数字技术导致了前所未有的巨大新平台的出现。这类平台或多或少具有市场的特性，也就是会把不同的东西聚集在一起，等待奇迹的发生。但它们没有真正的规模限制。指数时代最早的通用技术之一，即互联网的兴起，让我们可以连接更多买家和卖家，并且不会出现房间爆满或买家累到双腿酸软的情况。平台商业模式释放的力量是超级明星公司崛起的第二个关键驱动力。

没有了大型实体市场的闷热、拥挤和嘈杂的氛围，这些公司可以发展到惊人的规模：eBay 每年的活跃买家可达 1.85 亿，[18] 阿里巴巴每年的用户高达 7.79 亿。[19] 截至 2020 年夏天，每天有 5 000 万名美国人使用 TikTok 观看搞笑视频。[20] 而且相比于实体市场，这些平台为消费者提供了更多选择。以专业运动鞋电商 GOAT 为例。在我撰写本文时，它向我展示了 7 434 双 9 码的二手名牌运动鞋，其中最昂贵的要数标价 3 万美元的 Air Jordan 3/8 “Kobe” Pack。其中最便宜的是一双老式的 Vans，这双鞋的价格只有前面那双价格的千分之一。作为一个买家，你有很多选择，所以我更有可能在未来访问 GOAT。想象一下，一个提供 7 000 双不同的二手运动鞋的实体市场需要多大面积，鞋子散发的味道该有多大。

这些公司的增长潜力还受到另外一个因素的推动，即平台的资本效率令人难以置信。这些平台实际上不需要花费太多钱就能使交易顺利进行。世界上最大的出租车公司优步没有出租车，也没有雇用司机。爱彼迎（Airbnb）接待的住宿客人比任何连锁酒店都多，但它实际上没有自己的酒店。阿里巴巴是世界上最大的在线商品展厅，但自身并没有库存。

市场负责企业的大部分实际物流过程。过去的企业高管需要考虑去哪里找到产品、什么时候买入存货、如何储存它们，以及如何确保准时交货，而现代平台的高管采取了一些更聪明的做法。他们通过入驻平台的第三方来解决库存、仓库和物流问题。关于谁为所有这些买单的问题已经有了答案。平台运营商不需要操心客户来自哪里、交通是否便利、是否有足够的库存，这些是更广泛的“生态系统”需要操心的问题。[21]

所有这些都意味着平台商业模式越来越普遍。指数时代的平台型企业可以渗透到任何地区和任何行业。印度尼西亚的 Gojek、印度的 Jio、尼日利亚的 Jumia 和荷兰的 Bol.com 都采用了这种模式。如果我们将平台模式与低价值的商业活动（如协调送货或打车）联系起来，那就错了。在线医疗咨询业务“平安好医生”是由中国平安保险集团于 2014 年推出的业务。为了优化他们的数字医学平台，该公司雇用了 1 000 名医生来帮助训练人工智能算法。随着算法的改进，该服务的规模也在扩大，在每天 67 万人次咨询中，人工智能可以对 75% 的咨询做出回应。一个由 5 000 名专科医生组成的团队用数字技术处理更复杂的问题。他们都不是平安保险集团的员工，他们会根据需要跟进这项服务，就像优步司机接单一样。这只是几个例子。在指数时代，平台无处不在。

超级明星公司崛起的驱动力量三：无形资产

从这种令人兴奋的网络效应与平台的结合中，我们可以看出指数型企业的轮廓。这两种力量的相互作用导致一些组织迅速占据主导地位，而另一些规模更小、更传统的公司会被甩在后面。但是，还有第三股力量使这些基于平台、由网络驱动的企业的地位更加牢不可破，那就是这些企业根植于“无形经济”。

在机器时代的经济中占据主导地位的是那些我们能触碰的东西。几个世纪以来，汽车、洗衣机、电话、铁路等，这些最重要的产品都是在真实世界中制造出来的，提供这些产品的公司都是当时的行业巨头。我们可以通过关注某家公司拥有的土地和建筑、工厂中的机器，以及等待出售的产品库存来计算该公司的价值。这些实物被称为公司的“有形资产”。

在指数时代，企业的价值是相当模糊的。今天的许多公司并没有从它们流通的实体产品中获得价值。这并不是说在指数时代，公司不会生产实体产品。造价高昂的制造半导体的定制工厂在高科技领域不断涌现，具有稳定、强劲风型的浅海正被泰坦尼克式风车所占据。但这些公司利润的真正来源是看不见、摸不着的。运行谷歌搜索引擎的软件、代表 Facebook 好友网络的数据、苹果公司的设计和品牌标识、推荐你在晚上观看奈飞视频的算法等，才是这些公司真正的价值所在。经济学家称这些非实物资产为“无形资产”。[22]

从有形资产向无形资产转移的速度令人瞩目。1975 年，标准普尔 500 指数公司 83% 的价值由有形资产构成，无形资产的价值只占 17%。到了 2015 年，占比情况发生了逆转。标准普尔 500 指数公司只有 16% 的价值可以用有形资产来衡量，84% 的价值是以无形资产来衡量的。[23] 如果去看一下世界上最大的公司，也就是指数型超级明星公司，我们会发现这个比例更夸张。2019 年，指数时代最大的五家公司——苹果、谷歌、微软、亚马逊和腾讯，它们的账面价值约 1 720 亿美元。但这种衡量方法强调的是公司的有形资产，而在很大程度上忽略了无形资产。要计算一家公司的账面价值，需要用该公司的现金、客户欠款以及它的实物资产减去负债。当时，股市对这些公司的估值为 3.5 万亿美元。换句话说，有形资产只占这些公司市值的 6%，其他价值都由无形资产来决定。[24]

有形资产和无形资产之间这种此消彼长的关系，也可以从日常生活中的商品构造中看到。如今，产品的价值往往来自其创造过程的早期阶段（研究和设计），以及后期阶段（品牌和服务），实际的制造过程变得越来越不重要。这一点在高科技产品上表现得尤为明显。如果没有 App Store 和数百万开发者开发的软件，你的 iPhone 会变成什么样子？产品价值更多通过无形资产衡量的趋势也适用于咖啡。咖啡豆的实际成本越来越低，如果你喝的是胶囊咖啡或品牌咖啡店的咖啡，那么豆子的成本会更低。[25]

是什么原因导致了这种转变？最明显的驱动因素是产品正变得日益复杂。生产复杂的产品依靠的是技术诀窍，而不是靠简单的组装。智能手机很轻，由少量硅（以玻璃和内部芯片的形式存在）、少量锂（存在于电池中）和铝（存在于外壳中）组成。当然还有其他一些元素。智能手机的确是由各种原材料构成的，但是，将沙子制成芯片以及将芯片与成千上万个其他部件以正确的方式连接起来的制造过程所需的技术诀窍，才使它价值非凡。与此同时，全球市场的规模在不断扩大，这会使技术变得更为重要。应用无形知识生产出来的第一批产品价格昂贵，因为产品设计的费用很高，或者为拿到一本书的版权需要支付高额版税。但随着产品生产数量的增加或书的印量增加，它们的成本会迅速降低。这意味着从商业角度来看，无形商品在规模更大的市场上更为重要。由于买家众多，高昂的前期成本便逐渐被收回了。

但无论原因是什么，这种新型的无形经济所带来的重要影响便是进一步催生了“赢家通吃”或“赢家吃大头”的市场。在无形经济中，公司能够以前所未有的速度扩张，达到前所未有的规模。将优步这样的打车平台与拥有自己的车辆的出租车公司对比一下，你就能意识到这一点。优步的算法也是它的关键无形资产，是高度可扩展的，而传统的出租车公司想要扩大规模，只能通过购买更多出租车的方式来实现。

软件行业通常也遵循同样的原则。开发一款软件的前期成本是巨大的，然而，随后的每一份副本基本上都是免费的。**如果网络效应和平台是指数型公司的基础，那么无形资产就是构成它的砖石。**

当企业的主营业务依靠的是人工智能时，无形资产在帮助企业扩大规模方面将产生前所未有的巨大影响。人工智能是终极无形资产，因为它具有永动机的特性，算法会给你带来越来越多的价值，而你却无须进行太多干预。这个过程大致是这样的：你将数据“喂给”人工智能，它会更有效地根据你的需求定制产品，比如推荐你想读的新闻故事或你想听的歌曲。这种改进后的服务变得更受欢迎，因而更多人会使用它。使用它的人越多，产生的品位和偏好数据就越多。然后，人们可以将这些数据“喂给”人工智能，这样一来，产品就会得到改进。[26] 这是另外一种形式的网络效应，即“数据网络效应”，简单来说就是：当你的产品由机器学习驱动时，它从用户那里获得的数据越多，它就会变得越智能。[27]

以谷歌为例。你可能会问，为什么谷歌会在搜索引擎领域占据难以撼动的主导地位？谷歌并不是第一家进入搜索引擎市场的公司，成立于 1994 年的搜索引擎公司 WebCrawler 更有可能获此殊荣。[28] 然而，谷歌是第一家有效利用数据网络效应的搜索引擎公司。

谷歌根据用户点击了哪些链接（或没有点击哪些链接）的数据优化网页排名的质量。每次用户通过点击一个链接进入一个网站并停留在那里，谷歌的人工智能就会知道这个链接是有用的，每次用户忽略一个链接，或者在点击它之后立即点击了“返回”，谷歌的人工智能就会知道它是一个无用的链接。因此用户的每次点击都会被输入算法。

谷歌最敏锐的观察者之一蒂姆·奥莱利（Tim O'Reilly）在2008年写道："谷歌是终极版的网络效应机器。"[29] 但数据网络效应并非只出现在谷歌，它在指数时代的公司中很常见。奈飞向你推荐的电视节目，是通过将你的观看习惯与其他人的观看习惯进行比较后得到的。你的这些选择被输入奈飞的系统，用于改进系统推荐的结果。

数据网络效应有点像无形资产的永动机。这些效应发挥的作用越大，给公司带来的好处就越多。掌握这一循环的公司可以利用无形资产在行业中获得难以撼动的地位。2020年，尽管有微软旗下的必应（Bing）等主要竞争对手试图进入市场，但谷歌仍然在在线搜索领域占据绝对的主导地位。这个例子很好地说明了在无形经济中，公司如何能发展到以前人们难以想象的程度。当一家公司进行无形资产交易时，它不必担心建造新工厂或扩展供应链等问题。在某些情况下，它只需将越来越多的数据输入自己的系统，就会自然而然地实现增长。

不断增长的规模回报

我们可以梳理指数经济的一些显著特征。当今世界，网络效应至关重要，一旦一家公司赢得了客户，它就会呈现指数型增长，将所有竞争对手甩在身后。这种无情的态势是由新一波平台的出现推动的，在这些平台上，网络效应异常强大。在更广泛的层面上，经济向无形资产的转变进一步推动了这一趋势，因为无形资产比实物资产更容易扩大规模。

指数时代超级明星公司的出现从根本上改变了全球经济的逻辑。正如我们在本章开头所看到的那样，在20世纪，公司最终会达到增长的极限，并成为大型成熟的"蓝筹股"。在2010年的一项研究中，研究人员调查了近

2.9 万家公司，发现“所有大型成熟公司都停止了增长”。[30] 但在超级明星公司中，这种以前必然会出现的停滞趋势似乎并不存在，减缓企业增长的“刹车片”已经被移除了。

世界上最有价值的公司——苹果、谷歌、微软、Facebook、腾讯、阿里巴巴和亚马逊等，都是指数时代的公司。在撰写本书时，世界上最大的公司中只有一家是“传统”企业，即沙特阿拉伯的国有石油巨头沙特阿美（Saudi Aramco）。尽管规模已经很庞大，但这些数字巨头的收入仍在以很高的速度增长。在以前，我们通常认为只有更小、更年轻的公司才会有这么高的增长速度。以 2018 年至 2019 年为例，中国科技巨头腾讯的年收入增长了 18%，亚马逊的年收入增长了 20%，Facebook 的年收入增长了 27%，远远高于全球经济的增长速度。2020 年，这 3 家公司的年收入分别增长了 28%、38% 和 21%。

这些公司打破了规模收益递减这一基本商业法则，它们已经学会摆脱曾经限制公司规模的“万有引力定律”的束缚。对超级明星公司来说，它们的投资回报随着公司的壮大而增长。我们首次进入了回报率按比例递增的时代。

接下来看看一家在美国技术行业产生了深远影响的公司。Salesforce① 是一家为销售人员开发软件的公司。它是由魅力超凡的软件高管马克·贝尼奥夫（Marc Benioff）在互联网泡沫后的寒冬中成立的。贝尼奥夫意识到，借助互联网日益强大的功能，他就能够通过网络浏览器发布他的销售跟踪应

① Salesforce 公司是 20 年前软件领域的行业黑马，而今已经成为引领行业发展的骏马。Salesforce 公司取得高速发展背后的 9 大关键法则全部包含在《Salesforce 传奇》一书中。该书中文简体字版已由湛庐引进、中国纺织出版社有限公司出版。——编者注

用。客户会租用软件，而不是通过交预付金的方式购买。

这种业务模式在今天看来是非常显而易见的，但在 1999 年，这是一个非常激进的想法。当时，企业购买软件，将其安装在中央服务器上，然后让 IT 人员将软件安装在每台台式机上。这一过程非常复杂。借助网络浏览器的力量，贝尼奥夫率先提出了“软件即服务”的理念，并在此过程中改变了软件行业。

在 20 年的时间里，Salesforce 从创业之初的几个人成长为拥有近 5 万名员工、价值 2 000 亿美元的企业。随着公司的扩张，该公司已经明白如何提高每个新增员工的工作效率，以及如何从客户那里获得更多收入。2005 年，Salesforce 当时有 767 名员工，每人能够为企业创造 23 万美元的收入。2020 年，该公司有 4.9 万名员工，每人能够为企业带来近 35 万美元的收入。消费者也很喜欢 Salesforce，在 2010 年，平均每位客户向 Salesforce 支付了 1.8 万美元。到了 2020 年，这一数字变为原来的 6 倍。顾客虽支付了 6 倍的费用，但他们感到更开心。2010 年，有 81% 的客户成为该公司的回头客。到 2020 年，这个数字超过了 90%。[31]

这是对上述力量的估算。网络效应的指数逻辑意味着，无论哪个销售平台领先，只要高管们坚守目标，就会完全占据主导地位。无形资产的易扩展特性意味着 Salesforce 公司可以不断发展壮大，而不用雇用太多员工。

奈飞的发展过程也遵循了类似的模式。2010 年，奈飞的销售额为 21 亿美元，拥有 2 100 名员工，平均每名员工创造的收入略低于 100 万美元。10 年后，这家公司的规模增长了 10 倍，营收接近 250 亿美元。该公司有 9 400 名员工，每名员工创造的收入接近 270 万美元。收益不断增长带来的动力也体现在奈飞的内容制作上。2011 年，也就是奈飞成立 14 年之际，它还没有任何原创内容。但到了 2012 年，奈飞推出了首部原创剧集。到了 2019 年，它发行的原创节目和电影超过了电视行业在 2016 年之前的年度总产出。[32] 2021 年，奈飞获得了 37 项奥斯卡提名，差点打破 1940 年一家电影公司获得 40 项提名的纪录。很明显，**不断增长的规模回报不仅重塑了商业，重塑了文化，也在更大范围内重塑了社会。**

超级明星公司持续增长的三种方式

指数时代的公司都非常清楚这种新经济产生的动力。这些公司都是在一个特殊的环境中成长起来的。在每个行业中，都有一家公司占据主导地位，而其他公司则被甩在后面。因此，这些公司形成了一种赢家通吃的思维，这种思维体现的是一个赢家通吃的市场。

我们先来看看许多新兴超级明星公司的管理结构。经济学家布莱恩·阿瑟（Brian Arthur）① 是最早发现组织设计正在发生转变的人之一。1996 年，在研究了微软及其操作系统平台取得成功的原因之后，他意识到，以网络效应为发展动力的企业与传统企业的经营模式存在不同。前者追求丰厚的回报，而不是每年寻求几个百分点的增长。他提出，对依靠网络效应得以发展的公司来说，“管理被重新定义为对下一个技术赢家、下一个大事件的一系列探索”。[33] 与此同时，这些公司的经理们痴迷于追求增长。他们知道，如

① 布莱恩·阿瑟在《复杂经济学》一书中完整还原“复杂经济学”这一崭新学科的形成与发展历程，向我们展示了应对不确定性经济世界的经济思想新框架。布莱恩·阿瑟还在《技术的本质》中提出了关于“技术”的颠覆性观点，构建了关于技术的理论体系。这两本书的中文简体字版已由湛庐引进、浙江科学技术出版社出版。——编者注

果公司停止增长，自己可能很快就会被淘汰，在指数经济时代，每个领域只有一家公司能够获胜。

这种对增长的看重在硅谷形成了一种新的语言。PayPal 和领英的联合创始人里德·霍夫曼（Reid Hoffman）① 对此非常精通。2016 年的一个下午，在位于加利福尼亚州森尼韦尔的办公室里，他一边喝着矿泉水，一边对科技初创企业如何快速成长做出了新的解释："闪电扩张。"他说，懂得闪电扩张的企业家看待公司的方式与老牌行业巨头截然不同。闪电扩张的公司强调增长而不是效率。在实践中，快速扩张意味着抛弃传统的经理人对支出进行优化的规则。相反，要以增长为目标，就算代价高昂也要去做。PayPal 的联合创始人彼得·蒂尔（Peter Thiel）也对增长情有独钟。在蒂尔看来，"竞争是为失败者准备的"。[34] 他建议，创业者应该找出自己比任何现有竞争对手都有优势的市场，这样他们就可以以几十年前不可想象的方式抢占市场份额。

蒂尔和霍夫曼从各自的角度提出，指数时代的超级明星公司并不是因为渴望变得庞大和占据主导地位才不遗余力地扩张的。它们别无选择，因为第二名会被远远地甩在后面。

在实践中，这些公司实现持续增长有 3 种手段。**第一种手段是水平扩张，这是指公司从一个市场进入邻近领域的市场。**例如，为零售商提供交易

① 随着 ChatGPT 问世，关于人类是否会被人工智能取代的担忧愈发严重。在《GPT 时代人类再腾飞》中，里德·霍夫曼提供了一个视角，展示了如何借助人工智能技术，实现生产力的跃升。在《高成长思维》一书中，里德·霍夫曼与爱彼迎、谷歌、奈飞等企业的非凡领导者们一起揭示商业扩张的有力规则。这两本书的中文简体字版已由湛庐引进，分别由浙江科学技术出版社和浙江教育出版社出版。——编者注

平台的阿里巴巴就是向新领域不断扩张的例子。自 2004 年以来，阿里巴巴一直在运营支付宝的在线支付业务。到 2013 年，支付宝已成为全球最大的移动支付服务平台，于是阿里巴巴将这项业务独立出来，成立了蚂蚁金服。这是水平扩张的第一步，也就是给予这家新的金融公司自主权。蚂蚁金服利用阿里巴巴一直在收集的大量交易数据，将数据科学的力量通过“蚂蚁大脑”变成一股日益占主导地位的力量。这是网络效应的影响力的一个经典例子：阿里巴巴拥有的数据越多，它就变得越强大、越高效；它变得越强大、越高效，就会有越来越多的客户加入，然后它获得的数据就越多。

网络效应和不断增长的回报，使蚂蚁金服有能力向越来越多的市场领域扩张。例如，通过查看购买数据，“蚂蚁大脑”发现，购买紧身牛仔裤的女性更有可能花钱修理智能手机。该公司的高管猜测，手机会从女性常穿的紧身牛仔裤紧绷的后口袋中滑出，摔在地上。于是，他们很快推出了一款面向购买时尚裤子的年轻女性的屏幕保险产品。[35] 这种扩张的结果是，蚂蚁金服提供的各项服务在它的客户的整个经济生活中发挥作用。蚂蚁金服很快将业务扩展至 5 项：支付、财富管理、信用评分、贷款和保险。该公司成功吸引 40% 的客户使用了全部 5 种产品、80% 的客户使用了 3 种以上产品。

这种水平扩张的现象并非只发生在中国。苹果公司最初生产的是计算机，现在生产手机、平板电脑和手表。它有一个媒体订阅业务和一个 App Store，它的产品能够提供用户的健康信息。而零售商亚马逊已经从卖书转变到售卖各种各样的商品。它有一个物流部门，拥有世界上最大的云计算业务，还有像苹果公司一样的媒体业务。

但指数逻辑并不仅仅导致向新市场的水平扩张。**超级明星公司实现持续增长的第二种手段是垂直扩张。一家公司会审视自己的供应链中的一部分业**

务活动，并决定把它们收归旗下，这就是垂直扩张。当然，垂直扩张并不是指数时代的特色。19 世纪，安德鲁·卡内基（Andrew Carnegie）成为美国第二富有的人，他扩大了钢铁公司的规模和业务，整合了供应链的每个阶段，从而控制了铁矿、煤矿、铁路和钢铁厂。这些举措使钢铁行业实现了前所未有的高效率。然而，到了 20 世纪后期，垂直扩张不再有效。管理的正统理念变成公司应该保持自己的“核心竞争力”。[36]

但现在情况变了。我们进入了指数时代，垂直扩张再次成为企业的经营理念。谷歌的广告业务就是一个垂直扩张系统，该公司的收入和利润绝大部分由广告业务贡献。在几种不同的机制的作用下，在线广告涉及的各个环节之间的壁垒被打破，这些环节包括目标定位、拍卖广告空间、放置广告、追踪用户参与。曾经，不同的公司负责这些流程中的不同环节。到了 2020 年，想要购买广告以展示给特定用户群体的广告商完全可以通过谷歌的产品做到这一点。2006 年，谷歌收购了 YouTube，这一举措进一步稳固了谷歌在广告生态系统中的主导地位。谷歌地图的推出也起到了同样的作用，它帮助广告商更深入地了解消费者在做什么。而且，这种垂直扩张并没有放缓的迹象。2010 年，谷歌收购了 40 家公司，这些公司分别属于社交游戏、照片编辑、计算机处理器、盲打技术、语音识别、旅游和音乐流媒体等领域。谷歌通过收购这些公司，对自己的供应链有了更强的控制。

这种垂直扩张甚至可以从数字世界扩展到硬件制造领域。以芯片制造为例：在个人计算机发展史上的大部分时间里，芯片、计算机、操作系统分别由不同公司制造。然而，今天，大型计算机公司也会制造芯片。2010 年，苹果公司开始生产手机芯片，2019 年开始生产计算机芯片。2018 年，谷歌开始制造自己的专业芯片，以提高人工智能系统的运行速度。就连汽车公司特斯拉也在2016年放弃了购买芯片，转而推出了自己的芯片产品。

除了向现有市场扩张，这些超级明星公司凭借自身雄厚的财力，可以从头开始创造新的经济领域，这就是实现持续增长的第三种手段。规模收益递增的好处之一是，指数型公司可以在研发上投入大量资金，正如我们在第3章中看到的亚马逊天文数字般的年度研发预算。事实上，指数时代规模巨大的公司的研发支出比其收入增长更多。这些公司的目标是取得技术突破，从而培育全新的行业，这样一来，它们可以继续主导这些新的行业。

以谷歌的母公司Alphabet为例，该公司的大部分收入来自搜索引擎广告。然而Alphabet的研究人员从事的领域与搜索引擎相去甚远。该公司有一个团队在研究“冷聚变”，这是一种利用恒星内部发生的核聚变过程的前沿技术。[37] 如果成功解决冷聚变问题，Alphabet将能够改变获取能源的方式。

谷歌不仅涉足能源领域，它的研发子公司X还为生命科学、消费者互联网接入、自动驾驶汽车、网络安全、机器学习等多个领域的研究提供资金。谷歌甚至推出了一项名为Malta的新业务，通过将大盐桶加热至超过熔点，以清洁的方式储存能源。

超级明星公司，一种全新的经济范式

所有这些都证明，超级明星公司不是一种转瞬即逝的趋势，而是一种全新的经济范式。无论是在行业内还是跨行业，未来的企业巨头将在越来越多的领域中占据市场主导地位。但这必然会带来问题吗？想想那些垄断的案例就能知道，答案是肯定的。20世纪，占据市场主导地位的企业往往会导致垄断的出现，垄断会带来很多问题。在没有竞争对手的情况下，公司可能会为客户提供更糟糕的交易服务。传统的垄断者经常抬高价格，并且由于缺乏竞争对手，他们也没有动力来改善产品和服务，甚至可能使用不正当的手段阻止竞争者进入市场。

在指数时代，占据市场主导地位的企业比以往任何时候都更多见，但它们引发的问题略有不同，因此人们需要重新思考什么是垄断行为。20 世纪 70 年代，尼克松总统和福特总统任期内的美国副检察长罗伯特·博克（Robert Bork）提出了后来成为反垄断法的标准方法，以立法的形式对垄断问题进行管制。博克关注的重点不是反竞争行为或卡特尔式行为本身，而是消费者福利。在博克看来，问题的核心是：一家公司的行为会伤害消费者的钱包吗？公司的规模或市场地位本身并不是问题，重要的是对消费者的影响。

博克的思想在美国和欧洲都很有影响力。按照这一思路，他可能不会把指数时代的超级明星公司视为一个问题。在科技和互联网行业，客户是否做了亏本交易还远未可知。当然，谷歌和亚马逊在某些领域正趋于垄断地位，但消费者的福利并没有被剥夺，至少乍看上去没有。技术的指数型发展带来的好处是，在成本不变的情况下，技术产品的性能逐年提升，你刚买的那台 1 000 美元的计算机比你在 3 年前花 1 200 美元买的还要好。互联网搜索是免费的，今天，通过互联网搜索，你可以比以往任何时候都更快、更有效地得到答案。手机上的相机和易于使用的共享应用让数十亿人体验到摄影的乐趣，而这几乎也是免费的。在数字经济的每个领域，消费者体验似乎都在变得更便宜、更有效，看起来好像不存在垄断的危险。

但有一个问题，博克提出的用于理解垄断的框架并没有考虑垄断公司造成的真正问题，至少没有考虑指数时代的垄断问题。这是指数鸿沟的一个例子。新时代的垄断一定会导致问题，但根据现有的规范和规则来看，这些问题好像无关紧要。

第一个问题：现代的垄断企业可能会剥削小规模的生产商，而不是剥削消费者。想想 iPhone 上的 App Store，我们很多人通过它下载应用程序。而 App Store 正是由生产 iPhone 的苹果公司运营的。该公司会向软件开发人员收取在 App Store 中销售产品的费用。对于年收入少于 100 万美元的小型软件开发商，苹果公司会按照每笔销售额的 15% 收取费用，对于大一些的公司，则按照 30% 的比例收取费用。截至 2020 年，App Store 中的应用数量已经达到 180 万，每年的总销售额超过 500 亿美元。[38] 但这 15%（或 30%）的收费比例是合理的吗？这难道不是个人开发者不得不向社群“执法者”变相缴纳的高额“保护费”吗？

当然，苹果公司也为开发者提供了便利，为他们提供了可以接触数十亿 iPhone 用户的渠道。它为人们购买应用软件提供了一个安全可信的环境，使人们能够放心消费；App Store 的存在让购买过程变得简单，解决了支付甚至订阅等问题。在 App Store 出现之前，移动应用市场一片死寂。对消费者来说，找到应用很困难，支付过程既烦琐又不安全，还很容易下载到包含病毒、欺诈等内容的软件。苹果公司建立应用商店，本质上就是创造了这样一个市场。

但苹果公司的努力是否值得开发者付出收入的 30% 呢？许多开发者并不这么认为。制作《堡垒之夜》（*Fortnite*）的 Epic Games 公司就是其中之一。《堡垒之夜》是一款深受青少年喜爱却令他们的父母深恶痛绝的电子游戏。[39] 在挑战苹果公司的费用收取规则并试图不缴纳 30% 的销售收入后，该公司被踢出了 App Store。在这场风波发生几周后，苹果公司最终做出了让步，将一些开发者的费用减半，但只针对那些收入远低于 Epic Games 收入的开发者。问题是，在一个缺乏竞争的市场中，我们无法真正知道什么是公平的价格。考虑到苹果公司在 Epic Games 的目标客户中占有 80% 的市场份额，你不能将决定“真正”价值的权力交给市场。因为在某些经济领域，苹果公司就是市场本身。

Epic Games 是一家大公司，也许我们不需要为它流下同情的眼泪。毕竟，除了《堡垒之夜》，人们还可以玩其他游戏。但这种寡头垄断行为伤害了卖家而非消费者的现象在各个平台上都很常见，而且并非所有受害者都像 Epic Games 那样强大。以谷歌广告业务的垂直扩张为例，该公司在在线广告领域的主导地位导致它做出了令人质疑的商业行为。该公司被指控设定广告费用的最低价格标准，借此向广告商多收费，并向广告商隐瞒有价值的信息。欧盟委员会对谷歌处以 14.9 亿欧元的罚款，原因是该公司滥用自身在广告市场的主导地位，并发现该公司不允许其竞争对手在谷歌的搜索结果中展示广告信息。[40] 英国竞争和市场管理局也对谷歌在广告市场的垂直扩张表示担忧，指出在线广告领域存在严重的利益冲突，而且由于缺乏有效的竞争，可能会出现收费过高的巨大风险。[41] 然而，遭受损失的并不是普通的谷歌用户，而是需要购买广告的小企业。

这就引出了新时代的垄断会导致的第二个问题：由大公司主导的经济体逐渐失去活力。博克的垄断理论在这里也遇到了问题。他的框架关注的是特定行业内的价格上涨，而不是经济活力的全面丧失。但有迹象表明，这种敏捷性的丧失正在指数时代发生。

乍一看，这种想法似乎很荒谬。毕竟，许多指数时代的赢家都是年轻的公司，通常成立不到 20 年。如果市场竞争越来越弱，这些公司怎么会发展得这么快？如果市场被数字巨头主导，为什么还会有那么多初创企业诞生，而且这些初创企业融到的资金也比以往任何时候都多呢？在全球范围内，2020 年有超过 2 880 亿美元的风险资本投给了新成立的公司，相比 2001年的190亿美元，平均每年增长15.4%。[42]创业越来越不局限于美国了。1995 年，绝大部分风险资本流向了美国的初创企业，但到 2020 年，约有一半的投资流向了美国以外的公司。风险资本家不是傻瓜，如果像赢家通吃的框架所暗示的那样，市场处于被锁定和不可撼动的状态，他们为什么要支持新公司的创立呢？因为他们知道，经济只是看起来充满了活力。

但我们需要更加小心，因为即使新公司如雨后春笋般涌现，非常大的公司也越来越善于通过收购新生的竞争对手来巩固自己的市场地位。谷歌收购了视频领域的 YouTube、广告领域的 DoubleClick、手机领域的 Android。Facebook 也收购了即时通信领域的 WhatsApp、社交媒体领域的 Instagram 以及虚拟现实领域的 Oculus。

这会给创新带来一些长期影响。研究表明，突破性发明更有可能由个人发明者或较小的团队做出。一组博士研究人员分析了 1954 年至 2014 年的 6 500 万篇论文、专利和软件产品，发现“虽然大型团队确实推动和提升了科学水平，但颠覆现有科学的新发现多数是由小型团队做出的”。[43]而且，正如我们所看到的那样，虽然一些公司在科学研究上雄心勃勃，比如谷歌，但是数据表明，这些巨头公司会使它们主导的领域的研究焦点变得非常狭隘。研究人员在分析了人工智能各个领域的 11 万篇论文后得出结论：与学术研究相比，由公司主导的许多研究往往视角非常狭窄。商业研究似乎专注于已经被证明能够获得成功的方法，往往会减少对其他可能路径的探索。[44]

科技公司甚至会故意将科学家的注意力从更宏观的科学研究上转移开。

2010 年至 2019 年，科技巨头对人工智能技术的需求非常大，因此开始挖走大学教授来处理这些公司的优先事务。这些公司的目标是获取大学的专业知识，并建立一个新的毕业生人才库，让他们跟随自己老师的步伐，从学界进入企业的人工智能实验室。

2004 年至 2018 年，北美大学有 221 位人工智能领域的教授离开学界，其中大多数人在计算机行业寻求职业发展或自己创业。在同一时期，160 名人工智能领域的教师跳槽到其他大学。[45] 这些数字可能看起来很小，但正如顶级人工智能研究人员斯图尔特·罗素告诉我的那样："我们没有多少人工智能教授，而且培养他们需要很长时间。"[46] 从 1997 年到 2006 年，从学界转到业界的人工智能科学家是生命科学家的 100 倍。[47] 随着人才从大学流向私营企业，研究领域有可能变得越来越狭隘，而且人才会越来越多地集中在大公司的商业优先事务上。[48]

对于垄断趋势带来的第三个问题，也是最后一个问题，博克并没有过多提及，但公司不仅对消费者来说很重要，它们还是社会的组成部分，能在更广泛的范围内产生影响。**最明显的问题是：它们应该纳税。**对指数时代的第一批超级明星公司来说，我们的税法过于慷慨。指数时代公司的大部分资产都以无形资产的形式存在，而无形资产很容易跨越国界，也更容易逃过税务机关的审查。据《经济学人》报道，在 2020 年之前的年份里，美国最大的科技公司缴纳的税率约为其利润的 16%，远低于当时美国企业税率 35% 这一标准。[49]

它们躲避纳税的方法非常巧妙。美国科技巨头长期以来非常喜欢利用的一个漏洞是"双层爱尔兰汉堡"（Double Irish），即大公司将其无形知识产权放在一家在爱尔兰注册的公司，然后再由在百慕大等避税天堂注册的公司来控制在爱尔兰注册的那家公司。爱尔兰认为该公司是离岸公司，但美国认为它是爱尔兰公司。[50]利润呢？利润仍然是免税的。这种做法已经开始过时，在经济合作与发展组织和唐纳德·特朗普政府打击“双层爱尔兰汉堡”后，至少有一家科技公司在2020年终止了这种做法。[51]

总的来说，指数时代巨头公司的快速增长让政府措手不及。像爱尔兰这样的少数几个国家，已经发现了这种变化。它们很快就利用有吸引力的税率吸引新经济时代的超级明星公司将注册地变更至这些地方，或者将公司搬到这些地方。[52]但许多国家则并没有采取任何措施，当它们的顶级企业搬至其他国家并开始减少在之前国家的纳税额时，它们只是选择袖手旁观。

规则本身必须改变

尽管存在种种困难，在指数时代，超级明星公司的崛起所带来的问题并不难解决。事实上，我们已经有能力回答这些问题了，只是需要改变思维。最重要的是，对于垄断，我们需要形成一种新的思考方式。在指数时代，博克的理论已经站不住脚了，“只有看到它们对消费者产生了负面影响，才认为它们的规模过大”，这显然过于片面了。但幸好，大型科技公司在市场上的主导地位，让一度守旧的反垄断研究领域重获新生，并产生了一些令人兴奋的新想法。

例如，法律学者莉娜·可汗（Lina Khan）发表了一篇非常受欢迎的论文，该论文提出另一种反垄断框架，关注的是亚马逊在基础设施和物流领域的主导地位所带来的影响。[53]与其关注亚马逊对消费者的影响，不如关注亚马逊巨大的规模和在基础设施领域的主导地位所引发的利益冲突。以Ecobee为例，这家公司制造室内供暖控制设备，并通过亚马逊网站出售。

消费者可以将该设备与亚马逊的 Alexa 语音助手连接。《华尔街日报》报道称，亚马逊扬言要禁止 Ecobee 在亚马逊的网站上销售这款设备，除非 Ecobee 与亚马逊这个庞然大物共享消费者数据。在可汗的描述中，这种行为，而不是规模，将成为垄断的一个关键指标。可汗的建议尚不成熟，却是恰当的。一旦我们制定了一套与大公司打交道的新规则，在某种程度上就会更容易防止超级明星公司拥有过多权力。

但是，当大公司确实开始慢慢走向垄断时，我们该怎么办呢？首先，反垄断机构需要有更强的信心去阻止大公司收购小公司。所有监管机构都面临的难题是，如何确定一家占主导地位的公司的收购行为会在 5 年或 10 年后导致垄断。2005 年，谷歌在收购 Android 手机系统时只花了很少的钱。当时，手机市场的主导者是黑莓和诺基亚。所以人们当时可能会想：谷歌收购一家初创企业会有什么坏处呢？ Facebook 在 Instagram 只有十几名员工时收购了它，当时很多人认为收购价格过高，收购行为荒唐可笑。在这两种情况下，美国反垄断当局都没有意识到，在 10 年的时间里，这两项服务的市场将会变得如此庞大。

解决办法或许是，监管机构保留批准大型公司收购的权力，就算它们收购的是相对较小的公司，监管机构也有权介入。如果事实证明某项收购最终会带来麻烦，那么监管机构有权要求收购方再次出售被收购的公司。

这一方法将阻止指数时代平台公司在某个市场领域大肆并购，我们也能通过其他方法阻止这些公司变得过于庞大。在这里，一个有价值的想法是“互操作性”。我们早些时候提到过这个概念，它是一种允许不同类型的电子邮件账号相互交流的共享语言，这进一步推动了互联网的早期发展。今天，平台之间的互操作性非常罕见。如果你目前是优步平台上的司机，现在你决定使用优步的竞争对手的平台，那么你将从零开始积累业绩，因为你一旦离开之前的平台，你此前的客户评分或评论都将留在那里，无法被带到新的平台上。这有点像买了一台新传真机，然后不得不说服所有客户购买同一型号的传真机，这样你们才能进行交流。

坚持互操作性，特别是对那些达到一定规模的公司来说，这是弱化网络效应的一种方式，而网络效应会使公司变得更大。例如，如果我在 eBay 上展示商品，有人可能会在 eBay 竞争对手的服务网站上找到它们，并购买它们。如果我在 Instagram 上发布了一段自己日常锻炼的短视频，我在领英上的朋友也能够观看，并给我点赞。互操作性保留了网络效应的积极面，即使我离开了某个社交网络，我仍然可以与先前使用的社交网络上的用户交流。但这也意味着，任何服务的网络效应都会被削弱，从而防止任何一家公司不可避免地走向垄断。

我们之前就已经踏上了实现互操作通信服务的征程。20 世纪 90 年代初，手机公司都是各自为营，你只能向购买同一服务的用户发送短信。如果我在英国使用沃达丰移动通信，而我的朋友使用 Orange 移动网络，我就无法给他发送消息。这种不兼容并不是因为存在难以解决的技术问题，而是出于商业层面的考虑，即各网络公司都担心其客户会选择竞争对手的服务。这意味着，在 1999 年，由于服务平台不兼容，英国手机用户平均每月只发送几条短信。到了 2004 年，也就是互操作性在业界推广了 4 年多以后，英国人平均每月发送 33 条短信。到了 2010 年，这一数字达到了 141。[54] 能够免费与任何移动通信公司的用户联系，再加上价格的下降，推动了手机使用率的上升。事实证明，对互操作性的担忧是没有必要的，推广了互操作性之后，公司比以往任何时候都更强大，客户体验也得到了极大改善。

今天，我们正在采取措施，使跨部门的互操作性成为现实。自 2012 年以来，英国的金融监管机构金融行为监管局一直坚持要求消费银行为客户更换银行提供便利。最近，“开放银行”（open banking）运动迫使银行与其他应用共享客户数据（当然，需要客户的许可）。这就是英国人经常可以相对轻松地更换银行的原因。而在 20 年前，你必须亲自带着相关的文件复印件到一间闷热的办公室办理相关手续，并且你之前在其他银行办理业务时已经提供过这些资料。欧盟委员会在企业监管方面一向走在前列，其 2020 年 12 月提出的《数字市场法案》（*Digital Markets Act*）对“守门人平台”，即我们一直在讨论的主流网络平台类型，提出了新的法律义务，其中就包括平台之间的强制互操作性。[55]

其次，我们可以限制指数时代大型公司的力量，不是把它们当成普通公司，而是当成公用事业公司。因为，这些公司提供了水、电网或污水管道处理等日常生活中必然会用到的基础服务。越来越多的数字公司开始适应这种模式，它们已经融入人们的生活。不信的话，你可以试着一天不使用谷歌、苹果、亚马逊、Facebook、微软或奈飞的服务，或你所在地区的同类服务，如中国的腾讯或阿里巴巴。你会发现你做不到。如果没有智能手机，没有应用商店，就很难参与本地经济，更不用说全球经济了。没有搜索引擎，家庭、学校、企业都无法正常运行。如果使用社交网络，人们更加容易融入社会。一旦有了这种力量，不管公司喜不喜欢，它们都要承担相应的责任。

长期以来，人们不断对公用事业提供商提出严格要求。监管机构通常会对它们提出更高的标准。对电信公司来说，这意味着“普遍服务义务”，意思是一个国家的每个居民都必须获得合理的通信服务。处于同等地位的其他公司则被视为会凭借自身的市场主导地位做出反竞争行为，因此必须以公平的方式与竞争对手分享其基础设施。英国电信集团就是一个很好的例子，它的电话网络遍布全国，因此自然而然形成了垄断。通信领域的其他企业很难与之竞争，因为要想访问用户家中的线路，英国电信集团是绕不开的一环。经过多年的努力，英国的监管机构想出了一种解决方案：将英国电信集团的核心业务独立出来，成立一个新公司，该公司仍然归该集团所有，但并不由该集团直接运营。这家名为 Openreach 的公司需要拿出资金投入网络建设，并向英国电信集团和其他任何希望平等接入网络的电话公司出售服务。这样一来，其他公司也不必在全国范围内重新铺设网络，就可以让消费者使用自己的服务，但仍有一些公司选择这样做。[56]

欧盟委员会再次带头监管大型科技公司也是一个很好的例子。其拟议的《数字服务法案》(*Digital Services Act*) 规定，当一个平台变得非常大，覆盖超过 10% 的欧洲人时，就需要履行新的义务。这包括更高的信息披露和审计要求，以及与研究人员和监管当局共享数据的承诺。这些更苛刻的要求并不适用于较小的公司，这样做是希望通过这些小公司的存在，避免使更广泛的市场变得僵化。[57] 但是，如果我们真的要像对待公用事业一样对待数字平台，并试图打破它们的束缚，就需要这样的监管。

所有这些政策都是为了缩小指数鸿沟。市场往往能带来公平竞争，这是事实。然而，在指数时代，这是一个危险的假设。政治家、商人和监管者还没有意识到我们正在进入一个赢家通吃的时代。他们认为，如果垄断真的抬头，就会给消费者带来负面后果，但情况已经不再是这样了。

这是制度变革缓慢的一个实例。超级明星公司已经出现了很长一段时间。正如我们所看到的，布莱恩·阿瑟在 1996 年就写了一篇关于平台占据主导地位和科技界规模收益递增的文章。然而，阿瑟第一次发表的该主题的文章，代表的还只是对科技行业细分行业的有趣观察。但在今天，它已经成为世界上最重要和最大的行业。在试图对其进行监管的过程中，各国政府最终选择了用工业时代的思维来解决指数时代的问题。

但这种 20 世纪的世界观是可以改变的。政府的动作将比增长最快的公司慢得多。然而，在学界和法律界、智库和商业论坛，缩小这一指数鸿沟的政策触手可及。人们逐渐认识到，面向各个领域制定规则的时代已经结束。因此，规则本身必须改变。

The Exponential Age

第 5 章

工作领域的指数鸿沟

自动化的持久影响不会导致工作岗位的减少。如果着眼于指数型技术的长期影响，我们不应该关注人类要做的工作的数量，而是要关注可选择的工作的质量。

2015 年前后，媒体突然开始非常担心自动化会对就业产生巨大影响。《卫报》警告称，"数百万英国工人面临着被机器人取代的危险"。[1]《纽约时报》在 2017 年发出了"机器人会抢走我们孩子的工作吗"的疑问。[2] 未来学家马丁·福特（Martin Ford）在 2015 年撰写的一部未来启示录式著作《机器人时代》（*Rise of the Robots*）成了畅销书。其中一个观点是，自动化有可能导致我们的后代面临"失业的未来"。

这种担忧由来已久。自工业革命以来，雇主们一直利用技术从工厂和工人那里榨取额外的生产力，这往往会造成雇主和员工之间关系紧张。对公司老板来说，机器似乎很有吸引力：工人需要固定工资，而机器只需在购买时一次性支付一笔钱，后期的维护成本也不高，因此用机器取代工人很划算。进入 19 世纪，工人们对机器夺走他们工作的愤怒之情与日俱增。在 19 世纪初的英格兰，卢德分子①开始捣毁自动化织布机，因为在他们看来，是自动化织布机毁掉了他们的生活。接下来的几个世纪，类似的运动在世界各地不断上演。在“卢德分子”出现160年后，位于俄亥俄州洛兹敦的通用汽车公司的工人点燃了装配线控制装置，迫使生产暂停。他们反对自动化程度的日益增加，认为这将导致裁员，并导致管理者对工人的不人道要求进一步增加。[3]

换句话说，以前就出现过“机器人的崛起”。像这样的焦虑通常会突然出现在技术急剧变化的时期。要知道，“机器人的崛起”影响的不仅是工人。经济学家约翰·梅纳德·凯恩斯（John Maynard Keynes）于1928年提出了“技术性失业”的概念，他指出：“技术效率的提升速度超出了我们吸纳劳动力（即工人找到工作的能力）的速度。”[4]

进入指数时代后，新技术似乎再次向“工人是否有存在的必要”发起了挑战，尤其是人工智能似乎越来越多地入侵了员工的工作领域。正如第1章指出的那样，这些技术系统的性能正迅速提升。如果你想识别照片中的一个人，最好选择人工智能技术而不是人工；如果你想将一种语言快速翻译为另一种语言，依托人工智能的翻译软件要更胜一筹；如果你想为50个工人安排班次，那么最优算法排出的时间表将完胜手工排出的时间表。随着人工智能的不断发展，此前我们认为只能由人类完成的任务，现在也可以由人工智能系统很好地完成了，并且将来它会表现得更好。

然而，一个亟待回答的问题是，人工智能的不断发展实际上对工人意味

① 卢德分子以传奇人物内德·卢德（Ned Ludd）的名字命名，据说他因不满工厂主用机器取代工人的做法而捣毁了工厂主的机器。

着什么？在我们的集体想象中，自动化带来的威胁日益凸显。由于新型自动化工作场景的不断出现，人们预测未来会出现企业大规模裁员的现象。它被描绘成比凯恩斯对技术性失业的担忧更致命的威胁。我们被告知，不久的将来，自动化系统将使大多数人失业或无法就业。例如，第 1 章提到的人工智能先驱之一杰弗里·辛顿于 2016 年对放射科医生的就业前景进行的分析。放射科医生是对 X 射线、计算机断层扫描和磁共振成像扫描的结果进行分析的专业医生。辛顿告诉一小群人工智能的研究人员和创始人，放射科医生"就像已经站在悬崖边上的郊狼，由于还没有向下看，所以不知道下面没有立足之地。人们从现在开始就应该停止培训放射科医生。很明显，在 5 年内，深度学习系统将比放射科医生的表现更好……也有可能是 10 年内，但我们已经有足够多的放射科医生了"。[5]

辛顿的看法正确吗？从某种程度上来说是正确的。在他发表这番言论之后的 5 年间，人工智能系统，尤其是那些与放射学关系最密切的机器视觉系统，正如他所预测的那样得到了长足发展。我的发小拉杰什·杰纳（Rajesh Jena）是一名比我厉害很多的编程高手，他也是剑桥大学癌症研究中心的神经肿瘤学专家。他与微软的研究人员一起开发了一种工具。该工具能够提供肿瘤和器官的精确 3D 可视化图像，可以将识别神经细胞瘤的时间从几小时缩短至 4 分钟，从而使专科医生有更多时间向患者解释病情。[6]

但与此同时，辛顿却大错特错。让我们看看放射科医生的人数到底发生了什么变化。2010 年，在深度学习浪潮出现之前，美国有 27 986 名放射科医生。2015 年，也就是辛顿发表这番言论的前一年，美国有 27 522 名放射科医生。但到了 2019 年，放射科医生的人数已经增至 28 025 名。

有人可能会说，3 年的时间太短，不足以跟踪这项技术带来的影响。但辛顿明确表示："人们应该停止培训放射科医生。"这显然是不明智的。放射科医生非但没有失业，反而依然供不应求。这种情况不仅出现在高度发达的美国医疗系统中，放眼全世界，面临放射科医生和配套机器短缺问题的国家不在少数。事实上，拉杰什发明的各类工具并没有让放射科医生变得多余，而是将他们从超负荷的工作中解放出来。

这个案例表明，**未来的工作将呈现一种更复杂、更微妙的前景。**的确，自动化系统在一度由人工完成的任务中表现得越来越出色。商店清洁机器人在美国正变得越来越普遍，尤其是自新冠病毒疫情暴发以来，这类清洁机器人的应用更加广泛。[7] 在中国，人们用机器视觉系统扫描受损汽车的照片，以评估维修成本，并不需要派人去现场。这样的例子不胜枚举。[8]

然而，"失业的未来"这一概念，即常出现在小报标题中的"机器人启示录"，有些言过其实了。尽管它很吸引眼球，而且更具新闻效应，但其逻辑是错误的。从历史上看，自动化对经济发展起到了越来越重要的作用，而且该领域的就业水平一直在提高。

这种情况是如何发生的？这是由于自动化创造的工作岗位可能比它摧毁的工作岗位多。没错，随着一些行业的衰退，短期内会出现大规模失业的现象。但是自动化创造的工作往往要求人们具备新的、独特的技能，包括系统开发、系统操作和系统维护等工作。随着时间的推移，自动化最终将创造全新的经济领域，只不过目前这些领域只可能存在于我们的想象中。

"机器人崛起"叙事的问题在于，它不仅是错误的，而且还会使人们"一叶障目"。我们正在经历工作史上最伟大的转变之一。技术将彻底改变所有人的工作方式以及雇用关系。然而，如果处理不当，这种转变有可能将我们推进职场剥削的新时代。

但问题的根源不在于自动化本身。我们的经济将继续创造新的工作，因此就业岗位的数量可能会保持高位，但工作的质量等，比如员工的工作任务可能更重，定期涨薪得不到保障，提升技能的机会变少，员工丧失在工作中的话语权。

我们正目睹由快速发展的技术所创造的新的工作模式与管理工人时所秉持的过时规范、规章和期望之间的指数鸿沟的出现。你将在本章中看到，从传统雇用模式向平台商业模式的转变为公司创造了组织工作的新方式，那就是越来越看重零工工作，而不是雇用合同。传感器和分析技术的使用使雇主能够实施自动化管理系统，以提高效率和生产力，而这往往以牺牲工人的福祉为代价。与此同时，流向劳动者而非企业所有者的价值份额正在减少。

这三种力量都不可能是一个像机器人启示录这样简单的想法能解释的。但每一种力量，都正在那些能够驾驭指数时代力量的人与那些即将被甩在后面的人之间制造鸿沟。

技术发展会带来更多就业机会

大规模自动化和失业的概念，就像浓雾一样笼罩着硅谷。这个老生常谈的概念之所以在 21 世纪初再次出现，主要是因为第 1 章探讨的人工智能技术开始不断进步，并取得各种进展。突然间，书店里到处都是《第二次机器革命》(*The Second Machine Age*) 和《人工智能时代生存指南》(*Surviving AI*) 之类的书，这些书都以这样或者那样的方式提出了一个极其简单的论点——人工智能正在改变游戏规则。我们拥有的通用技术可以在许多不同的场景中使用。它还具有适应性，能够从经验中进行学习。其结果是，随着时间的推移，它会不断发展，能力变得更强，使大量劳动力变得多余。

毕竟，人工智能的突破通常发生在感知、沟通、规划和操控等看起来最接近人类技能的领域。更重要的是，研究人员也在不断炫耀，这些机器能够比技能最熟练的人类更沉着地完成那些迄今为止还无法自动化的任务。因此，软件和机器人取代人类肯定会导致失业。

在人工智能领域最著名的一项研究中，牛津大学的两位学者迈克尔·奥斯本（Michael Osborne）和卡尔·弗雷（Carl Frey）预测说，由机器学习带来的计算机系统的进步，将导致 47% 的美国劳动者所在的岗位变得多余。[9] 预测者和未来学家大力追捧这些研究以及类似的发现，奥斯本和弗雷的研究在 7 年内被引用了 7 000 多次。[10] 2017 年，广受推崇的市场研究公司 Forrester 预测，到了 2027 年，将会有 2 500 万美国工人因自动化而失业，而自动化只能创造 1 400 万个新工作岗位。[11] 英国广播公司在一则头条新闻中警告称，到了 2030 年，全球将有 2 000 万人失业。[12]

这种说法是有几分道理的。在 21 世纪的第二个 10 年，许多人确实因为自动化而失业。2017 年，德意志银行声称要利用自动化削减数千个工作岗位，尤其要优化掉那些“大部分时间基本上都在做计算工作”的人。[13] 尽管银行业是一个特别理性的行业，但希望实现办公自动化的并非德意志银行一家。一家又一家银行开始尝试削减白领工作岗位，这一需求是如此之大，由此催生了办公自动化行业的繁荣。罗马尼亚的 UiPath 公司是一家开发自动化软件的初创公司。2015 年，它还只是一家小公司，仅有不到 20 名员工。在接下来的 5 年里，世界各地的大公司纷纷找到该公司，希望它能帮助自己的公司实现白领工作的自动化，UiPath 的员工数量迅速增长到 3 000 多名。

2020 年，该公司的市值超过 350 亿美元。[14]

随着自动化步伐的加快，自动化的影响将在就业统计数据中显现出来，这一观点似乎无可辩驳。如果雇主可以利用新技术提高生产力，那么他们最终将会雇用更少的员工。长期数据也证明了这一点。美国制造业的绝对就业人数在 1979 年中期达到顶峰，当时有 1 950 万名美国人从事制造业。[15] 美国工人的生产效率是世界上最高的，是英国工人生产效率的 1.5 倍，比德国工人的生产效率高 20%。[16] 在接下来的几十年里，制造业产出继续上升，但工厂雇用的工人数量不断下降。美国工厂生产了更多东西（以价值衡量），但需要的工人数量却在锐减。美国布鲁金斯研究所的数据显示："1980 年，美国制造业需要 25 名工人才能创造 100 万美元的产出。" 到了 2016 年，生产同等价值的产品只需 5 名工人。[17]

乍一看，这种趋势在今天的科技公司中更加明显。我们可以看看美国一些历史悠久的大公司的人员配备水平。1980 年，通用汽车公司雇用的工人数量高达 90 万人，达到该公司成立以来工人数量的顶点。该公司每年售出 400 多万辆汽车，收入接近 663 亿美元。[18] 每位员工的销售额约为 7.4 万美元。现在来看看指数时代最大的公司 Alphabet，该公司旗下的谷歌公司在 2019 年雇用了大约 12 万名员工，收入为 1 620 亿美元，每名员工的销售额为 140 万美元。[19] 总体趋势表明，公司产值越高，员工数量越少。

你会发现这里存在一个问题。尽管科技巨头的规模在增长，但就业数据依然乐观。许多国家的就业情况都达到创纪录的高水平，直到 2020 年，新冠病毒疫情使世界经济停止增长。经济合作与发展组织是由 30 多个富裕国家组成的政府间国际经济合作组织。截至 2019 年，该组织的就业水平仍处于创纪录的高位，甚至高于 2007 年至 2009 年全球金融危机之前的水平。[20]

从全球范围来看，就业情况也基本类似。国际劳工组织估计，进入2020年，全球失业率将达到2009年以来的最低水平。

“失业的未来”并非如期而至。[21] **我们面临着一个难题：一方面，自动化似乎令大部分劳动力面临失业的风险；另一方面，技术发展得越好，就业机会似乎就越多。**这是怎么回事？

对此，有几种可能的解释。比如，自动化的发展可能要比我们想象中困难很多，尽管大家都在谈论即将到来的自动化世界，但我们实际上还处于自动化进程的早期阶段。虽然人工智能等技术在不断进步，但许多技术要想超越人类，需要的时间比预期中要长很多。正如第2章指出的那样，指数型过程需要时间才能显现威力。

自动化进程缓慢与这一事实有关：许多工作比人们想象中更难实现自动化。20世纪80年代，以研究机器人和人工智能而闻名的卡内基梅隆大学的汉斯·莫拉维克（Hans Moravec）教授首次提出了“莫拉维克悖论”（Moravec’s paradox）。这一悖论揭示了许多工作难以自动化的根本原因。他在1988年写道：“让计算机在智力测试或下西洋跳棋时达到成人水平相对容易，但在感知和移动方面，让它们具备一岁孩子的技能将非常困难，甚至根本无法实现。”[22]30多年过去了，莫拉维克悖论仍然成立。我们可以制造能下围棋的计算机，要知道，围棋的走法组合比宇宙中的原子数量都多。然而，有许多人类技能是计算机无法习得的。

要想弄清楚莫拉维克悖论存在的根本原因，我们有必要看看两个经济领域：一种对应“高技能”型工作，另一种对应“低技能”型工作。首先，我们可以想想华尔街的交易员。这类人员的典型形象是一个穿着西装的男人在交易大厅里大声叫喊（现在这种形象有点过时了），周围是堆叠在一起的屏幕。他的任务是代表客户买卖股票或其他金融产品。如果你看过《交易所》（*Trading Places*），你可能还记得在商品交易所进行的交易与在嘈杂的农贸市场大声叫卖有多么相似。

但这项工作也是几代金融专业毕业生梦寐以求的工作，很容易实现自动化。今天，你来到一个交易柜台前时，会看到交易员已经基本消失，为你办理业务的是计算机。当你买进或卖出一些股票时，这些股票很可能是通过算法程序卖出的，这些算法程序会找到最佳市场价格，不再需要人工来操作。2006 年，当我在金融信息巨头路透社管理一个创新团队时，算法交易正开始蓬勃发展。大约 30% 的股票是通过这种方式交易的。10 年后，近 70% 的股票是自动交易的。[23] 需要面对面交易的重要金融产品越来越少了。

就连基金管理这一看起来更加“人类化”的金融服务行业的细分领域，也不可避免地受到自动化的冲击。几十年来，基金经理们拿着客户的钱，为这些人挑选他们认为会获得良好回报的投资项目。几十年来，该行业一直是富有的国际毕业生的就业首选，他们在经济分析和人际关系方面都有自己的独到之处。如今，这类岗位已经很少了。基金经理正被自动化系统取代。这种从人类管理的“主动”基金向自动化的“被动”基金的转变，在 2019 年年底取得了里程碑式进展。在当时托付管理的全球资产中，超过一半流向了基于简单规则的基金，而不是那些由人来做出投资决策的基金。[24]

这一切之所以成为可能，是因为股票交易文化（大声叫喊、背带裤和高强度的生活方式）与一场演出没什么区别。买卖股票只不过是匹配买方出价和卖方报价的过程。事实证明，在管理所有这些资产——各种股票构成的投资组合方面，计算机程序在很大程度上比人类做得更好。[25]

但大多数工作并不会像华尔街的交易那样简单，而是比跟踪股票指数或买卖零星股票要复杂得多。这些工作的内容可谓千头万绪，要想把它们全部写下来会非常麻烦。人们知道如何在工作场所打开一扇门或与他人交往，而这些人际关系在很大程度上确保了公司的正常运转。工作场所的许多互动都受到你与同事互动时才会浮现的隐含文化符号的约束。

法国哲学家迈克尔·波兰尼（Michael Polanyi）说过："我们能知道的比我们能说的更多。"[26] 这一断言让人欣然接受，因为在我们周围，存在着许多无法用语言表达的知识。这些知识是人们在和同事、老板、顾客相处时学到的东西。当置身于某种环境中，我们会找到关于一件事情该如何做的线索，比如什么是真正重要的，谁是最重要的，需要权衡什么，最好的捷径是什么。这些线索很少被记录下来，即使被记录下来了，我们还是更喜欢通过经验来了解，而不是通过学习去掌握。人们的生活中存在着一种隐性维度，它尚未被编码，也许永远无法进行编码。

比起像华尔街交易员这样的"高技能"型工作，所谓的"低技能"型工作可能更符合这种情况。人类学家大卫·格雷伯（David Graeber）指出，许多我们通常认为是重复性、以任务为导向、或许很容易实现自动化的工作，实际上更像是护理工作。这些工作的核心不是具体的任务，它们需要的是人际沟通能力和情绪价值的提供，比如伦敦地铁站的工作人员。实际上，这项工作与其说是看着检票口，不如说是帮助其他人，引导不知道方向的游客，确保与父母走散的孩子找到父母，向愤怒的通勤者解释为什么他们的车次会晚点。正如格雷伯所说："这项工作更接近护士的工作，而不是砖匠的工作。"[27]

这种工作内容的不确定性意味着，在实践中，经济学家认为的许多"无需技能的”劳动可能很难实现自动化。我们通常面临的情况是，工作手册甚至无法告诉你大致的工作内容是什么，它甚至无法涵盖你要成功完成这项工作所需要的指南的一半内容。当工作场所存在这样一些隐性知识时，要想构建能够完成这项工作的人工智能系统就会变得非常困难。人工智能系统需要一个清晰而明确的目标，从而根据这些数据进行训练。如果一项工作的诀窍很大程度上是隐性的，那么人工智能系统只能接受显性的那部分训练。简而言之，如果某个环境是为人类操作而设计的，那么对当前或将来一段时间内的机器来说可能过于复杂了。

因此，当实施自动化时，它会缓慢地、一步一步地进行。“工作”必须被细分成更小、更容易处理的部分。一项简单的工作，也许在人类看来是最简单不过的工作，也需要被细分。然后，由一个简单的机器人或软件来完成。上文提到的牛津大学那项具有悲观色彩的研究的联合作者、经济学家卡尔·弗雷表示：“自动化在很大程度上是通过简化实现的。即使是最先进的机器人也无法复制中世纪工匠的动作和流程。生产之所以能够实现自动化，只是因为之前的非结构化任务在工厂环境中被细分和简化了。”[28]

即使在人工智能快速发展的情况下，上述观点也是成立的。2020 年年底，软件或机器人领域的人工智能系统对就业统计数据没有产生任何影响。自动化仍然只适用于相对简单、通常经过简化的日常任务。例如，第一辆由人工智能驱动的自动驾驶汽车在亚利桑那州凤凰城这一精心挑选的环境中行驶，因为那里有宽阔、笔直的道路和晴朗的天气。地形复杂而又多雨的德国高速公路在一段时间内仍将是一个棘手的挑战。当自动驾驶卡车首次推出时，它们将继续在笔直的公路上行驶，而不是在伦敦城的狭窄道路上行驶。看来，完全自动化仍有一段路要走。

然而，如果认为自动化是指数时代的边缘力量，那就错了。当年的华尔街交易员发现了这种情况。虽然目前它的影响仍然局限于特定的任务和行业，但我们无法预测它在短期内是否会影响到更多领域内的各类工作。正如我们在第 3 章中看到的那样，在指数时代做出准确的预测是不可能的。

如果自动化将给人们的工作带来影响，那么影响方式也不太可能像新闻标题预测的那样。**自动化非但没有造成各行业的大规模失业，反而成了企业用来提高竞争力的工具。那些能够熟练使用自动化技术的企业竞争力更强，而竞争力较弱的企业则付出了代价。**

新冠病毒疫情让我们对这一趋势有了一些了解。在新冠病毒疫情的早期阶段，有很多人谈论这场疫情将使我们的社会加速向数字世界过渡。人们没办法在咖啡店见面，因此只能通过 Zoom 软件在线开会讨论；随着网上购物的爆炸式增长，实体零售商纷纷关闭线下门店。当然，最大的赢家是数字巨头，这些网站依托的是互联网，现实世界的突发状况对它们影响甚微。和以往一样，引领潮流的是亚马逊。计算器、健身器材、手机充电器、打印纸和其他很多东西的网上销量也很火爆。亚马逊在 2020 年前两个季度的销售额增长了 40%。

为什么超级自动化公司仍在雇用新人

亚马逊是一家激进的自动化公司，它无疑是世界上技术最先进的零售商。从一开始，它的创始人杰夫·贝佐斯就意识到了自动化的力量。例如，2002 年，他向公司发送了一份开创性的备忘录，要求公司所有系统在设计时都应该尝试自动化，而不是由人工操作。“不这样做的人将被解雇。”他愉快地总结道。[29]这项要求迫使亚马逊人，即这家零售商的员工，在设计内部系统时就会考虑怎样更容易在各个系统之间建立自动的联系。[30]这为大规模自动化奠定了基础。到了2018年，亚马逊能够推出不需要任何人工的实体店。在亚马逊Go无人超市，购物者可以四下走动，浏览商品，选择他们想要的东西，然后离开，他们的购物账单会自动记入他们的亚马逊账户。[31]

亚马逊也在过去10年里成为机器人领域的领导者。2012年，它以7.75亿美元的价格收购了行业领先的机器人公司Kiva Systems。截至2019年，该公司有20万个机器人不知疲倦地在全球各地工作，每年分拣数十亿个包裹。[32]亚马逊可能是世界上自动化程度最高的大公司之一——为每4名员工配备一个实体机器人。如果你是亚马逊Prime当日达服务的约2亿名顾客中的一位，可能你正在享受这些“机器人”的盛情。

因此，你可能会认为，亚马逊的辉煌会导致数千人失业。毕竟，自动化应该会导致大规模失业。然而，随着2020年新冠病毒疫情的暴发，亚马逊开始大规模招聘。在世界卫生组织宣布新冠病毒疫情暴发后的6个月里，亚马逊掀起了4次招聘浪潮，一年内在全球范围内新增就业岗位30.8万个，这一数字令人震惊。[33]

亚马逊的例子表明，就单个公司而言，自动化创造的就业机会要比它摧毁的就业机会多。除了亚马逊，其他在自动化和人工智能方面进行了大量投资的公司也在继续雇用员工。奈飞是人工智能领域的领导者，毕竟，它最吸引人的“即将播放”功能靠的就是人工智能技术——决定你想看什么节目的编辑角色已经交给了算法。但尽管如此，奈飞在新冠病毒疫情期间仍在招聘员工。”[34] 该公司在 2020 年增加了近 9.3% 的劳动力。[35]

为什么这些所谓的超级自动化公司还在继续雇用新人？自动化通常与雄心勃勃、发展迅速、经营良好的公司联系在一起。当一家公司快速扩张时，它需要更多人，无论你在自动化上投入多少，你都需要更多人。如果将时间线拉长，而不是只关注受新冠病毒疫情影响的这几年，我们会看到自动化、业务增长和雇员人数增加是密切相关的。人们普遍认为，英国的 Ocado 是世界上最成熟的杂货零售商之一。它拥有巨大的、完全自动化的工厂，在工厂中，长方体机器人四处奔忙，拣生菜、番茄酱和洗发水，看不到一个人。但在 2016 年至 2020 年，Ocado 的员工人数增长了约 43%。中国零售商京东也大举投资仓库自动化。2018 年。京东开设了一个仓库，仅需 4 名员工，每天就能处理 20 万份订单。[36] 然而第二年，京东的员工数量增加了 4.8 万名，增幅超过 27%。

所有这些都意味着，对于专家提出的所谓失业的未来，我们看到的却是一幅略微不同的图景。对像亚马逊和奈飞这样的超级明星公司来说，它们的自动化程度越高，规模就越大；规模越大，雇用的人就越多。这是一个指数型增长过程，但它并没有导致无员工公司的出现。

如果工人确实因为自动化而失业，那通常并不是因为他们自己被某个软件取代了，而是他们工作的公司失败了。公司之所以失败，是因为管理层或股东不愿意采用新技术或无法掌握技术的新应用。员工要想应用最新技术，需要经过相应的培训，而公司的失败导致它们不会投入资金培训员工。

换句话说，自动化可能更像弗雷德和因德瑞克两人在加拿大西部徒步旅行的故事。途中，他们停下来休息，并且脱下鞋子让脚透透气。就在他们感觉很惬意时，他们发现一只灰熊在朝他们走来。弗雷德默默地开始穿鞋。因德瑞克问："你永远也跑不过那只熊。为什么还要穿鞋呢？""你说得没错，"弗雷德说，"但我不需要跑得比熊快。我只要跑得比你快就行了。"然后，他就跑了。

如果一家公司像弗雷德一样，也就是说，它能够快速行动以适应不断变化的市场，它可能会在自动化时代蓬勃发展，从而雇用更多工人。然而，如果企业或组织误解了指数时代变化的本质，它们的员工将会被"熊"吃掉。视频租赁服务公司百视达（Blockbuster）被崛起的奈飞逐出了这个行业，奈飞最初创立时经营的业务是"邮寄 DVD"。2013 年，百视达最后的 300 家门店关闭，导致数千名员工失业，此后，奈飞成为视频租赁领域的主导者。[37] 但这些工作岗位的流失并不是因为百视达推出了一些惊人的自动化服务，从而取代了它在鼎盛时期运营的 9 000 家门店的工作岗位。相反，百视达失败的真正原因是其竞争对手奈飞打造了一种由数字化驱动的全新商业模式，允许顾客通过网站订购 DVD，随后又推出了在线节目和电影。人们更喜欢奈飞提供的服务，而百视达适应的速度缓慢，最终破产。

一项针对法国 587 家制造企业开展的调查支持这样一种观点，即自动化带来的真正威胁是一向存在的威胁，那就是来自竞争对手的威胁。研究人员发现，"采用机器人的公司……利润更高，生产力更强"。它们还创造了 10.9% 的就业岗位。

工人的总数是否增加，往往取决于公司销售额的增长速度。但在大多数情况下，公司的其他部门会创造新的岗位，从而增加就业机会。失业问题的决定因素不在于那些具有前瞻性思维的公司，而在于那些落后的公司。一家公司的机器人使用数量每增加 10%，其竞争对手公司的工作岗位数量就会减少 2.5%。[38] 并非自动化本身导致了工作岗位的减少，而是没有实施自动化的公司面临的困难会导致工作岗位减少。

当然，个别公司在自动化方面做得很好，这并不意味着从更大的范围来看，自动化不值得担忧。尽管像亚马逊和奈飞这样的公司雇用了越来越多的员工，但在整个经济系统中，自动化可能仍然会导致失业。

对于自动化带来的更广泛的影响，经济学家们一直含糊其辞。刚刚提到的那项针对法国公司的研究，为自动化的宏观经济影响提供了一幅发人深省的图景，该研究得出的结论是，总体而言，自动化会导致整个社会的工作岗位减少。该研究的合作者、经济学家达龙·阿西莫格鲁（Daron Acemoglu）和帕斯夸尔·雷斯特雷波（Pascual Restrepo）在这一领域开展了许多发人深省的研究。他们研究了工业机器人对制造业——主要是汽车行业的影响，结果发现，1990 年至 2007 年，工业机器人导致美国逾 65 万人失业。每个机器人取代了大约 5.6 名工人，并使工人的工资减少了 0.5%。这是一幅不是那么美好的图景。[39]

但在今天，很难说这是一个前后一致的结论。欧洲一项关于工业机器人的研究——同样主要针对汽车行业，得出的结论是，每增加一台机器人，1 000 名工人的整体就业率就会增加 1.3%。[40] 这是一幅令人鼓舞的图景。许多更广泛的研究表明，总的来说，自动化最终会创造就业机会。2018 年，世界经济论坛预测，自动化将在未来几年创造 1.13 亿个新工作岗位，尽管代价是毁掉 7 500 万个工作岗位，但显然，自动化创造的工作岗位更多。[41] 正如伦敦政治经济学院的莱斯利·威洛克（Leslie Willocks）所言："随着时间的推移，自动化导致的净失业估计会消失到可以忽略不计的程度。"[42]

怎么会这样呢？这显然违背了民间的经济信条，即人们认为可以做的工作就那么多，如果增加女性劳动参与率、允许移民就业或使用机器人，这些将颠覆劳动力的均衡状态，将减少就业岗位。但这种信念是无稽之谈。这是一种零和思维，在很大程度上已经被经济理论和历史证据所摒弃，经济学家称之为"劳动力总量谬误"（lump of labor fallacy）。

事实上，**新技术的发展也创造了新的需求，当一种技术取代了现有技术时，新的经济领域就产生了。这些新行业的需求必然将由称职的、技术熟练的工人来满足。**为了理解这是如何运作的，我们来认识一下锡德·卡鲁纳拉特纳（Sid Karunaratne）。21 世纪初，当我在创立一家数据分析和预测公司时，我们聘用了锡德，当时他刚大学毕业一年左右，身上带着科技迷所具有的那种满不在乎的气质，梳着马尾辫，对自己的职业生涯采取晚开始、晚工作的态度。不出去攀岩时，他就开始做自己的日常工作，关注运行我们业务的服务器集群，这些机器的算力足以支持大规模的计算。

在最初的几个月里，维护这批功能强大的计算机是他的全职工作。软件中的漏洞会导致服务器崩溃，数据的不一致性可能会导致我们的编程工作中断，也会导致服务器崩溃。数据的增加可能导致存储空间不足，也会导致服务器崩溃。每隔几天，我们的开发人员就需要更新现有业务的核心代码，包括修复 bug、优化程序和发布新功能。锡德负责将这些变化体现在产品上。这意味着他可能要对代码进行数百个小调整，并将其"推送"到客户访问的强大服务器上。

此外，网络安全组织还提醒我们，在我们使用的数据库中发现了新的安全漏洞，或者叫操作系统的“后门”。所有这些漏洞都需要修补，因此锡德需要将更多代码上传到服务器上，因此他从早到晚忙个不停。

随着公司的发展和产品的改进，计算需求呈指数型增长。公司的主数据存储库在锡德加入时可能只有几百万条记录，但在几年内增长到数百亿条。我们不仅要处理成千上万倍的数据，而且对数据的要求也更高了。业务需求决定了锡德每天要更新数百万次存储库，通常在获得新信息的几毫秒之内就要执行更新。我们处理的数据量更大，速度更快。这意味着公司要增加服务器的数量，从几台增加到几千台。

但锡德并没有被这种更复杂的局面难倒。相反，这迫使他掌握新的技能，构建新的工具。他编写软件来帮助自己完成关键任务。很快，他的工作就变成了照看服务器的“保姆”工作，他每周只需花不到半天的时间就能处理完。锡德想出了让自己的工作自动化的办法，但这并没有导致他被解雇。恰恰相反，我们的业务在不断扩展，在此过程中，锡德的高效率帮了很大忙。自动化创造了更多机会，不仅是对锡德，对团队的其他成员来说也是如此。曾经需要花大量时间处理的那些简单任务，现在都是通过代码完成的，这样一来，锡德可以将更多时间花在处理更复杂、更重要的任务上，比如处理那些以前无人负责的任务。当他将注意力转移到这些任务上时，它们会创造更多机会和更多岗位。

锡德的故事并不会成为头条新闻，但我们在许多技术的发展中会看到这样的情节，而且此类故事正在世界各地上演。我的朋友保罗·多尔蒂（Paul Daugherty）写了一本书《人 + 机器》（*Human + Machine*），描述的是投资人工智能的公司如何创造新型工作岗位，这些工作岗位并非只存在于这些创造了它们的公司，而是会成为新型工作，并在整个经济体系中发挥作用。例如，制造自动驾驶卡车的初创公司 Aurora 正在创造全新的工作类别，包括车队管理人员、帮助车队管理员处理卡车在行驶过程中出现的意外问题的远程卡车操作员，这些工作似乎将变得越来越常见。[43] 最终，在整个经济体系中，**自动化增加了就业机会，而不是减少了就业机会。**

非常重要的是，这一特点需要很长时间才能显现出来。历史记录显示，技术创造的就业机会比它们破坏的就业机会要多，但短期的影响也可能是巨大的。弗雷指出："纵观历史，新技术给普通人带来的长期利益是巨大的，这一点毋庸置疑。但新技术往往会让人们在短期内失业，而经济学家认为的短期可能是很多年。"[44]

不过，总体而言，**自动化的持久影响不会导致工作岗位的减少。如果着眼于指数型技术的长期影响，我们不应该关注人类要做的工作的数量，而是要关注可选择的工作的质量。**

零工经济的利弊

2018 年年底，成立还不到 10 年的优步宣布，全球每月有超过 9 100 万人使用它的服务来叫出租车或点外卖。这是一个了不起的数字，但另外一个数据也很引人注目：该公司可以调动的司机人数高达 390 万。[45] 这些司机中没有一个是优步的员工。他们是零工，没有与该公司签订雇用合同，而是通过一种迂回的方式获得报酬，那就是通过他们运载的每一位客户或完成的每一份自由"零工工作"来实现。

优步的例子很好地展示了在指数时代人们是如何找工作的。尽管人们一直在谈论大规模自动化，并且直到现在，优步仍然是自动驾驶汽车领域的主要投资者，一直非常热衷于推广这一技术，但该公司为数百万名司机提供了工作。但与以往不同的是，作为全球领先的共享出行平台，优步是通过雇用自由职业者而不是聘用合同工的方式来确保自己的主营业务正常运转的。它绝不是一家小公司，它有 2 万多名员工，这其中没有一位司机。然而，全职员工与兼职司机的比例接近 1∶200。这些司机的工作时间从每周几小时到每天 10 小时，甚至更多。优步已经证明，基于平台的零工工作可以大规模开展。但正是这些新的工作形式，而非自动化技术，导致了指数时代最棘手的就业问题。

土耳其机器人与零工经济

虽然优步可能是最成功的平台型自由职业公司，但它并不是这个概念的先驱。“零工经济”（gig economy），即由在线服务商分配的短期自由职业任务，这一概念起源于亚马逊的土耳其机器人（Mechanical Turk）平台。该平台于 2005 年推出，比“零工工作”（gig working）一词的出现早了几年。该平台奇怪的名字来自 18 世纪晚期一个著名的下棋装置。“土耳其机器人”是一种人体模型，被固定在木板箱上的棋盘上。从 18 世纪 70 年代开始，“土耳其机器人”因为在国际象棋中连续击败王室成员、贵族和政治家而引起轰动。从表面上看，它是由盒子里一个精巧的机械装置提供动力的。实际上，“土耳其机器人”是由真人操作的，因为真正移动棋子的是蹲在箱子里的一名国际象棋大师。

和最初的土耳其机器人一样，亚马逊的这一平台提供了一种明显以自动方式完成任务的版本。这一点和原版一样，因为在原版中，实际上是由隐藏的人力在执行操作。土耳其机器人平台的界面类似于你有时会在附近商店后面的布告栏上看到的零工招聘启事。土耳其机器人平台上的任务往往很少，而且任务描述很清晰，但只是超出了目前的人工智能系统的能力范围，所以必须由人类介入。一项被称为人类智能任务（Human Intelligence Task）的典型工作，可能是浏览公司网站列表，找到它们的分支机构的地址，并将它们复制到数据库中。任何人都可以申请承担这些任务，完成任务后会获得相应的报酬。在该平台推出后的几年时间里，超过 10 万机械特克人（土耳其机器人平台上的工人被称为机械特克人）注册了这项服务。

起初，土耳其机器人平台上的任务带有鲜明的技术特点，95% 以上的工作涉及收集数字图像信息，或从其他网站收集信息。对机械特克人来说，每个任务价值 20 ～ 30 美分。[46] 平台上的这些工作者汇集成了不可思议的同盟大军，帮助公司处理大量数据。2010 年以后出现的许多令人惊叹的机器学习系统之所以成为可能，是因为成千上万人完成了令人头皮发麻的工作，手动对数据进行分类，以供算法学习。

随着时间的推移，这类活动获得了一个新的名字："众包"（crowdsourcing）。互联网可以把需要做某件事的人与成千上万拥有时间和技能的人联系起来。新闻学教授杰夫·豪（Jeff Howe）创造了"众包"这个词，他认为，众包可以释放"大众的潜在才能"。[47] 在早期，众包的概念给人一种乌托邦的感觉：数百万人一起工作

（也许是自愿的），创建一些不可思议的工具，比如维基百科。

几年之内，众包平台的规模成倍增长。Elance 和 oDesk 等平台提供的服务是完成编程或文案撰写等复杂任务，这类平台如雨后春笋般涌现；Fiverr 和 PeoplePerHour 是为那些比编程简单但比亚马逊人工智能任务更复杂的任务而创建的。如果说互联网引发了这一趋势，那么智能手机则推动了它的发展。因为智能手机已变得无处不在。

内置 GPS 意味着手机总是知道自己所处的位置，并允许众包平台提供面向本地的、非常方便的服务。很快，我们就可以舒舒服服地坐在沙发上叫出租车、点外卖、叫按摩服务。例如，家具巨头宜家旗下的 TaskRabbit，将于今天派人来帮你组装新书柜；Talkspace 将帮助你找到一位医师；Wag!——一家提供遛狗服务的公司，可以帮你找到一位遛狗的人。随着时间的推移，众包（通常指无偿的非商业性工作）一词让位于一个新术语：零工经济。

这种全新的工作方式是由不断增长的指数型经济支撑的，众包离不开数字平台。正如我们所看到的，这些平台的规模之所以能够扩大，是因为它们容易受到网络效应的影响，并且得益于呈指数型增长的算力。筛选数据、完善产品创意这些任务，无一例外都与无形资产的开发有关。这一切都是由我们这个时代的两项关键通用技术——互联网和智能手机对应的移动通信技术促成的。

10 年来，零工经济平台持续呈现指数型增长态势，它们颠覆了一度稳定的市场。截至 2017 年，在进入纽约仅仅 6 年后，优步平台上的司机运送的乘客人数就超过了该市的黄色出租车所运送的乘客人数。[48] 在美国，优步每天安排超过 100 万次搭乘服务。运营上的成功在 2019 年为优步带来了 140 亿美元的营收。平台的增长意味着它会吸引更多零工工作者。同年，在英国，估计有 280 万人是平台型工作者，比签订了雇用合同的人少 10%。[49] 到 2025 年，数字平台将为全球劳动力市场创造 7 200 万个全职岗位。[50] 在土耳其机器人平台推出后的 20 年里，数字化计件工作使全球对国际劳动力的需求增加了 2%。

所有这些都表明，自动化增加了就业机会，但“机器人启示录”显然并没有理解这一点。零工工作是一股比大规模自动化更先到来、更具有变革意义的力量。但这对工人来说意味着什么呢？零工经济的倡导者，当然也包括顶级的零工公司的创始人，他们表示，**零工模式在两个关键方面使工人受益：一方面，它可以让市场变得更大、更有效率，为工人带来更多机会；另一方面，它还可以提升很多工人的工作质量。**

许多劳动力市场效率低下。对某种类型工作的需求没有得到满足，也许是因为雇主很难找到工人，也有可能是工人很难找到雇主，或者可能是因为中间商不公平地拿走了大部分利润。零工工作平台使买家和卖家之间的联系变得更容易，数据库和算法会匹配买家和卖家，这可以为工人带来更多机会。在发达国家，优步的规模超过了许多大城市的出租车公司，这表明优步正在扩大市场。在新兴经济体中，劳动力市场往往更加混乱。Kobo360 是货运领域的优步，它帮助尼日利亚卡车司机在一个以低效著称的市场中找到了工作。[51]

平台提高市场效率的一个关键途径是让人们更容易发现和申请运程工

作，否则这些工作可能很难找到人去做。送货司机或按摩师只能在自己居住的地方工作，而设计师、程序员和文案策划人则可以在任何能够上网与客户使用同一种语言的地方工作。UpWork 平台是一个很好的例子，可以说明零工经济如何帮助工人，尤其是兼职工作者，成为全球经济中的一环。我曾利用该平台雇用来自埃及、保加利亚、巴基斯坦和哥伦比亚的技术开发人员，来自克罗地亚的声音剪辑师，以及来自印度的兼职设计师。他们都是兼职工作者。2011 年，UpWork 的自由职业者通过完成发布在该平台上的工作，共计收入约 2 亿美元。到了 2020 年，这个数字增长了 12 倍多。[52]

零工工作的另外一个好处是，它可以改善工作的质量。在发达国家，支持零工的人群通常关注的是它的灵活性。零工工作者可以在他们想工作的时候工作，而不必受雇用合同的约束。Lyft 和优步的司机对这种灵活的工作模式极其满意：71% 的司机希望保持独立的合同工身份，略低于新冠病毒疫情出现之前的 81%。当被问及对他们来说什么最重要时，司机将报酬和灵活的工作时间列为他们最优先考虑的事情。[53] 类似地，2018 年英国政府的一项调查显示，超过一半的零工工作者对自身工作所具有的独立性和灵活性感到满意。[54]

在较富裕的国家，零工工作通常更灵活但也更不正规，而在较贫穷的国家，情况则往往相反。在新兴经济体，零工平台可能会为工作者提供比临时工或日结工更多的保障、更多的就业选择和更大的自由。例如，在印度，非正规劳动力市场的巨大规模阻碍了政府在医疗和教育上的支出。临时工以天为单位工作，工资通过现金结算，因此个人所得税很少，并且他们的雇主也不缴纳工资税。较低的税收率意味着政府用于资助这些社会项目的资金减少了。对非正规劳动力市场发达的国家来说，零工经济可能会成为一个更大、更正式的行业，为劳动者提供更多保护，为政府提供更强劲的税基。[55]

到目前为止，一切都还好。然而，有证据表明，对数字劳动平台上的劳动者来说，并非一切都是美好的，尤其是在发达国家。与传统工作相比，零工工作的报酬往往很低，工作模式可能是不稳定的，平台也不会为工作者提供多少保障，比如工人生病休息期间，可能拿不到任何报酬。这些平台本身可以单方面改变它们的运营方式和支付方式。许多公司会在自己的平台上对员工进行内部评分，这可能会影响员工获得的工作机会。同样，在零工平台上的独立工作者中很少见到是由工会或其他类似组织为他们安排工作的，这意味着通常没有为他们的利益发声的组织。因此，平台与其劳动力大军之间的讨价还价能力存在巨大失衡。

这种权力不平衡的表现形式之一是低工资。英国政府 2018 年的调查得出的结论是，近 40% 的零工工作者的时薪低于 8.44 英镑（约合 11.75 美元），只比英国全国最低时薪高一点点。[56] 零工经济中的低工资现象在欧盟也很普遍。在德国，从事零工工作的人的工资比德国法定最低工资低 29%，在法国，从事零工工作的人的工资比法国最低工资低 54%。[57] 因为从事零工工作的人经常要自己支付维修、燃料甚至制服的费用，所以实得工资可能更少。麻省理工学院的一项研究估计，在优步平台上，司机的平均时薪为 3.37 美元。2019 年，研究人员发现，送餐服务公司 DoorDash 的美国员工在扣除各项费用后，平均时薪为 1.45 美元，约为当时美国最低时薪的 20%。[58] 如果你使用的是零工送货服务，给送货员一笔小费还是划算的。

这些需要依靠智能手机开展业务的零工公司在 2015 年前后如雨后春笋般涌现，它们也创造了越来越不稳定的工作条件。新技术平台煞费苦心地解释：做这些工作的人不是自己的员工；平台仅仅负责把你介绍给某个会开车送你上班或深夜给你送去冰激凌的人，它们就像一个现代的临时中介一样。

在企业看来，雇员和零工工作者存在很大的区别。在许多国家，尤其是发达国家，雇员的待遇与自由职业者明显不同，雇用关系中存在一种明显的取舍。雇员享有一系列福利，比如固定的工资和稳定的工作，以及来之不易的劳工权利：享有年假、病假、育儿假和公平解约的权利。作为回报，雇主得到了雇员的时间和辛勤的付出，这种交易是以稳定换取服从。而自由职业者是受市场支配的，工作是不稳定的，在生病需要休息时，无法享受带薪病假。

使用零工工人最多的公司均为网约车和食品配送行业的公司，这些公司通常不愿加强对零工工作者的保护。2019 年，美国加利福尼亚州通过了《零工工人法案》(*Assembly Bill 5*)，规定自由职业者必须被归类为雇员，享受必要的津贴。但优步、Lyft 和 DoorDash 等企业并没有这样做。它们通过加利福尼亚州历史上代价最昂贵的游说活动，成功地使该州通过了第 22 号提案。这些企业成了特例，可继续将它们平台上的零工司机归类为“合同工”①，因此这些零工司机只能获得工资和健康保障。[59]

大西洋彼岸也发生了类似的抗争。在伦敦，两名司机詹姆斯·法勒（James Farrar）和亚辛·阿斯拉姆（Yaseen Aslam）将优步告上了法庭，声称按照英国法律的规定，他们不是自由职业者，而应该被视为工人。英国法律对“工人”这一分类的定义很奇怪：工人不能获得像雇员一样的全面保障，但比自由职业者享有的保障要多。但这一次的结果有所不同。优步与法勒和阿斯拉姆的官司持续了 5 年，最终英国最高法院一致驳回了优步的主张。[60]在做出判决时，法官表示，从任何角度来看，这些司机都不是自负盈亏的企业主，因为优步控制着他们工作的各个方面，包括他们收到的出行提

① 这里的合同工指与雇主签订合同，按照约定完成工作并获得报酬的自由职业者。——编者注

醒数量、服务价格，甚至他们和乘客之间应如何沟通等。撰写最高法院裁决书的莱加特勋爵（Lord Leggatt）写道："这个问题……不在于优步运营的控制体系是否符合其商业利益，而在于它是否将司机置于其从属地位。很显然，司机是从属于优步这个平台的。"[61]

在某种程度上，这些初期问题可以被归结为指数型技术带来的新就业模式与在 20 世纪设计的一整套劳动法之间的指数鸿沟。20 世纪劳工运动的伟大胜利在于确保合同工享有人道的工作条件。8 小时工作制、病假、养老金、集体谈判，所有这些都适用于那些正式受雇于公司的人。但在指数时代，正式雇员的数量相对减少。这个时代的技术创造了新的工作方式，有了智能手机和任务匹配算法，公司就可以利用这些自由职业者人才库。但目前的劳动法没有跟上时代的步伐，工人被迫依赖法院的判决而不是明确的规则来保障自己的权益，这表明鸿沟还远未缩小。

所有这些都导致零工工作者或者叫自由职业者与正式雇员之间的待遇不平等问题日益加剧，自由职业者总是不得不面对客户的一时兴起。但在指数时代，自由职业者的数量可能会增长至数亿人，只有一小部分人才能继续享受工人们在过去 150 多年里通过抗争获得的种种权利。

创造更公平的工作场所

威拉德·勒格朗·邦迪（Willard Legrand Bundy）属于老派的发明者。在照片中，邦迪总是骄傲地站在他的众多发明旁边，比如日历时钟、计算器、收银机等，但他最简单的一项发明却产生了最大的影响。这项发明就是"时间记录仪"，它是一种可以帮助雇主记录雇员上班和下班时间的设备，因此成为 20 世纪职场的标志性发明之一。时间记录仪首次出现在 19 世纪

80 年代，到了 19 世纪末至 20 世纪初，已经生产了近 9 000 台。至此，雇主终于有了一种自动监视工人的方法。

邦迪的发明代表了职场员工管理手段向更科学、更规范、更依靠经验的人员管理体系的初步转变。自邦迪 1907 年去世以来，管理员工的方法变得越来越复杂。类似于时间记录仪的方法被系统地应用于各行各业。

由弗雷德里克·温斯洛·泰勒（Frederick Winslow Taylor）开创的科学管理的兴起是一个转折点。和一个多世纪后的马克·扎克伯格一样，泰勒也曾就读于美国著名的寄宿学校菲利普斯埃克塞特学院，后来考入哈佛大学，但很快就辍学了。19 岁时，他开始在钢铁厂的一个机械车间工作。在车间工作的过程中，他注意到工人们因为“天生的懒惰”而迈着“缓慢而轻松的步伐”，以此来磨洋工。通过密切观察以及后来被称为“时间与动作研究”（time and motion studies）的试验，他开始量化人类在工作中的行为，并利用他的见解制定了一系列规则来优化产出。他鼓吹说，为了提高生产率，经理们应该测量一切，把工资和奖金与绩效挂钩，并把复杂的任务分解成简单的任务。[62]

“泰勒主义”在很大程度上推动了 20 世纪商业生产力的增长，但它也造成了负面影响，导致了企业对工人的持续监视，对“表现不佳”的员工的严厉惩罚，以及把工人当作机器对待的普遍趋势。泰勒主义奉行的原则是，未经观察的工人是低效的工人。[63] 随着时间的推移，泰勒主义只会越来越多地入侵工人的生活。20 世纪 30 年代，心理学家兼工程师莉莲·吉尔布雷斯（Lillian Gilbreth）为人事管理者（即现在的“人力资源”）开发了人格和心理测试，这种方法很快就成为大型组织的规范。[64] 正如一篇关于工作场所监控的当代报道所说的那样：“工作场所在设计时会试图让员工将老板监视的目光内化于心，而且企业采用这些测试方法来测试员工，表明老板真的在试图进入员工的头脑。”[65] 你得到一份高保障、高工资的工作，但作为回报，你要放弃自己的自主权，这就是 20 世纪的经典交易。

然而，在 20 世纪末至 21 世纪初，一些工作场所的规范发生了变化。在科技公司中，泰勒主义逐渐被抛弃，取而代之的是赋予员工更大的自由。一开始，这种指数型变革似乎促进了向一种不那么严苛的职场文化的长期转变。正是在互联网即将进入繁荣时期时，公司开始关心员工。灰色的隔间、自动售货机和荧光灯都不见了。取而代之的是豆袋沙发、免费午餐。在科技公司中，娱乐设施也成了标配：台球桌、睡椅、桌上足球和免费食物。2000 年，我曾在一家互联网公司担任董事会成员。这家公司位于伦敦北部，总部位于一间旧仓库的二楼，那里有一片真的草坪和一些秋千。

到了 21 世纪的第二个 10 年，这很快成为一种常态。Asana 公司曾开发一款颇受欢迎的团队管理应用，为员工提供有机家庭烹饪食品、生活指导和瑜伽课程。另外一家软件公司 Twilio 为员工提供无限期休假，并每月提供两次免费的现场按摩。

有时，明星公司的规模越大，在员工福利方面表现得就越慷慨。从 2009 年开始，奈飞推出了新的政策：只要员工完成了工作，他们想休假多久就休假多久。谷歌则率先推出了异常慷慨的死亡抚恤金制度：如果谷歌员工去世，公司会将按员工生前工资 50% 的标准为他们在世的配偶提供抚恤金，持续支付 10 年。即使以指数时代的标准来看，这也是不寻常的。

在新冠病毒疫情开始之前，许多公司已经习惯了员工在自己认为适合的时间远程办公这种形式。在我于 1999 年创建的第一家公司里，无线网络还是稀有之物，公共无线网络还没有出现。大多数人只能在办公室工作，因为需要将计算机连接到网络插座上，当然，他们有时可能会将笔记本电脑带回家做一些数字文书工作。10年后，当我创办第二家公司时，数字化工作设备的种类已经变得非常丰富。我在前面介绍过锡德喜欢将自己的日常工作自动化。有很多工具可以帮助锡德和他的团队成员在家或在海滩工作，只要他们在这些地方可以利用这些工具就行。这种不受监管、独立自主的管理模式与泰勒主义相去甚远。而且，在由新冠病毒疫情导致的隔离期间，远程办公成为大多数白领的工作常态。这种远程工作的趋势因为新冠病毒疫情被加速推进了。

但并不是所有公司都允许员工自由选择自己喜欢的工作方式和工作地点。同样的技术，既能使在海滩、山上或湖边进行远程工作成为可能，也可能给员工带来不利影响。

许多读者可能很熟悉“全景敞视监狱”（panopticon）的概念。全景敞视监狱是19世纪早期的哲学家杰里米·边沁（Jeremy Bentham）设想的一种监狱。在这种监狱里，站在建筑群中间的守卫塔上，你可以看到每个囚犯。在这样的监狱里，囚犯永远不知道是否有人在盯着他们，因为他们随时都可能处于被监视的状态。因此，这个理论认为，囚犯的良好行为表现是可以确保的。

如今使用了监控设备的工作场所，有点像一个无法逃脱的数字化全景敞视监狱。因为你收发的每一条即时消息和每一封电子邮件，以及每一次文档更新都会被记录下来，你永远不知道自己什么时候会被监视。所以，也许你别无选择，只能乖乖听话。

这些监视方法越来越普遍。如今有很多公司使用面部识别和情绪检测系统，或者正在开发评估员工敬业度和满意度的软件。这些设备可以扫描电子邮件、Slack 信息，甚至识别面部表情以判断员工的情绪。日本科技巨头日立创造了带有传感器的姓名标签，用来测量员工与谁交谈以及交谈时间的长短，以跟踪和测量他们的动作，并将数据输入“组织幸福指数”。[66]2020 年 11 月，微软更新了 Office 软件，在其中增加了“办公室生产力”（workplace productivity）评分功能，该功能可以监测员工如何使用 Word 等各类办公软件。[67]

随着技术越来越先进，它的侵入性也越来越强。一些工厂登上了新闻头条，因为它们引进了可以读取脑电波的帽子来追踪员工的情绪和注意力，这样就可以调整休息时间的长度，从而降低员工的疲劳程度。[68] 甚至在员工加入公司之前，公司就会在招聘过程中使用各种自动化监控系统。例如，联合利华利用人工智能将面试任务委托给视频分析软件，“每年可以节省 10 万小时的面试时间和大约 100 万美元的招聘成本”。[69]

如今，这些技术通常是在最精通它们的公司中应用的。但是，正如在指数时代经常发生的情况那样，从某项技术被少数领先者掌握并应用，到它得到普及，可能只需短短几年时间，但它在普及过程中造成的影响比你想象的要深远。2018 年，美国 Gartner 公司的一份报告发现，239 家大公司中有一半正在监控员工的电子邮件和社交媒体账户内容。

新冠疫情期间，在固定场所办公向远程办公的转变加速了受监控这一情况的变化，特别是以前主要在办公室办公的白领部门，这种变化尤为明显。英国人力资源行业机构 CIPD 的一份报告发现，45% 的员工认为他们的工作场所目前正在受到监控。[70]

不只是监视，工作场所还普遍存在各种形式的自动化管理。依托平台应用开展工作的人，对自己工作方式的掌控力越来越小。2016 年，优步旗下的独立外卖服务平台 Uber Eats 上的数十名零工工作者，聚集在该平台位于伦敦南部的办公室外抗议时，他们不仅质疑平台付给自己的低工资的合理性，还质疑零工经济巨头，尤其是叫车公司取得成功的核心因素——算法管理是否人道。“我们是人，不是优步的工具。”他们高喊道。

这些人和其他数以百万计的零工工作者都由计算机管理。他们的工作通过一系列量化的绩效手段进行评估。拼车司机可能只有 10 ～ 20 秒的时间对平台提供的订单做出回应，他们事先不知道自己要去哪里，也不知道自己能赚多少钱。如果他们连续多次拒载乘客，可能就会被踢出平台。[71] 而且这种情况不局限于拼车服务平台。将杂货送到仓库的工作人员是由扫描仪指挥的，扫描仪会告诉他们需要多长时间取到每件物品。[72] 这里没有泰勒提到的那种“磨洋工”。与此同时，无论当地的天气状况或交通状况如何，只要送货司机的到达时间比算法计算的时间要晚，就会受到惩罚。

这种管理体系就像服用了类固醇的泰勒主义，不仅具备泰勒主义所有不人道的缺点，而且没有相应的高薪或稳定性。据《卫报》报道，一名亚马逊员工声称，公司领导人“更关心机器人而不是员工”，而这句话恰好道出了人们一直以来批判科学管理的一个原因。[73] 只不过这一次，工人们已不再有集体谈判的能力。21 世纪，在奉行极端泰勒主义的公司里，权利的天平严重向有利于老板的方向倾斜。

亚马逊每年自动解雇大约 10% 的工厂员工，因为他们不能快速地通过系统运送包裹。[74] 该公司的“专有生产率指标”（proprietary productivity metric）规定了工人必须以多快的速度处理每一笔订单，从而使每天的

Prime 当日达订单准时完成。但它也将员工排除在决策体系之外，并否认他们的主观能动性。传送带每小时要传送数百个包裹，如果一个液体包裹发生泄漏，会让算法设定的目标送达时间延后几分钟，也会让员工在被解雇的路上多一个污点，而且包裹破损也是很常见的事情。

所有这些似乎都是矛盾的。在很多情况下，那些为部分员工提供乒乓球桌、精酿啤酒和煎蛋服务的公司，也在通过算法监视和控制其他员工。这是指数时代工作的两副面孔。那些受过良好教育又比较幸运的人可以茁壮成长。那些不具备这些条件的人可能会发现自己被困在一个前所未有的、充满惩罚的工作场所。

你可能已经注意到一种新的模式正在兴起。工作前景似乎不取决于工作岗位的匮乏，而是由于一些人的工作质量越来越高，而另一些人的工作质量越来越低、越来越得不到保证，两者之间的显著差异决定了工作前景。我们迎来的可能并不是一个失业的未来，但如果不小心的话，我们可能会看到未来的工作不再服务于社会利益。

这一点可以从零工工作的不稳定性以及将员工视为可替代资产、需要通过管理算法加以控制的做法中看出来，但其最明显的表现在于奖励的分配形式。长期以来，经济学家一直试图通过观察一个国家的收入中有多少分配给了劳动者，又有多少通过股票收益、股息和利润等形式分配给了资本所有者，来理解劳动力市场的公平程度。过去 50 年的故事是引人注目的。根据 34 个发达经济体的测算，1980 年至 2014 年，劳动力的收入在国民收入中所占的份额（以工资、薪金和福利在 GDP 中的占比）平均下降了 6.5%。在美国，下降幅度更为惊人。1947 年，美国工人收入占美国国民收入的 65%，到了 2018 年，这一比例降至 56.7%。自第二次世界大战结束以来，超过 75% 的下降发生在 21 世纪的前 20 年。几十年来，工人从经济发展这块蛋糕中获得的份额一直在系统性地减少。[75]

实际情况是，平均工资不再增加，不平等在加剧。最引人注目的例子还是来自美国。20 世纪 40 年代至 70 年代中期，经济生产率和工人工资同步增长：1948 年至 1973 年，工人的时薪增长了 97%，而经济生产率增长了 91%，这很不错。但是，令人惊讶的事情发生了。突然间，工资增长开始放缓，即使在经济生产率继续飙升的情况下也是如此。2018 年，美国的经济生产率比 1948 年高出 255%，但是工人们的工资仅仅提高了 125%，仅比 1973 年高出了 1/3。换句话说，美国的经济产出持续上升，但工人获得的份额没有增加。[76]

劳动力在经济蛋糕中获得的份额下降的原因是多方面的，这与社会向指数经济的转变密切相关，其中主要有 4 个关键原因。由于全球化，公司将工作岗位转移到了世界上其他成本更低的地方，因此西方国家劳动力的工资被压低。工会的衰落意味着工人失去了讨价还价的能力，无法阻止经济回报流向资本所有者（我们稍后会详细分析这个问题）。无形经济的兴起降低了普通工人的相对附加值，由少数高度专业的工人管理的技术、软件和数据创造了更多价值，价值的创造不再依靠大部分劳动力的辛勤付出。超级明星化是指市场围绕着越来越少的超级明星公司进行整合，对劳动力的竞争不再像以往那样激烈，因此工人的重要性也降低了。[77] 这些都是指数型技术崛起的标志，即由少数几家大公司主导的全球性、高科技、无形经济的出现。一项研究显示，超过 2/3 的员工数量减少是由于向无形资产的过渡和超级明星公司的规模扩大。[78]

当然，不是每一个由指数型技术创造的工作岗位都对应着高工资。以优步这样的公司为例，它依赖于高度复杂的软件：从分配司机的算法，到帮助预测需求、给出建议目的地、预测道路拥堵、建立峰时定价机制的机器学习系统，所有这些软件都是由工程师设计的。要想在优步找到一份工程师的工作，需要有扎实的学术背景以及使用最新技术的顶级经验。招聘过程包括几小时的面试，以及编写测试和进阶的问题解决能力测试，这种严格的测试过程是超级明星公司的特色。不过，如果你得到了这份工作，一切都是值得的。2020 年，优步软件工程师的平均年薪为 147 603 美元。拥有 5 年或 5 年以上工作经验的高级工程师的工资可能是这个数字的 3 倍。没有被公平对待的是优步平台上的那些司机。正如我们所看到的那样，零工工作者的工资通常相对较低，扣除一些费用后，普通司机的时薪是 19.73 美元，如果一位司机每周工作 40 小时，那么他一年的收入是 30 390 美元。

类似的情况也发生在 Facebook。Facebook 有一半的员工，包括工程师、营销人员、会计、销售人员，年收入至少为 24 万美元。[79] Facebook 的内容管理员不是由公司雇用的，而是与代理公司签约的合同工，他们的平均年薪为 2.8 万美元。当然，在 Facebook 上创建联系人、发布内容和对话的普通人不会得到任何报酬。

收入差距悬殊的情况不止出现在全职员工和零工工作者身上，也出现在不同岗位的全职员工身上。Zymergen 是一家突破性公司，致力于生物学和人工智能的交叉领域，它的员工也有类似的分化。一方面是拥有博士学位的高薪科学家；另一方面是低收入的后勤人员，在这两个极端之间，是极少数中等收入的员工。[80]

所有这些都表明，在指数时代，就业结构正在发生变化。在这种经济结构中，由受过良好教育的知识工人生产的无形资产是非常重要的。那些受教育程度高的人得到了丰厚的补偿。与此同时，仍有一群报酬较低、技能水平较低的工人，他们甚至可能不被视为雇员。总的来说，其结果是流向员工的收入份额减少了。曾经是西方经济引擎的中等收入者正在不断减少。

从长远来看，工人普遍能够因为新技术的出现而受益。新技术通常会带来改善工作和生活的创新。犁、电和室内照明都使许多工人的劳动变得不那么危险。尽管工业革命带来了种种动荡，但它最终确实使工人的生活水平得到了显著、持续的提高。

然而，全球劳动力市场是复杂的，有赢家就有输家。在英国，随着工资在整个 19 世纪的急剧上涨，一些群体变得更加贫困，比如，由于机械织机的发明，著名的手织机织工就被淘汰了。[81] 即使工资上涨了，许多工人也不得不在第 3 章提到的地狱般的工作环境中辛苦地工作。1790 年至 1840 年，工人的工资只增长了 12%，而每个工人创造的 GDP 增长了 50% 以上。直到 19 世纪 60 年代，普通民众的工资水平才赶上了科技的进步水平，直到 1900 年，他们的待遇才完全跟上了科技的进步水平。整整一个世纪，工人的工资水平远远落后于经济增长水平，即便这个问题最终得以解决，但整个过程令人不安。[82]

"最终得以解决"这种轻描淡写的字眼代表了过去几十年里工人收入没有增长和相对于经济增长而下降的生活质量。正如凯恩斯所说："从长远来看，我们都死了。"[83] 与此同时，劳动力市场将出现严重的鸿沟，主要体现在新技术带来的变化与管理工作场所的旧规范和法律之间。

现在重新设计经济结构以缩小这一日益扩大的鸿沟为时不晚。在指数时代，即便有颠覆性的新技术带来了经济的飞速增长，并且在普及过程中重塑了经济体系和社会，我们也要就如何适应这些变化提出新想法，因为想法变成现实需要一段时间。现在，我们可以给出一个更公平的工作场所应具备的 4 个特点。

第一个特点是尊严。工人需要尊严。本章描述的许多变化对员工来说都是不人道的，这是由于指数时代的技术在观察、监控、排名和哄骗员工方面展现了前所未有的力量。然而，有趣的是，这些技术无需以令人感受到恶意的方式来被使用。例如，英国石油美国分公司使用 Fitbit 手环来监控员工的健康状况，这种方法温和地鼓励员工多做运动，许多员工对此心存感激。关键是，这个计划员工是自愿的。但它表明，即使是像监控技术这样的新技术，也不会天然导致剥削。如果工人在如何使用这些技术方面有发言权，并有权拒绝使用，那么工作场所的这些新技术就不会对工人的福祉构成威胁。事实上，它们可以提高员工的满意度。

但是，要想打造一个有尊严的工作场所，我们需要改变现有的管理方法。这意味着要找到新的方法，防止企业利用不公平的权力差异，还要赋予员工更大的工作自主权。对越来越多由算法系统管理的工人来说，这可能意味着在他们觉得算法不公平时，有机会与真人对话，寻求补偿。员工也应该对企业掌握了他们哪些数据有更多知情权，并要求企业就自动化决策是如何做出的给出更清晰的解释。工会有权关注如何帮助工人赢回“数据权利”，比如任务分配给了谁、谁被罚款、谁被监控等。[84]

第二个特点是灵活性。指数时代的工作是不稳定的。正如第 2 章提到的那样，当下的时代是一个剧烈变革的时代，公司可能会失败，老工业的影响力将逐步减退。所有现有技术终将过时。与此同时，新技术将持续涌现和发展，比如廉价的太阳能、量子计算机、电池存储技术、精密生物学。这些技术将催生充满活力的新产业，这将需要更多具有不同技能的工人。这种不断的变化是导致本章提到的许多问题的根本原因：传统企业走向破产，它们的员工无法适应新出现的工作角色。

为了适应这个新时代，工人需要不断掌握新技能的机会。在过去，从18岁到60岁，人们可能只能做一份工作，而如今，很少有行业看起来能存在那么长时间。如果有些行业确实可以长久存在，那也是通过不断进行技术升级实现的。世界经济论坛预计，现有工作所需的42%的核心技能将在2020年至2030年发生变化。但我们如何才能让再培训成为可能呢？

数字技术在这方面也许能帮助我们。将TikTok作为一个例子来展示人们如何提高技能似乎有些愚蠢，但像这样的应用很可能是教育的未来场景。TikTok上到处都是DIY视频，尤其是家居装修、烹饪和护肤等生活领域的视频，但想了解专业知识的人也可以在TikTok上找到相关的学习内容。例如，TikTok上的教师、学者和营养学家群体数量庞大，许多人利用自己的粉丝来传播信息或纠正广泛存在的误解。2020年6月，TikTok宣布将委托专家和机构制作教育内容，以响应微学习这一新趋势。当然，单靠TikTok本身并不能使工作者的技能得到提升，但它代表了一种新兴的数字学习形式，直到现在，人们才发现它的潜力。因此，我们可以通过数字平台持续进行自我教育。

第三个特点是安全保障。在快速变化的时代，安全网变得至关重要，它可以防止人们因失去工作而无法生存。经济越不稳定，创业情绪越浓厚，这样的安全网就越重要。包括法国著名经济学家托马斯·皮凯蒂（Thomas Piketty）、万维网创始人蒂姆·伯纳斯-李在内的许多学者和技术专家都认为，全民基本收入（universal basic income）制度可以解决这一问题。在全民基本收入系统下，政府定期给每位公民发放一笔现金，并且没有任何附加条件。听起来，政府需要为此支出大量资金，但对很多人来说，这无疑是一条通往经济安全的捷径，否则他们可能会受到残酷的劳动力市场的支配。在美国斯托克顿市和芬兰首都赫尔辛基进行的小规模实验表明，接受全民基本收入的人认为，他们的幸福水平有所提高，食物匮乏程度有所降低。当他们失去工作时，与那些接受传统形式救助的人相比，全民基本收入受助人在一年内重返工作岗位的可能性要高出近 1/3。[85]

但就目前而言，全民基本收入是遥不可及的。人们担心它可能会降低人的职业道德，形成一种依赖文化，这些担忧导致该方案很难付诸实施。虽然早期的研究表明这些担忧是多余的，但在许多国家，关于全民基本收入存在着较大争议，暂时无法成为一项可行的政策。一种花费更少、更具政治可行性的替代方案已经在丹麦施行，该方案被称为“弹性保障政策”（flexicurity）。弹性保障政策包含两个方面。一方面，雇主可以随意雇用、解雇和调整雇用条款；另一方面，如果雇员失业了，他们可以得到由政府提供的保障金和福利。例如，一名失业的丹麦人如果能证明自己正在找工作，就可以获得他以前工资 80% 的保障金，如果他有孩子，那么就可以获得更多福利。

这将解决指数时代的一个重大问题。公司不一定知道自己会发展得多快、商业机会将以多快的速度出现，公司也不一定知道自己会走入哪条死胡同。因此，招聘和解聘的灵活性是有价值的。当然，对工人来说，企业的灵活性并不能帮助他们支付房租。丹麦采用的方案给予了企业必要的适应性，同时给了员工必要的安全感。

第四个特点是平等。工人还需要平等。尽管几十年来劳动者拿到的经济蛋糕的份额一直呈下降趋势，但新技术将进一步加速这一进程。技术、全球化、无形经济，所有这些都使权利的天平朝资本而不是劳动者倾斜。随着指数时代的加速，我们必须扪心自问：企业家、老板和工人各自应该获得多少经济回报？是时候给予工人更大的份额了吗？

如果后一个问题的答案是“是”，那么我们需要做出改变。一方面，雇主需要在工人的职业发展上投入更多，这样他们就可以随着技术的发展获得对技能要求更高、薪酬更高的岗位。但这可能会扩大低技能工人和高技能工人之间的工资差距。在当下这个时代，优步的工程师的收入至少是普通司机的 4 倍。来自英国的证据表明，每增加 10 个新的高科技工作岗位，就会创造 7 个新的低工资服务岗位。[86]

因此，在指数时代，最低工资谈判变得比以往任何时候都重要，政策制定者需要确保它真正考虑了生活成本。与此同时，政府可能会探索如何缩小最富有和最贫穷劳动者之间日益扩大的工资差距。提高工资的透明度是提升这种可能性的一种方法。很多公司已经公布了高管的薪酬，并越来越多地分享不同性别薪酬差距方面的数据。鼓励企业分享更多有关其工资方案的信息，有助于揭示收入差距方面的问题。

这一切听起来可能都是空想。的确，在工作场所缩小指数型差距需要付出巨大的努力。但这并非不可能实现。事实上，已经有一些组织在努力缩小这些差距了。这些组织向我们展示了，在实践中，应该如何推动我们所期望的立法和经济方面的转变。

在立法者没有迅速采取行动的情况下，一些创业机构正在设计直接为工人提供支持的方法。零工工作者往往很难获得贷款和抵押贷款。贷方看重的是良好的信用记录，而提供信用评级的机构更青睐那些签订标准雇用合同的人。总部位于伦敦的 Portify 公司是一家帮助自由职业者逐月建立信用评级的初创公司，它会高效地给会员发放一笔小额贷款，这些人每月还款 5 欧元（8 美元）。信用咨询机构喜欢有贷款的消费者，他们喜欢那些按时偿还贷款的人。积极的还款记录占一个人信用评分的 1/3 以上。Portify 为其从事零工工作的会员提供了这样一份还款记录。

但只有企业家精神是不够的。经验表明，对员工来说，有意义的进步很少源自雇主的善心，而是来自员工施加的压力。有人将 19 世纪和 20 世纪早期视作劳工组织的长期斗争史。在英国，现代劳工运动可以说始于 19 世纪 80 年代，当时出现了"新工会主义"（new unionism），这是一场明显吸引了城市中那些没有技能的工人阶级的工会运动浪潮。在美国，1937 年的天桥之战（Battle of the Overpass）起到了关键作用，当时决心成立工会的愤怒的福特公司工人遭到了亨利·福特派出的公司安保部成员的殴打。经此事件，福特同意与美国汽车工人联合会签订合同，提高工人的工资。许多发达国家的现代社会民主党派正是在类似的斗争中产生的。

但是，在经历了 50 余年政治建制派的攻击之后，工会在英语文化圈中已经过时了。英国、美国、法国和其他一些国家的工会成员人数处于有记录以来的最低水平。[87] 第 1 章提到的自由市场正统学说几乎没有谈到工会，工会被视为非法干预市场运作的"劳工垄断组织"。在英国，玛格丽特·撒切尔政府将工会视为最大的内部威胁之一，并采取措施大幅削弱工会的权力。1979 年到 1988 年，由于政府的政策，加上经济困难和制造业就业率的下降，工会成员减少了 20%。美国也走上了类似的道路。1981 年，新当选的罗纳德·里根总统解雇了 11 000 多名参与罢工的空中交通管制员，用非工会成员取而代之。这一事件是美国工会主义历史上的转折点。

因此，早期的科技行业几乎没有工会组织。当我们进入指数时代时，情况仍然如此，数字时代的超级明星公司的劳动力完全没有工会。自成立以来，科技行业一直是反对成立工会的，英特尔联合创始人罗伯特·诺伊斯（Robert Noyce）宣称：“不设立工会对我们大多数公司的生存至关重要。”[88] 可以说，当今最大的一些公司已经继承了这一衣钵。美国参议员伊丽莎白·沃伦（Elizabeth Warren）和伯尼·桑德斯（Bernie Sanders）长期以来一直指责亚马逊对试图成立工会的工人进行严厉攻击的行为。[89] 在过去 10 年中，科技公司的员工在试图组织工会方面遇到了很多障碍，有时是因为没有得到他们需要的广泛支持，有时则是因为雇主的极力干涉。直到 2021 年 1 月，谷歌的母公司 Alphabet 的约 200 名员工才最终成立了工会，但该公司共有 13.5 万名员工。

也许在指数时代，“工会”这个词背负了太多的包袱。它让人联想到罢工的矿工和钢铁工人，而不是罢工的英国外卖公司 Deliveroo 的骑手。然而，集体行动仍然是确保一家公司公平对待员工的最佳方式。如果我们要得到一个有尊严、灵活、安全、公平的就业解决方案，工人们需要联合起来。只有工会才能代表工人进行集体谈判。相比于个人，工会也能更好地发展成员的专门技能，从而应对快速变化的经济中出现的各种复杂的技术问题。

在工会的世界里，数字技术既是问题，也是解决方案。新的信息网络的建立给工人们提供了一个分享他们共同经验的机会，工人们可以讨论如何应对快速变化的环境并组织起来。找到志同道合的人一直是成立工会的一个障碍，但在指数时代，这个问题很容易得到解决，因为任何拥有智能手机的人都可能成为潜在的工会成员。如今，组织工会的过程往往始于社交媒体聊天群和在线论坛上的非正式集体化。虽然每个行业的工人都有自己的需求，但利用技术建立集体组织的模式是统一的。[90] 在美国西弗吉尼亚州，工会会员比例徘徊在 10.5% 左右，[91] 该州的教师建立了一个只有经过成员邀请才能加入的 Facebook 群。该州 3.5 万名教师中近 70% 的人加入了该组织，使之成为商议和组织全州大罢工的大本营。[92]

当通过网络组织起来时，这样的集体组织称得上是真正全球化的组织，实现了 20 世纪初国际主义工会运动主义者的梦想。2020 年 1 月，来自世界各地的零工经济司机齐聚牛津，参加通过应用平台工作的“国际运输工人联盟”首次会议，该联盟致力于为全球所有通过应用平台工作的运输工人争取更好的工作条件。

这些数字化的工会通过推动雇用法以及工人与雇主的关系随着经济的变化而不断调整，以此缩小指数鸿沟。长期以来，集体谈判和工人组织一直是确保雇主意识到工人需求的最佳方式，而且法规也会随之得到完善。如果没有这些，工人们很可能会发现自己无法跟上指数时代的步伐。

在指数时代，工人面临的巨大风险并非来自机器人，而是来自快速变化的经济环境。在这一经济背景下，零工工作和算法管理使得工作性质发生了根本性转变。对员工来说，这种转变导致了一个由来已久的问题，那就是雇主和员工之间的权力不平衡。尽管这种不平衡是指数时代的结果，但它并非不可避免。

第 6 章

全球贸易领域的指数鸿沟

城市将成为指数时代经济的引擎。

2019 年年底，中国企业家喻川遇到了麻烦。美国总统唐纳德·特朗普在过去两年的大部分时间里都在 Twitter 上抨击中国政府，而且调门越来越高。与此同时，白宫一直在逐步提高中国的出口关税。对喻川的初创公司 Pix Moving 来说，这是个坏消息。该公司总部位于贵阳市，主要业务是制造新型自动驾驶汽车的底盘。随着关税的提高，所有东西都更贵了。

面对这种情况，一个格局不大的企业家可能不得不针对第一批客户提高报价。然而喻川并没有这样做，他的解决方案是让 Pix Moving 只使用最现代的制造方法，即“去实体化”技术。他解释说，他们不出口汽车，而是出口“生产汽车所需的技术”。[1] 该公司并不需要将车辆装上集装箱船，送往目的地。相反，它将设计蓝图发送给美国的同事，让他们使用增材制造技术在当地打印零部件，再将这些零部件组装成成品。喻川的方法可以“绕过”海关检查人员和关税。利用增材制造，客户可以在任何地方制造产品，自然也就不会发生贸易冲突。

Pix Moving这样一家初创企业的例子表明了随着我们进一步进入指数时代，制造业将发生怎样的变化，并由此打破了我们之前对全球化的假设。在某种程度上，喻川的故事揭示了高度全球化的经济是如何运行的：一辆汽车可以在中国的贵阳市设计，然后非常方便地在美国加利福尼亚州组装。但这也代表了全球化的一种反转，一种回归当地的趋势。几十年来，供应链一直在变长，生产流程更加国际化。一辆汽车的各种部件可能在十几个国家生产，经由多个国家的工厂组装而成。然而，在未来，生产可以在离消费者较近的地方进行。多亏了3D打印这一奇迹，零部件可以在当地生产。虽然，零部件是在其他地方设计的，但成品可以在当地的车间生产，并交付给住在附近的客户。

情况原本不该是这样的。托马斯·弗里德曼（Thomas Friedman）于2005年出版的畅销书《世界是平的》（*The World Is Flat*）是一部关于21世纪历史的作品。它指出，世界正进入全球化的第三阶段。第一阶段始于欧洲人对美洲的探索，通常与殖民主义和国家间贸易的全球化联系在一起。第二阶段始于19世纪，其重点转移到跨国公司的活动上，最终在第二次世界大战后形成了庞大的行业公司。在弗里德曼提出的第三阶段，全球化将达到一个新的水平，贸易、劳动力和信息的流动将变得更加国际化。弗里德曼指出，从办公软件和外包再到复杂供应链的发展和扩张，有10个"轧扁机"，它们每一个都将使世界变得更加全球化。

弗里德曼是全球化的伟大先知之一，但他不是第一个提出全球化概念的人。到了20世纪最后30年，世界贸易组织、经济合作与发展组织、国际货币基金组织和世界银行等一系列国际机构支撑起了一个全球化的经济秩序。包括欧盟在内的多边机构建立起了以自由内部贸易为前提的多国政治体系，这也使这个世界变得更加扁平化。私营部门有自己的全球化基础设施。

政界和商界精英每年都会齐聚在达沃斯举行的世界经济论坛，在这个日益扁平化的世界中寻找共同点。

全球化具有变革性力量。1970 年，贸易额约占全球 GDP 的 25%。到了 2019 年，在全球 GDP 大幅增长的情况下，贸易额占比接近 60%，这带来了很多好处。随着国际贸易的增长，其他形式的跨区域交流，如出国度假、留学，变得更加便利，更有吸引力。最重要的是，全球化与世界各地财富的空前增长相吻合，因为市场扩大了，各国能够从更开放的贸易中获益。根据全球化鼓吹者的说法，全球化促进了全球范围内生活水平的提高和贫困的减少。[2] 而且，正如第 2 章描述的那样，全球化的发展创造了非常大的市场，推动了指数型技术的加速发展以及利用这些技术的新业务的增长。

然而，在 2007 年至 2009 年全球金融危机之后，全球化开始失去光芒。它是随着国家和全球经济的金融化增长的。随着贸易的增长，信贷的重要性也随之增长，而且这些信贷通常是通过越来越复杂的金融工具实现的。当金融危机袭来时，遭殃的不仅是投资者，还有“实体”经济。在较富裕的国家，许多人认为全球化导致蓝领工作被外包给发展中国家等新兴经济体。2010 年之后，许多国家越来越倾向于民族主义，英国的脱欧公投以及唐纳德·特朗普当选美国总统，都表明了这种趋势。虽然全球化仍然是世界经济中一股强大的力量，但也变得越来越不受欢迎。

这是一个大多数人熟悉的故事。关于全球化如何失去吸引力这一点，有很多文章探讨过。这类文章通常关注的是日益严重的收入不平等、对移民的担忧以及发达国家的去工业化，认为所有这些都在一点点抵消全球化使世界变平所带来的好处。然而，人们很少探讨指数型技术的影响，它既为筑造更多边界提供了理由，又提供了筑造它们的工具。

我们往往认为，一个社会的科技程度越高，它就会愈加全球化、愈加无国界。直到前些年，情况还是如此。但现在，情况发生了变化，许多指数型技术使商品本地化成为可能。这些突破性技术更有利于近距离交流而不是远距离交流，包括像喻川这样的企业家所依赖的 3D 打印技术。指数型技术也促进了能源和食品的本地化生产。通过这些技术生产的商品，最初价格会高得令人望而却步。新技术以及依托新技术的企业，往往需要很多人在很近的距离内相互交流，只有城市才能满足这一条件。

进入 21 世纪，技术的本地化的威力只会变得更大。新冠病毒疫情的暴发让我们意识到全球供应链多么脆弱，即便没有这场疫情，它也可能会遭受未来的战争或由人类活动造成的极端天气的冲击。其结果是，在这个时代，地理因素再次发挥作用，经济活动势必变得越来越本地化。

这颇具讽刺意味。经济模式的变化使我们进入了指数时代，推动了全球化的进程，同时催生了回归本地的技术。但是，现有的政治和经济制度并不是为适应新时代的地方主义而设计的。与以往相同的是，在政治机构所主张的各种经济政策与日益去全球化的实际经济模式之间，将会出现不匹配，在能够适应新时代的国家和不能适应新时代的国家之间将会出现差距。获得新技术赋能的城市的经济活力甚至将远超由于无法适应新技术而逐渐失去影响力的国家，因为新技术将使这类城市的影响力大大增加。

世界不是平的，它荆棘丛生。[3]

在不完全依赖国际贸易的情况下满足物质需求

全球化的经典理论以经济学家亚当·斯密和大卫·李嘉图的研究为基础，

他们的理论为自由化贸易提供了有力的证据支撑。在亚当·斯密看来，经济效益来自专业化。如果我们专注于一件事，而不是做所有事情，我们的效率会更高。多余的生产力可以用来与其他专业人士进行交易。我磨小麦，你烤面包，我们通过合作得到了一块面包。简而言之，贸易通常比自给自足更有成效。

19 世纪早期，大卫·李嘉图发展了亚当·斯密的思想，强调"比较优势"的重要性。在大卫·李嘉图看来，一个国家应该出口自己相对擅长生产的产品。如果一个国家有丰富的煤炭储量，它应该集中生产和出口煤炭；如果一个国家有丰富的可耕地资源，它就应该专注于粮食生产和出口。此外，在不同的社会中，存在着不同的发展经济的机会，较贫穷国家的工人主要从事装配等低技能型工作，较富有国家的工人主要从事设计和创新方面的工作，这会是一种有价值的合作。通过相互交流，所有国家都会变得更好。

我们这些出生在 20 世纪后期的人，生活在一个全球贸易的世界里，这是亚当·斯密和大卫·李嘉图曾经梦寐以求的。全球供应链涵盖我们生活的方方面面：一部手机是用智利的锂、中国的铝和南非的钯制作的；一副飞机机翼可能需要经过一个又一个专业工厂的 6 道工序才能组装完成。

再想一想我们吃的食物。多年来，蔬菜、水果、鱼、肉、奶制品通过冷链送达全球。如果你在网上超市下单购买了一些西红柿，并且系统显示本周末送达，那么当你点击"添加到购物车"时，它们可能还长在另一个国家的土地里，这个国家可能是西班牙。[4] 这是因为西班牙的气候更适宜西红柿生长。我们可以在英国种植西红柿，但在西班牙阳光明媚的气候下，可以用更低的成本种植更多西红柿。多亏了全球贸易的奇迹，物流公司可以在西班牙的仓库里配齐这些货物，然后把它们运到你所在地区的超市的配送中心。在英国，全国配送中心被称为“金三角”，它位于这个国家的中部。从这里出发的卡车可以在 4 小时内为 90% 的人口提供送货服务。然后，订单上的货物通常在 3 天后被送到下订单的人手中。[5]

随着指数时代的进一步发展，实物商品的全球贸易趋势正在逆转。如果你能在当地找到你需要的所有东西，就没有必要进行贸易。以食物为例，如果能在多雨的英国直接种植食物，无论是西红柿、香蕉还是菠萝，英国就不需要费力从国外进口了。指数时代的新技术使这一切成为可能性。

一些高科技企业已经开始尝试在更靠近人们餐桌的地方开展农业种植。比如，在日本很流行的城市垂直农场，目前也在其他地方推广开来，它的效率非常高。在这种结构中，传统的农田被分割成多层并组装在一起。一个现代的垂直农场可能有 12 或 13 层楼高，每层的建筑面积只有几十平方米。这种方法增加了每平方米“农田”的生产力：当垂直建造时，40 平方米的种植面积的产量可以变为之前的近 10 倍。使用人工智能系统来控制照明、湿度和温度，可以使生产力大幅度提高。由计算机控制的集约化农场不需要使用杀虫剂或其他化学药品。[6] 有些农场的用水量是传统农场用水量的 1/80。采用水培法（根部悬垂在水中）或气培法（将富含营养物质的溶液喷洒在根部）的话，甚至不需要土壤。与普通的温室光不同的是，一些垂直农场只提供蔬菜可以利用的精确波长的光，甚至不浪费一个光子。[7] 通过使用可再生能源——通常由建筑屋顶上的太阳能电池板提供，这些农场的能源成本下降了，碳排放量更是大幅减少。只要你能够投资这些技术，无论是在西班牙、英国还是其他地方，都可以建设这类农场。

从历史上看，食品需要从乡村农场运输到城市中心。但城市农业的新技术意味着这种情况不一定会发生。由于碳排放量较小，农场可以建在更靠近它们所服务的人群的地方，有时甚至可以建在它们所服务的城市里。位于加拿大蒙特利尔，占地面积约 1.5 万平方米的 Lufa 农场是世界上最大的温室农场，它直接坐落在一个配送仓库的顶部，[8] 相当于 50 个网球场那么大。Lufa 农场建在了离消费者很近的地方，可以为他们提供更新鲜的产品，在培育时更注重农作物的营养价值。许多城市农场都遵循这种模式，选择建在靠近零售商进而靠近消费者的地方，这样一来，西红柿从藤上摘下以后，用不了多久就可以将它们放进购物袋。

截至 2020 年，垂直农场在食品市场所占的份额很小。但是集约化垂直农场的市场规模正以每年 20% 以上的速度增长，具有指数型增长的特点。[9] 这种转变的影响将会非常惊人。如果说在 20 世纪，全球化物流解决了人类自古以来就面对的问题——你只能吃你所在地区生长的东西，那么 21 世纪则出现了另外一种解决方案。今天，你可以利用科技在你的周围种植任何你想种植的东西。

还有一种更激进的解决方法。新技术完全减少了我们对某些类别商品的依赖。此外，人们对煤炭等不可再生能源的需求也在发生转变。100 多年来，人们将大量的化石燃料能源运往世界各地。人们先是将煤炭装进货船，然后将石油装进油轮，最后将天然气装进冷冻超级油轮，将史前的能源从源头转移到巨型发电站。除了少数能源自给自足的国家外，化石燃料贸易占世界贸易的很大一部分比例。

可再生能源出现后，能源短缺的国家开始走上自主开发能源的道路。一旦风力涡轮机或太阳能发电厂安装完毕，它们只需很少的原料提供动力就能运转。正如第 2 章展示的那样，太阳能发电厂正迅速变得无处不在。这种利用可再生能源替代不可再生能源的做法大大减少了“需要运输的东西”

的数量。1998 年，英国消耗了 6 300 万吨煤，其中 3/4 用于发电，1/3 依靠进口。仅仅 21 年后，英国对发电用煤的需求量就减少了 94%，进口量减少了 70%。并且，伴随这一转变过程的是出现在全球范围内的趋势，那就是电的使用为我们带来了更多好处。1999 年至 2019 年，英国 GDP 增长了 75%，但经济用电量却下降了 15%。使用相同的电量，可以创造 2 倍的财富。德国、乌兹别克斯坦、乌克兰、美国等几十个国家都出现了类似的情况。

从化石燃料向可再生能源的转变，使很多国家不再过度依赖石油资源储量丰富的国家。值得庆幸的是，太阳能的分布更加平均。虽然并非所有国家都有丰富的化石燃料储量，但每个国家都有取之不尽的太阳能。太阳能资源最丰富的国家是阿塞拜疆，这个国家每平方千米的光照量是太阳能最贫乏的挪威的 4 倍。听起来 4 倍这一差别好像很大，但其实微不足道。要知道，石油富裕国的石油储量是石油贫乏国的 100 万倍。[10]

这种转变不仅由几种新的发电方式推动，也由新的能源储存方式推动。在绿色能源时代，储存系统变得更加重要，因为天黑后，太阳能农场无法正常运转，所以需要一种储存大量电能的方法。在某种程度上，这要归功于像 Energy Vault 这样的公司的创新。该公司是一家可再生能源存储技术和产品研发商，第 2 章提到的形似昆虫的巨型起重机就是这家公司研发的。但是，许多新的存储方式是为方便家庭用电而设计的。我们的电动汽车可以储存电力，也可以通过所谓的车联网系统为家庭和办公室供电。一辆普通的电动汽车可以储存大约 50 千瓦时的电，足够一个普通的英国或美国家庭使用 5 天。天黑时，电动汽车将储存的电能供家庭使用，这将成为一种普遍的趋势。

据预测，到 2030 年，英国将拥有 1 100 万辆这样的汽车。如果每个车主都愿意与邻居分享储存在汽车里的电能，可能将满足英国所有家庭的用电需求。[11]

我的朋友西蒙·丹尼尔（Simon Daniel）是一位发明家，他的创意让我们看到了这些新出现的本地化存储系统的潜力。他的第一项成功的发明是在20世纪90年代设计的一款折叠键盘，当时，口袋大小的平板电脑PalmPilot刚刚问世。他最近的一次商业冒险是将数千块电池串联起来，建造一个巨大的虚拟发电厂。对他的公司Moixa来说，购买电池可能需要高达数千万美元的资金。因此，他正在说服电动汽车的车主连接到他的网络，从而利用车不上路时闲置的汽车电池中存储的电量，打造一个巨大的虚拟发电厂。丹尼尔通过平台管理电池，并使用复杂的算法来平衡整个网络中电能的使用。根据最近一次统计，他已经在日本的几个城市成功地将2万块电池组装在一起。[12]这足以满足2.5万个日本家庭一天的用电需求。这就像炼金术，停在车道上的汽车连成的网络取代了巨大的发电站和高耸入云的大烟囱，在我们睡觉时为家庭提供所需的电能。

当然，在经济发展过程中，石油不只被用作动力能源。原油的衍生物用于生产药品和塑料，这些都是日常生活的重要组成部分。但这种情况也可能即将改变。美国合成生物学领域的独角兽公司Zymergen是一家初创公司，该公司的首席执行官乔什·霍夫曼（Josh Hoffman）致力于将机器学习和基因技术结合起来，诱导微生物有效地生产工业材料。该公司的第一款产品Hyaline将用于智能手机屏幕。该公司培养的微生物利用自然生长过程巧妙地形成屏幕保护薄膜，这比提炼石油制造塑料所需的能源要少得多。这是一种在合成材料生产过程中有效去除碳氢化合物的方法。

虽然这个过程会使我们逐渐减少对化石燃料的依赖，但可能至少要到

21 世纪后期，向绿色经济的过渡才能完成。与此同时，我们可能会比以往任何时候都更加依赖一系列新商品，例如电池中的锂，以及制造精密电子产品所需的稀土金属。然而，经济的发展对原料的依赖越来越少必将成为大势所趋。商品生产重新本地化的这些趋势，加上我们对某些商品的依赖的减少，标志着一个根本性的转变。在不久的将来，人们或许能够在不完全依赖国际贸易的情况下满足自己的许多物质需求。

不断变化的制造业世界

也许比原材料的全新利用方式更具有革命性的是不断变化的制造业世界。在指数时代，制造业正在逐渐摒弃将运动鞋、手机、汽车零部件或假肢装进标准化的集装箱，然后运往世界各地的做法。相反，制造业正呈现喻川所描绘的形态。某个创意被传送到全球各地，但相应产品的制造过程发生在靠近 3D 打印机或制造商的地方。这将使工厂、物流供应链和办公室组成的全球网络变得多余，它们将成为公司的债务。[13]

制造业的日益本地化是由指数经济的新规范驱动的。首先，我们正在见证无形资产的重要性，关于这一点，第 4 章已经探讨过。对于许多复杂的产品，从计算机到高级制药，从手机到汽车零部件，我们在很大程度上是在传递创意。而一款 1 000 美元的 iPhone，它的零件成本不到 400 美元，其余 60% 的费用是设计、流程协作和品牌等无形资产的费用。[14] 随着新的制造方法的成熟，无形资产的使用率和重要程度还会提高。包括人工智能在内的指数型技术的崛起，将加剧这种价值转变。先进的制造工艺比旧的工艺需要更少的工人，这种转变意味着，经过几十年的发展，在劳动力成本高的地方进行生产也具有了经济意义上的合理性。

开始变化的制造业

以跑鞋为例。多年来，品牌运动鞋是全球化带来的好处的完美例证。这些鞋由波特兰或柏林的工作室设计，由全球体育明星在社交媒体上推广，主要产地是越南、孟加拉国或泰国等国家。但这种情况正在发生改变。2016年，德国运动鞋制造商阿迪达斯在德国开设了第一家小型工厂。位于德国巴伐利亚州安斯巴赫的Speedfactory，占地4 600多平方米，每年可以生产50万双鞋子，它依靠的不是廉价劳动力，而是机器人、自动化和3D打印技术。通过这些技术生产的运动鞋质量更好。此外，这样的工厂可以生产更复杂、更个性化的鞋子，从而满足顾客的需求。[15]

然而，我们还没有进入指数型未来。阿迪达斯有点超前了，在之后的3年内，阿迪达斯关闭了Speedfactory，并将其技术转移到亚洲的工厂。有些事情是机器做不到的，而那些老牌供应商却能做到。[16] 相比于传统的制造方式，端到端的增材制造成本仍然相对较高，机器人的价格还没有便宜到可以普及这些新技术的程度。[17] 但这些高科技制造技术呈指数型发展，这种情况我们已经见过很多次。3D打印技术之所以昂贵，是因为它目前依然是一种用于小批量生产的技术。但根据莱特定律，这项技术很快就会变得很便宜，使产品变得更便宜，进而推动辅助产品的成本降低，如控制这些打印机所需软件的成本。主要的3D打印技术已经在以每年30%的速度改进。

新冠病毒疫情证明了这项新技术的潜力。随着病毒的传播，英国等准备不足的国家发现本国医生和护士急需口罩和面罩，而位于中国和土耳其的出口商因为新冠病毒疫情无法开工。为了缓解口罩短缺问题，一些来自学院和大学的志愿者将 3D 打印机投入使用。民间供应链开始生产产品。[18] 我的孩子就读的学校用 3D 打印机生产了几百个口罩。这些口罩随后被迅速送往附近的医院。

这一趋势还处于起步阶段。3D 打印的全球市场非常小，2019 年仅为 100 亿美元。然而，它正在快速增长。此外，它还需要扩大客户群，比如为汽车和飞机零部件制造商提供服务。一位分析人士估计，使用增材制造技术制造飞机的一个小支柱，可能在 5 年内节省 7 亿美元的燃料成本。与传统方法相比，采用 3D 打印机打印部件使用的材料更少，重量更轻，浪费更少。[19] 如果你驾驶过宝马的顶级电动跑车 i8，每次打开全景天窗时，你都会用到一个用 3D 打印机打印的部件。全景天窗的关键部件是一个用 3D 打印机打印的支架，该公司已经使用这种新方法生产了数以万计的组件。

因此，我们可以构造一个新的全球贸易体系。过去那种由贫穷国家为富裕国家制造产品，并将这些产品运往世界各地的时代将一去不复返。相反，每个富裕国家将开始在本土生产国内市场所需的产品。

发达国家与落后国家之间的鸿沟

但在指数时代，新技术带来的回报并非平均分配的。富裕国家对贫穷国家商品的依赖日益减少，可能会从根本上破坏许多发展中国家的经济稳定。随着高科技的本地制造业在欧美成为常态，贫困国家将会被剥夺通过制造业获得收入的机会，这可能更具破坏性。发达国家利用指数型技术来满足自身需求，而贫困国家既没有资本也没有掌握高技能的劳动力，这两类国家之间将会出现巨大的鸿沟。

我们先来看看大宗商品。正如大卫·李嘉图预测的那样，许多发展中国家主要通过出口原材料发挥自己的优势，这些原材料由其他国家开发成更复杂的产品。最近的大宗商品贸易记录显示，"大多数非洲国家出口大宗商品，很少出口其他东西"。[20] 非洲的经济命脉始终受大宗商品价格波动的影响。20 世纪八九十年代，较低的大宗商品价格给许多撒哈拉以南非洲国家造成了经济浩劫。在 21 世纪第一个 10 年，许多非洲国家的高增长率可能在一定程度上与大宗商品价格的飙升有关，而大宗商品价格的上涨是由国际贸易中对原材料不断增长的需求推动的。从 2001 年到 2011 年，撒哈拉以南非洲国家的经济增长了 4 倍。[21]

所有这些都带来了一个问题：如果现代全球经济的决定性力量是商品生产和使用的再次本地化，那么发展中国家将如何应付？许多这类国家的经济依赖于发达国家对进口原材料的高需求，如果这一需求下降，那么这些国家的经济将受到非常严重的影响。

看看在新型冠状病毒带来的经济衰退期间油价暴跌的后果。由于飞机航班被取消，以及封闭在家的人不需要给汽车加油，油价直线下跌。这种转变从根本上动摇了全球秩序。正如加拿大麦克马斯特大学经济学教授阿蒂夫·库布尔西（Atif Kubursi）所说："沙特阿拉伯需要为每桶油定价 80 美元，才能平衡自己的年度预算，实现经济多元化的计划，并使高额的能源补贴政策正常运行。只有实现这种平衡，沙特阿拉伯才能保持稳定。"[22] 国际贸易的前景令人担忧。大宗商品供应的重新本地化可能会使全球经济陷入困境，并使政治局面变得极为不稳定。

随着制造业向本地化的转变，贫富国家之间出现的这种差距将会进一步扩大。3D 打印将会削弱世界贸易的价值，荷兰国际集团的分析师估计，到 2040 年，在全球范围内，这种技术可能会使进口总额相比 2021 年减少 40%。[23] 这是一个巨大的数字（估计有 22 万亿美元），将抵消 10 年来商品和服务贸易的增长。而且，如果这种贴近用户的分布式制造方式真的占据了市场，它将从根本上改变全球供应链。卓越的全球物流公司 UPS 已经开始投资多项技术，在客户所处地区打印零件，而不是通过邮递的方式将零件送往世界各地。[24]

由于这些技术的复合效应，成品将不需要从墨西哥或孟加拉国出发，运往世界各地。人们可以在附近的工厂将产品打印出来。这一结果可能会对已经在苦苦挣扎的发展中国家造成毁灭性打击，这些国家的经济建立在全球对廉价劳动力的需求的基础上。为发达国家制造商品带来了就业机会，从而导致整个文化、经济和社会都依赖于富裕国家对贫穷国家的廉价劳动力的持续需求。

制造业的本土化以及食品和能源本地化生产的趋势，可能会对国家和维护全球贸易秩序的多边机构的权威性构成威胁。以美国为例，在过去的几十年里，维持全球安全与稳定的绝对成本已高达数万亿美元，同时，这种趋势势必引发无休止的战争。[25] 自 2019 年以来，美国通过投资压裂法——一种从基岩开采天然气的新方法，实现了能源的自主供应，因此可能不太在意世界各地的石油国家是否陷入混乱。用伦敦大学国王学院教授尼克·巴特勒（Nick Butler）的话来说就是，美国的能源安全使“美国干预中东等地区的事务是为了获得石油”的说法站不住脚，并且使“美国发动对其他国家的战争得不到任何好处”的观点更有说服力。[26]

指数型技术带来的影响将更加不稳定。全球化世界的机制要求各国保持对话、贸易和合作。当富裕的世界不再依赖贫穷国家的廉价劳动力时，贫穷国家的人民的福祉将得不到保障，经济发展的道路就会变得不那么清晰。这是一个在指数时代很常见的模式——掌握高科技的富有经济体繁荣发展，其他国家被甩在后面。

城市在指数时代变得更加重要

在 2007 年下半年的某个时刻，一个人大步走进了未来。当这个人走出一辆拥挤不堪的公共汽车时，这标志着一个新时代的开始，在这个时代里，地球上 50% 以上的人口居住在大都市。[27]

纵观人类历史会发现，大多数人居住在农村而不是城市。但从 2007 年的某一天开始，我们当中超过一半的人成为城市居民。这一刻姗姗来迟。2 000 年前，古罗马帝国和亚历山大帝国的人口数量都超过了 100 万。但在此后很长的一段时间里，城市都没有再达到这种规模，直到 19 世纪，伦敦的人口数量才达到了这一水平。

首个人口突破千万的“超大城市”纽约，诞生于 20 世纪 30 年代，它的出现离不开电力、公共交通、现代卫生设施、钢框架摩天大楼和安全电梯等各种技术的进步。它还依赖新的供应链，能够提供如此规模的人口所需的食物和商品。[28]

然而，我们一直低估了城市的重要性，它们的政治地位在很大程度上被国家权力所掩盖。我们用来理解世界的指标和制度包括国内生产总值、国家的人口、语言、国歌，而城市却被忽视了。

我们不断强调国家的重要地位，却抹杀了这样一个事实，即**城市长期以来一直是财富创造、科学发现、贸易和文化的引擎。**在指数时代，这一趋势不仅会持续，而且会加速。乍一看，指数型技术似乎会削弱城市的重要性，它们可能会创造新形式的远程工作。该理论认为，这种远程工作可以让远离城市的人在网络上有更多发言权。但这只是故事的一面。随着指数时代的技术进步，城市将变得更加重要，而不是无足轻重。

城市将变得更加重要，关键原因仍然在于无形经济的兴起及其对劳动力市场的影响。这种无形经济的价值是通过高度复杂的产品创造的。今天，技能水平较高的知识型工作者比以往任何时候都稀缺，而且这类人往往生活在大城市。他们通常在大学这类实体机构工作，可以利用它们提供的实验室和资源。很多公司就出现在这些大学周围，它们雇用的是技能水平最高的人。

任何类型的专业中心，无论是软件设计中心、结构工程中心还是当代艺术中心，一旦建立，就会将其他感兴趣的人吸引过去。无论是生物技术、人工智能技术，还是芯片设计，复杂技术需要的不是一个专家，而是众多专家的协作。[29] 只有城市才能把他们聚在一起。

在指数时代，大多数高科技城市中心区域的形成说明了跨行业的人才聚集到城市的方式，这一过程被称为“集聚”（agglomeration）。每年，成千上万的科技工作者从世界各地移民到旧金山。因此，科技公司愿意支付在旧金山（或伦敦或巴黎）开展业务时令人难以置信的超高成本，因为这些地方集聚的高科技人才会令这些公司受益。否则，这些公司会搬到小城镇或农村，因为那里的生活成本更低。

旧金山只是其中一个例子。今天的高科技城市比以往任何时候都更加专业化。孟买有宝莱坞，特拉维夫有网络安全保障，中国台湾地区的中型城市新竹已成为全球芯片制造中心。新竹科学园占地 14 平方千米，大约是曼哈顿市面积的 1/4，不到伦敦面积的 1/1 000，在 2020 年创造了超过 400 亿美元的收入。[30]

然而，城市地区人才的积累不仅有利于现有企业和行业的发展，还促进了全新想法的诞生。数千人的密切交流带来了创新。陌生人的到来使得新思想不断涌现。城市会令各种意想不到的事情发生。在智能手机和亚马逊兴起之前，大多数人会选择去书店买书。在寻找想要的图书的过程中，你会翻看成千上万个类别的数百本不同作品。当你浏览书架上的书时，你的眼睛可能会完全随机地捕捉到一些非常有用的东西。城市生活也是类似的。当人们每天走出家门去办公室时，他们会遇到数以百万计的不同情况，这就像他们翻看数百万本书以便找到想要的那本一样。在这里，陌生人成为关键因素，正如美国著名的城市规划学家简·雅各布斯（Jane Jacobs）所言："城市、城镇和郊区在本质上是不同的。其中一个区别就是，根据定义，城市里到处都是陌生人。"[31] 想想各类人群的集聚在新竹这样的城市展现的力量吧，这里汇集了许多世界上顶级的芯片专家。

这正是指数效应在起作用。比如，一旦一个城市被确立为人工智能研究的首选地，那么世界上最好的人工智能研究人员就会蜂拥而至。更多伟大的想法、创新和商业模式就会发展起来，这个城市就会变得更强大。从这个意义上来说，城市呈现一种永恒的运动——城市越大，就越能发挥自己的专长，然后就会变得更大。第 4 章介绍过的复杂性科学家杰弗里·韦斯特，将城市描述为一个巨大的正反馈循环。**随着城市的发展，就业机会会增加，社交生活也会变得更丰富，城市也会变得更有吸引力。这反过来又会使生活在城市里的人把钱重新花在城市里。**韦斯特说："城市越大，每个人的收入、创造、创新和互动就越多，每个人的机会也就越多，遭遇犯罪、患上疾病、进行娱乐的可能性也会越大。而这一切的代价是，每个人能使用的基础设施和能源更少。这是城市的精髓所在。”[32]

但实际上，这对城市的未来意味着什么呢？简单地说，它们将继续发展。在发展中国家，这种现象尤为明显，那里的城市化率低于富裕国家。随着 21 世纪的进一步发展，我们将看到亚洲、南美洲和撒哈拉以南非洲会出现越来越多人口超过 1 000 万的特大城市。到 2030 年，在世界上最大的 41 个城市中居住的人口将占全球总人口的 9%。[33]

以中国粤港澳大湾区为例，这是一个超大城市群，包括香港、深圳和广州等地，人口超过 7 000 万。其经济将越来越依赖高科技和新兴产业，以及大量人口集聚给经济发展带来的好处。同样的逻辑也适用于非洲的大部分地区，到 2100 年，尼日利亚的拉各斯人口将超过 8 800 万，坦桑尼亚的达累斯萨拉姆人口将超过 7 000 万，苏丹的喀土穆人口将接近 6 000 万。[34] 即使是新冠病毒疫情，似乎也无法阻止城市的发展。《经济学人》称，在新冠病毒疫情的早期阶段，有 17% 的巴黎人离开了法国首都，因为该国在 2020 年 3 月进入隔离状态。[35] 然而，城市以惊人的速度恢复生机。沃顿商学院的研究人员发现，新冠病毒疫情早期离开城市的大多数人只是暂时离开。虽然曼哈顿等一些消费水平特别高的地区可能会出现更持久的人口外流，但大部分城市有能力留住它们的居民。[36]

随着城市规模和财富的增长，城市居民和生活在其他地区的人之间可能会出现差距。城市居民往往比该国的农村公民受教育程度更高，收入也更高。例如，在印度，城市居民的平均年收入是农村居民的 2 倍多。[37] 2018 年，24 个欧洲国家城市居民和农村居民的收入水平差距为 45%。[38] 所有这一切都会导致城镇居民与非城镇居民之间出现巨大的鸿沟，这些城镇居民既是指数型技术的巨大贡献者，也是这些技术的受益者。

这种紧张关系经常导致中央政府和城市一级政府之间的冲突，每级政府都声称有权决定城市如何运行。多年来，伦敦一直是优步的五大市场之一。但该公司在扩大伦敦市场的份额时，不够重视该市的交通法规。由于没有达到一些安全要求，该市吊销了该公司的营业执照。尽管在这次事件中，英国前首相特雷萨・梅（Theresa May）无权驳回这一决定，但她没有支持这一决定，反而批评了地方政府。[39] 这是一种影响范围更广的紧张关系的缩影。这种紧张关系通常存在于自由、富裕、高科技的城市与不那么自由、贫穷、技术不那么先进的政府之间。例如，《金融时报》指出，不同层级的政府官员对移民问题持完全不同的态度，可能会发生冲突。相比之下，需要劳动力的城市采取了更开放的方式，更欢迎移民。正如关注难民问题的非政府组织——国际救援委员会的顾问萨梅尔・萨利巴（Samer Saliba）所说："国家在说，城市在做。"[40]

当然，仅凭城市和国家之间的这种初级阶段的冲突就做出诸多推断，是武断的。但我们可以以此为基础，勾勒出指数时代社会形态的轮廓。在这样的社会中，城市和国家之间会不断发生冲突。凭借指数型技术，城市在电力、贸易和食品方面拥有更大的自主权，甚至能够实现自给自足。指数型经济有利于开展复杂、高技能的活动，这些活动最能得到大规模、多样化的城市居民的支持。如果说 19 世纪和 20 世纪的工业时代巩固了国家的重要地位，那么在指数时代，大城市的重要性将进一步凸显。结果将是，在对地球上超过一半的人日常生活的许多方面做出决策时会遇到问题：是从国家层面还是从这些人所在的城市层面做出决策？

创造性地面对日益增大的鸿沟

约翰·佩里·巴洛（John Perry Barlow）是感恩而死乐队（Grateful Dead）的前作词人，也是电子前沿基金会（Electronic Frontier Foundation）的一名互联网权利活动家。在1996年的世界经济论坛达沃斯峰会上，他发表了《赛博空间独立宣言》（*Declaration of the Independence of Cyberspace*）：

> 工业世界的政府，你们这些令人厌倦的由肉身和钢铁组成的巨人，我来自赛博空间，那是心灵的新家园。我代表未来，请求过去的你们不要打扰我们。我们不欢迎你。在我们聚集的地方，你们没有主权。
>
> 我们没有由选举产生的政府，也不太可能有，所以我对你们讲话的权力，完全由自由本身所赋予。我宣布，我们正在建设的全球社会空间不受你们的暴政控制。你们在道义上无权统治我们，你们的任何强制手段都不会真正威胁到我们。[41]

认为互联网可以跨越国界的不止巴洛一人。互联网是全球化最重要的象征之一。互联网跨越国界，就像一个心肺系统，输送着全球化的氧气，它不仅促进了商品贸易，也促进了思想的传播。

在巴洛的时代，互联网似乎确实颠覆了民族和国家的逻辑。从更广泛的意义上来说，数据的不断交汇，促成了思想在世界各地的传播，比如从英国爱丁堡传播到法国依云，从孟买传播到曼哈顿，从而促进了一种独特的国际网络文化的产生。

然而，这并不是说互联网没有国界。早期互联网的规范具有明显的美国特色。主要协议、标准程序和管理机构绝大部分是由美国人创建的，而且通常是由美国政府资助的。这也使得一些现象需要人们的特别关注，那就是越来越学术、越来越自由的对中央集权的怀疑。然而，总的来说，互联网预示着一个全球化、无国界的未来。

在巴洛发表演讲 25 年之后，他的构想已经支离破碎。互联网正在变成一个“分裂的互联网”，分裂成区域性和全国性的互联网。在 21 世纪第二个 10 年，各国政府开始寻找新的方式，将互联网置于国家的控制之下。许多政府当局担心，如果允许公民的数据流出境外，这些数据可能会被用来攻击本国人民或国家。

最近，这种趋势已经蔓延到更多国家。在很多情况下，这样做是可以理解的。欧洲的数据保护法，即《通用数据保护条例》（*General Data Protection Regulation*），对公司如何收集和使用数据设定了一套严格的规则，这也许是最好的例子。这是保护公民数字权利的善意尝试，但极大地限制了数据在世界各地的传播。

因此，互联网看起来越来越本地化，与巴洛时代的“全球社会空间”相去甚远。数据保护法复杂、不一致，而且满是陈词滥调。伦敦的一家律师事务所把这些规则汇总成一本手册，从安哥拉到津巴布韦都有，竟然厚达 820 页。[42] 在 2016 年之前的 10 年里，针对数据制定法规的国家数量增加了近 3 倍，达到 84 个。[43]

互联网“去本地化”和“重新本地化”的故事或许是对指数时代发展轨迹的完美总结。数字技术具有超越国界的潜力，但是，正如我们所看到的那样，它们同样可能会强化国界。

所有这些都给政策制定者提出了一个问题。指导全球政策和安全的机构是在这样一个时代成立的：人们认为地域性不仅已经消失，而且已经变得无关紧要。从地缘政治到全球经济，国际货币基金组织和世界贸易组织等机构长期以来一直扮演着全球化的“传教士”角色，它们建立了一个参与世界经济所需的模板。然而，在一个富裕国家能够实现能源和大宗商品的自给自足、制造业重新本土化、城市变得越来越重要的世界里，这些机构似乎有点不合时宜。

因此，我们需要创造性地应对新世界日益扩大的鸿沟，即高科技、富裕、日益独立的国家和技术落后的贫穷国家之间的鸿沟，以及在指数型技术的推动下不断发展的自由城市和那些比较保守、不那么强大的国家政治之间的鸿沟。

如果认识到国际合作对发达国家和发展中国家同样重要，就可以缩小第一方面的鸿沟。无论是针对人类活动导致的气候变化带来的威胁、未来的流行病，还是我们将在第 7 章中讨论的网络安全问题，只有在全球范围内采取全面的应对措施，才能得到缓解。但是，如果国际合作的基础不是贸易，那么实践中的哪些因素能促成这种合作呢？

答案之一是建立最适合解决新出现的全球问题的机构。我们可以建立促进合作的机构，取代旧的全球贸易组织。例如，建立由政治学家伊恩·布雷默（Ian Bremmer）倡导的世界数据组织（World Data Organization）。这类组织需要采取全新的方法，而不是沿用国际货币基金组织等全球化机构过去采用的方法。一个全球数据机构能够以协调一致的方式来处理人工智能、公民数据和知识产权。即便在各个国家竖立起数字墙的情况下，它也可以促进医疗保健、工业、气候变化和研究所需的数据在国家之间流动。[44]乍一看，这似乎是对供应链重新本地化这类重要力量做出的不完全回应。但让数据以激进的新发明或智能软件补丁的形式在不同国家之间流动，有助于防止经济陷入低谷。即使生产过程变得本地化，也并不意味着支撑生产的理念也必须本地化。

一个类似的目标，即防止重新本地化的经济在国家之间创造新壁垒，可通过“数字化小多边主义”（digital minilateralism）来实现。这意味着，数量不多的几个国家就如何管理数字世界的问题进行合作。这方面的一个开创性的例子是数字国家集团（Digital Nations group），该集团于 2014 年由一群互不相邻的国家组成：爱沙尼亚、韩国、以色列、新西兰和英国联合起来，就共同的数字项目开展合作，包括制定政府如何使用人工智能的原则。成立小多边组织的方法能够摆脱联合国等世界组织的僵化官僚主义。根据剑桥大学研究人员的研究，由于小多边组织在更少的国家群体中进行可能更灵活，因此更有可能取得有意义的进展。[45]要想以这种方法来缩小富裕国家和贫穷国家之间的指数鸿沟，就需要邀请更多发展中国家参与进来。但它确实表明，重新本地化的经济不一定会导致孤立主义。

城市高速发展，而国家发展滞后，这种发展不均衡导致的鸿沟也需要类似的雄心勃勃的解决方案。城市在促进经济增长、文化发展和人口集聚方面的重要性需要得到认可。城市往往处于解决指数型技术带来的问题的前沿。伦敦等城市不得不率先应对优步等零工平台的突然增长。西班牙巴塞罗那是最早考虑爱彼迎等数字住宿市场爆炸式增长以及由此带来的所有经济影响的城市之一。正如我们所看到的那样，**城市将成为指数时代经济的引擎。**

解决办法或许是借鉴联邦模式国家的做法，赋予地区和城市更多权力来管理它们自己的事务。它们需要更多权力来管理自己的能源、资源和气候议程，从而吸引人们到来，并提升居民的生活质量。这看起来可能会加剧城市和农村的发展不均衡问题，但实际上，它可能有助于缓解这一问题。当今社会中的许多分歧都是由城市和国家造成的，它们有着截然不同的经济利益和政治观点，却被捆绑在一个过度集权的政府之下。目前，我们很难找到有效的联邦化城市政府的例子。然而，许多城市似乎准备迎接这一挑战。许多城市的政府最近开始合作，确定它们需要的共同政策。C40[①] 倡议将市长们聚集在一起讨论气候变化问题。联邦保障收入市长联盟（Mayors for a Guaranteed Income）是一个由美国城市组成的联盟，倡导联邦政府要保障全民的基本收入。

这些城市治理的形式是非常必要的。指数型技术将我们的平面二维世界变成了一个像纸上立体地图一样的三维世界，低谷和山峰突然出现在我们面前。无论是贸易形式，还是我们对地方治理的看法，目前的制度安排都没有应对之法。人们可能会发现，自己除了接受新技术带来的重新本地化效应，别无选择。我们能做的就是减少这一进程带来的政治动荡和经济失序。

但如果人们发现自己进入了一个新的无序世界，这对全球冲突意味着什么呢？随着各国经济的日益独立，城市和农村地区的紧张局势加剧，国家之间和国家内部的战争似乎将变得更加普遍。而且，不管是好是坏，我们看待战争的方式和我们看待地域的方式一样受到了极大冲击。

---

① 即 C40 城市集团，这是一个致力于应对气候变化的国际城市联合组织。——译者注

第 7 章

网络安全领域的鸿沟

人们必须进一步有所作为，这样我们所处的社会才值得我们去捍卫。

2007 年，爱沙尼亚遭受了历史上最严重的一次网络攻击。这些数字炮火瞄准了整个国家的基础设施。一波僵尸网络和拒绝服务型攻击把目标瞄准了媒体、银行和政府服务，导致网络服务中断。爱沙尼亚人无法从自动取款机中取现金，电子邮件服务中断，广播公司无法登录自己的系统，当地人信赖的新闻机构无法就此事发声。此次攻击还受到了一波有组织的虚假信息浪潮的影响，有人在新闻网站上发布大量假新闻，让人们真假难辨，这相当于在本已令人担忧的局势上添了一把火。爱沙尼亚政府领导着世界上数字连接程度最高的国家之一，为了结束这次攻击，该国被迫切断了与全球互联网的连接。

直到今天，人们仍不清楚究竟谁应该为这次攻击负责。然而，在指数时代，要找到一个确切的罪魁祸首并不容易，追踪证据太复杂了。

但不管凶手是谁，这次攻击改变了世界。它不仅展示了这种攻击形式的威力，以及它对各国政府的影响，而且展示了未来冲突的可能形态。

指数型技术的发展，会导致两方面变化。正如计算机的价格自 20 世纪 70 年代以来大幅下降一样，制造某些类型武器的成本也在急剧下降。计算机病毒和其他恶意代码只不过是软件，它们同样受价格动态变化的影响，由于价格的动态变化，我们拥有了配置更好的笔记本电脑和更便宜的手机，也令更模糊的攻击形式变得更加可行。20 世纪，如果一个国家想大肆散播虚假信息，就必须渗透报社、电台和电视演播室，以及广播发射台。如今，只要让一个恶意帖子在社交媒体上疯传，就能达到同样的效果。即使在现实世界中，战争的成本也在减少。军用无人机的价格在 10 年左右的时间里降至原来的 1/1 000。所有这些形式的攻击都比 20 世纪的那些攻击形式更便宜，而且还不会让攻击者直接受到反击。

虽然攻击者获得了许多新的、通常成本较低的攻击方式，但这类攻击的影响范围更大。当只有少数人拥有计算机时，会被某种网络诡计或网络攻击伤害的人也只是少数。随着数字设备的激增，我们的弱点也越来越多。你买的每一个智能设备都是一个潜在的安全漏洞。一个能连接无线网络的变色灯泡可能很有趣，但它也可能遭到攻击者的攻击。包括医疗保健和能源等关键基础设施在内的所有行业的企业都与互联网相连，因此给了不法分子可乘之机。再加上越来越多的在线用户通过容易制造虚假信息的社交网络连接在一起，攻击者可以攻击的目标也多得令人目眩。

在安全术语中，这些目标被统称为“攻击面”，即敌对行动者可以利用的漏洞总数。中世纪的国王住在城堡里，被护城河和吊桥保护着，面对着弓箭手、剑客和最初的弹道学家的攻击，由于攻击者能力的局限，攻击面就非常有限。但随着时间的推移，攻击面扩大了，因为可以用于攻击的武器数量增加了。投石机和大炮的出现使厚厚的城墙变得毫无意义，飞机的出现使城墙形同虚设。今天，没有人会用城堡来防御攻击。简而言之，这就是指数时代的技术对现代国家的影响，更不用说对现代企业的影响了。在新的军事技术面前，我们的安全系统似乎越来越脆弱，我们的防御系统也越来越不堪一击。

所有这些导致了典型的指数鸿沟。技术变革的速度为我们的对手创造了新的机会。但是，我们可以用来减少冲突的渠道或者降低攻击的严重程度的资源却没有跟上。一方面，攻击的方式和地点激增；另一方面，国家安全基础设施是经过几个世纪逐渐发展起来的。随着自我防御变得越来越复杂，即使是最优秀的军队也大多行动迟缓，在努力适应这些变化。

指数鸿沟不仅存在于新型战争和现有的防御手段之间，也出现在新型战争与管理战区的准则和法律之间。几个世纪以来，人们通过《日内瓦公约》（*Geneva Conventions*）、《不扩散核武器条约》（*Treaty on the Non-Proliferation of Nuclear Weapons*）等条约，制定了战场上和国家间的交战规则。数字战争也需要类似的协议。管理一支恶意的黑客大军的规则是什么？或者无人机群在面对平民时应该作何反应？在实体战场之外，各国能用轰炸来回应网络攻击吗？用一轮导弹袭击回应对手的一波虚假信息，这是否合理？

所有这些不确定性都是在国家之间以及国家内部政治不稳定性日益加剧的背景下产生的。正如我们在第 6 章中看到的那样，世界各国的矛盾正变得越来越尖锐。新技术有助于促进本地化生产，减少全球贸易，而更少的贸易可能意味着更多的冲突。英国自由主义哲学家约翰·斯图亚特·穆勒（John Stuart Mill）在其 1848 年的著作中把“国际贸易的大规模和快速增长”描述为“世界和平的主要保障”。[1] 这历来是一个有争议的观点，在穆勒的观点发表之后的一个多世纪里，全球贸易达到了前所未有的水平，并在人类历史上两场最大的战火中达到顶峰。但总的来说，这个原则是成立的。当国家之间进行贸易时，它们就会在经济上相互依赖。冲突会给商业带来不便，会阻碍商业的发展。

在亚洲发展银行的一项规模庞大到令人眼花缭乱的研究中，研究人员分析了 1950 年至 2000 年的数十万起冲突，得出的结论是："随着双边贸易相互依存和全球贸易开放程度的提高，国家间发生军事冲突的可能性显著降低了。"[2] 因此，逆向全球化的转变很可能会导致国家间更大的冲突，这并不奇怪。一位在美国中央情报局工作了 30 年的资深人士在 2010 年做出的一项估计表明，去全球化可能会使任何一个特定国家在随后的 25 年里发生战争的风险增加 6 倍以上。[3]

与此同时，国家内部的冲突正变得越来越普遍。这种态势早在我们进入指数时代（21 世纪第二个 10 年）之前就出现了。20 世纪 90 年代，学者玛丽·卡尔多（Mary Kaldor）提出了"新战争"（new wars）一词，用来描述苏联解体后的冲突。在 20 世纪后期的大部分时间里，战争主要发生在国家及其代理人之间，很可能是因为意识形态方面的争论。战争的目标是削弱对方的实力，而不是针对其人民。然而，自 20 世纪 90 年代以来，战争的性质变得更加支离破碎。

而且，这些冲突更有可能发生在国家内部，而不是国家之间。随着我们进一步进入指数时代，新战争变得更加常见。2018 年，乌普萨拉冲突数据项目（Uppsala Conflict Data Program）追踪到的非国家冲突的数量超过了 70 起，是 10 年前的 2 倍多。[4] 如果你认为是指数型技术导致了这种转变，那的确言过其实了，但毫无疑问，指数时代的趋势的确起了作用。城乡差距

的扩大、政府间机构的影响力日益衰弱，以及军事技术成本的下降，都吸引了非国家行动者加入这场战斗

因此，未来几十年可能会充满摩擦，冲突不断。随着经济和政治秩序变得更加不稳定，各国的防御能力将变得越来越脆弱。英国联合部队前司令理查德·巴伦斯（Richard Barrons）爵士曾向我解释过这个问题的严重性："我们非常重视的许多东西，尤其是在冲突的战场上重视的东西，正被彻底摧毁，因为技术改变了战争的形式。"[5]

日益严峻的网络安全问题

1981 年，以色列空军上校泽夫 · 拉兹（Ze'ev Raz）率领 8 架 F-16 战斗机组成的编队前往伊拉克执行秘密任务。6 月 7 日，他的小型可操控飞机中队（主要用于空中格斗，这次却满载着越战时期的重力炸弹）从西奈半岛的埃茨翁（Etzion）空军基地起飞。[6] 在接下来的 3 小时内，他们将往返 3 200 千米，这也是该型号飞机最大的飞行范围。

当飞过敌方领空时，他们被迫伪装，以避开当地的防空系统。[7] 他们的目标是什么？是奥西拉克（Osirak）核反应堆。这是萨达姆 · 侯赛因发展核武器计划的一个关键部分。虽然这些飞行员面临种种风险，但都不能与伊拉克的核升级的危害性相比。在他们看来，这对以色列的生存构成了威胁。

这次行动被称为歌剧行动（Operation Opera），行动花费大，而且极其危险。投弹飞机由护航战斗机和加油机支持，每架飞机每小时的运行费用为数万美元。这些飞机每架价值数百万美元。整个行动可能会出现无法挽回的失误。而且，如果出现一点点差错，有飞行员被俘虏，那么以色列可能还需

要深入伊拉克腹地进行营救。[8]

然而，事实证明，这次任务非常成功。在不到90秒的时间里，拉兹和他的团队将16吨炸药投放到保护反应堆的硬化混凝土外壳上。它被摧毁了，萨达姆的核武器野心也随之灰飞烟灭。

40年后，以色列仍然担心邻国的核扩散问题，但今天，以色列的关注焦点不再是伊拉克。自世纪之交以来，伊朗一直怀有发展核武器的野心。在指数时代，以色列采取了不同的回应方式。

纳坦兹核设施（Natanz nuclear site）是一个工业园区，位于德黑兰以南几百千米处，是进行铀提纯的场所。从2010年初开始，这里遭遇了一系列令人费解的事故，大约有1/10的离心机被毁，约1 000台，但这件事并不是以色列令人生畏的精英部队驾驶他们20吨重的飞机做的，而是一段名为Stuxnet的恶意软件代码导致的。这个漏洞在入侵纳坦兹之前，已经在伊朗公司的网络中潜伏了几天。Stuxnet专门针对在德国西门子公司的电子产品上运行的软件而设计，它花了一个月的时间对伊朗的计算机操作进行了不易被发现的篡改，目的是毁坏那些用于提纯军用铀的精密离心机。[9] Stuxnet带来的影响远远超出了数字世界，削弱了伊朗的大部分核能力。这一切都发生在没有“动态”攻击的情况下，也就是说并没有向敌人投掷炸弹进行攻击。

所有国家都有类似纳坦兹核设施这样的漏洞。今天，所有事物都已经或即将拥有一个数字接口，通过它可以连接到互联网。这种转变带来的一个影响是增加了政府内部的攻击面，无论是核反应堆还是军事数据库，都是潜在的攻击面。这种转变也影响到了平民，每天都有数百万以平民为目标的网络攻击在发生，2019年，英国96%的企业都遭受过破坏性的网络攻击。[10] 数据泄露是网络攻击最常见的后果之一。个人和客户数据可以在黑市上出售，或被用来破坏更多计算机系统。2020 年，全球有超过 370 亿份数据记录被泄露，相比于 5 年前，增加了 46 倍。在这类事件中，60%（大约每天 6 起）发生在美国。[11] 这种变化让我们措手不及，虽然大多数人会反复提醒自己别忘记锁门，但很少有人能够保护自己免受网络攻击哪怕最基本的伤害。

对于每一个新的攻击面，都有新的攻击方法。网络安全公司 Darktrace 的首席执行官妮可·伊根（Nicole Eagan）告诉我，有一名毫无防范的公司高管发现，有人利用他的豪华电动汽车里的计算机向不法分子传递信息。这辆车曾在公司的停车场充电，在这个过程中，它连接了该公司的无线网络，并将有关车主驾驶习惯的数据发送给制造商，这个网络连接足以让汽车的数据被黑。几天后，类似的攻击在另一个城市的另一辆汽车上再次发生。[12] 其他案例显示，黑客已经找到了“欺骗”全球定位系统的方法，使船舶的系统误以为它们离自己当前所在位置有数千千米远。如果你想扰乱全球贸易，这种方法很有用。[13]

虽然这些针对民用网络的攻击看起来相对不起眼，但有些攻击是灾难性的。仅几小时之内，恶意软件 NotPetya 就破坏了美国的医院和塔斯马尼亚的一家工厂。它最终蔓延到了 65 个国家的个人计算机上。[14] 受破坏最严重的是一些跨国公司，比如丹麦航运巨头马士基、世界第十一大食品公司亿滋，以及家用产品巨头利洁时。该病毒造成了数十亿美元的损失，甚至有人估计损失高达 100 亿美元。

数字攻击目标和方法的激增正在从根本上改变现代战争的面貌。它导致国际军事冲突中新的、意想不到的角色出现。

2012 年，一种特别恶毒的病毒 Shamoon 攻击了卡塔尔、阿联酋、沙特阿拉伯的石油和天然气服务系统，导致 3 万多台计算机的硬盘无法使用，其中沙特阿拉伯受到的影响最大。这次攻击摧毁了沙特阿拉伯国家石油公司沙特阿美的钻井和生产数据，并攻击了它在欧洲、美国和亚洲的办事处，该公司花了将近两周的时间才恢复了网络。

安全研究人员追踪得知病毒的源头是 APT33，这是一个与伊朗政府密切相关的黑客组织。该组织对网络攻击的利用具有成本收益高、容易否认的特点。[15]

所有这一切意味着我们正在进入一个冲突形式不同于以往的世界，这里有着全新的攻击目标、攻击形式和攻击行为发起者。但是，我们对战争和防御的大多数概念仍然具有 20 世纪的特色。这些新的战争方式与我们几个世纪以来逐步形成的主权、战争与和平的传统观念并不匹配。1648 年的《威斯特伐利亚条约》（*Treaty of Westphalia*）确立了这样一个原则，即世界被划分为具有明确边界的主权国家。1929 年和 1949 年的《日内瓦公约》确定了什么是和什么不是军事冲突的合法目标。这些条约都无法去规范这样一个新世界，在这个世界中，在没有任何官方宣布发起战争的情况下，成千上万的行动者正试图通过数字手段制造混乱。

以规则为基础的现有秩序的不足，加上现有国防形式的不足，使得这一问题雪上加霜。马士基是丹麦商业领域的一颗闪亮的宝石，却因网络攻击而陷入瘫痪。该公司的 49 000 台笔记本电脑在这次攻击中全部瘫痪，1 000 多个商业应用程序被毁，这一切都发生在病毒在公司内部传播的 7 分钟内。[16] 但丹麦政府却无法为该公司提供帮助。最终，是该公司自己的 IT 员工，而不是军方或警方阻止了这次攻击。同样，2017 年，当 WannaCry 病毒在全球传播时，是两名私人安全研究人员与美国 Cloudflare 公司联手，阻止了这次攻击。[17]

这些并非特例，大多数国家的网络防御能力仍然薄弱。2010 年，在美国国防部的机密信息遭到泄露的两年后，美国军方才成立了网络司令部。然而，直到 2018 年，华盛顿特区才采取了“防御前置”（defending forward）的原则，允许其数字士兵发动攻击。到 2020 年，英国才成立自己的国家网络部队，这是一支由军方、顶级间谍、密码破译专家和国防科学家组成的部队。[18] 到目前为止，事实证明，这些组织的防御能力非常有限。2020 年，美国政府发现，在政府部门中颇受欢迎的科技公司太阳风，已经成为网络攻击的受害者，而且到发现时，该公司已经遭受了几个月的攻击。境外黑客一直在窥视私营企业和美国财政部、国土安全部等部门，他们可以连续几个月访问数以万计的系统。[19]

各国从未像现在这样无力捍卫自己的国家利益，而且不法之徒也从未像现在这样，在为了自己的利益或按照要求进行非法活动时，显得如此强悍。

不断滋生的虚假信息

北马其顿的韦莱斯（Veles）是一个不起眼的地方。这个人口不足 5 万的城市坐落在该国首都斯科普里东南约 60 千米的山区。尽管这里有一些美观的教堂，偶尔也会有几个游客，但在过去的大部分时间里，韦莱斯几乎没有吸引全球公众的注意力。

这一切在 2016 年发生了改变，当时媒体开始报道韦莱斯的一个蓬勃发展的新行业——假新闻工厂。在 2016 年美国总统大选的预备阶段，这个衰败的小镇成为140个关注美国政治的网站的大本营，其中大多数都是积极支持特朗普的。当地的青少年被招募来构思或改写右翼新闻故事，这些故事随后被发布在社交媒体上。这些故事非常受欢迎，有些在Facebook上获得了数十万次分享。这些故事也带来了丰厚的利润。据报道，一位网站所有者很快每天就能从网络广告中赚到2 000美元。[20]

韦莱斯当地人对美国政治知之甚少。在许多情况下，他们对自己所写的主题一无所知，但他们不仅能报道美国政治相关新闻，还能向数百万人展示他们的分析成果。

虚假信息的病毒式传播现象——有时是由国家层面的行动者制造的，是指数时代攻击面不断增加的另外一种表现。当然，利用信息操控来激励军队或瓦解反对派的做法由来已久。2003年，伊拉克外交官穆罕默德·赛义德·萨哈夫（Muhammad Saeed al-Sahhaf）在巴格达几乎就要被美军攻陷时，依然在电视直播中宣称萨达姆·侯赛因的军队取得了胜利，因此获得了“滑稽阿里”（Comical Ali）的绰号。但在指数时代，制造虚假信息变得前所未有的容易。散布这种信息不需要技术高超的黑客或编写任何复杂的代码，只要全球公众相信它是真的就可以了。

在2016年美国大选的10年前，用网络宣传影响国家政治的想法似乎还是异想天开。我自己创立的PeerIndex公司分析了从2009年到2014年Twitter和Facebook上的内容。在最初几年里，我们不得不处理极少的一些看起来前后一致的虚假信息。利用自动社交媒体账号（也被称为“机器人”）发布虚假信息是常见的传播虚假信息的手段，这些帐号会发布一些放大维生素功能或勃起功能障碍治疗的虚假信息进行商业欺诈，但它们并没有构成真正的威胁，我们建立了简单的系统来检测和删除这些信息。

但当我卖掉公司的时候，情况开始发生变化。2014 年，病毒式虚假信息是一个虽小但确实存在的问题。从那时起，病毒式虚假信息的影响迅速扩大。根据麻省理工学院的一项研究，在 Twitter 上发布虚假声明的英文推文数量从 2012 年的可以忽略不计的水平上升到 2016 年的构成重大威胁的水平。在此期间，虚假陈述的数量增加了 30 倍。研究发现，虚假陈述在网络中的传播速度是真实陈述的 6 倍。[21]

指数时代的技术使虚假信息的传播变得更加容易。任何人都可以创建一个网站，任何人都可以在上面发布内容。创建自动社交媒体账号网络来夸大虚假信息的成本低得令人难以置信。社交网络是一块肥沃的土地，上面的内容自由传播，并不需要编辑或事实核查员对内容进行审核。这些平台本身也会奖励那些令人厌恶、震惊或高兴的内容。在线平台使用算法来推荐内容，这种方式往往会放大先前存在的信念（我们将在第 8 章探讨这一现象）。简而言之，指数型力量——新信息网络、病毒式网络效应和人工智能，它们的病态联合更加有助于谎言的传播。

这意味着假新闻无处不在。2019 年，一项针对 25 个国家公民的调查发现，超过 80% 的人认为自己接触过假新闻，其中近 90% 的人一开始认为假新闻是真的（我也跟大多数人一样）。[22] 近一半的土耳其人、超过 30% 的韩国人、巴西人和墨西哥人表示，他们每周都会听到或看到假新闻。[23] 在 2020 年美国大选期间，社交网络成为恶意分子的滋生地，他们煽动有关疫苗或病毒起源的阴谋，当时的美国总统唐纳德·特朗普也不断在 Twitter 上发布未经证实的推文来支持这些阴谋。

有些假新闻纯粹是为了营利而创造的，想想那些每天收益 2 000 美元的网站运营者吧。但很多假新闻是由国家精心策划的，目的是获得超出对手的优势，它被视作攻击的一种形式。正是这种特点使得一些虚假信息不仅令人讨厌，而且还成为一种敌对军事行动，这类信息越来越普遍。2017 年，牛津大学的研究人员发现，有证据表明，有 28 个国家采取了某种形式的网络虚假信息行动。到 2019 年，这个数字已经上升至 70。[24] 2013 年至 2019 年，泰国、伊朗、沙特阿拉伯等 38 个国家也被指控制造虚假信息网络。[25] 当国家以这种方式使用信息时，虚假信息就变成了虚假信息，也就是说，这些信息不仅是不准确的，而且是带有恶意的。

这些传播虚假信息的活动可能会对现实世界产生令人恐慌的影响。这种传播虚假信息的活动产生的危害可能比零星的小规模抗议的危害更大。世界卫生组织描述了伴随新型冠状病毒的出现在伊朗出现的“信息流行病”。在伊朗，有 700 人可能死于甲醇中毒，因为他们听信了网上的谣言，认为喝这种东西可以抵御病毒。[26] 在英国，数十名正在升级手机网络的电信工程师收到了死亡威胁，就因为一个荒谬的理论说 5G 基站会传播病毒。[27] 对美国而言，它的一些敌对国家发起了联合运动，试图使美国民众轻视新冠病毒疫情的严重性，其策略是将美国国民现存的分歧作为武器。[28] 其目标是什么呢？是使美国控制疾病传播的努力和随后的疫苗接种计划失去合法性。[29]

但是，如果说指数型技术是虚假信息滋生繁衍的一个催化剂，那么另一个催化剂则是政府未能有效地打击网络谎言。各国政府在打击虚假信息方面行动迟缓。英国政府在 2018 年才开始成立国家安全部门来应对虚假信息，即使在那时，相关部门负责人也因行动缓慢而受到批评。[30] 与此同时，到 2020 年年底，美国仍没有任何由政府部门主导的协调一致的反虚假信息战略。[31]

解决指数时代不断升级的冲突需要国家的力量

但如果你认为这意味着未来的冲突将完全发生在网络上，那你就错了。虚假信息可以弱化对手，在民众心里埋下怀疑的种子，网络攻击可能会影响经济的正常运行。但如果网络攻击达不到目标，杀了他们的士兵就可以了。在冲突过程中，一些最迅速的指数型变化出现在实体战场上。

无人机技术可能是最合适的例子。无人机由士兵远程控制。乍一看，无人机的崛起似乎与网络攻击和虚假信息的增长完全不同。然而，从更广泛的角度来看，我们可以理解无人机战争是如何与其他形式的攻击相互交织、相互融合的。

长期以来，战争都是在多条战线上同时进行的。如今，虚假信息和网络攻击会削弱对手，而无人机攻击则会让他们变得更加不堪一击。在所有这些情况下，武器价格的急剧下降催生了冲突，将越来越多的参战方吸引到数字战场或实体战场上，最终引发一场前所未有的在私人论坛、公共生活和街头同时进行的战争。这是新战争的升级版。

故事开始于 21 世纪初。在“9 · 11”事件之前，无人机在军事斗争中发挥的作用非常有限。但随着反恐战争的进行，美国中央情报局开始用它来追捕“基地”组织的头目。在接下来的几年里，无人机的使用范围不断扩大。

但这项技术不再是美国军队的专利，由于其基础技术的快速变化，无人机变得越来越便宜。随着微芯片、电池、机器人技术和人工智能技术的迅猛发展，消费类无人机行业发展迅速，因此那些“四轴飞行器”才会频频出现在海滩上，使人们无法悠闲地漫步。从 21 世纪初开始，由于锂聚合物电池和无刷电机的发展，无线电控制飞机逐渐变得更方便操作、更可靠、噪声更小。接下来出现的是装载了芯片的无人机，业余爱好者可以为它们装配自动驾驶系统。由于用于测试物体速度变化的加速度计价格的下降，无人机制造商将它们集成在无人机中。这在很大程度上要归功于智能手机的发展。加速度计发展迅速，因为它们被用作智能手机的倾斜传感器。此外，用于智能手机的微型无线网络芯片和相机传感器也变得更加便宜。[32] 其结果是无人机技术的价格急剧下降。21 世纪 20 年代初，无人机的价格已经足够便宜，可以在公共活动中发挥作用，比如由程序员精心设计的数百架装载了彩灯的小型飞机会在空中上演一场“烟花秀”，从而达到与燃放烟花相同的效果。许多富裕国家利用这些先进技术来制造越来越复杂、越来越昂贵的无人机。20 世纪 90 年代诞生的用于空中侦察的经典机型 MQ-1 捕食者战斗无人机，每个系统单元的成本为 2 000 万美元（2019 年，成本约为 3 400 万美元）。[33] 而 2019 年被伊朗军方击落的“全球鹰”（Global Hawk）无人机成本为 1.3 亿美元。[34] 土耳其于 2014 年推出的 Bayraktar TB2 型无人机，售价约为 500 万美元。[35]

在此过程中，这些更便宜的无人机使军事冲突中出现了全新的角色，突然之间，对任何规模的恐怖组织和小国来说，他们都负担得起战争的“门票”了。军用无人机代表了一种不同于传统的战船军事技术的战斗方式，因为使用弹道导弹、核武器、航空母舰和隐形战斗机等军事武器仍然是少数拥有成熟国防工业的富裕国家的“特权”。越来越明显的一点是，任何人都可以建立无人机军队。然后，在 2019 年，也门的胡塞族叛军对沙特阿拉伯的世界上最大的石油加工设施发动了无人机袭击，导致该国一天内损失了全国一半的产值。[36] 用军事理论的术语来说就是，无人机的发展导致了“不对称”冲突的增加，这种冲突发生在强大、成熟的一方（比如国家）与资源较少的一方之间。

无人机战争也加剧了国家之间的冲突。2020 年年底，亚美尼亚和阿塞拜疆在纳戈尔诺－卡拉巴赫（Nagorno-Karabakh）地区爆发战斗，双方都使用了无人机，这场冲突成为最新无人机技术的比拼。由于与土耳其和以色列的密切联系，阿塞拜疆能够在战场上投放更先进的无人机，因此它最终占据了上风。这种无人驾驶飞机使阿塞拜疆部队得以深入亚美尼亚领土，对其补给线造成严重破坏。[37] 亚美尼亚人损失了超过 185 辆坦克和数百件其他重型军事装备，冲突开始时，一半以上的物资被毁，并出现了人员伤亡。阿塞拜疆对亚美尼亚士兵发动了无人机攻击，用一位美国军事分析师的话来说，这导致了“非常严重的人员伤亡”。[38] 这场冲突是一个转折点，使人们认识到，在 20 世纪，人与物的关系很容易受到低成本指数型技术的影响。几周后，英国国防部已经将注意力转向购买更便宜的军用无人机。[39]

但问题不只是无人机有多便宜，它们比许多常规武器更加敏捷，它们可以在不容易被发现的地点发射，也可以进入难以到达的地区。同时，作为敏捷侦察工具，无人机可提高精度，从而减少弹头的浪费。作为诱饵，无人机群甚至可以迷惑敌人的雷达并引诱他们的部队离开。[40] 如果任何国家有违反国际法的打算，这种武器也会增加非法的战争发生的可能性。以化学战为例，无人机可以针对特定的薄弱点，如车队的领头车辆或目标对象的房屋和花园进行袭击，而不是携带大量的化学或生物制剂并进行大规模喷洒。[41] 理论上，只有“流氓国家”才会考虑使用后面这种方法，但是，对一些国家来说，化学武器的可靠性和精确性的提高或许很有吸引力，或许它们也会考虑。

最令人担忧的是，无人机的指数转型仍在进行中，这意味着，我们很难预测这项技术最终会走向何方。人类控制的无人机是迈向“自主系统”的第一步。越来越多的军队和准军事组织正在研究不需要人工干预就能与敌人交战的武器。自主性是一个连续体，而不是二元体。美国的战斧导弹（Tomahawk）已经应用了 30 多年，它可以在不使用全球定位系统的情况下自行导航，仍能将精度保持在一米以下。[42] 它有一定的自主性，但仍然需要人类“告诉”它什么时候该打什么。然而，完全自主的无人机将会成为可能。在例举已经投入使用的自动武器时，以色列研发的无人机“哈比”（Harpy）和“哈洛普”（Harop）经常作为案例出现。“哈比”使用电磁传感器搜索预先指定的目标，它的后续系统“哈洛普”使用视觉和红外传感器来捕获目标。

人脸识别和计算机视觉的发展将进一步增强这类技术在战场上的力量。商用无人机 Skydio R1 的研发者甚至没有打算将其用于军事用途，它仅使用了一个先进的计算机视觉系统，就能自动识别和追踪它的主人。这架无人机上的 13 个机载摄像机会进行实时测绘、路径规划和避障。[43] 它的售价不到 2 500 美元，这种高度自主的无人机越来越普遍。2017 年，斯德哥尔摩国际和平研究所在分析了 154 种具有自动瞄准功能的武器系统后得出结论：超过 1/3 的武器系统可以在没有人类干预的情况下自主选择目标并进行攻击。[44]

在不久的将来，自主系统能够以比人类更快、更敏捷的方式完成数千项复杂且需要协作的行动，从而发动战争。由于无人机需要不断与人工指挥中心通信，因此通信延迟在目前是不可避免的，但在未来，通信延迟的问题将得到解决。装载了同步传感器的无人机上面都有一台计算机，可由人类控制。[45] 在最极端的情况下，这类无人机就相当于一种完全自主的武器系统，它可以自行决定是否攻击、攻击谁、何时攻击以及如何攻击。人类可能会大致给出战场、目标、对手的性质和交战规则，然后由机器扣动扳机，判断某人是不是敌方，是否需要开火；是杀了他们，还是让他们陷入瘫痪。

没有读过很多科幻小说也会知道，这有点反乌托邦。当前所有关于战争的规范和规定都根植于一种假设，即战争处于人类的绝对控制之下。国际刑事法庭成立的目的是调查政客或民兵领导人的战争犯罪行为。[46] 纽伦堡法庭肯定了人类责任和个人罪责的重要性。法律专家认为，对于如何处理使用自主或半自主武器的犯罪，目前还缺乏明确的规定。用一篇关于该主题的论文中的话来说就是，存在着“责任空白”。[47] 人类大概最终是要负责任的，但该负责的究竟是哪些人呢？工程师还是程序员？将军还是政客？如果这些机器是自主的，在一般性指令存在，但没有发出执行具体任务的指令的情况下，又该由谁来负责呢？在这样一个缺乏类似于《日内瓦公约》约束的自主战争时代，上述问题的答案仍然是不明确的。

指数世界是无序的，更多的行动者有更多的方法对更大的攻击面发起攻击。在这个世界上，从经济和人力的角度来说，战争是廉价的。与前往伊拉克的拉兹上校及其 F-16 战斗机飞行员不同，一场激怒对手公民的恶意社交媒体运动不会让士兵面临危险。这类运动形式多种多样，包括令人讨厌的虚假信息、精心策划的虚假信息活动、针对电力和供水基础设施的网络攻击、无人机的爆炸袭击等，很难预测。也许这一切都预示着一场全面战争。

与此同时，政治秩序正趋于不稳定，很难预测全球社会的重新本地化将对战争产生什么影响，但维持和平的可能性并不大。与新技术一样，这一趋势似乎会将指数时代变成一个充斥着冲突永无休止的时代，任何低级别的混战都可能升级为灾难性事件。小规模网络攻击带来的恶意后果、长期虚假信息活动的破坏性潜力，以及野蛮、协同化的网络战，都是同一个生态系统的一部分。公民和企业，以及政治家和军队，都将处在冲突的一线。

我们能做些什么来逃离这个支离破碎、冲突不断的高科技世界呢？自 1651 年托马斯·霍布斯（Thomas Hobbes）的《利维坦》（*Leviathan*）出版以来，学者们通常认为，国家的首要职责是保护公民不受暴力侵害。如果国家不能防止其公民成为指数时代武器的目标，就代表它没有履行最基本的义务。因此，解决指数时代不断升级的冲突这一责任就落在了国家的肩上。

有三种方法可以做到这一点。第一，国家需要加强对整个攻击面的防御，攻击面包括训练不足的军队、不安全的办公计算机、易受骗的公民。第二，国家必须通过沟通和调整建立新的规范。第三，国家必须努力减少攻击面和武器的扩散。

让我们逐一来看看上述三种方法。对可能发生的高科技攻击，很多国家的防御往往很薄弱。它们就像没有护城河的城堡，或者是在武装直升机可以飞越城墙的时代建造的城堡。但如果投资得当，这些国家可以修建“护城河”或准备好高射炮。这涉及重新平衡军队的优先事项。这些国家的政府需要意识到昂贵的飞机无法与网络攻击相匹敌，网络攻击才是真正的威胁。因此，它们应该将经费投向别处。

许多国家正在逐渐认识到这一点。2020 年 3 月，美国国防部向国会更新了上述“向前防御”政策。[48] 美国国防部的战略包括通过加强国防部下属的网络司令部的作用，以更积极的方式保护美国在网络空间的国家利益。[49]

但是，加强国家防御将不仅仅涉及保卫国家的安全基础设施。21 世纪的许多数字基础设施归私营企业所有，由它们运营。这意味着攻击地点是由私人控制的，这也意味着识别、应对攻击以及从攻击中恢复的责任往往会落到私营企业的肩上。2001 年 9 月，当“基地”组织袭击纽约和华盛顿时，美国军方做出了回应。近 20 年后，当马士基和亿滋公司受到网络攻击时，是企业建立了第一道防线。

我们可以通过增加这些富可敌国的公司的公共责任来提高它们的安全性。在打击网络攻击方面，大型企业在任何正式的决策会议上都没有一席之地，也没有明确的方式来为其平台上发生的事情负责。尽管如此，许多这样的公司仍然认真对待自己在安全方面所承担的义务。例如，微软通过一项名为“数字日内瓦公约”（Digital Geneva Convention）的倡议，构建了自己在防止恶意攻击方面的新角色，该公约力图保护平民免受网络攻击。《日内瓦公约》为冲突期间的平民、战俘和自然环境提供保护，与此类似，“数字日内瓦公约”的目标是让政府和私营企业都成为平民安全的守护者。政府可以开发一个功能类似但涵盖内容更广的系统，对运营数字基础设施私营企业的义务做出规定。

然后要保护的是最大的攻击面——我们每一个人。我们任何一个人都可能被网络钓鱼攻击欺骗，或者不小心把自己的家变成了僵尸网络的一部分，或者发现自己怀疑科学证据并拒绝接种疫苗。正如理查德·巴伦斯（Richard Barrons）将军告诉我的那样，许多西方人都是“战略上的雪花”“我们的日常生活非常脆弱”。[50] 解决方案是提升公民的数字素养，使公民掌握能够在数字世界中进行安全操作的技能。这一功能的一个重要特点是数字清洁卫生，让攻击方无法识别你的密码，知道如何清理旧账户，开启多因素认证，并能够识别钓鱼骗局。与此同时，公民需要接受如何在数字媒体世界中发挥作用的培训。这通常取决于媒体素养，即公民应该对他们在互联网或印刷品上看到的表情包和信息进行批判性思考。

在这方面做得比较好的一个国家是芬兰。从爱沙尼亚乘渡轮跨过巴伦支海，用不了多久就到了芬兰。该国政府深知虚假信息的危险。在芬兰，公共和私营部门建立起了伙伴关系，强调面对虚假信息要做出协调一致的回应。该项目于 2015 年启动，由芬兰总统绍利·尼尼托斯（Sauli

Niinistö）发起。[51] 批判性思维训练不仅进入高中课程，还被纳入成人教育。[52] 孩子们甚至还参加了如何识别假新闻的课程。

更强大的防御可以使境外攻击的效果更差、代价更大，但仅有防御是不够的。防御基本上是反应性的，它不能阻止攻击的发生，至少不能直接阻止攻击。因此，要想减少攻击造成的危害，各国应该积极地缓和紧张的局势。各国如何确保以一种从一开始就降低彼此攻击可能性的方式进行沟通？如果攻击真的开始了，各国领导人该如何防止它们失控？

对于加强防御和缓解紧张局势，我们都可以从冷战中吸取教训。虽然有一些令人担忧的时刻，但幸好，在 20 世纪结束时，人们并没有遗忘核武器造成的灾难。这在一定程度上要归功于华盛顿和莫斯科一些比较理智的官员所采取的沟通和降级策略。这两个超级大国最终学会了如何进行有效的互动。1962 年，古巴导弹危机后，美国和苏联建立了一条热线，即著名的“红色电话”，这样两个超级大国的领导人就可以直接对话了。这是在两个竞争对手之间建立信任的重要措施，在一个小小的沟通错误就可能导致灾难的情况下，这种沟通显得尤为重要。政策制定者或许可以建立一种类似的适合数字时代的沟通网络。正如我们通过 NotPetya 病毒所了解的那样，网络攻击是混乱的，它们不仅攻击选中的目标，还会殃及池鱼，并且使这种危害在全球信息网络中迅速扩大。这种无处不在的网络攻击引发的后果会让人们对真正的目标是什么感到困惑，并增加冲突升级的可能性，而更畅通的沟通渠道可以降低这种风险。

我们还迫切需要确定新的交战规则以及冲突升级和降级的方法。网络冲突仍然是一个新兴领域，不同对手之间的规则正以不同的速度演变。[53] 如果各国开始像美国那样，越来越多地“防御前置”，误解或冲突爆发的可能性就会增加。冷战时期不那么强硬的政策制定者再次为我们指明了前进的方向。到冷战结束时，我们已经有了明确的准则和理论来防止冲突意外升级，而且绘出了清晰、明确的边界。例如，《北大西洋公约》的第五条款被设计成一个硬触发器：任何对北约成员国的攻击都被视为对所有成员国的攻击。这些界限在指数时代已经变得模糊了。直到 2019 年，北约才开始正式考虑，如果发生严重的网络攻击，是否要实施第五条款规定的集体防御。[54]

然后要考虑的是核不扩散问题。通过正式或非正式的手段，我们可以呼吁国际社会不允许某些形式的攻击出现，并且无论是依照法律还是依照惯例，我们都有成功的先例。1925 年，国际社会就禁止使用化学和生物武器达成一致，即使是那些喜欢蔑视基于规则的国际秩序的国家也很少使用它们。自 1997 年的一项条约签署以来，地雷变得越来越罕见。自 2008 年一项条约缔结后，很少有国家再使用子母弹了。在许多情况下。这些条约之所以有效，是因为它们迫使私营企业（如武器制造商）停止生产某些类别的武器，这样就能避免这些武器落入非国家行动者以及国家军队手中。

一套适合数字时代的核不扩散条约会是什么样子的？我们可以从黑客攻击开始介绍。2021 年，网络和平研究所开始呼吁对那些容易为黑客所利用的商业软件采取预防行动，并提出了一个令人印象深刻的术语——“以服务的形式入侵”（intrusion as service）。[55] 这里的一个关键目标是禁止私营企业开发恶意软件。以以色列的 NSO 集团为例，这家私营企业开发的软件据称被恶意分子用作间谍软件。[56] 该公司的畅销产品是 Pegasus，据称该产品可以将个人手机作为攻击对象，并接管它们。到目前为止，全世界有数十名记者和活动人士声称有黑客用 Pegasus 来监视他们。[57]

展望未来，我们需要制定一个法律框架来管理自动武器的使用。今天，只有一小部分国家主张完全禁止使用自动武器。但是人们有一个更广泛的共识，那就是武器的自主性不可能是无限的，必须将“人为控制”作为武器设计、操作和管理的一个重要方面。[58] 我们的武器装备技术在加速发展，建立与之同步的新规则是必要的，而且越快越好。

目前，这些政策似乎遥不可及。对指数战争的方法感兴趣的不是只有“流氓国家”和恐怖组织。我们已经看到，在奥巴马担任总统期间，美国军方是如何依赖无人机来实施军事打击的。而且，正如 Stuxnet 的例子所显示的那样，网络攻击可以成为富裕国家武器库中一种非常有用的武器。当你自己泰然自若地参与其中时，很难去要求别人暂停使用某种策略。

但我们不能选择无所作为。指数型技术将进一步加剧冲突，它们不仅会破坏国际秩序，还会使战争更容易发生。今天，一切都是潜在的攻击面，每个人都需要知道如何保护自己。与此同时，恶意行动者有了新的工具，可以在现实世界中发动血腥的战争。如果没有新的防御体系和冲突降级机制，世界有可能变成一个杂乱无序的战场。

然而，有关国防的讨论引发了更多关于国内生活的问题。任何主权国家的首要目标都是保护其公民不受暴力威胁，使他们能够过上安全和充实的生活。但冲突只是这种充实生活面临的威胁之一，我们生活的其他领域——消费者与市场、公民与社会之间的关系，也因指数型技术而变得不稳定。因此，你将在第 8 章中看到，**人们必须进一步有所作为，这样我们所处的社会才值得我们去捍卫。**

The Exponential Age

第 8 章

公民与社会关系的鸿沟

在指数时代，每个人都不只以肉身的形式存在。我们还由一组数字所代表，这些数字是由我们在互联网上的数字轨迹构成的，是我们的数据自我。

1972年6月8日，南越空军在西贡西北约35千米的壮庞（Trang Bang）地区投下凝固汽油弹。9岁的女孩潘金淑（Phan Thi Kim Phuc，音译）在袭击中受伤。由于汽油和铝盐混合而成的凝固汽油弹落在她的身边，她的身体有30%被三度烧伤。

潘金淑赤身裸体从袭击中哭着逃跑的照片，成为有史以来最著名的反战素材之一。摄影师黄功吾（Nick Ut，音译）凭借这张照片获得了1973年的普利策奖。这张照片至今仍是控诉战争暴行和恐怖的有力素材。

然而，Facebook并不这么认为。大约44年后，一名记者在挪威《晚邮报》（*Aftenposten*）上发表了一篇文章，对战争摄影历史进行了探讨。他也在Facebook上发布了这篇报道，并附上了潘金淑的照片。几小时后，Facebook以违反儿童色情政策为由删除了这张照片。面对质疑，Facebook的回应是锁定这名记者的账号，并发布了一份声明，再次强调自己的立场。[1]

Facebook 表示："虽然我们认识到这张照片具有反战意义，但很难确认在哪种情况下允许拍摄儿童的裸体照片，哪种情况下不允许。"随着舆论的升级，挪威首相厄娜·索尔伯格（Erna Solberg）亲自上传了这张照片的一个副本，结果却发现她自己的版本也被 Facebook 删除了。在公众的强烈抗议和全球媒体的报道之后，Facebook 才撤回先前的决定，改变了对挪威《晚邮报》这一主要报纸和该国首相发布的内容进行删除的决定。[2]

2016 年 9 月发生的这一事件对 Facebook 来说只能算是一场严重的争议。如此重大的编辑决策可以由帕洛阿尔托（Palo Alto）① 的一些公司高管通过命令做出，这种情况令人震惊。在接下来的 4 年里，Facebook 面临越来越严重的质疑，人们质疑的内容包括它选择审查什么内容、审查谁的内容以及不审查什么内容。

Facebook 是世界上最强大的媒体平台之一。Facebook 和它的子公司为马克·扎克伯格赚到了巨额财富。用扎克伯格在哈佛大学的室友克里斯·休斯（Chris Hughes）的话说就是："马克的影响力是惊人的，远远超过任何私营部门或政府部门的人。"

扎克伯格不仅通过该公司获得了巨额利润，而且对该公司拥有近乎绝对的控制权。"Facebook 的董事会与其说是一个监督者，不如说是一个咨询委员会，因为马克控制着大约 60% 的投票权。"休斯说，"马克可以独自决定如何配置 Facebook 的算法，从而决定人们在新闻提要中看到什么，他们可以决定使用什么隐私设置，甚至哪些消息可以被发送。他制定了如何区分暴力和煽动性言论与单纯的攻击性言论的规则，他可以通过收购、封锁技术或

① 硅谷的核心城市之一，曾经孵化出谷歌、Facebook、苹果等互联网巨头。——译者注

复制商业模式来消灭竞争对手。”[3]

休斯对 Facebook 的分析揭示了许多关于指数时代生活的特点。在本书中，我们看到了指数型技术如何破坏新公司和旧公司、雇主和工人、全球和地方、国防和高科技攻击者之间的关系。但我们还没有探讨最重要的关系，即公民与社会之间的关系，尤其是公民和市场之间的关系。

几个世纪以来，人们已经接受了这样一个事实：在某些领域，私营企业会占据一席之地，而在另一些领域，私营企业则不能涉足。通过买卖，咖啡、书籍或技术产品得以出现在世界各地，但是有些东西是不能买卖的。问题不在于这些领域的买卖是否有效，而在于它们是否合乎道德要求。我们常常认为，人本身不应该出现在市场上，因为你不能去购买一个人，你买不到我的肝脏，你不能买到朋友，如果你这样做了，就会遭到评判。公共言论空间也是不能买卖的，在公共言论空间，人们可以对自己想要生活在怎样的社会里发表看法。像国会或议会这样的民主机构，或者许多国家的公共服务广播公司，都不属于市场起作用的范围。但这些二元概念一直都是比较模糊的，如果我买了一家报纸出版商，是不是意味着我买下了公共广场的一部分？尽管如此，我们一般还是接受了这些概念的内在矛盾性。用哈佛大学哲学家迈克尔·桑德尔（Michael Sandel）的话来说就是，市场存在“道德边界”。[4]

然而，在指数时代，私营企业越来越多地侵入这些我们曾经认为市场不会触及的领域。这又是规模收益递增的结果，指数型公司变得越来越大，有时甚至发展到垄断的地步。它们向社会中更广泛的部门横向扩张，速度越来越快，而我们的民主规范，却根植于缓慢适应的制度中，似乎无法控制这种转变。

这种现象有 3 个关键特征。第一，正如上文所述，Facebook 对谈话的任意控制，意味着新兴的私人规则制定者的出现，其日益增长的权力等同于公共领域的私有化。“公共领域”这个术语最早由德国哲学家尤尔根·哈贝马斯（Jürgen Habermas）提出，是指个人聚在一起讨论社会需求和治理社会的法律的场所。顾名思义，这应该是在公共场合进行的。我们一直认为，法律应该由负责任的民选官员制定，他们应该接受透明的集体审查。然而，如今，少数私人组织越来越多地在公共领域占据主导地位。虽然没有制定选举议会的法律，但是这些组织制定了管理人们生活的法律。公众对话是在少数私营平台上进行的，而不是在各大报纸、广播公司、智库和咖啡馆中进行的。

第二，市场对私人生活的侵蚀。私营部门和人们的私人生活曾经毫不相干。我们买卖自己的房子、自己的食物、自己的劳动力，但我们的生活中有一部分是不能出卖的，如恋人之间以及家人之间的谈话，以及关于我们的健康、人际关系等重要个人信息。但是，越来越多的私营企业开始监控这些方面，并对这些方面提出了某种要求。人们通过社交媒体沟通，就相当于每个人都建立了一个数字替身（digital doppelgänger），它以数据的形式呈现，比我们自己写的东西更能表明我们是谁。自从社交媒体和手机出现后，有关个体的数据呈爆炸式增长。根据国际数据公司的分析数据，2010 年至 2020 年，全球经济产生的实时数据量增长了 19 倍，几乎每两年翻一番。2020 年，通过 WhatsApp 发送的信息超过 4 200 万条，上传到 Facebook 的照片接近 15 万张。[5] 我们可以很好地利用这些数据解决最棘手的社会问题。但如今，企业为了营利而对这些数据进行买卖，在此过程中，企业用它们来描绘消费者画像，进而利用我们的个人特征，并使侵入式广告成为我们互联网体验的一部分。

第三，人们相互交流的方式私有化。不仅私营部门在我们与公共言论空间的关系、我们与自己的关系中占据主导地位，而且我们与他人的关系——我们建立社会联系、交朋友、建立社群的方式，也正在被私人平台重塑。直到不久前，社群的发展还没有受到任何一个私人组织的普遍控制影响。公司可能会培养我们的团队合作本能，任何曾在咖啡馆与朋友聊天的人都可以证明这一点，但在过去，没有一家公司能决定社会关系的产生形式。但如今，社群是在归少数寡头垄断公司所有的网络平台上形成的。Facebook、Twitter、TikTok，它们中的每一个都会对我们遇见的人以及我们对他人的看法产生巨大影响。这可能会导致社会日益分裂，分裂成数千个几乎没有互动的群体。

在这 3 个领域中，权力都从个体手中转移到了少数技术高管手中。显而易见的是，他们做的决定有利于公司和他们自己，有时也反映了整个社会的需要，但这往往只是巧合。在许多情况下，这些决定可能会对社会产生不利影响。

随着时间的推移，人们对市场地位的看法与市场在人们生活中所扮演的角色之间出现了鸿沟，这个鸿沟只会持续扩大。随着公司数量的不断增加，它们将进一步入侵我们之前认为不属于市场的领域。结果，公民与社会之间的关系发生了根本性改变。

指数型公司自己制定的规则

在互联网早期，一些人发现，数字领域可能会由建立它的技术专家来管理，而不是根据使用者的共识和需求进行管理。早期互联网的社群主义理念无意中将权力交给了那些知道如何编码、如何将新生网络的力量为自己所用的人。

哈佛大学法学教授劳伦斯·莱斯格（Lawrence Lessig）是最早认识到互联网开发者拥有决定我们能做什么以及不能做什么这一新形式的权力，并对这种现象进行研究的学者之一。他认为，代码作为编写软件、搭建网络的基本工具，可能会束缚人们的行为。与由立法机关制定的正式法规对人们的行动施加的限制类似，软件的选择将对人们在数字领域的行为造成限制。

他的著名文章《代码就是法律》（*Code Is Law*）发表于新千年伊始，至今仍不失为一篇优秀、有先见之明的文章。“代码规范人类行为，”莱斯格写道，“它能够让人们实现价值，也能阻碍人们实现价值；它能使人获得自由，也能使人丧失自由；它能够保护人的隐私，或者加强对人的监控。”这意味着程序员拥有前所未有的能力。“人们选择用代码来做这些事情，”莱斯格说，“人们编写代码。因此，面临的选择不是人们能否决定在网络空间进行监管。这是由程序员决定的。唯一的选择是，我们作为一个群体能否在他们的决定中发挥作用，从而决定如何监管这些价值，或者作为群体，我们是否支持程序员为我们选择的价值。”在莱斯格看来，我们并没有对程序员的利益进行全面的审查，但恰恰是他们制定了“互联网法律”。[6]

这是市场进入曾经没有商品化的社会领域的第一种方式，也可以说是最具侵蚀性的方式。这种侵蚀性要经过一段时间才会变得明显。但莱斯格的预测在很大程度上已经成为现实。他预测，如果政府不采取计划周密的行动，科技精英将成为数字世界的规则制定者。事实上，这些规则制定者可以说比莱斯格预测的更不负责任。因为制定法律的不是某个程序员，而是庞大而冷酷无情的公司。在莱斯格的时代，领先的科技公司，无论是微软还是雅虎，都主要由他们的程序员运营，而这种工程师文化决定了一切。但从那时起，许多此类公司的形态发生了变化。他们有产品经理和政策团队，他们在决定如何修改代码方面有很强的影响力。可以说，这些高管比 20 世纪 90 年代形形色色的程序员更关注商业最大化。毕竟，今天的回报要丰厚得多。

程序员和他们的雇主的权力对公共领域的两个相互关联的部分产生了影响。正如莱斯格所警告的那样，从总体上讲，它改变了立法者的身份。更具体地说，科技公司成为审查者，它决定着哪些话题可以进入公众对话领域。Facebook 制定规则，正如你猜想的那样，你可以谈论 Facebook 的规则的主要场所仍是 Facebook 平台。

这两个变化值得我们逐一反思。首先，在制定什么可以做、什么不能做的规则方面，私人行动者的权力越来越大。要想弄清楚这种权力的变化，我们必须回到 21 世纪初的哈佛大学。Facebook 最初的名字是 FaceMash，是一个不到 20 岁的大学生无心之举的产物。马克 · 扎克伯格和他的一些朋友建立了一个网站，用于评判大学女生的吸引力。它很快演变成 TheFacebook 这一初具雏形的社交网络，迎合了美国大学的约会和择偶文化。自然而言地，早期的开发者认为在网站注册过程中询问某人的关系状态是很重要的，其中一个关系状态应该是“关系复杂”。这两个决定本身微不足道，但它在 TheFacebook 的早期背景下意义非凡。

但随着 Facebook 越来越成功，这种大学宿舍思维成为全球标准。如果你想享受 Facebook 提供的服务，就必须遵守这个标准。Facebook 把这些社会文化特性输出到那些不适合问这类问题或这类问题毫无意义的社会中。像我母亲这样的人，当时已经年过七旬，信仰伊斯兰教，他们也为她提供了“关系复杂”的选项。毫无疑问，在她的文化背景下，或者在数亿人的文化背景下，这是一个荒谬甚至无礼的问题。但那几行代码已成为法律。

如果这个例子听起来微不足道，那么接下来的例子会让你有更深刻的体会。以新冠病毒疫情为例，对付一种传染性极强、通过空气传播、潜伏期很长的病毒，这一直是一项艰巨的任务。由于病毒的传播速度极快，依靠人工追踪病毒困难重重。幸好，现在很多人都有智能手机，它可以让人们知道我们在哪里。我们可以用它们来进行“接触追踪”，也就是说，利用智能手机找出潜在的病毒携带者在何时与谁有过接触。问题是，世界上大部分智能手机都运行着由苹果或谷歌开发的软件。在没有政府授权的情况下，这些公司决定介入竞争。他们更新了自己的操作系统，以支持一些底层组件，这使创建接触追踪应用程序变得更容易。据苹果公司称，两家公司在设计决策时都强调“隐私、透明和用户同意是最重要的”。[7] 科技巨头的软件更新成为促使政府建立更有效的接触追踪应用程序的重要因素。在这种情况下，很少有人会质疑苹果公司的决定，它帮助减缓了病毒的传播速度。但这里需要强调的是，是苹果和谷歌决定了政府和科学家能做什么、不能做什么。代码已成为法律。

说这是一个重要的决定算是轻描淡写了。苹果和谷歌为那些能够进行接触追踪的工具提供便利，但前提是满足它们的条件——优先考虑用户隐私而不是政府监控。这可能是一个很好的决定，但这样的决定应该发生在私人领域吗？通常，法律是由民选官员制定的。现在，我们有一个没有任何明确规定的专制权力体系。用互联网活动家丽贝卡·麦金农（Rebecca MacKinnon）的话来说就是“网络同意”，也就是说，个体的意见变得没那么重要了。

还有审查制度的问题。可以说，这是新规则制定者出现后产生的最重要的影响。今天，哪些内容能进入公共领域，哪些内容不能进入，这个问题被越来越少的技术公司的高管所主宰。

从某种程度上说，网络是一种民主化的力量，网络连接让你有能力做出回应。在互联网普及之前，媒体由少数电视、广播和报纸机构控制，他们说，你听。参与公共对话的具体形式包括下班后和朋友喝酒聊天，或者给编辑写信，希望自己的来信能够刊登在报纸上。而如今，有了电子邮件、博客，尤其是即时通信和社交网络，社会大众可以公开表达自己，而且他们发表的意见数量比以往任何时候都要多。互联网解放了公共领域。

然而，矛盾的是，这一公共领域逐渐被少数人把控。Facebook 和 Twitter 是政治对话、社群八卦和谈论新闻的重要场所。一般来说，互联网，尤其是社交网络，是唯一可以进行许多对话的地方，因为它是所有人聚集的地方。这再一次表明，网络效应是非常重要的，使用这些空间的人越多，这些空间就越可能成为唯一可以进行讨论的空间。这些社交网络空间的规模意味着这些平台可以审查或推广它们选择的内容，它们这样做的目的是获得商业效益而不是社会效益。

有些时候，问题出在审查制度上，想想 Facebook 上被删除的潘金淑的照片。但有时，问题恰恰出在缺乏审查制度上。2018 年，几名暴徒在被 WhatsApp 上疯传的信息激怒后，杀害了几个印度人。[8] 在事态升级为暴力事件时，WhatsApp 的所有者 Facebook 选择了袖手旁观。不管是哪一种情况，根本问题都在于决定哪些想法可以传播以及如何传播的是一家不负责任的公司。在印度发生杀戮事件后，Facebook 限制了信息可以被转发的次数。最初，该公司仅在印度推行了这一举措。[9] 最终，这一举措开始在世界范围内推行。[10] 在两年的时间里，你我在 WhatsApp 上可以做的事情发生了变化。我们能对彼此说的话也一样发生了变化。总之，思想进入公共领域的基本机制发生了转变。

在该案例中，Facebook 最终做出了正确的决定。但在很多时候，他们的反应存在着更大的问题。尽管有数十份用户的举报，但 Facebook 依然容许一些会对美国公民造成致命威胁的信息在其网站上继续存在。凯尔·里滕豪斯（Kyle Rittenhouse）在威斯康辛州的基诺沙（Kenosha）开枪打死两名手无寸铁的抗议者的前一天，他访问的一个 Facebook 页面上的内容就鼓动人们拿起武器。Facebook 用户对此的举报超过 455 次，但该公司仍然保留了该页面。[11]

对于哪些话是可以被接受的，哪些话是不能被接受的，许多平台做出的判断显得非常武断。2021 年 1 月，唐纳德·特朗普的社交媒体账号被禁用，不仅是 Facebook 账号，他的 Twitter、YouTube、Twitch 等账号也被禁用了，这也证明了这种判断的随意性。据称，特朗普鼓励支持者攻击美国国会大厦时，他已经越界了。但这是否比他之前的行为更不可原谅呢？新的技术平台在如何应对特朗普以及常见的侮辱性内容方面的动作有些走偏。当社交媒体禁令在特朗普竞选失败和拜登就职之间的 36 小时内出台时，这引发了一些关键问题：为什么是现在？为什么以这种形式？

Facebook 的决定显然令人费解——特朗普号召攻击美国国会的推文导致了一项禁令的出台，但他 10 年来发布的虚假信息并未导致这项禁令出台。指数型平台拥有巨大权力。公共对话现在在由这些平台控制的系统中进行，这些系统受这些平台的服务条款和商业动机的控制。

这里的问题不在于数字平台是否做出了正确的决定，而在于我们是否希望这些问题一开始就由私营企业处理。一些公司正在尝试一些新的方法。2020 年 5 月，Facebook 成立了一个由新闻、人权、法律和政治方面的专家组成的“监督委员会”，该委员会有权审查和推翻公司的审查决定。这是一个不错的开始，但这个匆忙成立的委员会基本上无法发挥太大的作用，它只能遏制那种最严重的越界行为。在没有合法的政策制定者的明确指导下，指数时代的公司自己制定了这些规则。

正如 Facebook 首席公关主管、英国前副首相尼克·克莱格（Nick Clegg）所写的那样："如果这些决定是根据民主问责的立法者认可的框架做出的，显然会更好。但在缺乏此类法律的情况下，决策需要实时做出。"[12]

指数时代的数据自我

在指数时代，每个人都不只以肉身的形式存在。我们还由一组数字所代表，这些数字是由我们在互联网上的数字轨迹构成的，是我们的数据自我。这些数据对我们的好恶、希望和恐惧提供了比许多人的自我陈述更详细的描述，而这些数据也被私有化了。

这是市场侵蚀大众生活的第二种方式。企业，尤其是那些利用数据销售广告的企业，已经沉迷于追踪我们的数字踪迹了。就这样，他们把我们的私人生活带入了私营领域。

牛津大学的哲学家卡丽莎·贝利斯（Carissa Véliz）认为，从根本上来看这是一个权力问题。她说，隐私就是权力。了解一个人的个人细节是一种非常特殊的权力，因为这种权力可以转化为经济、政治和其他类型的权力。她写道："关于他人隐私的权力是数字时代权力的精髓。"[13]

私人数据可以用于任何目的，比如操纵数据所有者的行为、对他们进行分析、向他们发送特定的信息。从这个意义上说，欧盟关于数据的法律《通用数据保护条例》很有说服力。该法律认为，每个人都是“数据主体”，他们的数据由其他人持有。但这个词还有另外一个意思，我们都成了数据主体。持有这些数据当然是为了从我们这里获利，它经常被用来跟踪我们，还可能被用来控制我们。

公司追踪人们的行为并从中生成数据的机制正变得越来越复杂。20 世纪 90 年代中期，当互联网首次成为消费者而不仅仅是学者的聚集地时，用户跟踪在范围和应用上非常有限。当我在 1996 年推出《卫报》的第一批网站时，我们使用原始的追踪技术来了解页面是如何被访问的。这很容易做到，我们会计算哪些页面被浏览了，以及访问者的 IP 地址，这些是任何 Web 服务器通常都会保存的基本“日志文件”，是管理员调试或改进系统时需要的信息。它们并没有被用来预测用户行为，也没有被用来对访问者进行群体划分，从而筛选出广告商的目标群体，当时也不可能做到这些。

但即使是这种简单的追踪，当时也给我们最先进的服务器带来了很大压力，导致它们慢得像蜗牛一样。在我们获得更多容量之前，我常常在一天的高峰时间关闭日志记录，因为机器无法承受如此高的负荷。关闭此日志记录不会影响商业效益，只会给像我这样的服务器管理员带来一点小小的技术上的麻烦。

这一切随着谷歌的出现开始改变。该公司在 2000 年推出 AdWords 广告系统，引发了一场收集越来越多数据的“淘金热”。AdWords 是一个简单的工具，允许企业针对特定的搜索词做广告。但它改变了谷歌的命运。该公司的营收从 AdWords 发布前一年的 22 万美元跃升至 2000 年的 8 600 万美元，这使得谷歌在成立仅 3 年后就成功上市。[14] 但要想让 AdWords 发挥作用，它需要搜集人们搜索的内容、他们的位置等数据。谷歌在发现了广告市场的利润的同时，也发现了收集个人行为数据的惊人价值。至少在理论上，每一条信息都能让谷歌赚到更多。

在谷歌的引领下，成千上万其他公司紧随其后。它们意识到，数据是有价值的。这就导致了创新，而且往往是以肆无忌惮的方式来获取人们的数据。这和我在《卫报》的网站上采取的方式截然不同。在几十年的时间里，一位用户访问几个网站可能会被数百个组织追踪。[15] 每个追踪器都尽可能多地收集信息：用户的位置、IP 地址、鼠标的移动、搜索的内容、使用的浏览器、用户计算机的屏幕分辨率，以及其他几十种数据点。

Facebook 也在千方百计地追踪用户的数据。当《纽约时报》记者布赖恩 · 陈（Brian Chen）下载 Facebook 上保存的有关他个人的所有数据时，他发现至少 500 家广告商掌握了一些他的个人信息，包括他的联系方式和地址。他并不知道这些广告商卖什么，甚至以前从未听说过它们。[16] 其中一些数据对广告商来说可能毫无用处。不过，这些数据也有可能有用。存储价格的下降使很多公司做出了存储信息的决定，就算这些信息用不上，存储它们也不会有多少损失。不管怎样，实际上，在 Facebook 上创建的绝大多数数据可以为该公司所用。Facebook 已经与包括三星、苹果和微软在内的至少 60 家设备制造商达成协议，其中一些协议允许在未经用户同意或用户不知情的情况下获取其好友的数据。[17]

因此，我们生活在一个数据泛滥的世界。数据空间以每分钟 1 800 万 GB 的速度增长。这是一个非常大的数字，有点让人难以理解，因此再怎么变换说法也无法让它变得更容易理解。数字技术每分钟为每个人创造 2.4MB 的数据，这种说法是不是更容易理解一些呢？也许并没有。

其中一些数据是由机器和传感器生成的，但大部分是由我们自己生成的。而且，随着新的指数型技术的出现，它们将产生比以往任何时候都多的关于我们自身的数据，我们的基因、疾病和生活方式等健康数据将很快被转化为数字。脑机接口等新技术甚至可以在大脑形成思想之前就将神经活动从大脑中提取出来。在家庭和其他环境中更广泛地使用传感器将收集更多关于人们如何生活的线索。而数据处理能力的不断提升将进一步增强公司构建数据替身的能力。

但我们不应该假设收集数据一定是有害的，它也有许多有益的影响。拥有的数据越多，我们用来理解世界的模型就越精确。数据可以用来预测一个群体是否面临患病的风险，或经济是否健康，或企业是否在迈向成功的道路上。这类例子数不胜数，我们就以消费者信用机构为例，这类机构能够提供消费者财务状况的基本情况。它们从银行、信用卡公司和公用事业公司收集数据，建立每个人的财务档案：人们的信用评分。这些数据是帮助人们获得抵押贷款或汽车贷款的关键，如果没有这些数据，贷款方就会谨慎放贷，没有信用机构的国家，其消费金融服务远不如那些有信用机构的国家发达。在这种情况下，数据有助于拓宽金融服务的渠道。

但这里存在一个问题：收集这些数据是为了大众的利益，还是为了收集这些数据的公司的利益？在信用数据方面，美国两党议员持不同看法。信用机构经常使用不准确的数据，导致不公平的用户信用评分。这些机构还出现了大量数据泄露，导致个人信息在黑市上进行交易。[18] 这些缺陷是数据收集坏的一面——机构收集到的关于个人的信息会对每个人产生不利影响。

这些风险远远超出了网上冲浪和信用数据带来的风险。以 23andMe 为例，这家公司在 2006 年成立后不久，我就对它产生了浓厚的兴趣。它以人类细胞中的 23 对染色体命名，提供低成本的基因测序服务，让你有机会看到你之所以是你的源代码。它会告诉你关于你自身的事情，这些事情有些是你知道的，有些是你不知道的。我通过基因测序了解到，我的基因组显示我的耳垢是湿的（情况确实如此），我可能会在早上 7 点 51 分醒来（实际上，我醒得比这更早）。它显示，我的祖先中有一个可能是维京人，我还了解了自己患阿尔茨海默病和黄斑变性等疾病的风险。

到了 2021 年，23andMe 拥有一组巨大的基因组数据。这样的数据集非常有价值，可能有助于确定疾病的基因驱动因素。数以百万计的人使用了 23andMe 的服务，并分享了他们的基因信息，其中超过 80% 的人同意将他们的基因组数据用于研究。但 23andMe 并不总是自己使用这些数据，它可以卖掉这些数据，而且它已经这样做了。2018 年，23andMe 以 3 亿美元的价格与制药巨头葛兰素史克分享了签署同意意见的客户数据。一旦数据被共享，它就不再受 23andMe 的控制，它可以一次又一次地被分享。公司可能会改变政策；人类的基因组信息可能会被用在一些不合时宜的地方。在美国，很多医疗数据受到 1996 年的一项名为《健康保险可携性与责任法案》（*Health Insurance Portability and Accountability*）的法律保护，该法律对使用医疗数据的公司提出了严格的要求，但 23andMe 和其他公司进行的那种基因检测不受该法案或类似法律的限制。相反，这类公司有自己的一套指导方针，这是一个友好的姿态，但价值不大。这些公司的自愿准则并没有相应的执行机制。[19]

在最极端的情况下，个人数据被用来对个体进行污名化和人口统计学描述。这种混乱导致企业不愿放贷和承担风险，进而导致社会缺乏独立的信贷机构。在这种背景下，社会信用评分绝对是非常有意义的。社会信用评分机制会根据每个人是否遵纪守法、是否信用良好和是不是一个好公民为他们评分。大量的数据使这一切成为可能，研究人员称，这将有助于克服信任危机。[20] 然而，数字生成的公民分类所固有的反乌托邦含义是难以被忽视的。据报道，最近的社会信用体系将考试作弊列入了可能损害你信用评分的违禁行为。

在本书撰写之时，很多西方国家仍然保持着社会信用体系的自由。然而，企业仍在使用数据对人们进行分析，而且这种分析通常是以不道德的方式进行的。每次你申请贷款或购买保险时，合同条款将由与你类似的消费者的数据决定——我们的数据越复杂，保险公司和银行对这些方法的依赖就越严重。但这导致了一个问题：这些方法在对我们进行描述时，不仅会基于我们的行为，而且会使用我们的人口统计学特征，而人口统计分析无疑会导致偏见，种族偏见尤其容易渗透到基于数据的决策中。美国的一项研究发现，医院用于为患者分配护理师的算法不太可能优先考虑和白人患者病情相同的黑人患者。[21] 算法是在种族主义社会中被训练出来的，所以算法表现得像个种族主义者。

随着市场越来越深入私人领域，公司获取我们内心深处的个人数据并将其出售以获取利润，这种情况只会越来越严重。我们的私人信息被卖回给我们，然后用来分析和操纵我们。在指数时代，能被测量的东西得到了管理。在数据经济中，我们就是被测量的对象。

人们经常被告知异性相吸，但从社会学的角度来看，这是错误的。生活中最常见的模式之一就是我们和与自己相似的人待在一起。无论是在社会经济地位、种族、运动团队，还是观点方面，我们都倾向于与和自己相似的人待在一起，而不是与和自己不同的人待在一起。

很多情况都可以证明这种被称为“同质性”的特质是真实存在的。不信的话，你可以试试在足球比赛的主场看台上支持客队，或者和那些跟你观点完全不同的人一起工作，又或者跟那些没有共同语言的人交朋友。同质性使生活变得更简单。

但我们也早就知道，同质性不应该不受控制。社会原子化可能导致专制，人们越分裂，就越难达成一致决定和有效治理，公民对政治机构的信任程度也就越低。最终，同质性可以导致社会崩溃。有研究发现，在一些国家，包括土耳其和美国，人们越来越不愿意与支持不同政党的人住在一起。最近一项针对 11 个高度分裂的国家的分析使用了“有害的两极分化”一词来指代两极分化的现象，这种现象削弱了民主发挥作用的能力。[22]

这给指数时代的公民带来了一个问题。我们已经看到公共对话和私人生活是如何被市场逻辑支配的。但还有一个方面也被市场化了，那就是我们与他人相遇并建立联系的方式。在少数数字巨头的支持下，越来越多的在线社群逐渐形成。当社会纽带全部是通过指数时代的平台而形成的时，同质性就有失控的危险。

同质性本身并不是什么新鲜事，它一直存在于人们的生活中。关于这一过程的首次研究始于 1954 年，研究发现种族和宗教群体往往围绕着他们的居住地而聚集在一起。[23] 然而，指数时代的技术已经使社会生活中的一个常见特征变得无处不在，并且将该特征放大了。这个特征就是同质性，它被嵌入了在线网络的逻辑。

以人们在线交友的方式为例，社交网络试图将你与“你可能认识的人”联系起来，这些人会出现在你的 Facebook 动态中。这些人都有共同的特征：他们就读于同一所大学、喜欢同一个摇滚乐队或者拥有共同的朋友。因此，社交网络比社会的其他部分更加同质化，表现出更强的聚集性。归根结底，出于商业原因，社交网络平台更希望人们以小群体的形式聚集起来。那些在网上志趣相投、频繁互动的人似乎更喜欢使用社交网络。具有相似兴趣的群体对广告商更有用：相似类型的人倾向于购买相似的产品，这更有利于产品的销售。因此，从商业的角度来看，平台有充足的动机将相似的人群分成越来越精确而且互不重合的小群体。

然而，事实上，这些做法最终会将人们推入更加孤立和极端的群体。在 YouTube 和 Facebook 这类网站上，推荐算法力图让越来越多的无聊用户留在网站上。[24] 算法发现，实现这一点的最佳方法是逐步推送更多边缘性的、比较极端的内容。正如社会学家泽伊内普·图费克奇（Zeynep Tufekci）所说："关于普通素食主义的视频催生了严格的素食主义的视频，关于慢跑的视频引出了跑超级马拉松的视频。对于 YouTube 的推荐算法来说，你似乎永远都不够'硬核'。"因此，图费克奇认为："YouTube 可能是 21 世纪最强大的激进工具之一。"[25] 而且，她很可能是对的。关于 YouTube 的一项大规模研究，分析了 349 个分类的超过 33 万个视频和 7 200 万条评论，发现起初选择观看比较温和的内容的用户，有很多人最终会选择观看极端的内容。[26] 观看极端内容的用户过去常常观看温和的视频，但最终他们发现自己遵循着"激进化路径"，这将他们带到了互联网更"硬核"的部分。

近年来，Facebook 已经意识到这个问题的严重性。从 2017 年开始，该公司发起了一项名为"诚信团队"的倡议，以努力解决这一问题。Facebook 在深入分析自己的服务时发现，情况非常糟糕。极端主义盛行于 Facebook 的许多主要市场。而平台的设计让情况变得更糟："因为 Facebook 的推荐工具"而加入极端组织的人占 64%。2018 年的一份内部报告总结称，这些算法利用了"分裂性对人类大脑的吸引力"，并指出 Facebook 推送了"越来越多的分裂性内容，以获得用户的关注，从而让他们将更多时间用于浏览平台上的内容"。[27] 这是许多局外人亲眼所见并且已被该公司自己所证实的。

随着新的指数型技术的出现，它们似乎注定会使同质性问题变得更糟。基因组预测公司可以帮助父母通过人工授精选择更健康的胚胎。随着基因技术的广泛应用，使用它们的禁忌可能会减少。同质性可能会出现在人们的生殖系统中：你们可能会在孩子出生之前做出选择，选择那些长得像你、思考方式像你的孩子。

这种转变将从根本上削弱那些支撑一个社会正常运转的理想：那些将人们联系在一起的共同经验、价值观和目标。同质性使社会分层，它把人们分成更小、更不同、更极端的群体。它建起来的是墙，而不是桥。

指数时代的公民权力

根据美国杜克大学法学教授詹姆斯·博伊尔（James Boyle）的说法，我们正处于"第二次圈地运动"时代。第一次圈地运动主要发生在 15 世纪至 19 世纪的欧洲，因为土地曾经是公有的——田野用于放牧，森林用来提供木材，但通过一系列圈地法案成了某些人的私有财产。许多经济学家认为，圈地运动为工业革命奠定了基础，使土地得到了更有效的利用。但这是一个漫长而暴力的过程，摧毁了维系村落生活的社会结构。用一位著名的经济历史学家的话来说就是，圈地意味着富人"赤裸裸地掠夺穷人的公共财产"。[28]

在第二次圈地运动时代，我们再一次见证了新的生活领域的商品化。博伊尔写道："以前被视作普通财产或不可商品化的东西，现在也已成为新的或经过扩展的财产权的客体。"[29] 界定人们生活的法律是由私营企业制定的。人们的公共对话是在私人平台上进行的，私人生活最私密的细节被买卖以牟利，而人们与他人交往和建立社会关系的方式，则是由大型企业的偏好决定的。

但是我们能做些什么呢？在这个新的被圈禁起来的空间里，我们受企业决策的支配，而且没办法追究它们的责任。与此同时，指数时代的数据经济正在使人们变得激进、分化，限制了人们成为良好公民的能力。这两种情况呈现钳形攻势，剥夺了人们维护那些使社会良性运转的民主制度的机会。

包括大公司在内的所有公司都赞同我们需要新的规则这一观点。就连 Facebook 的公关主管尼克·克莱格也认为，主流技术平台可以做什么、不可以做什么的界限必须通过民主政治来决定。随着互联网上的讨论被企业所垄断，我们越来越意识到上述观点的正确性。如果我们认为这些公司正在侵犯我们的权益，就应该让它们意识到，我们希望它们如何以及在哪些方面改变做法。如果民主程序无权制定规则，那么制定规则的权力就会落入发明技术的公司手中。届时，代码将成为法律。

如今，我们可以着手勾勒的新的、更民主的规范应该是什么样子的？我们的目标不应该是制定 Facebook、Twitch 和 23andMe 应遵循的具体政策。因为对于不同的公司，政策将会因具体情况而有所不同。但我们可以确定一些宽泛的原则，来巩固公民与市场之间的关系。

第一个原则是透明性。决定内容如何在数字网络中传播的系统必须更容易被审查，包括哪些内容应该被审查，哪些内容可以通过算法得到更广泛的传播。如今，这些复杂的指数平台是不透明的：它们的内部运作机制是不透明的，它们的决策在很大程度上也并非企业宣称的那样。更高的透明度将使我们能够观察到技术精英的决策是如何做出的，并确定它们对我们有什么影响。

考虑一下这对内容审核意味着什么。因上传反战题材的照片而将挪威首相“噤声”，而放任美国总统在 4 年的时间里胡言乱语，然后突然也将他“噤声”，种种现象都揭示了这些规则已经变得多么不透明。想象一下，如果我们有清晰明确的规则，规定社交平台可以接受哪些形式的内容，不可以接受哪些形式的内容。但这并不是一条容易划清的界限。更棘手的问题来自那些近乎仇恨的言论但可能还没有完全达到仇恨程度的在线评论，或者那些看似煽动暴力但并非完全煽动暴力的文章。然而，就目前而言，我们甚至不能公开讨论这些红线在哪里，因为这些规则是由私营企业制定的。

我们还需要让外部各方监督这一过程产生的结果，比如决定人们在数字平台上看到什么、看不到什么的算法是如何运行的。2018 年至 2019 年，两架波音 737 MAX 飞机接连坠毁，波音公司被迫重新设计飞机的关键部件。在通过一系列安全检查之前，737 MAX 被禁止再次上市。波音公司不能决定改进后的 737 MAX 什么时候可以投入使用，这由美国联邦航空管理局决定。在考虑数字基础设施时，我们可以从这个例子中学习相关经验。数字网络算法带来的潜在危害，以及它们更广泛的审议和判断过程，需要由其他部门定期评估，而不是关起门来由各公司自己进行评估。这种方法可能听起来很激进，但在许多其他领域已经得到应用。2019 年，在唐纳德·特朗普下令让美国退出《中导条约》(*Intermediate-Range Nudear Forces Treaty*)之前，俄罗斯和美国都会定期检查彼此的核武器系统。[30] 在金融业，银行家应央行的要求，定期进行“压力测试”，以发现资产负债表的潜在问题。

如果这些数字明星公司做出的决定是合法的，但让作为公民或用户的我们觉得不舒服，那该怎么办？我们可能无法十分清晰地确定数据的合理使用和滥用的界限，所以法律的作用有限。这就要提出我们的第二个原则：互操作性。这个概念在前面出现过，是指不同的计算机系统应该兼容，这样我们才能够将数据从一个系统移植到另一个系统。这意味着，如果你在使用领英，你将能够访问并阅读你的朋友在 Instagram 或 Twitter 上发的帖子。前面的章节讨论了这将如何限制超级明星公司的增长。但作为公民，我们也可以从中受益。这意味着每个人都有更多选择。如果人们对一家公司使用自己的数据的方式感到不舒服，可以选择另一家公司，同时仍然能够在数字社交空间中行动自如，这将迫使这些互相竞争的平台做出更好的表现。

占主导地位的社交网络对互操作性并不陌生。它们都建立在我们所知的最令人印象深刻的互操作系统之上——互联网本身。这些大公司越来越封闭，但过去的情况并不总是这样。大约在 2016 年之前，数字平台比今天要开放得多。如果你想访问你的 Facebook 帖子或 Twitter 时间线，你可以使用这些公司自己的产品，或者你可以通过其他服务使用它们。我自己的创业公司 PeerIndex 可以从 Twitter、Facebook、领英和其他社交网站上读取用户的数据。虽然我们需要用户的允许才能这样做，但不需要得到社交网络平台本身的许可。

社交媒体平台也使这种方法更容易实现：它们主要运行的是开放接口（API），允许其他公司访问它们的系统。FriendFeed 就是这样一款产品，它可以让你通过一个应用程序查看和发布几十种不同的社交产品，包括 Facebook。扎克伯格非常喜欢 FriendFeed，2010 年他收购了这家公司，随后将该公司的创始人任命为 Facebook 最资深的技术专家。[31] 收购之后，情况开始发生变化。随着网络效应的形成，最终的赢家出现了。商务用户用领英，好友聊天用 Facebook，新闻爱好者用 Twitter，喜欢发图片的人用 Instagram。开放性仅次于竞争性，因此，占主导地位的参与者扼杀了互操作性，故意使它们的系统不兼容。

或许，扎克伯格和他的竞争对手已经意识到，如果你允许一个网络上的用户与另一个网络上的用户交谈，你就把权力交给了他们，他们既是消费者又是公民，只不过这是以牺牲社交网络的利益为代价的。互操作性修正了大型平台公司和个人之间的权力不平等问题，比如，如果我不再使用领英，但仍然可以在其他网站上发布招聘广告，那么领英对我的影响力就非常有限。

互操作性是赢家通吃网络效应的克星。在一个可互操作的世界里，即便我们停止使用某个服务提供商提供的服务，仍然可以联系其他仍在使用该服务的朋友。

这种互通性虽然在技术上有一定难度，但可以实现。麻省理工学院教授希南·阿拉尔（Sinan Aral）从 21 世纪初就开始研究社交网络，他告诉我："总之，网络现在都有相同的信息格式，包括文本信息、视频信息和故事。"[32] 然而，要实现这一转变，政府需要采取果断的行动。各国可以强制要求在各平台间实现互操作性，尤其针对那些达到一定规模的服务，比如市场份额达到 10% ～ 15% 的公司的服务。一家公司发展到这种规模时，它的创始人就有了创新和探索市场的条件，这也表明，该公司未来将承担更多公民责任。这一原则并不局限于社交网络，想象一下，如果一个零工工作者可以同时在几十个相关平台上竞聘工作，并能将他们从一个服务项目所获得的业绩记录带到另一个服务项目；或者在医疗保健方面，患者可以获取自己的医疗记录而无须考虑背后的服务平台是哪家。在每一种情况下，权利都会慢慢地从平台转移到个人手中。

互操作性能够将我们的数据从任何一个服务中解放出来，并能够削弱当前和未来的科技巨头对所有人的控制。但它对我们应该如何使用数据本身几乎没有帮助。这是一个存在激烈争论的领域。我不是第一个对人们的数字身份私有化及其对人们隐私的影响表示担忧的人。从常春藤联盟高校的学者到一线明星，每个人都在讨论这个话题。

一种方法是接受数据产权的观点。正如明星威廉·亚当斯（William Adams）于 2019 年在《经济学人》上所写的那样："人们拥有和控制自己的数据的能力应该被视为一项核心的人类价值。数据本身应该被像财产一样对待，人们应该因此得到公平的补偿。"[33] 这一提法很有吸引力。通过给我们的数据定价，可以为我们所承担的数字劳动创造一个更有效的市场。从万维网之父蒂姆·伯纳斯－李到民主党国会女议员亚历山德里娅·奥卡西奥－科尔特斯（Alexandria Ocasio-Cortez）等一众知名人士，都支持这样一种观点：对人们的个人数据进行定价和补偿，将有助于推动数据经济的改革。

但在我看来，这是错误的。正如我们在本章所看到的，私人生活的逐渐货币化才是问题所在。我们是否想要在指数型平台上进一步把自身的体验市场化，将我们发给朋友和家人的信息变成一种商品，并允许 Facebook 给它贴上价格标签？你可能还会对从这种方法中实际获得的收益感到失望。2019 年，Facebook 为每名用户创造了约 7 美元的利润。如果每个用户都能从该公司获得一半的利润，那么他们只是净赚了一杯咖啡的钱。而且这是一年的价格。真相是，个人数据几乎没有价值。

我们不需要出售自己的数据，我们需要为数据自身赋予新的权利。这是将重新平衡市场与公民关系的第三个原则：控制性。我们每个人都应该对自己的数据拥有控制权和监督权。

慈善机构和智库点灯（Luminate）的负责人马汀 · 蒂内（Martin Tisné）呼吁人们去争取 3 种不可侵犯的数据权利：免遭不合理的监控的权利；行为不被他人利用数据暗中操控的权利；不应该因为数据而受到歧视的权利。[34] 如何精准地界定这些权利，仍有待讨论。

我们可以尝试使用数字权利法案。与美国的《权利法案》（*Bill of Rights*）或法国的《人权和公民权宣言》（*Declaration of Rights of Man and of the Citizen*）类似，数字权利法案将保护数据主体不受企业和政府主观意愿的影响。但权利宣言从根本上说是一种反应性机制。虽然它可以保护人们不受专制的企业和政府的影响，但它不能保证人们获得数据带来的真正益处。如果真的想要重塑公民和市场之间的关系，我们需要与公众分享数据可以带来的各种益处。

无论得到了怎样好的保护，个体的数据其实并没有太大意义。只有将不同个体的数据聚集起来，它们才会变得有用。企业根据成千上万通勤者提供的有关道路拥堵情况的信息创建的 GPS 系统，可以帮助我们在城市中导航。关于患者对药物反应的大量调查数据，可以让我们弄清楚新的治疗方法是否有效。来自手机的共享信息数据，可以帮助我们创建天气预报系统。这样的数据集能够用于满足公共利益。

有一种方法可以组织这些数据，并且既能提高它们带来的好处，又不会加剧数据滥用问题。但这需要从根本上重新评估公民与社会、公有与私有之间的关系。自由市场经济学的出现带来的一个影响就是导致一种粗糙的二元体系的出现。如今，我们倾向于将经济分成两大阵营：市场和国家。在弗里德曼主义者的世界观中，政府通常是一个无能、臃肿的行动者。即使是左翼人士，也接受市场 / 国家二元对立的基本逻辑，只不过他们对政府持更乐观的看法。问题是，这种二分法是有缺陷的，它导致人们无法去思考其他更有效的组织公众生活的方式。

与弗里德曼同时代的加勒特·哈丁（Garrett Hardin）因1968年发表的一篇名为《公地悲剧》（*The Tragedy of the Commons*）的文章而出名，他悲观地指出，任何免费可用的资源都会被过度使用。[35]公地是指国际水域中的鱼类或人们共享的森林。而且，根据哈丁的说法，这些资源会被过度开发。人们会以牺牲社会需求为代价，为了自己的利益而过度使用这些资源，所以鱼类会灭绝，森林会被砍伐。哈丁的论点对自由市场主义者很有吸引力，因为它暗示，唯一可行的资源配置方式是由一个专制的国家来配置（这是坏的方法）或由高效的市场来配置（这是好的方法）。这样，公地就不会出现悲剧了。

但哈丁错了。政治经济学家埃莉诺·奥斯特罗姆（Elinor Ostrom）在2009年获得了诺贝尔奖，她的研究表明，我们共有的资源（公地）可以得到良好的管理，而不需要将它们私有化，或将它们国有化。在奥斯特罗姆看来，公地是充满活力、高度自治的，是一个可以繁荣发展的复杂系统，因为它受到正式和非正式规范的共同约束。在现实世界的公地中，比如牧场，牧羊人会互相沟通以确保牧场没有因过度放牧而被毁坏。事实证明，公地代表了一种从使用资源的人的利益出发从而组织和管理资源的方式。[36]

因此，在透明性、互操作性和控制原则之外，我们必须加上第四个原则：公共性。在这个指数时代，我们需要创造一系列新公地，这将阻止私营部门的权力向我们生活的各个领域扩张。幸好，通过指数型技术，共享变得更为可行。数字化无形资产通常更容易由公众进行管理，人们可以从世界各地获取这些无形资产，因此也可以由地球上一切心怀善意的人利用和管理。

与海洋里的鱼或森林里的树不同，数字资源并不会消耗殆尽。事实上，由于数据所具有的网络效应和规模收益递增的特点，特定类型的信息资源被使用得越多，收集的就会越多。

想象一下，在这样一个世界里，数据都存在于数据公共空间中。关于人们生活的某些类型的信息将被集体持有，在一个可信的环境中，服务于公众的利益。一些数据公共空间已经存在。英国生物样本数据库很好地利用了每年产生的数百万个关于人类基因的数据点，它整理了50万人的医学和基因组数据，这些人都同意研究人员使用他们的数据来更好地理解和预防严重的疾病。任何合法的研究都可以使用这些数据。事实上，到2020年，已有超过2万名研究人员在做这项研究。英国生物样本数据库的目标是在征得数据提供者同意的情况下利用这些数据做出新的科学发现，而不仅仅是为了将商业回报最大化。这与目前惯用的数据管理方式——由一方囤积数据，然后拍卖给少数富有的竞标者，形成了鲜明的对比。

公地方法不仅可以用于共享资源，还可以用于生产资源。如果你使用互联网，就是在使用一个依靠公共资源构建的系统。为网络服务器和其他关键互联网服务提供动力的开源软件就是其中之一。联系并不紧密的志愿者已经编写了数百万行代码，成功开发了Linux操作系统、Apache HTTP服务器、Mozilla Firefox和Brave浏览器等项目。这里没有管理人员，也没有人能阻止任何人参与或发起另外一个项目。

在这些数字公地中，权力并不会集中在某个地方，项目是由从事这些工作的志愿者集体管理的。这种对等共享的最好的例子就是维基百科。每月有超过10亿人访问维基百科，超过12万名志愿者心怀善意，集体对维基百科上的内容进行编辑。维基百科的繁荣源于每个参与者对特定信息方法的承诺、共同的使命感，以及相信通过社群主导的仲裁可以解决冲突。这些例子非但不是公地悲剧，而且还带来了巨大的社会效益。用法律学者卡罗尔·罗斯（Carol Rose）的话来说就是，我们可以把它们看作一部“公地喜剧”。[37]

事实证明，在许多情况下，基于公地的项目比商业项目更成功。随着世界上越来越多的领域出现指数型技术，将工业活动转换为公地活动的潜力也在增加。

在它们之间，这 4 个“处方”——透明性、互操作性、控制性和公共性，形成了一种全新的思考公民与市场关系的方式。它们解答了现代社会的基本问题，即数字基础设施在很大程度上支撑着个人、政治和公共生活。如果这些基础设施完全由私营企业拥有和运营，我们与真正的公民之间的差距就会越来越大，我们将只是消费者。

从本质上讲，这 4 个原则都是为了限制不受约束的权力。任何人拥有不受约束的权力都会成为问题。这是自由民主制度以及任何治理良好的系统的基本原则，即权力与责任相伴，掌权者应该对他们的社群的需求做出回应。善意的公司不会受到阻碍，但如果由不负责任的人或机构掌握权力，就会导致问题。

同之前一样，这一点在指数时代依然是正确的。今天，新技术给少数公司带来了难以估量的影响力。因此，这些治理方面的问题及其代表性变得更加紧迫。我们正在进行一场竞赛，这场竞赛不仅是为了限制新规则制定者的权力，而且是为了让权力回归可以公开行使它的地方，也就是说，让指数时代的公民为了集体的利益而掌控权利。

The Exponential Age

结 语

富足与公平，在指数时代繁荣发展

解决指数鸿沟的方法是转变心态，承认人类有能力决定技术会把人类社会带向何方。

2020 年 1 月 6 日，悉尼大学病毒学家爱德华·霍姆斯（Edward Holmes）代表复旦大学的研究人员在一个名为病毒学（Virological）的网站上发表了一份简短声明。该网站的定位是分析病毒分子进化和流行病学的论坛。病毒分子进化分析是一个细分领域。该网站每个月可能会吸引几十位新用户。霍姆斯在这项声明中传达的信息是："上海公共卫生临床中心及其合作单位刚刚公布了一份呼吸道疾病病例的冠状病毒基因组，该序列已列入核苷酸序列公共数据库（GenBank），并将尽快对外公布。"[1]

病毒学家读了这条信息后，迅速进入核苷酸序列公共数据库，这是一个由美国国立卫生研究院运行的基因组序列的开放信息库。这种全新的病毒在几周前才被发现，当时死于这种病毒感染的人不到 12 个。

但很快，世界各地的科学家都在研究这个问题，许多人开始下载该序列来探索它，就像远程传输文件那样，病毒代码被传送到全球各地的计算机中。

随着病毒的传播，各国政府开始陷入恐慌，科学家开始研制疫苗。由于病毒的合成基因，科学家需要同时开发200多种不同的疫苗。[2] 2020年2月7日，也就是在病毒的核苷酸序列被公布31天后，一家名为莫德纳的公司成功研制了第一批疫苗。该公司与美国国立卫生研究院合作，仅用了6天时间就确定了疫苗序列，又用了25天的时间生产疫苗。[3] 在人类体内发现该病毒后的12个月内，许多国家批准了7种不同的有效疫苗。[4] 到病毒序列公开一周年时，在全球范围内已有近2 400万人接种了疫苗。

科学家从识别一种新病原体到研制出有效疫苗的速度之快，在人类历史上是前所未有的。脑膜炎疫苗花了90年才研制出来，预防小儿麻痹症的脊髓灰质炎疫苗的研制用了45年，麻疹疫苗的研制用了10年。科学家仅用了4年时间就研制出了一种有效的腮腺炎疫苗，这在当时是一项值得骄傲的成就。考虑到SARS-CoV-2的毒性及其产生的影响，没有人能等那么久，所以科学家们只能紧锣密鼓地研制。

当然，世界范围内的响应创造的医学奇迹只是故事的一面。这种疫苗之所以开发得如此之快，是因为新型冠状病毒引发了一场全球危机。这种疾病的迅速传播与指数时代空前网络化的经济有关。2020年3月20日，全球共报告1万例新型冠状病毒感染死亡病例；4月1日，全球死亡人数已超过5万人；到了9月，死亡人数已经超过100万。在一年内，全球报告有270万人死于新型冠状病毒感染，据估计，实际死亡人数要高得多。病毒带来了无法描述的社会动荡。2020年4月初，世界上大多数国家都进入了某种形式的隔离状态。[5] 新冠病毒疫情是现代社会最大的经济事件，与1929年的华尔街金融风暴不相上下，导致了前所未有的市场动荡、全球物流和供应链混乱，对各行各业造成了极大冲击。数百万人只能进行远程工作，更糟的是，有些人因此失业。

但我们不能只看到新型冠状病毒的指数型传播速度，而忽视人类的指数型应对速度。疫苗的成功研制反映了在这一进程的每一个阶段最新技术的变革性力量。它始于基因组测序，2020 年，全世界的实验室、医院和大学里大约有 2 万台测序仪。科学家可以利用测序仪分离出一小部分 DNA 或 RNA，生成它们的基因序列，即代表其组成部分的氨基酸的一串字母。这些信息被上传到第 8 章介绍的公共数据库，每个数据库都像是一个关于基因序列的维基百科，在这个空间里，人们可以自由地访问和使用基因信息。这项技术保证了科学家对新型冠状病毒进行闪电般的快速分析。

莫德纳公司用一种“信使 RNA”（mRNA）开发了疫苗，这种方法包括诱导人体细胞生成抵抗病毒的蛋白质。莫德纳公司能够研制出这样一种疫苗，得益于机器学习的强大能力——该公司的平台分析了数百万个数据，以确定哪种合成物能激发人体细胞做出正确的反应。根据该公司首席数据官马赛罗·达米亚尼（Marcello Damiani）的说法，这是一个典型的指数型增长过程。“当我们进行实验时，我们收集了更多数据，这有助于构建更好的算法，有助于合成下一代新药物。这是一个良性循环。”[6] 莫德纳公司使用的计算工具大大缩减了任务的完成时间，一些以前通常需要数年时间完成的任务，现在只需要几小时就能完成了。[7]

在测试阶段，数字平台能够招募大量试验人员来测试疫苗。如果没有这些电子系统，招募足够数量的志愿者可能需要几个月甚至几年时间。在推广阶段，卫生服务依靠数据库、在线预约系统和短信，提高了疫苗的接种率。数据库记录了谁注射了疫苗，谁还需要注射。如果没有这项技术，死亡的人会更多。

与此同时，指数型技术决定了人们对流行病的文化认知和社会反应。从一开始，科学家和政府就被迫向网络上的虚假信息“开战”，用科学武器反击谣言、误解、反疫苗言论、假新闻等所有这些在社交网络上泛滥的恶意内容。研究人员通过追踪在不同社交网络上传播的思想，试图估计新型冠状病毒虚假信息传播的速度。这种病毒具有高传染性。RO 值可用于衡量病原体的传播能力，如果 RO 值大于 1，病原体将呈指数型传播；如果 RO 值小于 1，病原体将停止传播。据估计，SARS-CoV-2 的 RO 值远大于 3，普通感冒的 RO 值为 2～3，季节性流感的 RO 值为 1 左右。当研究人员计算不同社交网络上新型冠状病毒虚假信息的 RO 值时，他们发现其 RO 值的范围为 1.46（如 Reddit）～2.24（如 Instagram）。这些都是由指数型技术驱动的，只需点击一下“发送”按钮，我们就可以与成百上千人分享那些未经证实的想法。

在新冠病毒疫情期间，数十亿人被迫待在家里。但对那些能上网，有计算机、平板电脑或手机的人来说，他们的生活并未受到太大影响：奈飞剧集照追、在线游戏照玩。人们把从网上买到的食物放进冰箱，如果想吃零食的话，还可以叫外送服务。公司和学生都转而依靠视频软件进行远程工作和学习。在此期间，美国加利福尼亚州的 Zoom 公司成为标杆，一个个小小的头像和夸张的波浪成为许多人工作日熟悉的背景。

如果更早的一次疫情暴发，比如 2003 年的 SARS 病毒，也像新冠病毒疫情那样严重，人们的生活受到的影响可能就会更严重。许多在 2020 年堪称生命线的服务，它们的推出时间还不到 10 年，但在隔离状态之下，很少有人能想象出在没有这些服务的年代，生活会是什么样子的。2010 年，计算机还没那么强大，手机还不够智能，宽带速度很慢，社交网络基本上不存在。YouTube 成立于 2005 年，奈飞于 2007 年推出在线流媒体服务，Zoom 于 2011 年推出，外送服务 DoorDash 于 2013 年推出。2003 年，只有不到20%的美国家庭拥有宽带，平均网速是2020年美国家庭网速的5%。正如我们了解的那样，远程工作曾是白日梦，因为在2020年，相应的基础设施已经搭建起来，而在此之前，这些基础设施尚不完善。

简而言之，新型冠状病毒改变世界的方式是指数型技术的体现。随着病毒的传播，本书中描述的创新既推动了病毒的传播，又成为与之进行坚决斗争的利器。它比以往任何事件都更能形象地说明，我们正处于指数时代。

用更少的投入获得更多

这本书的一个论点是：在指数时代，我们用更少的投入获得更多收益。每一年，技术都会使算力提高并降低能源消耗。它们操控物质，改造生物。它们用更少的资源实现更令人印象深刻的目标。它们可用于研制疫苗，开展电子商务活动，使远程办公成为可能，这是一个循环过程。随着服务需求的增长，我们将坚定不移地沿着莱特定律所预示的道路前进。生产力的提高会带来更高的效率、更具变革性的技术以及贸易和信息网络的日益互联。

没有迹象表明这种转变的速度正在放缓。随着从人工智能到太阳能等新技术的不断发展，我们只会加速进入指数时代。科学研究将继续深入，企业家将继续使用这些技术制造变革性产品。技术性能与社会变革的指数曲线将继续呈上升趋势。

尽管这本书谈论了不断变化的经济、政治和社会，却没怎么介绍在未来几十年而不是几年，指数时代将把我们带向何方，因为我有充分的理由不这样做。正如第3章介绍的那样，**在指数时代做预测是一件危险的事情，事态总是朝着意想不到的方向发展。**

然而，我们可以辨认出前行的方向。没有人知道指数型技术具体将如何塑造人们的生活。但有些变化似乎比其他变化更有可能发生。

从本书写作时算起，10 年后计算机的价格将是现在同等配置的计算机价格的 1/100。花 1 美元买到的算力至少比现在高 100 倍。这种发展规模是难以想象的。这就像在电力发展的早期，比如在 1920 年，让一个人不假思索地说出今天生活在富裕国家的人每天的耗电量一样困难。当时，英国家庭平均每天的用电量不足 0.05 千瓦时。[8] 100 年后，英国家庭的平均用电量是当时的 200 倍，美国家庭的平均用电量更多。

生活在 1920 年的人很难想象现今人们生活的舒适程度：电动地板加热、各种颜色的 LED 灯、开关百叶窗的微型马达、每秒振动数百次的牙刷、能吸走几乎看不见的动物皮屑的吸尘器。这些机器依赖大量的电力和多种技术的应用。那么，如果算力每 10 年至少增长 100 倍，甚至更多，我们能做什么呢？指数型技术的发展类似于电力的快速增长，产生的影响同样难以预测。

10 年后，来自太阳能或风能发电厂的可再生电力的价格将是当前价格的 1/5，而且很可能是 2020 年天然气价格的 1/4，电动汽车使用的电池可能是 2020 年电池价格的 1/3，可再生能源将成为主要经济体的主要电力形式。发达经济体似乎不太可能使用任何新的化石燃料能源。即使在较贫穷的国家，老旧的天然气厂和煤电厂也在逐渐关闭。石油公司可能会找到比钻探石油更值得做的事情。阿布扎比对整个阿联酋和非洲的太阳能发电厂的投资情况从侧面说明了这种转变的规模。在通往可持续未来的征程中，指数型技术应该是一个强有力的“盟友”，但太阳能和风能只是故事的一部分，以往的塑料等石油衍生材料也可以借助合成生物学的方法生成。

10 年后，人类基因组测序的价格将接近每组 1 美元，因此我们没有理由不把对每个人进行基因组测序纳入正常的医疗程序。在“平安好医生”等服务的基础上，我们可以从附近的药店获得医院级别的诊断服务。如果我们患上了一种罕见的疾病，个性化的药物可能会成为我们的救星。借助廉价的可穿戴设备和对血液和微生物群的定期检测，医生可以及时发现我们身体中存在的问题。大规模的人口数据和个人信息相结合，可以帮助我们调整饮食，使身体更健康。

10 年后，提供实时传感数据的数十颗微型卫星可能会帮助我们追踪包括珊瑚礁、海洋生态系统和森林在内的自然资源的分布情况。科学家计划绘制并追踪地球上 30 000 亿棵树中每一棵的生长情况，以更好地了解森林砍伐的速度，这对管理碳资源至关重要[9]。垂直农场可以减少我们对水和其他资源的依赖，同时为城市居民提供更健康、更有营养的食物。

简而言之，我们正在进入一个富足的时代。我们即将进入人类历史上第一个能源、食物、计算和许多资源的生产成本微不足道的时代，我们可以用不断下降的经济成本满足人类当前的需求。

然而，这只解决了一半问题。技术提供了新的可能性，但并不能解决所有问题。

我们应该关注 3 个问题。**第一个问题是资源的浪费问题。**因为能源、材料、医疗保健等资源丰富并不代表不存在资源浪费。当然，一些国家已经将电力供应脱碳，并切断了碳排放与 GDP 之间的联系，但这并没有完全消除对资源的使用。太阳能电池板和芯片需要沙子；电池需要的金属必须从地下开采；城市化需要建筑、道路、下水道等。事实上，历史经验表明，商品越便宜，支付得起的人就越多，因此需求也就越大。供给催生需求，比如我买了一个新书架，用来摆放以前放在书桌上的书，但结果，书架放满之后，我桌子上的书并未减少，依然杂乱地堆在那里。指数型技术并不会阻止过度的资源开采。

想象一下，我们测序一个人类基因组所需的资源变成原来的 1/100，测序的成本进一步降低。如果由于这种低成本，我们最终测序的基因组比以前多 100 万倍，我们对资源的整体使用将会增加。由此带来的风险是，成本的降低会导致总消费量的增加。[10] 指数型技术可以帮助我们应对气候变化等人类危机。但仅靠技术是不够的。如果缺乏正确的管理，它们仍可能把人类引向过度消费和环境灾难的境地。

第二个问题是技术正在破坏稳定。在这种指数型发展速度下，技术创新对已有的系统提出了挑战。正如我们在这本书中一再看到的那样，技术对人类社会、经济和政治机构产生了翻天覆地的影响。新公司淘汰旧公司，工人和雇主之间的关系发生了转变。经济合作让位于本地化生产。这种不稳定带来的影响通常由那些承担能力最弱的人承担。规模小、实力弱、技术含量较低的公司更容易破产。供应链的本地化对发展中国家经济的影响是毁灭性的。指数时代带来的负面影响从来都不是均等的。

第三个问题是指数型技术带来的权力轨迹的戏剧性转变。这些技术催生了超级明星公司。即使是政府也需要依靠这些公司某些方面的能力。社会的方方面面逐渐由这些公司主宰，而我们以前从未想过这些方面属于公司主宰的领域。但并不是只有公司会变得越来越强大，个人和一些群体，比如高技能型工作者、网络犯罪分子、第一次了解指数型技术力量的恶意国家，也会因为不负责任而对社会造成恶劣影响。

我们尝试用指数鸿沟的概念来概括这些力量。所有这些力量都在暗示，世界的变化速度超出了人类的系统的处理速度，因为这一速度远超预测。这些力量中的任何一种都可能把人类引向反乌托邦的未来，从而带来一个军事冲突不断的时代。在这样的时代中，公司越来越强大，工人的权利越来越小，公共领域高度商品化，以满足技术开发人员和少数人的需求。而这一切都是在环境危机的背景下发生的。

人类决定技术的发展

但这个反乌托邦的未来并非不可避免。当面对革命性技术时，人们很容易陷入宿命论。人们有时会认为，仅仅是技术的力量推动了社会变革，或者假设技术有自己的发展轨迹，是人类无法控制的。哈佛大学伦理学教授希拉·贾萨诺夫（Sheila Jasanoff）提出了一个广为流传的观点，即技术“拥有不可阻挡的势头，按照自身的需求重塑社会”。[11] 在他看来，站在技术对立面的行为与早期的卢德分子无异。该观点认为，技术的发展是无法阻止的。

然而，**技术并不能决定它自身的发展，起决定作用的还是人类。**

如果我们想要缩小指数鸿沟，就需要一定的洞察力。在本书中，我已经梳理了人们可以让技术重新服务于社会的具体方式。但从更广泛的意义上说，**解决指数鸿沟的方法是转变心态，承认人类有能力决定技术会把人类社会带向何方。**

这一转变分为两个主要阶段。在第一阶段，要承认技术的形态、方向和影响并不是注定的。当然，技术是建立在现有创新的基础之上的，由最近一代的创新与前几代的创新累积而成，但它的发展路径尚未确定。人类想从自己建造的工具中得到什么，完全由人类自己决定。

从不同社会以不同的方式使用技术这一点上，我们就能明显地看出，人类有能力决定技术的走向。我们以滴滴涕（DDT）为例：它能有效地杀死蚊子，减缓疟疾的传播，但也对世界各地的食物链造成了污染。滴滴涕在美国和英国被禁止使用。然而几十年来，它在印度是被允许使用的，因为在印度，预防疟疾是首要任务，因此生态破坏被认为是可以接受的负面影响。零工经济也存在类似的情况：在英国这个拥有完善的正式劳动力市场的富裕国家，人们可能会认为零工平台破坏了工人的权利和对他们的保护，因而是不可接受的。

在印度或尼日利亚，同样的技术可能会给人们带来好处，因为这些国家有一个更不正规的以日工为基础的劳动力市场。换句话说，正是我们的选择和环境，决定了技术在现实中的应用形式。正如历史学家梅尔文·克兰兹伯格（Melvin Kranzberg）所说："关键在于，相同的技术可以以不同的方式解决问题，这取决于它被引入的背景以及它的设计初衷。"[12]

但是，承认技术的发展方向并非注定的，并不等于说技术没有变革性。克兰兹伯格认为，在某些情况下，技术"既不是好的，也不是坏的，也不是中性的"。不管我们喜不喜欢，技术都带来了改变。因此，我们转变心态的第二阶段是接受。我们要认识到，虽然人类可以塑造技术，但技术仍然会引发快速且往往意想不到的混乱。面对这些变化，我们必须抵挡住停止实验或扼杀市场的创造力的诱惑。动荡、不可预测的发展也有可能是好的，**我们的责任是，在人类的能力范围之内引导技术，在人类的能力范围之外监管技术带来的意外。**

随着指数时代的加速发展，通用技术将影响我们最珍视的所有制度。人类社会被成千上万不成文的规则、规范、价值和期望联系在一起，但科技颠覆了它们。正如贾萨诺夫所言：“在所有形式下，无论是实际的还是理想的，技术都是一种治理工具。”它塑造了我们赖以生存的所有道德、法律和社会制度。[13] 我们不能阻止这种情况的发生，但可以引导它。

加速进入指数时代的新原则

当然，改变人类对技术的变化速度的看法本身并不能缩小指数鸿沟。我们也需要政策、社会运动以及新形式的政治和经济组织。实现上述目标并不容易，因为人类社会的政治、经济和社会领域在许多方面都受指数型技术的影响。

正如本书所指出的，解决方案是多种多样的。人类社会的经济逐渐被巨大乃至寡头垄断型公司所主导，这些公司是通过不断增加的规模回报而成长起来的。这些公司的运作构成了支撑现代世界的基础设施：从允许数据自由流动的技术互联网服务，到企业正常运转所需的软件。它们无视我们对企业增长边界的传统假设，也无视垄断是什么样子的。因此，关于什么是垄断，我们需要一个新的概念，并对那些涉嫌垄断的公司提出新的监管要求和社会期望。

在工作场所，我们对雇主和工人之间关系的假设正在受到侵蚀。我们正在走向一个由平台主导的世界，这可能会让工人处于危险的境地。这些平台将越来越多地通过算法来管理工人，从而优化产出和效率。组织结构和生产方法的转变可能导致工人的利润份额下降。因此，我们需要新的方式来赋予劳动者权利。工人，无论是正式员工还是零工，他们的尊严、就业的灵活性和安全感都应该得到保障，这样他们才有能力适应快速变化的工作环境，而不至于生活难以为继。以新的方式采取集体行动是实现这一目标的最佳方式，这样，工人才有能力对其雇主施压。

我们对区域的认知也被颠覆了。随着供应链的重新本地化，发达国家的区域经济将变得更加独立，城市的地位也将进一步提高，从而吸引人才，并更为政治领导人所看中。农村和小城镇将面临落后的风险。更多我们以前认为的国家性问题，正在变成地区性甚至地方性问题：国家内部和国家之间的权力结构需要如何改变来反映这一点呢？在这些问题上，政府需要更加贴近它服务的人民。但我们也需要新的组织来维持国际合作，以防止世界上的大部分地区无法享受指数型技术带来的好处。

这种重新本地化有可能带来国家之间和地区之间的冲突。而新技术又增加了这种风险，因为新技术使得从无人机群到持续的网络战等各种攻击变得容易得多。我们可能会陷入一个前所未有的混乱时期。作为回应，各国需要加强防御，并教育民众提高抵御袭击的能力。与此同时，我们需要新的战争规则和规范，以更好地缓和冲突，并阻止新武器的不断扩散。

此外，我们需要重新思考公民与社会之间的关系，特别是围绕市场在生活中所扮演的角色进行思考。随着人们生活中越来越多的东西变成了商品，比如公共对话、私人数据等，我们需要确定哪些领域不属于市场发挥影响的范畴，并对其进行监管。我们可以通过让科技巨头的决策更加透明，并明确保障数字公民的某些权利来做到这一点。与此同时，新的共同所有权和控制系统将允许群体而不是由少数人控制的私营企业，以一种和谐的方式来利用指数型技术的力量。

乍一看，这些政策似乎迥然不同。然而，它们有一些共性。任何认真思考指数鸿沟的人都应该记住这些共性。当水变成蒸汽时，我们仍然可以利用它的能量，但我们需要新的工具、系统和实践来使用它，否则就有被烫伤的风险。因此，**如果人们想进一步加速进入指数时代，并希望人类社会获得蓬勃发展的话，就需要一套新的工具并确立一套新的原则。**

第一个原则是公共性。随着世界变化的步伐越来越快，没有任何一个国家、企业或个人能够独自跟上。因此，我们需要建立一些制度，让不同群体的成员能够一起工作、合作、交流思想。这一原则构成了本书提出的许多政策的基础。例如，互操作性鼓励不同的企业相互合作，确保我们作为消费者（和用户），可以轻松地使用不同供应商提供的服务，而不会被任何一个供应商锁定。具有共同利益的国家之间，可以采用新的政府间机构的形式进行合作，这有助于降低发生全球冲突的风险。合作还将推动新一轮共有和共同运营组织的较好发展，例如，推动数据领域甚至服务创造方面的共享组织的较好发展。更加重视劳动者群体，将使每个人在面对工作环境中的各种变化时，能够通过谈判掌握更多有利条件。

第二个原则是弹性。世界的发展速度比以往任何时候都要快，我们需要足够强大的制度来应对持续不断的变化。当我们谈论新的福利形式时，例如第 5 章列举的丹麦的“弹性保障政策”，我们试图建立的系统不会在快速变化的劳动力市场的压力下崩溃。强调保障公民的数字权利的必要性，其目的是设立一个基本的保护机制，确保无论数字平台朝哪个方向发展，都不会偏离正轨。这只是一些建议。所有组织都需要考虑如何开发坚固的系统，并在设计时考虑系统的弹性，而不是事后才考虑。

不过，弹性并不意味着一劳永逸。所以**第三个原则是灵活性。**当社会发生变化时，机构需要能够迅速适应这些变化。忽视网络威胁，未能及时针对雇用领域发生的变化立法，未能及时重新审视垄断的本质，这些都表明我们的系统在面对不断变化的技术秩序时反应明显迟钝。本书中的许多建议是关于如何帮助机构更快地适应变化的。当权力被下放到地方一级时，我们就可以创造更小的政治单元，从而更为灵活地处理事务。当我们提高大型科技公司的透明度时，就更有可能发现问题，并在任何事情失控之前迅速做出反应。通过以上几个例子我们能看出，在指数时代，所有机构都需要认真对待灵活性。如果这些机构太僵化，就会被这个不断变化的世界甩在身后。

如果你是在 2040 年之前的某个时间读到本书，那么你在指数时代之前的时代生活的时间，很可能比你在指数时代生活的时间更长。这意味着，在你生命的大部分时间里，你周围的制度是足够完善的。对于工业时代出现的新技术产品，比如内燃机和电话，人类建立了各种社会制度，使这些技术适应他们的需求：工人有工作保障，可以进行集体谈判，成立了国家电力委员会，编写了道路安全手册。随着 20 世纪的到来，这些制度逐渐随着社会需求的变化而变化。20 世纪 90 年代的工作规范与 30 年代的工作规范不同，这种渐进式变化是良性的，技术并没有以意想不到的速度发展。其间，人类社会也遭受过巨大的冲击，想想第二次世界大战和 1973 年的石油危机，但总的来说，技术带来了一段逐步发展的时期，而不是一个分裂的时期。

但我们现在已经进入指数时代，在这个时代，不稳定和无序将持续存在。因此，我们需要一种新的社会安排，从而适合这个不断变化的时代。本书提出的公共性、弹性和灵活性这 3 个原则，可能看起来很遥远，但在指数时代，这是我们能看到的使机构发挥作用的唯一途径。而且，如果它们看起来好像很离奇，那么请记住，我们以前也曾改变制度，永久雇用合同和全球供应链的想法也曾被认为是不切实际的幻想。

人类以前创造的新系统应该能够给予我们希望。在指数时代，技术的发展是难以预测的。很难说新一代的创新将如何改变人类社会，因为它们不断与人们处理商业、工作、地点、冲突和政治的方式相互影响。但在经历了过去所有的技术革命之后，人类已经找到了繁荣发展的方法。**现代历史由两股强大的力量定义：一是技术变革的非凡力量；二是人类面对技术变革时创造我们想要的世界的智慧。事实证明，人类是可以控制技术的。**

因为，技术在人类的控制之下，无论变得多么复杂，它总是有潜力成为一种有益的力量。正如水会变成蒸汽，但这并不妨碍我们利用它来发电一样。

致 谢

这本书既是我的个人作品，也是集体智慧的结晶。虽然这本书的写作过程离不开我本人的独自探索，但是如果没有其他贡献者和支持者在此过程中给予的帮助，本书就无法成形。

我的研究团队由玛丽亚·加夫里洛夫（Marija Gavrilov）领导，萨加纳·韦尔盖塞（Sanjana Varghese）、艾米丽·贾德森（Emily Judson）和约瑟夫·达纳（Joseph Dana）进行协助。从世纪之交纽约市劳资关系到量子优势的可能时间线，从制度变迁理论到半导体制造中光刻技术的局限，研究团队成功应对了各种议题的考验，不仅存活了下来，而且还茁壮成长。

我的编辑、企鹅兰登书屋的罗恩·博尔克斯（Rowan Borchers）是这个项目的策划者和支持者，他让一位首次写作的作者了解到该如何讲述故事。罗恩在整理稿件的过程中，对文字做了适量删改。杰马·韦恩（Gemma Wain）的文案编辑工作细致而谨慎。伊莎贝尔·拉尔夫斯（Isabelle Ralphs）和安娜·希伯德（Anna Hibberd）确保文字无误。随着项目的推进，我的经纪人杰夫·什里夫（Jeff Shreve）证明了他自己是一个难能可贵的咨询对象。美国的斯科特·韦克斯曼（Scott Waxman）、基思·沃尔曼（Keith Wallman）和第弗森·布克斯（Diversion Books）与我发展出了充满活力的合作关系。

我要感谢许多不知疲倦地阅读本书初稿的读者。感谢阅读整本书早期版本的少数勇敢者，他们是：马克·邦廷（Mark Bunting）、凯文·韦尔巴赫（Kevin Werbach）和汤姆·格洛瑟（Tom Glocer）。还要感谢其他提供宝贵意见，从而使本书关键章节得以成形的人，他们是：劳雷－克莱尔·雷耶（Laure-Claire Reillier）、利比·金西（Libby Kinsey）、汤姆·惠勒（Tom Wheeler）、卡莉·金德（Carly Kind）、萨梅思·沃赫拜（Sameh Wahba）、吉德玛斯·哈格林卡斯（Giedrimas Jeglinskas）、克里斯蒂娜·科尔克拉夫（Christina Colclough）、保罗·多尔蒂（Paul Daugherty）、马修·泰勒（Matthew Taylor）、斯蒂安·韦斯特莱克（Stian Westlake）、罗比·斯坦普（Robbie Stamp）、蒂姆·奥赖利（Tim O'Reilly）、帕斯卡尔·菲内特（Pascal Finette）和丹·吉尔摩（Dan Gillmor）。

感谢“指数视角”的特别项目和播客团队，让嘉宾的洞察力源源不断地涌现。他们是弗里德·卡塞利亚（Fred Casella）、伊兰·古德曼（Ilan Goodman）、凯蒂·伊拉尼（Katie Irani）、埃利塞·托马斯（Elise Thomas）、黛安娜·福克斯·卡内（Diana Fox Carney）、乔安娜·琼斯（Joanna Jones）、杰恩·帕克（Jayne Packer）、纳索斯·帕帕佐普洛斯（Nasos Papadopoulos）和博然·萨维翁塞略（Bojan Sabioncello）。

如果没有我的播客“指数视角”的关注者，尤其是那些在早期给予它支持的人，这本书也不可能出版。他们是劳伦特·豪格（Laurent Haug）、约翰·亨德森（John Henderson）、马丁·德库珀（Martin De Kujper）、弗里德·威尔逊（Fred Wilson）、哈米什·麦肯齐（Hamish Mackenzie）、穆斯塔法·苏莱曼（Mustafa Suleyman）、凯恩·屈比耶（Kenn Cukier）和丹尼尔·埃克（Daniel Ek）。特别值得一提的是 Exponential Do 社区的成员，他们积极和持续的讨论帮助我厘清了许多问题。特别感谢萨拉因·达尔（Zavain Dar）和图安·范（Tuan Pham），他们引导我在 2016 年 12 月展示了这些想法的雏形。还有沙米勒·坎达利亚（Shamil Chandaria），他首先让我了解到这个主题不仅可以扩展成一本书，而且我也应该这样做。还要感谢所有容忍我在研究和写作的关键时期没有及时回电话的创始人和客户。

有三位学者在帮助我理解技术的本质及其在社会中的地位时，发挥了关键作用：卡洛塔·佩雷斯（Carlota Perez）关于技术革命的工作有助于我思考技术和经济范式之间的相互关系；布莱恩·阿瑟（Brian Arthur）关于规模报酬递增和技术生态性质的研究也为本研究提供了关键基础。瓦克拉夫·斯米尔（Vaclav Smil）在能源及其对人类和社会发展的影响方面的研究也很有帮助。

除此之外，许多人通过讨论（即便他们自己可能没有意识到）为我提供了帮助，他们是：鲁曼·乔杜里（Rumman Chowdhury）、比尔·詹韦（Bill Janeway）、安德斯·维克曼（Anders Wijkman）、马尔科·阿赫蒂萨里（Marko Ahtisaari）、托马斯·亨德里克·伊尔韦斯（Toomas Hendrik Ilves）、戴维·卡斯曼（David Kausman）、亚历山德拉·穆萨维扎德（Alexandra Mousavizadeh）、马克·伊万斯（Mark Evans）、马丁·蒂内（Martin Tisné）、斯蒂芬妮·黑尔（Stephanie Hare）、里德·霍夫曼（Reid Hoffman）、汤姆·卢斯莫尔（Tom Loosemore）、席琳·黑斯韦勒（Celine Herweijer）、丹·埃尔罗德（Dan Elrond）、尼古拉斯·亨克

（Nicolaus Hencke）、伊万·奥斯托伊奇（Ivan Ostojic）、戴安娜·福尔泰安（Diana Foltean）、雷·艾特尔·波特（Ray Eitel Porter）、巴尼·派尔（Barney Pell）、伊丽莎白·凌（Elisabeth Ling）、拉杰什·杰纳（Rajesh Jena）、玛娜尔·侯赛因（Manar Hussain）、克里斯多夫·米姆（Christopher Mims）、本尼迪克特·埃文斯（Benedict Evans）、尼克·拉塞尔（Nick Russell）、纳·布拉德（Nat Bullard）、马修·斯托勒（Matthew Stoller）、约翰·巴特尔（John Battelle）、詹姆斯·王（James Wang）、萨利姆·伊斯梅尔（Salim Ismail）、尤里·范吉斯特（Yuri van Geest）、萨尔曼·马利克（Salman Malik）、汤姆·凯利（Tom Kelley）、西蒙·丹尼尔（Simon Daniel）、戈尔德·莱昂哈德（Gerd Leonhard）、罗伯·麦卡格（Rob McCargow）、戴维·加尔布雷思（David Galbraith）、塔比萨·歌德斯德堡（Tabitha Goldstaub）、戴维·詹保罗（David Giampaolo）、艾德·维济（Ed Vaizey）、安迪·伊格内修斯（Adi Ignatius）、保罗·内米茨（Paul Nemitz）、温迪·霍尔（Wendy Hall）、蒂姆·加达姆（Tim Gardam）、迈拉·巴尔德拉马（Mayra Valderama）、阿德里安·韦勒（Adrian Weller）、埃利诺·奥基夫（Eleanor O'Keeffe）、汤姆·桑德奇（Tom Standage）、杰瑞·李（Jerry Li）、雷玛·帕特勒（Reema Patel）、热尼·坦尼森（Jeni Tennison）、奈杰尔·沙博尔特（Nigel Shadbolt）、布莱尔·谢泼德（Blair Sheppard）、霍勒斯·德迪乌（Horace Dediu）、拉米兹·奈阿姆（Ramez Naam）、迪亚内·科伊尔（Diane Coyle）、尼古拉斯·科林（Nicolas Colin）、克里斯蒂安·普林泽尔·哈尔沃森（Christian Printzell Halvorsen）、泰耶·谢塞特（Terje Seljeseth）、布雷特·弗里施曼（Brett Frischmann）。

几十年来，许多投资者帮助我加深了对市场的理解，他们是：莱拉·曾加（Leila Zenga）、克里斯·赫里桑索斯（Chrys Chrysanthou）、拉塞尔·巴克利（Russell Buckley）、利兹·布罗德里克（Liz Broderick）、阿尔伯特·文格尔（Albert Wenger）、绍尔·克莱因（Saul Klein）、莱西玛·索霍尼（Reshma Sohoni）、侯赛因·坎吉（Hussein Kanji）、肖恩·帕克（Sean Park）、夏兰·奥利里（Ciaran O'Leary）、贾森·惠特迈尔（Jason Whitmire）、克里斯琴·埃尔南德斯（Christian Hernandez）、艾琳·左（Eileen Tso）、扬·兰凯尔（Yann Ranchere）、阿什·丰塔纳（Ash Fontana）和吉姆·帕洛塔（Jim Pallotta）。

有几个人教会了我如何更加清晰地进行写作和思考，他们是：弗朗西斯·凯恩克罗斯（Frances Cairncross）、比尔·埃莫特（Bill Emmott）、艾伦·拉斯布里杰（Alan Rusbridger）、约翰·米克尔思韦特（John Micklethwait）、约翰·皮特（John Peet）、尼克·帕斯莫尔（Nick Passmore）、杰夫·卡尔（Geoff Carr）、希德翁·利奇菲尔德（Gideon Lichfield）、马克·罗伯茨（Mark Roberts）、奥利弗·莫顿（Oliver Morton）和迪特莱乌·施瓦嫩弗吕格尔（Ditlev Schwanenflugel）。

还要感谢帮助我了解计算机、政治和经济学的许多老师，他们是：约翰·威尔科克斯（John Wilcox）、斯蒂芬·毕晓普（Stephen Bishop）、尼克·洛德（Nick Lord）、雷·布拉德利（Ray Bradley）、麦克·克劳顿（Mike Clugston）、唐·马克韦尔（Don Markwell）、维贾伊·乔希（Vijay Joshi）、已故的约翰·卢卡斯（John Lucas）、已故的戴维·博斯托克（David Bostock）和已故的杰克·斯科菲尔德（Jack Schofield）。

非常感谢出现在我的播客节目中的数十位嘉宾，他们的想法帮助我丰富了本书的内容，他们是：拉埃蒂茨娅·维科（Laetitia Vitaud）、比尔·詹韦（Bill Janeway）、卡丽莎·贝利斯（Carissa Véliz）、托尼·布莱尔（Tony Blair）、丹米斯·哈撒比斯（Demis Hassabis）、塞缪尔·奥尔特曼（Sam Altman）、菲利普·奥尔斯瓦尔德（Philip Auerswald）、斯科特·桑滕斯（Scott Santens）、杰夫·萨克斯（Jeff Sachs）、安德鲁·杨（Andrew Yang）、杰克·克拉克（Jack Clark）、特伦特·麦康纳基（Trent McConaghy）、迈克尔·利布里希（Michael Liebreich）、卡斯珀·克林格（Casper Klynge）、凯特·雷沃思（Kate Raworth）、西尔·理查德·巴伦斯（Sir Richard Barrons）、乔安娜·布赖森（Joanna Bryson）、斯图尔特·罗素（Stuart Russell）、科里·多克托罗（Cory Doctorow）、李开复、马特·克利福德（Matt Clifford）、马里耶特·沙克（Marietje Schaake）、尤瓦尔·赫拉利（Yuval Harari）、玛丽安娜·马祖卡托（Mariana Mazzucato）、迈克·扎尔金德（Mike Zelkind）、乔希·霍夫曼（Josh Hoffman）、本雅明·阿普勒鲍姆（Binyamin Applebaum）、凯特·克劳福德（Kate Crawford）、马特·奥奇科（Matt Ocko）、杰里米·奥布赖恩（Jeremy O'Brien）、萨姆·奥尔特曼（Sam Altman）、奥德丽·唐（Audrey Tang）、维贾伊·潘德（Vijay Pande）、马特·克利福德（Matt Clifford）、李飞飞、阿德娜·弗里德（Adena Friedman）、克尔斯季·卡柳莱德（Kersti Kaljulaid）、阿斯特罗·泰勒（Astro Teller）、迪普·尼沙尔（Deep Nishar）、塞萨尔·伊达尔戈（Cesar Hidalgo）、伊恩·布雷默（Ian Bremmer）、布拉德·史密斯（Brad Smith）、妮科尔·伊根（Nicole Eagan）、马里耶特·惠特克（Meredith Whittaker）、加里·马库斯（Gary Marcus）、安德鲁·吴（Andrew Ng）、肖莎娜·朱布夫（Shoshana Zuboff）、于尔根·施米德胡贝（Jürgen Schmidhuber）、吉娜·内夫（Gina Neff）、米西·卡明斯（Missy Cummings）、埃里克·托波尔（Eric Topol）、凯西·伍德（Cathie Wood）、迈克尔·利布里希（Michael Liebreich）、沙丽达·塔代奥（Mariarosaria Taddeo）、拉尼特·高斯（Ronit Ghose）。

感谢我的父母阿利姆·阿扎尔（Aleem Azhar）和卡尼兹·阿扎尔（Kaneez Azhar），他们在我很小的时候就教我经济学的理念及其对社会发展的影响。要特别感谢我的妈妈，她在 20 世纪 80 年代初就为我们家购置了一台计算机。

我的姐姐卢布纳（Lubna）一直鼓励我。我的岳父母哈特姆·苏特瓦拉（Hatim Suterwalla）和阿斯马·苏特瓦拉（Asma Suterwalla）一直为我提供支持。我的嫂子蒙塔兹·苏特瓦拉（Mumtaz Suterwalla）也给予我不断的鼓舞。

我的孩子萨尔曼（Salman）、索菲（Sophie）和贾丝明（Jasmine）在我写作本书的过程中一直陪伴着我，他们的幽默和洞察力让我感到惊讶。

最后，我要把这本书献给我的妻子沙赫纳兹·苏特瓦拉（Shehnaz Suterwalla），她投入了大量的时间来阅读本书的论点，提出质疑，对含糊不清的观点提出改进意见，同时还推动她自己的项目和我们的家庭向前发展。